虚开增值税发票判定实务与司法判例精解

吴天如　于荣年　陈晓黎◎编著

中国经济出版社
CHINA ECONOMIC PUBLISHING HOUSE
·北 京·

图书在版编目（CIP）数据

虚开增值税发票判定实务与司法判例精解 / 吴天如，于荣年，陈晓黎编著. -- 北京：中国经济出版社，2024.10.（2025.4 重印）-- ISBN 978 -7 -5136 -7911 -4

Ⅰ. F812.423

中国国家版本馆 CIP 数据核字第 2024UA6762 号

选题策划 雷 生
责任编辑 彭 欣
责任印制 李 伟
封面设计 任燕飞

出版发行 中国经济出版社
印 刷 者 北京富泰印刷有限责任公司
经 销 者 各地新华书店
开 本 710mm × 1000mm 1/16
印 张 27.75
字 数 369 千字
版 次 2024 年 10 月第 1 版
印 次 2025 年 4 月第 2 次
定 价 98.00 元
广告经营许可证 京西工商广字第 8179 号

中国经济出版社 **网址** http://epc.sinopec.com/epc/ **社址** 北京市东城区安定门外大街 58 号 **邮编** 100011
本版图书如存在印装质量问题，请与本社销售中心联系调换（联系电话：010 -57512564）

前言

PREFACE

这是一本在《最高人民法院　最高人民检察院关于办理危害税收征管刑事案件适用法律若干问题的解释》（法释〔2024〕4号）出台后，专门研究虚开发票问题的新作。

随着我国税收征管工作逐渐体系化、制度化，税收征收管理不断得到加强，税收征收和缴纳行为更加规范，这些都是社会经济稳健发展的重要保障。但是，虚开发票问题也随之出现，对发票管理秩序和国家税收征管均产生了剧烈的冲击，也成为长期困扰司法机关、税务机关和纳税人的疑难问题。根据最高人民检察院公布的数据，2019年1月至2023年12月，检察机关共批准逮捕危害税收征管刑事案件19393人，提起公诉54176人。近5年时间里，检察机关受理审查起诉的危害税收征管犯罪案件分别约占全部刑事犯罪案件、经济犯罪案件的0.6%、12%。其中，虚开增值税专用发票用于骗取出口退税、抵扣税款发票罪和虚开发票罪两个罪名合计占91.9%，虚开增值税专用发票罪占比约为80%。

虚开发票问题虽然是涉税问题，但是横跨民商法、行政法和刑法三大法律领域，加上税收政策的复杂性、企业经营模式的多样性，以及涉税犯罪的隐蔽性，造成此类问题理解难、定性难、查处难，对税收监管秩序构成了严重挑战。

经过长达一年的收集素材、整理内容、提炼观点、形成体系，三位作者的心血之作才得以奉献在您的面前。与同类型的书籍相比，本书具备以下特点。

一是对虚开发票行为开展了专题研究，一共分为九讲。这九讲分别从虚开发票行为行政界定、虚开发票行为常见形式、虚开发票刑事责任等方面进行深度分析，是三位作者多年涉税工作的经验总结和心得体会，是帮助读者深刻理解虚开发票问题、构建知识体系的“内功心法”。

二是对常见虚开发票问题进行了深入剖析。本书立足实践，通过与各地同人、律师、专家交流，共提炼梳理了80个专业问题。这些问题并非对文件进行简单拆解的一问一答，而是来源于税收管理工作一线的实战总结。通过对这些问题的深入剖析，帮助读者厘清工作思路、防范法律风险。

三是对法律经典判决案例进行了精准点评。本书的案例均为最高人民法院的裁判文书库案例、指导案例、公报案例，均经过最高人民法院审判委员会审定，具有极高的参考价值；同时，作者结合工作实践对这些案例进行了深刻点评，有助于读者把握司法机关观点，提升风险防控效果。

四是对相关涉及查处虚开发票行为的法律、法规等各类文件予以提炼。将历年各类相关文件汇聚一册，解决了读者四处查阅的难题，起到了一书在手、相关政策尽收眼底的作用。

虽然三位作者尽心竭力编写本书，但是因为虚开发票问题非常复杂，本书未必能全部研究透彻，难免出现错漏之处，望各位专家、读者不吝赐教，在本书作者简介处留有作者的联系方式，欢迎大家提出宝贵意见和建议、交流研究心得，以便本书再版时予以完善。

本书在写作过程中，得到各地省局、市局税务同人的帮助，他们为本书提供了大量鲜活生动的素材，使本书内容更加贴近实战。严颖、刘海湘、曹春亮、苏强、袁润民、丁潇、蒋玉芳、吴书生、曹坚坚、邵应海等多位老师为本书提供了宝贵的修改意见。在此对提供帮助的各位税务同人、朋友表示诚挚的谢意！特别感谢微信公众号“财税蜂语 swt”提供的电子书《税务通》对相关知识进行梳理，使作者得以高效完成本书资料查阅工作，为本书增色良多。同时，还要感谢出版社各位编辑老师，在文字上反复推敲，在封面上精心设计，让人耳目一新。这些都让读者在阅读本书后有不一样的体验。

随着新经济、新业态的迅猛发展，税收征收管理工作将会面临更多的新事物、新挑战，国家对虚开发票行为的打击力度也会不断加大，这是历史发展的必然趋势。希望各位读者通过阅读本书，对虚开发票问题能有一个深入的了解，有效防控虚开发票风险，推动发票管理工作更加规范。如此，便是三位作者最大的喜悦。

是为序。

吴天如　于荣年　陈晓黎

2024 年 8 月

目录
CONTENTS

第三篇
虚开案件刑事、行政判决书评析

第四篇

相关政策文件汇编

第一篇

虚开发票问题基础知识

谈起虚开增值税发票行为（以下简称“虚开发票行为”），大家都不陌生。作为在发票管理工作中最常见的违法行为，虚开发票行为严重冲击了现行的发票管理秩序，给国家税收带来了十分严重的危害。在行政机关、司法机关对虚开发票行为进行查处的过程中，如何对虚开发票行为进行精准定性，并准确适用相应法律条款，直接涉及企业的切身利益与税收执法的严肃性。因此，长期以来，虚开发票一直是社会各界十分关注的突出问题。这就需要我们准确梳理涉税行政条款、刑法条款的内在逻辑，构建起一个相对清晰准确的知识框架，帮助读者准确把握好政策底线。只有这样，才能在把握和处理相关问题时真正做到不偏不倚、处理得当。

第一讲　虚开发票行为的定义

一、虚开发票行为的行政法概念

什么是虚开发票行为？许多人对此并没有一个准确清晰的概念，如果缺乏基础知识的铺垫，贸然开展分析，就会带来一系列认知的误导。

让我们聚焦虚开的定义，准确掌握它的内涵和外延，然后对虚开发票行为开展深入细致的分析。现行的《中华人民共和国发票管理办法》（以下简称《发票管理办法》）、《中华人民共和国发票管理办法实施细则》（以下简称《发票管理办法实施细则》），都对虚开发票行为进行了明确界定。

在行政法的“虚开发票”概念中，《发票管理办法》第二十一条规定：“开具发票应当按照规定的时限、顺序、栏目，全部联次一次性如实开具，开具纸质发票应当加盖发票专用章。任何单位和个人不得有下列虚开发票行为：（一）为他人、为自己开具与实际经营业务情况不符的发票；（二）让他人为自己开具与实际经营业务情况不符的发票；（三）介绍他人开具与实际经营业务情况不符的发票。”

《发票管理办法实施细则》（2024 年修订）第二十九条则进一步明确：“《办法》第二十一条所称与实际经营业务情况不符是指具有下列行为之一的：（一）未购销商品、未提供或者接受服务、未从事其他经营活动，而开具或取得发票；（二）有购销商品、提供或者接受服务、从事其他经营活动，但开具或取得的发票载明的购买方、销售方、商品名称或经营项目、金额等与实际情况不符。”

看了上述概念介绍，读者可能会进一步思考：为什么虚开发票行为会被如此细致地划分，它会给税收征管工作带来哪些巨大的危害？

要了解虚开发票行为，就必须先从增值税的原理展开分析，否则难以见其全貌。众所周知，增值税以商品、服务在生产、分配、交换、消费等各个经济流转环节新增加的价值额——增值额为计税依据，这个增值额集中反映了新创造的社会财富。每个经济流转环节的纳税人都要向上游环节支付进项税额，向下游环节收取销项税额，由此形成增值税抵扣链条，将税收负担层层转嫁，最后由消费者承担。从制度设计上看，上一环节征税，下一环节抵扣，层层征税、环环抵扣，从而实现了对增值部分的征税，避免了重复征税。这就是增值税专用发票抵扣的原理。

基于此，我们再来研究虚开发票行为。税收实践表明，虚开发票行为既有“无货、无劳务、无服务虚开”现象，也有“有货、有劳务、有服务虚开”现象。对于前者，其危害大家看得十分清楚，因为本身没有交易事项的存在，受票方通过接受虚开发票虚抵进项税额，造成国家税收损失；但是，对于“有货、有劳务、有服务虚开”现象，有的人思想上一时转不过弯，觉得这就是“如实代开”，理由是交易是真实存在的，只不过没有取得发票而让别人给“配票”，开票方也如实申报缴纳了税款，为什么说造成了国家税款损失，严重的要追究相关人员的刑事责任呢？

如果从单一环节看，代开方的开票行为似乎没有造成税款少缴，但是，如果完整地观察上、下游抵扣链条，虚开发票行为的危害后果就浮出水面了。下面先举个例子。

案例1

A商贸有限公司（以下简称“A公司”）属于增值税一般纳税人，适用13%的增值税税率。2023年12月，A公司实际对外销售额为2000万元。当月，A公司从C公司购进价值1000万元的螺纹钢，但C公司由于当月进项税额为0，留抵税额为0，不能对A公司开具专票，造成A公司无法取得发票，从而造成增值税无法取得进项税额抵扣、企业所得税无法税前列支的结果。

为降低税收负担，A公司法定代表人金某，找到B商贸有限公司（以下简称“B公司”）法定代表人银某。金某让银某所在的B公司为其开具1000万元的增值税专用发票。出于兄弟情义，银某当即允诺。他通过财务人员了解了自己公司的销售额，发现自己公司在2023年12月对外销售3000万元货物，但只对外开具了1800万元的发票，还有1200万元“富余票”，并且同期取得了200万元进项税额。于是，B公司向A公司开具了1000万元增值税专用发票，C公司对销售螺纹钢的经营收入隐瞒不报。

很明显，上述三家公司的行为，直接导致了国家税收蒙受损失，而这一结果就是由现行增值税抵扣制度的特点造成的。增值税的税制目的就是使企业通过抵扣的方式，将税负最终全部转嫁给终端消费者，企业在经济上不承担增值税负，以此确保增值税的征收不影响企业的经营决策，实现市场竞争秩序的中性，即为“增值税中性原则”。按照税收规定，增值税应纳税额=销项税额-进项税额。对于销售方而言，其销售时收取了购买方的进项税额，并开具了增值税专用发票，对相关税收进行了纳税申报；而购买方依据销售方已经完成纳税申报的发票，抵扣相关已经支付的进项税额，同时在对外销售时收取自己下游企业的进项税额，计算出自己公司的销项税额，通过纳税申报方式确认国家税收债权和企业税收债务，最终通过缴纳税款，实现税收债权和税收债务的消灭。

具体到本案例，对于B公司而言，它已经实现了对应货物的所有权转让，申报了3000万元增值税销售额，应纳税额已经全部结清。由于正常情况下从事生产经营的纳税人都会索取发票，作为成本进行税前列支，抵扣进项税额，购买方不主动索取发票便可以简单理解为销售货物没有继续进入经营流通环节。可以说，此时该公司当期税收债权债务已经结清，相应申报的税款应当归属于国家。

但是，B公司将1000万元“富余票”对外虚开，带来的结果就是将与1000万元销售对应的应纳税额，构成再次进入生产经营流通环节的假象。原本已经结清的增值税款性质也随之发生了变化，变成A公司购货发生的进项税额，也就是产生了“一税二用”，原本实际购买方应支付的税款，变成了虚假购买方A公司申报的进项税额。

实际上，对A公司而言，其并没有因经营行为而增值、增加社会财富，也不存在“代缴”增值税，却利用虚开的增值税专用发票进行抵扣而获利。这种滥用抵扣权行为的直接结果就是骗取国家税款，导致国家税收遭受损失。

从总体上看，B公司并没有少缴税款，A公司也取得了进项抵扣，但是上述抵扣行为属于非法，是通过将B公司增值税销项税额的性质变换、虚构抵扣主体得以实现的，这130万进项税额不得抵扣；同时C公司发生了偷税行为，造成国家税款少征收130万元。这样实际造成整体税收减少了130万元（见表1－1）。

表1－1　各类情形对比　　单位：万元

公司	正常经营	无法取得增值税专用发票	非法取得增值税专用发票
B	3000×13%－200＝190	3000×13%－200＝190	3000×13%－200＝190
A	2000×13%－1000×13%＝130	2000×13%－0＝260	2000×13%－130＝130
C	1000×13%－0＝130	0	0
增值税负合计	450	450	320

有观点提出，如果支付低于票面税额的开票方，目的从头至尾就是骗抵增值税款，那么可以被定性为虚开。但是，如果A公司只是为了解决税

前扣除问题，并全额支付了130万元的进项税额给开票方，让开票方进行非法代开，开票方对此销售额也进行了开票申报，是否可以理解为没有造成国家税收损失？

这种理解虽看似合理——税款已经全部支付给开票方，所有增值税均由自己负担，似乎没有造成国家税款的损失，但实际上受票方支付的价款等同于票面开具的增值税款，此时应当如何定性价款性质就成为关键。不能说支付了一笔款项，既算开票费，又算全额交付增值税款。

如果是开票费，就证明企业明知是虚开，此项费用为虚开方提供虚开发票的酬劳。虽然最后计算发现，受票方自始至终没有取得增值税抵扣收益，只是为了获取少缴城市维护建设税、企业所得税的不法收益，但是开票方将前期“富余票”对外虚开，或者为消化虚开进项而对外开票，虽然表面上看完成了对应发票的纳税申报，但实际上所谓“纳税申报”数额未包含受票方实际购销业务所产生的增值税额，自然其相应税收也未实际交付国家。此时，用所谓“如实代开”作为说辞纯属自欺欺人，更不能折抵其对应的国家税收损失。

举个最极端的例子，如果虚开方不求回报，将代开的销售额纳入当期纳税申报，并全额申报需受票方支付的增值税款，那么是否可以理解为没有增值税损失呢？理论上是可以的，但是实际上基本不会发生。因为，销售额虚增之后，不仅会带来其对应附加税费的增加，也会虚增企业所得税的应税收入额，可能造成企业所得税应纳税额的增加。对于虚开方而言，不仅从头到尾无利可图，而且要为掩盖虚开多承担附加税款，这样做既不合情也不合理。即便不求回报不要开票酬劳，也只能是通过“富余票”对外虚开，或者是虚抵进项税额同时对外虚开，这样又回到上面的结论，造成当期国家税收损失。

实际上，“如实代开”可以分为挂靠代开、非挂靠代开。在实践中应注意：根据《国家税务总局关于纳税人对外开具增值税专用发票有关问题的公告》（国家税务总局公告2014年第39号）的规定，挂靠方以挂靠形式向受票方实际销售货物，被挂靠方向受票方开具增值税专用发票的，不属于虚开。有人提出结论，挂靠代开不应构成虚开。上述支付开票费代开行为，造成国家税收损失是毋庸置疑的。但是，挂靠代开是否必然不构成虚开，还应当关注被挂靠方是否如实申报挂靠方的实际销售金额，如果符合条件，依法缴纳了增值税，就不构成税收损失。那么上文提出的代开引发的企业所得税问题呢？此时，由于挂靠方资金在被挂靠方账面体现，同时对挂靠业务单独核算，被挂靠方只是赚取管理费，企业不会负担挂靠方业务产生的税金，由其资金自行承担。相反，被挂靠方即便完成申报，也因为其是利用“富余票”完成相应开票，所以增值税依然存在少缴问题，和非挂靠代开并无本质区别。本书认为，此类挂靠代开行为，依然将被挂靠单位定性为虚开发票行为妥当。

综上所述，判断开票行为本质上是否滥用了增值税专用发票的“转嫁－抵扣”机制，即有无滥用抵扣权，应从整体上看是否给国家税收造成损失，而不能一叶障目，被某一个环节的情形误导，应当放到更长的抵扣链条上从整体角度思考和理解。

二、刑法领域对于虚开发票的界定

对于刑法领域中“虚开发票”的概念，1995 年 10 月 30 日公布的《全国人民代表大会常务委员会关于惩治虚开、伪造和非法出售增值税专用发票犯罪的决定》（中华人民共和国主席令第五十七号）予以明确：“虚开增值税专用发票是指有为他人虚开、为自己虚开、让他人为自己虚开、介绍他人虚开增值税专用发票行为之一的。”上述描述与《发票管理办法》阐述的违法情形基本一致。不同点在于，《发票管理办法》还专门强调了“与实际经营业务情况不符”的情况。

随后，《最高人民法院关于适用〈全国人民代表大会常务委员会关于惩治虚开、伪造和非法出售增值税专用发票犯罪的决定〉的若干问题的解释》(法发〔1996〕30号)(已废止，后文不再特别说明)对虚开发票方式进行了进一步明确："具有下列行为之一的，属于'虚开增值税专用发票'：(1)没有货物购销或者没有提供或接受应税劳务而为他人、为自己、让他人为自己、介绍他人开具增值税专用发票；(2)有货物购销或者提供或接受了应税劳务但为他人、为自己、让他人为自己、介绍他人开具数量或者金额不实的增值税专用发票；(3)进行了实际经营活动，但让他人为自己代开增值税专用发票。"该文件分别从"虚"和"开"两个方面界定了虚开发票行为。"虚"被区分为三种情形：一是指无实，即没有货物、劳务；二是指不实，即有货物、劳务，但数量或者金额不实；三是指有实代开，即进行了实际经营活动，但让他人为自己代开增值税专用发票。而"开"被分为四种情形：为他人、为自己、让他人为自己、介绍他人开具。

北京大学陈兴良教授在《虚开增值税专用发票罪：罪名沿革与规范构造》一文中指出："关于《决定》的立法理由，时任全国人大常委会法制工作委员会主任的顾昂然指出：'为了维护国家税收秩序、保障税制改革的顺利进行，全国人大常委会法制工作委员会与国家税务总局对当前利用增值税专用发票进行犯罪的一些新情况，进行了调查研究，听取了税务、法院、检察院、公安等有关部门和法律专家的意见，并征求了各省、自治区、直辖市的意见，拟订了《关于惩治伪造、虚开代开增值税专用发票犯罪的决定(草案)》(以下简称《决定(草案)》)。'全国人大常委会委员围绕《决定(草案)》进行了充分讨论，并提出了相应的修改意见。此后，全国人大原法律委员会于1995年10月10日、17日召开会议，根据全国人大常委会的审议意见和有关部门的意见，对草案进行了审议，最后在1995年10月30日第八届全国人民代表大会常务委员会第十六次会议上通过了《决定》，完成了立法程序。"

在《全国人民代表大会常务委员会关于惩治虚开、伪造和非法出售增值税专用发票犯罪的决定》（中华人民共和国主席令第五十七号）颁布以后不到两年时间，适逢1997年刑法修订。在刑法修订过程中，吸收了单行刑法的内容，包括《全国人民代表大会常务委员会关于惩治虚开、伪造和非法出售增值税专用发票犯罪的决定》（中华人民共和国主席令第五十七号）中关于虚开增值税专用发票罪的规定，由此形成修订后《中华人民共和国刑法》（以下简称《刑法》）第二百零五条的规定。该法条将虚开增值税专用发票、用于骗取出口退税、抵扣税款发票三种行为合并为一罪。

2011年2月25日，第十一届全国人民代表大会常务委员会第十九次会议通过《中华人民共和国刑法修正案（八)》（以下简称《刑法修正案（八)》)，增加了虚开发票罪、持有伪造的发票罪，废除了虚开增值税专用发票罪的死刑。上述修订导致如何理解逃税罪不予追究刑事责任的特别规定，以及两个新增罪名的适用标准问题，需要司法解释进一步予以明确。由于立法中关于部分危害税收征管犯罪的规定内容较为原则化、概括化，理论界和实务界对某些罪名的认识，如虚开增值税专用发票罪的构成要件等存在分歧；一些执法、司法机关对某些涉税案件性质的认定，如通过签订"阴阳合同"逃税行为的定性等也时有不同认识。

由于之前出台的《最高人民法院关于适用〈全国人民代表大会常务委员会关于惩治虚开、伪造和非法出售增值税专用发票犯罪的决定〉的若干问题的解释》(法发〔1996〕30号)、《最高人民法院关于审理骗取出口退税刑事案件具体应用法律若干问题的解释》（法释〔2002〕30号）（已废止，后文不再特别说明）等，未明确将接受虚开发票抵扣行为作为逃税罪处理，在司法实践中对此争议颇多，处理方式各异。有的直接将接受虚开增值税专用发票抵扣行为的纳税人，按照虚开增值税专用发票罪的共犯处理；有的则解释为接受虚开属于骗抵税款，认为属于虚假的纳税申报中的一种，作为逃税罪处理；还有的认为接受虚开增值税专用发票抵扣行为，同时构成了虚开增值税专用发票罪和逃税罪，属于刑法意义上的牵连犯，应当择一重处。由于对此问题的认识和处理不统一，实践中产生了诸多矛盾，也使企业的法律预期产生了一系列不确定性。

但是，自2024年3月20日起施行的《最高人民法院　最高人民检察院关于办理危害税收征管刑事案件适用法律若干问题的解释》（法释〔2024〕4号）解决了这一系列问题，该司法解释废止了《最高人民法院关于适用〈全国人民代表大会常务委员会关于惩治虚开、伪造和非法出售增值税专用发票犯罪的决定〉的若干问题的解释》（法发〔1996〕30号）、《最高人民法院关于审理骗取出口退税刑事案件具体应用法律若干问题的解释》（法释〔2002〕30号）、《最高人民法院关于审理偷税、抗税刑事案件具体应用法律若干问题的解释》（法释〔2002〕33号），对于虚开发票行为原本的司法认定体系进行了重新构造，对于虚开增值税专用发票、虚开增值税普通发票予以不同的法律考量，势必会引导企业重新判断虚开增值税发票的刑事法律风险。

对于虚开增值税专用发票行为，法释〔2024〕4号文件摒弃了法释〔2002〕30号文件中区分货物及劳务、对数量与金额的规定，从是否有实际业务、实际业务是否属于抵扣业务的角度，对“虚”进行了界定。虚开增值税专用发票行为实际被划分为“虚开增值税专用发票或者虚开用于骗取出口退税、抵扣税款的其他发票”“接受虚抵进项税额”两类情形。

对于第一类情形，以法释〔2024〕4号文件第十条列举的“虚开增值税专用发票或者虚开用于骗取出口退税、抵扣税款的其他发票”五类情形予以判断，定性为虚开增值税专用发票罪，同时进一步扩大虚开认定范围；对于第二类情形，法释〔2024〕4号文件第一条第（三）项设置了“虚列支出、虚抵进项税额或者虚报专项附加扣除的”情形，将其归属于逃税罪。

2024年3月22日人民法院报公众号推送的《“危害税收征管犯罪”司法解释的法理精神》（作者系中国政法大学财税法研究中心主任施正文、中国政法大学民商经济法学院财税金融法研究所所长翁武耀）对此法理有明确阐述："《解释》秉持发展型法治理念，将'虚抵进项税额'作为逃税罪的情形之一，从而将实践中大量存在的以逃避纳税义务为目的的虚开发票行为纳入逃税罪予以制裁，不仅法定刑大幅降低，而且可以适用缴税免刑的政策，极大地降低了纳税人的涉税风险，彰显了罪责刑相适应原则，对于提信心、稳预期、促发展，优化法治化营商环境将产生重大和深远的影响，这是《解释》出台的最大亮点和进步。对于少数以骗取国家税款为目的的严重犯罪，将按照虚开增值税专用发票罪这一重罪来定罪量刑，既可以严格限制虚开增值税专用发票罪的适用范围，又前瞻性地为增值税立法后实行增值税留抵退税制度、严厉打击骗取留抵退税行为预织了法网，让税收刑事司法既有'力度'又有'温度'，护航税制改革和经济社会高质量发展行稳致远。"

最高人民法院、最高人民检察院涉税犯罪司法解释暨典型案例新闻发布会作出如下解释："四是明确补缴税款、挽回税收损失从宽处罚政策。税收具有无偿性。因此，税收治理，刑事打击是手段，关键还在于加强税收监管和培养纳税人自觉。根据宽严相济刑事政策，同时也从最大限度挽回税收损失、鼓励违法人员改过自新、引导市场主体自觉遵守税法的考虑出发，《解释》对刑法关于逃税罪不予追究刑事责任的有关规定进一步作了明确——将纳税人补缴税款的期限规定至公安机关刑事立案前；明确补缴税款的期限，包括经税务机关批准的延缓、分期缴纳的期限，防止逃税行为一被发现即因补缴期限短而难以补救的情形发生，将刑法规定的制度效果最大化。《解释》规定，已经进入到刑事诉讼程序中的被告人能够积极补税挽损，被告单位有效合规整改的，也可以从宽处罚，其中犯罪情节轻微不需要判处刑罚的，可以不起诉或者免予刑事处罚；情节显著轻微危害不大的，不作为犯罪处理。上述规定，有利于在违法行为发生后，鼓励行为人及时补缴税款、挽损止损，实现当事人和国家的共赢互赢。同时，《解释》还规定，纳税人逃避缴纳税款，税务机关没有依法下达追缴通知的，依法不予追究刑事责任，以此督促税务机关和税务人员及时查处税收违法犯罪，防止失职渎职。”

值得一提的是，法释〔2024〕4 号文件突出强调了税收损失，没有因抵扣造成税款被骗损失，将为虚增业绩、融资、贷款等不以骗抵税款为目的，没有因抵扣造成税款被骗损失的虚开发票行为，排除在刑事责任之外。

对于虚开普通发票行为，法释〔2024〕4 号文件沿用了《发票管理办法》中关于虚开的认定，规定为“为他人、为自己、让他人为自己、介绍他人开具”四类情形，也就是将虚开方和接受方均纳入追究刑事责任范围。在罪名设置上，按照实际造成结果的不同分别定性：如果虚开普通发票，并未造成相应的不缴或者少缴税款的后果，则直接定性为虚开发票罪；如果虚开发票行为造成了土地增值税、企业所得税等税种的应纳税款少缴或者不缴，则触发了第一条“（三）虚列支出、虚抵进项税额或者虚报专项附加扣除的”，构成虚开发票罪和逃税罪的牵连犯，应当择一重处。但是根据宽严相济刑事政策，同时从最大限度挽回税收损失、鼓励违法人员改过自新、引导市场主体自觉遵守税法的角度出发，法释〔2024〕4 号文件对刑法关于逃税罪不予追究刑事责任的有关规定作了进一步明确——将纳税人补缴税款的期限规定至公安机关刑事立案前；明确补缴税款的期限，包括经税务机关批准的延缓、分期缴纳的期限，防止逃税行为一被发现即因补缴期限短而难以补救的情形发生，将刑法规定的制度效果最大化。纳税人在公安机关立案前，经税务机关依法下达追缴通知后，在规定的期限或者批准延缓、分期缴纳的期限内足额补缴应纳税款、缴纳滞纳金，并全部履行税务机关作出的行政处罚决定的，不予追究刑事责任。此时，对于虚开发票，隐匿、故意销毁财务资料等手段行为，也不宜追究刑事责任，逃脱行为往往都是通过犯罪手段实现的，如果对手段追究刑事责任，则可能导致《刑法》第二百零一条第四款规定被架空。

三、虚开发票行为的行政认定和刑事认定的比较

对比行政法可以看出，对于虚开发票行为，行政认定和刑事认定在概念上存在以下差异。

（1）在金额上，《最高人民检察院　公安部关于公安机关管辖的刑事案件立案追诉标准的规定（二）》规定，虚开的税款数额在十万元以上或者造成国家税款损失数额在五万元以上的，达到立案标准。但是行政法上无金额限制，而是划分了两档罚款。

（2）在开具内容上，刑法对于虚开增值税专用发票，区分为“没有实际业务”与“有实际业务”两种违法情形，其中“有实际业务”违法情形又进一步分为虽有实际业务但多开金额和虽有实际业务但依法不能抵扣税款两种情形，区别于《发票管理办法》规定的“与实际经营业务情况不符”，从而排除了不具有逃骗税款目的的虚开，突出本罪打击的对象是利用增值税专用发票抵扣税款的核心功能进行虚开的行为，合理限缩了虚开增值税专用发票罪的刑事制裁范围。行政法则对此无限制，它不仅包括上述造成税款损失结果的虚开发票行为，也包括仅为满足业绩需求、贷款需求的“对开”和“环开”行为；不仅包括金额和数量上的虚开，也包括货物品名等其他要素信息不实的虚开，追究行政责任的范围更加广泛。

（3）在虚开发票行为定性上，将虚开发票行为区分为以逃避纳税义务为目的的逃税罪和以骗取国库税款为目的的虚开增值税专用发票罪、骗取出口退税罪；但是《发票管理办法》对此一律定性为虚开发票行为。

（4）在主观目的和客观效果上，在刑法领域，对于虚开发票犯罪行为，司法机关应当考虑主观目的与客观结果，突出本罪打击的对象是利用增值税专用发票抵扣税款的核心功能进行虚开的行为，将为达到虚增业绩、融资、贷款等目的而虚开的行为排除在本罪打击范围之外，以防止轻

罪重判。对于开票方而言，其实际目的是协助相关单位和个人逃避纳税义务，是帮助犯的正犯化；对于受票方而言，具体到专票的主要目的是骗抵税款，则设置虚开增值税专用发票罪是为了禁止通过非法抵扣的方式造成国家税收利益损失，所以虚开发票进行抵扣的适格性就是成立该罪的最低要求，其中，普票是为了在税前列支成本，其主观目的是逃避纳税义务，客观效果造成了国家税款损失。

在行政法领域，税务机关在定性处理时一般无须考虑主观目的与客观结果。追究虚开发票行政责任的依据是《发票管理办法》第二十一条列举的三种情形。由于该条款并未具体划分为虚开增值税普票、专票，作为当事人只要实施虚开发票行为即可认定，至于主观目的是骗抵税款，还是贷款或者融资、税前扣除等都不问。此时的判断更接近刑法中的“行为犯”概念，只是在具体科处行政处罚时需考量其主观因素，从高或从低处罚。

（5）在处理定性上，在刑法概念中的虚开发票行为被进一步划分为“开具增值税专用发票、用于骗取出口退税、抵扣税款的其他发票的”和“接受虚开进项抵扣”两大类，分别适用“虚开增值税专用发票、用于骗取出口退税、抵扣税款发票罪”和“逃税罪”。而在《发票管理办法》中，二者均归属于虚开发票行为。

上文我们谈到了二者之间的区别，下面也要看看二者之间的联系。综上所述，如果虚开发票行为成立，且构成了虚开增值税专用发票罪，则此时便具有双重违法性，因为该虚开发票行为是以违反税法为前提的。但要构成虚开增值税专用发票罪，其构成要件事实与行政违法不同，不仅要求行为人实施了虚开发票行为，而且要求行为人利用虚开的增值税专用发票骗取国家税款。如果仅仅在客观上实施了行政法意义上的虚开发票行为，并没有继而实施骗取抵扣国家税款行为，那么在这种情况下，对于不以骗取国家税款为目的且未造成国家税收损失的虚开发票行为，不宜定性为虚开增值税专用发票罪。具体对比情况见表 1－2。

表1－2　虚开行政认定、刑事认定对比

<table>
<tr><th colspan="2">行政法领域</th><th>刑法领域</th><th>比较</th></tr>
<tr><td>为他人、为自己开具与实际经营业务情况不符的发票</td><td rowspan="3">未购销商品、未提供或者接受服务、未从事其他经营活动，而开具或取得发票</td><td rowspan="3">专票部分
1. 虚抵进项税额；
2. 没有实际业务，开具增值税专用发票、用于骗取出口退税、抵扣税款的其他发票的；
3. 有实际应抵扣业务，但开具超过实际应抵扣业务对应税款的增值税专用发票、用于骗取出口退税、抵扣税款的其他发票的；
4. 对依法不能抵扣税款的业务，通过虚构交易主体开具增值税专用发票、用于骗取出口退税、抵扣税款的其他发票的；
5. 非法篡改增值税专用发票或者用于骗取出口退税、抵扣税款的其他发票相关电子信息的；
6. 违反规定以其他手段虚开的。
普票部分
1. 没有实际业务而为他人、为自己、让他人为自己、介绍他人开具发票的；
2. 有实际业务，但为他人、为自己、让他人为自己、介绍他人开具与实际业务的货物品名、服务名称、货物数量、金额等不符的发票的；
3. 非法篡改发票相关电子信息的；
4. 违反规定以其他手段虚开的</td><td rowspan="3"></td></tr>
<tr><td>让他人为自己开具与实际经营业务情况不符的发票</td></tr>
<tr><td>介绍他人开具与实际经营业务情况不符的发票</td></tr>
<tr><td rowspan="2">为他人、为自己开具与实际经营业务情况不符的发票</td><td rowspan="4">有购销商品、提供或者接受服务、从事其他经营活动，但开具或取得的发票载明的购买方、销售方、商品名称或经营项目、金额等与实际情况不符</td><td>有货物或应税劳务，但为他人、为自己、让他人为自己、介绍他人开具数量或者金额不符的增值税专用发票</td><td rowspan="4">刑法领域仅限于数量或者金额不符，行政法领域更为广泛，发票品目、单价等与实际不符均属于虚开发票行为</td></tr>
<tr><td rowspan="3">进行了实际经营活动，但让他人为自己代开增值税专用发票［根据《最高人民法院关于认真学习宣传贯彻修订的〈中华人民共和国税法〉的通知》（法发〔1997〕3号）第五条规定、《最高人民法院研究室〈关于如何认定以“托靠”有关公司名义实施经营活动并让有关公司为自己虚开增值税专用发票行为的性质〉征求意见的复函》（法研〔2015〕58号）内容，该项规定目前不再适用］</td></tr>
<tr><td>让他人为自己开具与实际经营业务情况不符的发票</td></tr>
<tr><td>介绍他人开具与实际经营业务情况不符的发票</td></tr>
</table>

注：《中华人民共和国增值税暂行条例》（1993 年版）规定了增值税的征税范围是“在中华人民共和国境内销售货物或者提供加工、修理修配劳务以及进口货物”，故《全国人民代表大会常务委员会关于惩治虚开、伪造和非法出售增值税专用发票的决定》和法发〔1996〕30 号文件在界定虚开发票概念时均沿用了此概念。但是，2017 年修改《中华人民共和国增值税暂行条例》后，考虑营改增因素将征税范围扩大为“在中华人民共和国境内销售货物或者加工、修理修配劳务（以下简称劳务），销售服务、无形资产、不动产以及进口货物”，因此出现了《发票管理办法》及《发票管理办法实施细则》与上述司法解释在名词表述上的不一致，这并不意味着上述司法解释不适用于营改增领域，特此说明。

第二讲　失控发票和异常凭证的前世今生

《国家税务总局关于异常增值税扣税凭证管理等有关事项的公告》（国家税务总局公告2019年第38号）的出台，引起了大家的高度重视。要了解该公告的政策导向，必须先从失控发票和异常凭证说起。而这两个概念的产生又和计算机交叉稽核系统有着密不可分的关系，所以，本讲先介绍政策演变的历史，从而加深对这两个概念的理解。

这里所说的"计算机交叉稽核系统"是"金税工程"的重要组成部分，是指通过计算机网络核实同一份增值税专用发票的存根联与抵扣联开具的内容是否一致。它的运行原理是：将购货方取得的抵扣联和销货方的存根联主要内容录入计算机交叉稽核系统，计算机交叉稽核系统将自动在全国范围内对每一笔经济业务的抵扣联和存根联进行查找配对，检查出只有抵扣联而没有存根联，或只有存根联而没有抵扣联，以及抵扣联与存根联内容不符的增值税专用发票，然后对这些增值税专用发票进行检查核实，以期达到控制利用增值税专用发票进行偷税、骗税等违法犯罪活动的目的。

为配合计算机交叉稽核系统的有效运行，国家出台了相关要求，"失控发票"由此而生。失控发票，是指防伪税控企业丢失、被盗防伪税控设备中未开具的专用发票，以及被列为非正常户的防伪税控企业未向税务机关申报或未按规定缴纳税款的专用发票。换句话说，"失控发票＝丢失、被盗的结存发票＋非正常户未申报纳税的发票"。

为了遏制日益猖獗的虚开发票违法犯罪行为，《国家税务总局关于建立增值税失控发票快速反应机制的通知》（国税发〔2004〕123号）（已废止，后文不再特别说明）进一步对失控发票进行了细化，区分了两类失控发票：认证时失控发票和认证后失控发票。通过认证环节将要认证的抵扣联数据与失控发票数据进行自动比对，发现属于失控发票的抵扣联，该类发票被称为认证时失控发票；通过每天新增的失控发票数据与前期已认证相符的抵扣联数据自动比对，发现属于失控发票的抵扣联，该类发票被称为认证后失控发票。

为了加强对增值税发票的管理，国家税务总局对失控发票采取了严厉的处理措施。国税发〔2004〕123号文件规定，“认证系统发现的‘认证时失控发票’和‘认证后失控发票’经检查确属失控发票的，不得作为增值税扣税凭证”。上述规定并未区分受票方是属于善意取得还是恶意取得，在严厉打击虚开发票犯罪的同时，直接消灭了增值税专用发票受票人抵扣进项税额的实体权利。

在随后的税收实践中，对此处理口径给予了适当放宽。《国家税务总局关于金税工程增值税征管信息系统发现的涉嫌违规增值税专用发票处理问题的通知》（国税函〔2006〕969号）规定：“属于‘重复认证’、‘密文有误’和‘认证不符（不包括发票代码号码认证不符）’、‘认证时失控’和‘认证后失控’的发票，暂不得作为增值税进项税额的抵扣凭证，税务机关扣留原件，移送稽查部门作为案源进行查处。经税务机关检查确认属于税务机关责任以及技术性错误造成的，允许作为增值税进项税额的抵扣凭证；不属于税务机关责任以及技术性错误造成的，不得作为增值税进项税额的抵扣凭证。属于税务机关责任的，由税务机关误操作的相关部门核实后，区县级税务机关出具书面证明；属于技术性错误的，由税务机关技术主管部门核实后，区县级税务机关出具书面证明。”（本部分内容已废止）

这份文件充分考虑不同情况的差异性，并没有采取“一刀切”的方式处理失控发票，给予了恢复失控发票抵扣权利的救济机会。但这种放宽仍然限于税务机关责任及技术性错误两类情况，经过核实后才允许继续进行抵扣。除此之外依然不得抵扣，没有考虑到走逃失联户补缴相关税款后，造成了受票方的抵扣权益依然永久丧失，这不利于充分保护纳税人的合法权益。

随着税收执法理念的进步，相关政策规定，发票失控后，一般纳税人申请报税的，可以通过逾期报税功能受理；发现认证失控发票应移交稽查协查；销方已申报缴税的失控发票，由主管税务机关出具书面证明并通过协查系统回复，购方可抵扣。上述文件的出台，给予了纳税人修复异常凭证抵扣权利的机会。

但是，在实际执行过程中，又出现了新的问题：由于非正常户认定程序复杂，无法及时认定失控发票。政策要求只有稽查部门确认企业已经走逃的，才能按照上述规定将其发票列为失控发票。而根据《税务登记管理办法》（总局令〔2003〕7 号）第四十条规定：“已办理税务登记的纳税人未按照规定的期限申报纳税，在税务机关责令其限期改正后，逾期不改正的，税务机关应当派员实地检查，查无下落并且无法强制其履行纳税义务的，由检查人员制作非正常户认定书，存入纳税人档案，税务机关暂停其税务登记证件、发票领购簿和发票的使用。”换句话说，如果不能及时认定非正常户，那么即使明知其符合发票违规条件，也只能任其自然。而随着简政放权的不断推进，一般纳税人资格登记和领用增值税专用发票已无门槛，部分虚开方大量虚开发票后直接走逃，也就是所谓“暴力虚开”。如果按照非正常户认定程序走完手续，则难以及时有效地打击虚开发票行为，难以充分维护税收征管秩序。

为解决上述问题，《国家税务总局关于走逃（失联）企业开具增值税专用发票认定处理有关问题的公告》（国家税务总局公告 2016 年第 76 号）

出台。该公告创新提出了以下两个概念：

首先，提出了“走逃（失联）企业”的概念。国家税务总局公告2016年第76号文件明确：“根据税务登记管理有关规定，税务机关通过实地调查、电话查询、涉税事项办理核查以及其他征管手段，仍对企业和企业相关人员查无下落的，或虽然可以联系到企业代理记账、报税人员等，但其并不知情也不能联系到企业实际控制人的，可以判定该企业为走逃（失联）企业。”与传统的非正常户相比，走逃（失联）企业程序认定更加便捷，有利于及时处理异常凭证。

其次，提出了“异常凭证”的概念。这是为了加强增值税发票管理提出的新概念。税务机关原来提出了“异常发票”的概念，并规定在税务机关未解除异常发票状态前，受票方取得的异常发票尚未申报抵扣的，暂不允许抵扣；已经申报抵扣的，经主管税务机关核查后，凡不符合现行抵扣政策规定的，一律作进项税额转出。

随着国家税务总局公告2016年第76号文件的出台，“异常发票”的概念被“异常凭证”取代。原因在于，“异常发票”概念不够全面，难以涵盖海关专用缴款书，难以全面精准地打击骗取出口退税行为。为了加大打击力度，国家税务总局出台了该公告，除了保留《国家税务总局关于加强增值税发票数据应用防范税收风险的指导意见》（税总发〔2015〕122号）规定的“增值税一般纳税人取得异常凭证，尚未申报抵扣或申报出口退税的，暂不允许抵扣或办理退税；已经申报抵扣的，一律先作进项税额转出”（本部分内容已废止）外，还新增了“已经办理出口退税的，税务机关可按照异常凭证所涉及的退税额对该企业其他已审核通过的应退税款暂缓办理出口退税，无其他应退税款或应退税款小于涉及退税额的，可由出口企业提供差额部分的担保”（本部分内容已废止），将出口骗税也纳入了打击范围。

至此，异常增值税扣税凭证虽然被政策划分为“失控发票”和“异常凭证”两类，但是实际范围与客观上存在交叉，不利于工作效率的提升。所以，相关政策规定税务机关按规定已作失控处理的增值税专用发票，无须再认定为异常凭证。在实际运用中，由于“失控发票”和“异常凭证”二者的认定流程不同，给基层的实际执行带来了不少困扰。为进一步提升税收管理效果，《国家税务总局关于异常增值税扣税凭证管理等有关事项的公告》（国家税务总局公告 2019 年第 38 号）作出重大改变，“失控发票”与“异常凭证”合二为一，将被列为非正常户的防伪税控企业未向税务机关申报或未按规定缴纳税款的发票纳入了异常凭证范畴。对散落于各类文件中的异常凭证情形进行了梳理整合，为下一步全面打击虚开发票行为提供了强有力的文件支撑。

第三讲　认定虚开发票税收政策的前世今生

对于虚开行为的税务处理，人们的认识是一个逐步深化的过程。国家税务总局先后出台了一系列文件对其进行明确。

首先来看虚开发票的情形界定。1993 年的《发票管理办法》并未有虚开发票条款。虚开发票的定义最早见于 1995 年出台的《全国人民代表大会常务委员会关于惩治虚开、伪造和非法出售增值税专用发票犯罪的决定》（中华人民共和国主席令第五十七号），“虚开增值税专用发票是指有为他人虚开、为自己虚开、让他人为自己虚开、介绍他人虚开增值税专用发票行为之一的”。《国务院关于修改〈中华人民共和国发票管理办法〉的决定》（国务院令第 587 号）将上述虚开增值税专用发票定义补充进入，形成第二十二条第二款规定：“任何单位和个人不得有下列虚开发票行为：（一）为他人、为自己开具与实际经营业务情况不符的发票；（二）让他人为自己开具与实际经营业务情况不符的发票；（三）介绍他人开具与实际经营业务情况不符的发票。”

上述条款针对发票的阐发，实际包含了增值税专用发票和增值税普通发票。由于采取正列举方式界定，没有设置兜底条款，如果纳税人的发票违规行为不能归属于上述三种情形之一，就不能得出虚开发票的结论。同时，运用此条款应当考虑主观故意的因素。有人认为，该条款并没有直接将主观故意作为判定行政法意义上虚开发票的构成要件，但是从《发票管理办法》的行文中可以看出，“为”“不符”“让”“介绍”的出现，显示故意和主动自然是条款所包含应有之义，只有在主观故意的驱使下才能做出上述行为。如果没有故意的考量，划分善意取得增值税专用发票就会无从谈起。正是有了主观故意因素的考虑，才有了后来“善意取得”和“非善意（恶意）取得”的划分。

由于上述法条相对抽象，加上税收实践的高度复杂性，国家税务总局出台了一系列文件对虚开增值税专用发票的界定进行细化。

一、1995 年，“三流一致”概念横空出世

1995 年，国家税务总局下发《关于加强增值税征收管理若干问题的通知》（国税发〔1995〕192 号），指出“纳税人购进货物或应税劳务，支付运输费用，所支付款项的单位，必须与开具抵扣凭证的销货单位、提供劳务的单位一致，才能够申报抵扣进项税额，否则不予抵扣。”

该文件的出台有效遏制了虚开发票的猖獗势头，从而形成所谓“发票流、资金流、货物流必须三流一致”的观点。那么“三流一致”应该如何理解？

首先，要明确国税发〔1995〕192 号文件只是税法对于虚开发票常见特征的描述，不是虚开发票的必然条件。判定虚开发票行为的核心标准只有一个，就是业务的真实性。就算“三流一致”表面合规，但业务真实性这个核心要素不存在，已开具发票依然属于不合规发票。

其次，即使业务存在“三流不一致”的情况，也需要排除税法规定的特例情况。国家税务总局对于这些特例情况的允许，从侧面证明了“三流不一致”并非虚开发票的必然条件，二者之间没有必然的因果关系。常见关于“三流不一致”文件及其规定如下：《国家税务总局关于增值税一般纳税人期货交易进项税额抵扣问题的通知》（国税发〔2002〕45 号）：期货交易是特例，收款方与发票销货方不一致也可抵扣。《国家税务总局关

于营改增试点若干征管问题的公告》（国家税务总局公告2016年第53号）：只向付款方开票，不向持卡购货方开票。《国家税务总局关于进一步明确营改增有关征管问题的公告》（国家税务总局公告2017年第11号）：“建筑企业与发包方签订建筑合同后，以内部授权或者三方协议等方式，授权集团内其他纳税人（以下简称‘第三方’）为发包方提供建筑服务，并由第三方直接与发包方结算工程款的，由第三方缴纳增值税并向发包方开具增值税发票，与发包方签订建筑合同的建筑企业不缴纳增值税。发包方可凭实际提供建筑服务的纳税人开具的增值税专用发票抵扣进项税额。”《国家税务总局关于跨境应税行为免税备案等增值税问题的公告》（国家税务总局公告2017年第30号）：纳税人以承运人身份与托运人签订运输服务合同，收取运费并承担承运人责任，然后委托实际承运人完成全部或部分运输服务时，自行采购并交给实际承运人使用的成品油和支付的道路、桥、闸通行费，同时符合规定条件的，其进项税额准予从销项税额中抵扣。

最后，对国税发〔1995〕192号文件的理解要准确到位。过去有很多税务机关认为，该文件要求付款方和开票方应当保持一致，这是一个误解。国家税务总局在“营改增”视频会政策问题解答中是这样回应的：“现行政策在住宿费的进项税抵扣方面，从未作出类似的限制性规定，纳税人无论通过私人账户还是对公账户支付住宿费，只要其购买的住宿服务符合现行规定，都可以抵扣进项税。而且，需要补充说明的是，不仅是住宿费，对纳税人购进的其他任何货物、服务，都没有因付款账户不同而对进项税抵扣作出限制性规定。”

案例2

王某和妻子刘某创立的甲商贸有限公司，从乙罐头厂购入价值1000万元的水果罐头。因为购货资金不足，王某和儿子小王商定，由小王开设的旅游有限公司代为支付1000万元货款，后期甲商贸有限公司将1000万元归还旅游有限公司，这是否构成“三流不一致”？

按照国家税务总局的解释，“三流一致”中的“资金流一致”不是指付款方，而是指收款方。也就是说，不管谁支付，只要是实际收到款项的一方，就是开具增值税专用发票的销货单位、提供劳务单位接受这种增值税专用发票的货物，劳务购买方就可以抵扣进项税额。

在本案例中，收到货款的是乙罐头厂，发票开给了甲商贸有限公司，由于购货真实存在，甲商贸有限公司毫无疑问可以抵扣。至于付款来源是旅游有限公司，则只是两家公司的民间借贷关系，而不能否认购买罐头交易的真实存在。

案例3

王某和妻子刘某创立的甲商贸有限公司（小规模纳税人），准备购买200万元的汽油，于是向儿子小王开办的旅游有限公司（一般纳税人）注入资金200万元。旅游有限公司从加油站购入200万元汽油，并让甲商贸有限公司以旅游有限公司的名义将油品提走，同时让加油站将销项发票全部开给旅游有限公司。

从本案例可以看出，表面上“三流一致”——资金流、合同流、货物流一致，实际上货物购买者就是甲商贸有限公司，其业务真实性根本不存在，之所以借壳旅游有限公司，就是为了分享抵扣利益。因为甲商贸有限公司属于小规模纳税人，根本无法抵扣进项税额，所以用旅游有限公司名义购买汽油。这样，甲商贸有限公司虽然不能抵扣，但是旅游有限公司白白获得了13%的进项抵扣。只是这笔购油交易并非旅游有限公司自身发生的，是否违法自然不言而喻。

二、1997 年，进一步细化取得虚开行为的处罚规定

随着虚开发票行为的日益猖獗，仅仅依靠“三流一致”的界定，无法有效堵塞虚开发票行为的漏洞。1997 年，《国家税务总局关于纳税人取得虚开的增值税专用发票处理问题的通知》（国税发〔1997〕134 号）发布。在这份文件中，将虚开发票行为划分为取得虚开增值税专用发票未申报抵扣税款或者未申请出口退税，申报抵扣税款或者申请出口退税等具体情况。

（1）利用虚开增值税专用发票申报抵扣税款进行偷税或者骗取出口退税，依照《中华人民共和国税收征收管理法》（以下简称《税收征收管理法》）追缴税款，处以偷税、骗税数额五倍以下的罚款。（无货虚开，侧重于后果——不交、少交税款偷税）

（2）购货方从销售方取得第三方开具的专用发票，或者从销货地以外的地区取得专用发票，向税务机关申报抵扣税款或者申请出口退税的，应当按偷税、骗税处理，依照《税收征收管理法》及有关规定追缴税款，处以偷税、骗税数额五倍以下的罚款。（有货虚开，侧重于后果——不交、少交税款偷税）

（3）纳税人取得虚开增值税专用发票未申报抵扣税款或者未申请出口退税的，应当依照《发票管理办法》及有关规定，按取得专用发票的份数，分别处以一万元以下的罚款。（侧重于行为）

按照上述规定，国税发〔1997〕134 号文件重点打击对象是接受虚开。原因很简单，“需求不停，供给不止”。为做到责罚匹配，区分不同情形做出处理要求。

三、“善意取得”概念创新出现

在实际打击过程中，20 世纪末 21 世纪初，虚开增值税专用发票泛滥，

严重侵蚀了增值税税基。国家税务总局一方面加紧开发防伪税控系统；另一方面加大对虚开犯罪的打击力度，连续印发了《国家税务总局关于纳税人取得虚开的增值税专用发票处理问题的通知》（国税发〔1997〕134号）、《国家税务总局关于〈国家税务总局关于纳税人取得虚开的增值税专用发票处理问题的通知〉的补充通知》（国税发〔2000〕182号），对虚开发票行为进行严肃处理。但是，国税发〔1997〕134号文件和国税发〔2000〕182号文件"一刀切"式的处理，在购货方（受票方）不知道取得的增值税专用发票是销售方虚开的情况下，引起了税收争议，因此，国家税务总局借鉴民法"善意第三人"的理念，出台了《国家税务总局关于纳税人善意取得虚开的增值税专用发票处理问题的通知》（国税发〔2000〕187号）。该文件规定符合四个条件的受票方为"善意取得增值税专用发票"：一是购货方与销售方存在真实的交易，二是销售方使用的是其所在省（自治区、直辖市和计划单列市）的增值税专用发票，三是增值税专用发票注明的销售方名称、印章、货物数量、金额及税额等全部内容与实际相符，四是没有证据表明购货方知道销售方提供的增值税专用发票是以非法手段获得的。为了解决善意取得进项税额转出的税收滞纳金问题，国家税务总局出台了《国家税务总局关于纳税人善意取得虚开增值税专用发票已抵扣税款加收滞纳金问题的批复》（国税函〔2007〕1240号），规定对于善意取得不加收税收滞纳金。

但是，需要强调的是，这里的"善意取得"与民法的"善意取得"实质操作并不相同。民法规定的"善意取得"制度，是指无权处分他人财产的财产占有人，将其占有的财产转让给第三人，受让人在取得该财产时系出于善意，即依法取得该财产的所有权，原财产所有人不得要求受让人返还财产的物权取得制度。具体可参见《中华人民共和国民法典》（以下简称《民法典》）第三百一十一条规定。可以说，民法中的"善意取得"是保护善意第三人的权益，善意取得的财产不予返还，善意取得的票据权益应当得到兑现，而税法的“善意取得”仅仅是对第三人不予以行政处罚、不加收税款滞纳金，防止取得人承受更大的负担。因此，二者不能完全等同。

需要提示的是，国税发〔2000〕187号文件是2000年11月16日下发的，防伪税控系统当时还未全面推行，10万元以下增值税专用发票大部分还是手工票，所以存在销售方从所在省（自治区、直辖市和计划单列市）以非法手段获得增值税专用发票，并以销售方的名义开具增值税专用发票的条件。《国家税务总局关于推行增值税防伪税控系统若干问题的通知》明确：“自2003年1月1日起，所有增值税一般纳税人必须通过增值税防伪税控系统开具专用发票，同时全国将统一废止手写版专用发票。自2003年4月1日起，手写版专用发票一律不得作为增值税的扣税凭证。”（本部分内容已失效）此时，传统意义上的“善意取得”已经不复存在，所以在实践中应当慎用。

四、《国家税务总局关于纳税人虚开增值税专用发票征补税款问题的公告》（国家税务总局公告2012年第33号）对纳税人虚开增值税专用发票征补税款问题进行了明确

《国家税务总局关于加强增值税征收管理若干问题的通知》（国税发〔1995〕192号）和《国家税务总局对代开、虚开增值税专用发票征补税款问题的批复》（国税函发〔1995〕415号）规定，对纳税人代开、虚开增值税专用发票的，一律按票面所列货物的适用税率全额征补税款。就开票方而言，虚开增值税专用发票的销售收入如果已在当期全额进行了抄报税，并申报缴纳了税款，那么国税发〔1995〕192号文件和国税函发〔1995〕415号文件所述的“全额征补税款”是否意味着是对其虚开的税额进行二次征收的问题而下发的？由于这两个文件的下发有其历史背景，即当时使用的是手写版增值税专用发票，存在开具“大头小尾”发票和单

联填开发票的行为，开票方的开票收入不申报或少申报缴税而受票方虚抵、多抵增值税的情况经常发生，两个文件对虚开增值税专用发票征补税款的处理规定符合当时的实际征管情况。在增值税防伪税控系统全面推行后，如果开票方对虚开的增值税专用发票在当期全额进行了抄报税、纳税申报及税款缴纳，对其已缴纳的税款再次进行补征，则会造成重复征税问题。因此，从目前增值税征管实际出发，同时为避免两个文件现有表述可能造成的歧义，特在国家税务总局公告2012年第33号文件中对该问题进一步予以明确，即“纳税人虚开增值税专用发票，未就其虚开金额申报并缴纳增值税的，应按照其虚开金额补缴增值税；已就其虚开金额申报并缴纳增值税的，不再按照其虚开金额补缴增值税”；同时，废止国税发〔1995〕192号文件和国税函发〔1995〕415号文件。

五、《国家税务总局关于纳税人对外开具增值税专用发票有关问题的公告》（国家税务总局公告2014年第39号）规定，票货、票款一致，交易真实的可以抵扣，不必进项转出重开

国家税务总局公告2014年第39号文件的出台，进一步强化了业务真实性的要求。严格来说，能否抵扣进项税额，取决于该笔税收业务是否真实，而非该单位是否存在虚开发票行为。因为，在现实的税务处理过程中，虚开发票行为异常复杂，既有完全虚开，也有真假混杂，简单地“一刀切”看似高效便捷，实则不利于查明事实，精准处理。

值得注意的是，国家税务总局公告2014年第39号文件是给开票地税务机关印发的，就是说，在这种情形下，开票地税务机关可以按照该公告不认定企业虚开；而受票地税务机关，在收到《已证实虚开通知单》后，无论定性善意还是恶意，或是根据国家税务总局公告2012年第33号文件规定，除非开票方税务机关根据该公告撤销了已经发出的《已证实虚开通

知单》，否则都必须要求受票单位补税，而不能自行根据国家税务总局公告2014年第39号文件否定上游企业税务机关按照行政程序发出的《已证实虚开通知单》。

六、《发票管理办法实施细则》第二十九条细化明确“与实际经营业务情况不符”的具体情形

《发票管理办法实施细则》第二十九条规定：“《办法》第二十一条所称与实际经营业务情况不符是指具有下列行为之一的：（一）未购销商品、未提供或者接受服务、未从事其他经营活动，而开具或取得发票；（二）有购销商品、提供或者接受服务、从事其他经营活动，但开具或取得的发票载明的购买方、销售方、商品名称或经营项目、金额等与实际情况不符。”

按照上述规定，只要属于与“实际经营业务情况不符”，就归属于行政法意义上的虚开，并无如实代开的情况可以排除。而法释〔2024〕4号文件，突破了以往仅限于开具数量、金额不实的规定。但是，变更品目并不能带来增值税抵扣收益（特例：成品油发票虚开，逃避缴纳消费税）。就开具数量或者金额不实而言：要么金额与实际不符，由小变大，比如，A公司从B公司买入1000万元的螺纹钢，却让B公司为它开具1500万元增值税专用发票，其真实业务与虚假开票混合在一起，难以分辨；要么数量与实际不符，由小变大，比如，从甲水泥厂购入50吨水泥，开票时却变成了100吨。一般来说，虚开发票的目的基本上是放大金额，单独虚开数量不实的较为少见。就发票开具主体与实际不符而言，在实务中也比较常见。比如，A有限公司实际购进1000万元的螺纹钢，销售方本来是B钢铁贸易公司，但是开票方却是C贸易有限公司，虽然发票金额、数量、品目等要素都准确无误，但是依然构成虚开发票行为。

第四讲　虚开发票刑事犯罪的前世今生

对于虚开增值税发票违法行为的刑事责任追究，按照刑法规定，分别有虚开增值税专用发票罪、虚开发票罪、非法出售增值税专用发票罪、非法出售增值税发票罪等。本讲重点阐述虚开增值税专用发票罪，并介绍虚开发票罪。

一、虚开增值税专用发票罪的历史沿革

（一）罪名设定的变化

从历史沿革上探究，我国刑法规定的虚开增值税专用发票罪，是我国税制改革、实行增值税专用发票抵扣税款制度之后出现的新型经济犯罪。与普通发票相比，增值税专用发票不仅具有记载经营活动的功能，而且具有凭票依法抵扣税款的功能。

在行政法方面，由于《税收征收管理法》是1992年出台的，1993年才出台《增值税暂行条例》，试点增值税专用发票制度，因此《税收征收管理法》未能对虚开发票行为进行规定。国家税务总局先后出台了一系列税收文件打击虚开发票行为，直至2010年出台的《发票管理办法》中才出现关于虚开发票行为的行政立法。其中，第三十七条规定：“违反本办法第二十二条第二款的规定虚开发票的，由税务机关没收违法所得；虚开金额在1万元以下的，可以并处5万元以下的罚款；虚开金额超过1万元

的，并处5万元以上50万元以下的罚款；构成犯罪的，依法追究刑事责任。”

在刑法方面，由于在增值税专用发票制度实行初期，即出现了一些不法分子利用增值税专用发票抵扣税款的功能，大肆虚开增值税专用发票，严重扰乱了正常的增值税专用发票管理秩序，给国家税收造成巨额损失，社会危害极大。为了严厉惩治虚开增值税专用发票的违法行为，1994年6月3日，最高人民法院、最高人民检察院联合印发了《关于办理伪造、倒卖、盗窃发票刑事案件适用法律的规定》。该规定第二条明确指出：“以营利为目的，非法为他人代开、虚开发票金额累计在50000元以上的，或者非法为他人代开、虚开增值税专用发票抵扣税额累计在10000元以上的，以投机倒把罪追究刑事责任。”这是我国首次以司法解释的方式将虚开增值税专用发票行为入罪。值得注意的是，在上述规定中，司法解释将代开与虚开发票行为相提并论，尤其是对代开、虚开发票行为规定以投机倒把罪论处。其实，代开、虚开发票行为与投机倒把行为之间并没有性质上的共通性。即使按照当时的刑法规定，投机倒把行为违反的也是工商管理法规，而代开、虚开发票行为违反的是税收征管法规。因此，将代开、虚开发票行为以投机倒把罪论处，实际上是将法无明文规定的行为通过司法解释的方式予以入罪。

1995年10月30日，全国人民代表大会常务委员会公布了《关于惩治虚开、伪造和非法出售增值税专用发票犯罪的决定》，这是我国第一次从法律上提出虚开增值税专用发票的概念，明确将为他人虚开、为自己虚开、让他人为自己虚开、介绍他人虚开增值税专用发票行为规定为犯罪，并规定了相应的刑罚。1997年，刑法将上述虚开增值税专用发票的定义吸收进第二百零五条，规定了虚开增值税专用发票的刑事罪名并一直沿用至今。

值得一提的是，关于为他人代开增值税专用发票问题，1996年6月7

日，《最高人民法院关于对为他人代开增值税专用发票的行为如何定性问题的答复》（法函〔1996〕98号）（已废止，后文不再特别说明）："根据《全国人民代表大会常务委员会关于惩治虚开、伪造和非法出售增值税专用发票犯罪的决定》（以下简称《决定》）第一条的规定，'虚开增值税专用发票'包括自己未进行实际经营活动但为他人经营活动代开增值税专用发票的行为。对为他人代开增值税专用发票的行为构成犯罪的，应当依照《决定》第一条的规定依法追究刑事责任。"

《最高人民法院关于适用〈全国人民代表大会常务委员会关于惩治虚开、伪造和非法出售增值税专用发票犯罪的决定〉的若干问题的解释》（法发〔1996〕30号）第一条进一步明确："根据《决定》第一条规定，虚开增值税专用发票的，构成虚开增值税专用发票罪。具有下列行为之一的，属于'虚开增值税专用发票'：（1）没有货物购销或者没有提供或接受应税劳务而为他人、为自己、让他人为自己、介绍他人开具增值税专用发票；（2）有货物购销或者提供或接受了应税劳务但为他人、为自己、让他人为自己、介绍他人开具数量或者金额不实的增值税专用发票；（3）进行了实际经营活动，但让他人为自己代开增值税专用发票……"

2018年，司法部门对上述口径进行了调整。《最高人民法院关于虚开增值税专用发票定罪量刑标准有关问题的通知》（法〔2018〕226号）规定："自本通知下发之日起，人民法院在审判工作中不再参照执行《最高人民法院关于适用〈全国人民代表大会常务委员会关于惩治虚开、伪造和非法出售增值税专用发票犯罪的决定〉的若干问题的解释》（法发〔1996〕30号）第一条规定的虚开增值税专用发票罪的定罪量刑标准。"由于法发〔1996〕30号文件第一条既规定了"虚开增值税专用发票"的几种行为方式，也规定了不同幅度量刑的数额，这里的"不再参照执行"是指既包括虚开增值税专用发票行为方式的规定，也包括相关数额的规定不再被执行。

《刑法》第二百零五条沿用了全国人民代表大会常务委员会《关于惩治虚开、伪造和非法出售增值税专用发票犯罪的决定》中对于“虚开增值税专用发票是指有为他人虚开、为自己虚开、让他人为自己虚开、介绍他人虚开增值税专用发票行为之一”的描述，将这几种行为确认为犯罪。

《最高人民法院、最高人民检察院关于办理危害税收征管刑事案件适用法律若干问题的解释》第十条规定：“具有下列情形之一的，应当认定为刑法第二百零五条第一款规定的‘虚开增值税专用发票或者虚开用于骗取出口退税、抵扣税款的其他发票’：（一）没有实际业务，开具增值税专用发票、用于骗取出口退税、抵扣税款的其他发票的；（二）有实际应抵扣业务，但开具超过实际应抵扣业务对应税款的增值税专用发票、用于骗取出口退税、抵扣税款的其他发票的；（三）对依法不能抵扣税款的业务，通过虚构交易主体开具增值税专用发票、用于骗取出口退税、抵扣税款的其他发票的；（四）非法篡改增值税专用发票或者用于骗取出口退税、抵扣税款的其他发票相关电子信息的；（五）违反规定以其他手段虚开的。”

（二）对于虚开增值税专用发票的立案标准，经历了比较大的变化

《最高人民法院关于适用〈全国人民代表大会常务委员会关于惩治虚开、伪造和非法出售增值税专用发票犯罪的决定〉的若干问题的解释》（法发〔1996〕30 号）第一条规定：“虚开税款数额 1 万元以上的或者虚开增值税专用发票致使国家税款被骗取 5000 元以上的，应当依法定罪处罚。”

2014 年 11 月 27 日，《最高人民法院研究室对西藏自治区高级人民法院〈关于如何适用法发〔1996〕30 号司法解释数额标准问题的请示〉的电话答复》（法研〔2014〕179 号）明确：“对虚开增值税专用发票案件的量刑数额标准，可以不再参照适用 1996 年《最高人民法院关于适用〈全国人民代表大会常务委员会关于惩治虚开、伪造和非法出售增值税专用发票犯罪的决定〉的若干问题的解释》。在新的司法解释制定前，对于虚开增值税专用发票案件的定罪量刑标准，可以参照《关于审理骗取出口退税刑事案件具体应用法律若干问题的解释》的有关规定执行。”

法研〔2014〕179号文件属于最高人民法院研究室制定的电话答复，制定程序不属于司法解释的制定程序，形式也不符合司法解释的形式，所以不属于司法解释，不具有法律效力。在司法审判实务中，法研〔2014〕179号文件仅作为对人民法院如何适用刑法的指导，并不产生废止法发〔1996〕30号文件的效力，不具有刚性拘束。并且，因危害税收征管范围一般都是经过税务机关、公安机关、检察机关的层层审查把关，即便前述机关意见与法研〔2014〕179号文件存在一定的偏差，人民法院也鲜见作出无罪判决。特别是，法研〔2014〕179号文件只是最高人民法院内部庭室答复，不是最高人民法院、最高人民检察院联合发文，因此对检察机关难以产生直接的指导意义。

原《最高人民检察院、公安部关于公安机关管辖的刑事案件立案追诉标准的规定（二）》第六十一条规定，虚开增值税专用发票或者虚开用于骗取出口退税、抵扣税款的其他发票，虚开的税款数额在一万元以上或者致使国家税款被骗数额在五千元以上的，应予立案追诉。对于本罪起刑点数额的规定与上述法发〔1996〕30号文件标准相同。

《最高人民法院关于虚开增值税专用发票定罪量刑标准有关问题的通知》（法〔2018〕226号）第二条规定：“在新的司法解释颁行前，对虚开增值税专用发票刑事案件定罪量刑的数额标准，可以参照《最高人民法院关于审理骗取出口退税刑事案件具体应用法律若干问题的解释》（法释〔2002〕30号）第三条的规定执行，即虚开的税款数额在五万元以上的，以虚开增值税专用发票罪处三年以下有期徒刑或者拘役，并处二万元以上二十万元以下罚金；虚开的税款数额在五十万元以上的，认定为刑法第二百零五条规定的‘数额较大’；虚开的税款数额在二百五十万元以上的，认定为刑法第二百零五条规定的‘数额巨大’。”按照上述规定，虚开入刑标准被适当提高，从一万元上升到五万元，同时排除了法发〔1996〕30 号文件规定的虚开增值税专用发票致使国家税款被骗取五千元以上的标准。

2022 年 4 月 6 日，最高人民检察院、公安部印发《关于印发〈最高人民检察院、公安部关于公安机关管辖的刑事案件立案追诉标准的规定（二）〉的通知》（公通字〔2022〕12 号），再次对虚开增值税专用发票的定罪标准进行了调整。该通知第五十六条规定：“［虚开增值税专用发票、用于骗取出口退税、抵扣税款发票案（刑法第二百零五条）］虚开增值税专用发票或者虚开用于骗取出口退税、抵扣税款的其他发票，虚开的税款数额在十万元以上或者造成国家税款损失数额在五万元以上的，应予立案追诉。”

自 2024 年 3 月 20 日起实施的《最高人民法院　最高人民检察院关于办理危害税收征管刑事案件适用法律若干问题的解释》（法释〔2024〕4 号）第十条、第十一条，是关于虚开增值税专用发票罪的量刑规定。

第十条规定：“具有下列情形之一的，应当认定为刑法第二百零五条第一款规定的‘虚开增值税专用发票或者虚开用于骗取出口退税、抵扣税款的其他发票’：（一）没有实际业务，开具增值税专用发票、用于骗取出口退税、抵扣税款的其他发票的；（二）有实际应抵扣业务，但开具超过实际应抵扣业务对应税款的增值税专用发票、用于骗取出口退税、抵扣税款的其他发票的；（三）对依法不能抵扣税款的业务，通过虚构交易主体开具增值税专用发票、用于骗取出口退税、抵扣税款的其他发票的；（四）非法篡改增值税专用发票或者用于骗取出口退税、抵扣税款的其他发票相关电子信息的；（五）违反规定以其他手段虚开的。”

第十一条规定：“虚开增值税专用发票、用于骗取出口退税、抵扣税款的其他发票，税款数额在十万元以上的，应当依照刑法第二百零五条的规定定罪处罚；虚开税款数额在五十万元以上、五百万元以上的，应当分别认定为刑法第二百零五条第一款规定的‘数额较大’‘数额巨大’。”与之前的司法解释相比，法释〔2024〕4号文件规定了虚开增值税专用发票罪的立案追诉标准为十万元，“数额较大”的标准五十万元保持不变，“数额巨大”的标准调整为五百万元。“具有下列情形之一的，应当认定为刑法第二百零五条第一款规定的‘其他严重情节’：（一）在提起公诉前，无法追回的税款数额达到三十万元以上的；（二）五年内因虚开发票受过刑事处罚或者二次以上行政处罚，又虚开增值税专用发票或者虚开用于骗取出口退税、抵扣税款的其他发票，虚开税款数额在三十万元以上的；（三）其他情节严重的情形。具有下列情形之一的，应当认定为刑法第二百零五条第一款规定的‘其他特别严重情节’：（一）在提起公诉前，无法追回的税款数额达到三百万元以上的；（二）五年内因虚开发票受过刑事处罚或者二次以上行政处罚，又虚开增值税专用发票或者虚开用于骗取出口退税、抵扣税款的其他发票，虚开税款数额在三百万元以上的；（三）其他情节特别严重的情形。以同一购销业务名义，既虚开进项增值税专用发票、用于骗取出口退税、抵扣税款的其他发票，又虚开销项的，以其中较大的数额计算。以伪造的增值税专用发票进行虚开，达到本条规定标准的，应当以虚开增值税专用发票罪追究刑事责任。”

二、虚开发票罪的演变

1979年的刑法未对虚开发票罪进行规定。1994年实行税制改革，虚开增值税专用发票行为日渐猖獗；1995年正式确立了虚开增值税专用发票罪；2011年的《刑法修正案（八）》将虚开普通发票入刑，罪名为“虚开发票罪”，在范围上对虚开发票的行为进行了扩大处罚。“虚开发票罪”系第二百零五条之一，与第二百零五条的“虚开增值税专用发票、用于骗取出口退税、抵扣税款发票罪”有密切联系。从法条和相关司法解释来看，虚开增值税专用发票罪保护的法益是国家税收和发票管理制度，而虚开发票罪保护的法益要倾向于发票管理制度。《最高人民法院 最高人民检察院关于办理危害税收征管刑事案件适用法律若干问题的解释》（法释〔2024〕4号）的理解与适用指出，两罪的区别主要体现在两方面。一是犯罪对象不同。从《刑法》第二百零五条之一的文义上来看，虚开增值税专用发票罪的犯罪对象是增值税专用发票，虚开发票罪的犯罪对象是除增值税专用发票、用于骗取出口退税、抵扣税款发票之外的其他发票。二是犯罪目的不同。如前所述，虚开增值税专用发票罪要有利用增值税专用发票的核心功能骗抵税款的目的。虚开发票罪是《刑法修正案（八）》新增罪名，之前虚开发票行为虽然较为常见，但不作为犯罪论处；入罪后的法定量刑也较轻，属于破坏发票管理秩序犯罪，不以造成税款损失等为构成要件，只需要虚开发票行为达到情节严重标准即可构成。有争议的是，对于不以骗抵税款为目的的虚开增值税专用发票的行为，能否按照虚开发票罪论处，如基于《刑法》第二百零五条之一的文义，仅从虚开的发票对象上是无法得出上述结论的。因该问题在理论和实务界均有争议，法释〔2024〕4号文件对该问题未作明确规定，尚需理论界和实务界的进一步探讨。

本书认为，对此问题应当从以下两个层面理解。

一是法释〔2024〕4号文件第十条第二款规定："为虚增业绩、融资、贷款等不以骗抵税款为目的，没有因抵扣造成税款被骗损失的，不以本罪论处，构成其他犯罪的，依法以其他犯罪追究刑事责任。"此处已明确指出，"不以骗抵税款为目的，没有因抵扣造成税款被骗损失的"仅仅是不构成虚开增值税专用发票罪，其目的是罪责刑相适应，避免轻罪重罚，而非直接认定为不构成犯罪，构成其他犯罪的依然要依法追究刑事责任。

二是从造成的实际后果来看。本书认为，违法行为评价应当保持平衡。从文义上看，如果对于不以骗抵税款为目的的虚开增值税专用发票的行为不追究刑事责任，部分人员就会逃避打击，从虚开增值税普通发票转移为虚开增值税专用发票，背后的逻辑是虚开增值税普通发票会面临刑事责任，而虚开增值税专用发票则无罪，反而造成虚开增值税专用发票行为的进一步猖獗，出现这样的局面显然与立法本意背道而驰。而且，不以骗抵税款为目的虚开增值税专用发票行为，并非发挥增值税专用发票的抵扣功能，与虚开增值税普通发票并无本质区别，在法律评价上也不应当差异化对待，不能简单机械地理解为此处的发票仅限于增值税普通发票，而是要进行适当的扩充性解释，将上述行为囊括其中，避免造成对此行为的法律评价缺位。

三、查处虚开增值税发票犯罪行为出现的新变化

随着增值税发票制度的不断推行，出现了以下几种新情况。

一是由于行政处理程序与刑事诉讼程序衔接不够完善，受票方接受虚开并虚抵情况下，存在行政规范与刑事规范适用上的冲突。实践中，为解决上述问题，我国出台了以下文件。

（1）《最高人民法院关于在司法机关对当事人虚开增值税专用发票罪立案侦查之后刑事判决之前，税务机关又以同一事实以偷税为由对同一当事人能否作出行政处罚问题的答复》（〔2008〕行他字第1号）明确，“根据《行政执法机关移送涉嫌犯罪案件的规定》第三条、第五条、第八条、第十一条的规定，税务机关在移送公安机关之前已经给予当事人罚款处罚的，法院在判处罚金时应当折抵罚金”。但是，即使税务机关在刑事判决后作出偷税的行政罚款，也仍然无法解决该问题。

（2）移送时未作出行政处罚决定的，应当在公安机关决定不予立案或者撤销案件、人民检察院作出不起诉决定、人民法院作出无罪判决或者免予刑事处罚后，再决定是否给予行政处罚。对于达到移送标准的，应当先不作行政处罚，这便解决了上述冲突。但是，对于未达到标准，或者最终

公安机关不予立案的，仍交由税务机关处理。

需要提醒的是，对于增值税专用发票抵扣，可以按照〔2008〕行他字第1号文件划分虚开发票行为，那么对于虚开数电票是否适用呢？其实数电票只是发票抵扣方式的转变，并没有改变其抵扣功能。因此，可以继续适用上述文件为其定性。

那么，接受增值税普通发票（包括电子普通发票）虚开，应当如何定性呢？表面上看，上述文件要求只是对增值税专用发票作了明确规定，增值税普通发票不能直接适用上述文件要求。但是，对于同类问题的思考方式，应当保持一致性和连贯性，只有这样才能做到逻辑上的自圆其说。对于接受增值税普通发票，延续上述逻辑应当是，如果实现了企业所得税前扣除，并在所在年度造成汇算清缴，以及企业所得税税款少缴，就能被定性为偷税；如果未造成企业所得税税款少缴，只是扩大了可弥补税前亏损，就无法定性为偷税，只能定性为虚开。

二是出现了真实交易代开发票，是否定性为虚开并追究刑事责任。

《刑法》规定虚开增值税专用发票犯罪，不仅是为避免国家税款的流失，还是为了维护增值税专用发票的管理秩序。不以营利为目的，增值税一般纳税人为其他纳税人根据商品交易额如实代开，实施代开行为的纳税人是否构成虚开增值税专用发票罪主体？对此问题在实践中存在争议主要有两种观点：一种观点认为，增值税一般纳税人如实代开增值税专用发票不宜被认定为犯罪行为，以一般违法行为论处即可，因为，其仅违反增值税专用发票独立使用原则，虽然为他人代开，但所开为“实”，并非为“虚”，未造成国家税款的流失；另一种观点认为，增值税一般纳税人代开增值税专用发票，符合《刑法》规定的“为他人虚开”行为，如达到定罪标准，应以虚开增值税专用发票罪定罪处罚。

但是，在实践中，对于所谓的“如实代开行为”，应当多环节、整体来看待其虚开发票行为。特别是，在拉长虚开链条后，虚开方对外开具发票，应观察整体的虚开链条，辨别税款损失是否存在。比如，有 A、B、C 三家企业，其中，A 企业、B 企业为虚开企业，均为同一控制人老 K 掌握，A 企业取得甲公司开具“富余票”100 万元，随后 A 企业为 B 企业虚开 100 万元增值税专用发票，B 企业则为 C 企业虚开 100 万元增值税专用发票；如果单独观察 A 企业和 B 企业之间的关系，并未造成税收损失，但是如果把抵扣链条进一步延伸，就会发现 B 企业接受虚开进项后，再度对外开票消化进项，虚开进项在抵扣链条经过多环节传递后，最终成为 C 企业取得的进项税额，造成了 C 企业应纳税额的实际减少。

当然，从最高人民法院的答复意见、座谈会纪要、发布的典型案例来看，对于“挂靠”方式代开发票，行为人都是以小本买卖作为谋生手段，对外提供了真实的货物、劳务等，而对方是大企业，一般要求凭增值税专用发票才能结算价款，限于营业资质等问题，行为人只能找到相关企业帮助其对外开具增值税专用发票以结算价款。开票企业是正常经营的工商企业，不是开票公司，一般也会扣除一定比例款项以弥补自己增加的税费。对此类挂靠代开，各方主观上都没有通过虚开骗取国家税款的目的，客观上也没有造成国家税款损失，不宜按照虚开增值税专用发票罪处理。行为人存在偷税的，可以依法追究偷税等行政责任，责令补税、交滞纳金等足以解决问题，不应启动刑事诉讼程序把行为人送进监狱。此类代开行为主要是政府当时对市场经济活动的过度管制导致的，行为人为了谋生挂靠、借用其他企业资质的行为在 2004 年《中华人民共和国行政许可法》（以下简称《行政许可法》）实施前后，几乎是普遍现象。如果对这种现象一律定性为虚开，则打击面太大。

自 2004 年以来，国务院按照《行政许可法》的要求，不断清理行政审批事项，减少对微观经济活动的政府干预管制。2004 年 6 月 29 日发布的《国务院对确需保留的行政审批项目设定行政许可的决定》（国务院令第 412 号）和 2015 年 5 月 10 日发布的《国务院关于取消非行政许可审批事项的决定》（国发〔2015〕27 号）明确提出，今后不再保留“非行政许可审批”这一审批类别。审批部门要严格规范审批行为，明确政府内部审批的权限、范围、条件、程序、时限等，严格限制自由裁量权，优化审批流程，提高审批效率；要进一步深化行政体制改革，深入推进简政放权、放管结合，加快政府职能转变，不断提高政府管理科学化、规范化、法治化水平。发展到今天，国务院的“放管服”工作要求实施行政许可事项清单管理。在此背景下，国家税务总局发布了《增值税一般纳税人登记管理办法》，并自 2018 年 2 月 1 日起施行，取消了增值税一般纳税人的认定制（审批制），降低了一般纳税人的登记门槛。除特定行业、特定领域之外，之后的挂靠代开等现象也会逐渐减少。

三是实践中出现了不以骗取税款为目的，客观上也不可能造成国家税款实际损失，但又不具有与增值税专用发票记载内容相符的真实交易的“虚开”行为，如增加销售额，夸大业绩的对开、环开专用发票行为（增值税进项税额、销项税额流转形成封闭循环），这种行为虽然在客观上破坏了增值税专用发票的管理制度，但与以骗取国家税款为目的虚开增值税专用发票行为相比具有质的区别。特别是，证券市场的上市公司为了满足股票增发销售收入等数据要求，上市主体内部按照同等金额互相开具发票，做大销售收入的行为较为常见。参照典型案例，若没有通过增值税专用发票特有的抵扣税款目的，也没有造成国家税款损失的后果，则不应构成犯罪，可以依据《发票管理办法》《税收征收管理法》进行相应的行政处罚。

2020 年，《最高人民检察院关于充分发挥检察职能服务保障“六稳”“六保”的意见》明确提出：“依法慎重处理企业涉税案件。注意把握一般涉税违法行为与以骗取国家税款为目的的涉税犯罪的界限，对于有实际生产经营活动的企业为虚增业绩、融资、贷款等非骗税目的且没有造成税款损失的虚开增值税专用发票行为，不以虚开增值税专用发票罪定性处理，依法作出不起诉决定的，移送税务机关给予行政处罚。”《最高人民法院、最高人民检察院关于危害税收征管刑事案件适用法律若干问题的解释》第十条第二款规定：“为虚增业绩、融资、贷款等不以骗抵税款为目的，没有因抵扣造成税款被骗损失的，不以本罪论处，构成其他犯罪的，依法以其他犯罪追究刑事责任。”以最高人民法院、最高人民检察院司法解释的方式，确认该种行为不按照犯罪处理。

按照上述文件规定，企业虚开增值税专用发票行为客观上没有造成税款损失，主观上也没有骗税目的，只是干扰了正常的发票管理秩序，违反了发票开具的行政规范，刑法对此应当保持谦抑性，不应当采用严厉的刑事手段追究其过失，因为难以做到主客观相一致、罪责刑相适应。

第五讲　虚开发票行为的行政和刑事定性

一、根据税收实践，虚开主体有如下分类

1. “富余票”企业

理论上可产生“富余票”的增值税一般纳税人，如加油站、水泥建材、钢材等行业，因为销售对象在很多情况下是消费者个人，对方不需要增值税专用发票用于抵扣，所以这些企业产生了大量“富余”的增值税专用发票。受利益驱动，一些不法企业利用这些“富余票”，向与销售无关的其他企业实施虚开发票行为，提供增值税专用发票以供对方抵扣，并从中收取开票费牟取暴利。

2. 设立“空壳”企业虚开

设立“空壳”企业的目的，就是利用客观存在的增值税专用发票买卖市场，隐藏或逃避某些法律责任或税务责任。“空壳”企业虚开发票行为主要分为以下类别：一是以低买高卖增值税专用发票方式赚取开票费差价；二是直接成立涉农产品生产加工企业，利用农产品收购发票虚抵进项对外虚开增值税专用发票；三是直接采取暴力虚开方式。此类企业大多为新注册或者变更登记的贸易类公司，同一团伙企业的注册地址相近，多在同一小区或同一栋楼里，而且多家企业聘请同一人担任财务负责人或办税员。在虚开的表现行为特征上，体现为增值税销项税额远大于进项税额，

或销项税额很大而进项税额为零；开票时间间隔在 1 个月以内，一般情况下，虚开企业会利用3～5 天的时间将增值税专用发票全部对外开具好，短时间内集中开票。开票金额与开票数量的特征：顶额开票。虚开企业一般为新注册的公司，纳税信用等级不高，税务局对其开票金额与领票数量都进行了限制。虚开企业虚开发票后不进行纳税申报或进行零金额申报，申报以后随即走逃（失联）。

3. 中间人介绍虚开

中间人介绍虚开，是指中间人穿梭于客观存在的增值税专用发票买卖地下市场，为卖方单位和买方单位牵线搭桥，撮合二者成交，从中牟利。主要表现为：买卖双方账面显示以现金方式收、付款，金额高达十多万元，甚至上百万元；买方转账支付的货款来自个人卡借入，卖方收到的货款当天或隔天流向个人卡；无实际运费发生或发生金额较少。

4. 利用农产品收购发票虚开

利用农产品收购发票虚开，是指企业利用手中农产品收购发票虚开收购金额，或通过多开数量、多开金额多抵进项。这类企业目的或为偷税，或为抵扣对外虚开增值税专用发票产生的销项税额。

5. 操纵全产业链式虚开骗税

操纵全产业链式虚开骗税的企业为出口供货企业、涉农或即征即退纳税企业。为达到骗取出口退税，以及逃避检查的目的，一些犯罪团伙采取产、供、销“一条龙”方式，操纵全产业链式虚开骗税。他们故意在不同地区设立有进出口经营权的外贸企业、出口供货企业（国内供货企业）和上游涉农（或即征即退）原材料生产企业。由出口供货企业开具增值税专用发票给下游外贸出口企业，假报货物出口，骗取国家出口退税。出口供货企业利用原材料生产企业开具的增值税专用发票，将虚开产生的销项税金予以抵扣，再由原材料生产企业通过虚开农产品收购发票将销项税额予以抵扣，或通过即征即退方式将销项税额由政府返还，达到骗税的目的。

6. 为虚增业绩或骗取银行贷款对开或环开

购销双方互为销售方或三方、四方以上企业，彼此形成上下游供货关系，通过对开或环开增值税专用发票，将对下游企业开具的增值税专用发票产生的销项税额抵扣掉，其目的是虚增业绩或取得银行授信、增加贷款额度。

二、根据税收实践，虚开发票行为一般有单独分类

第一类情形：开票方被定性为虚开发票，受票方被定性为接受虚开发票

案例4

A 企业（受票方）和 B 企业（开票方）在未发生实际购销活动的情形下，直接由 B 企业开具 1000 万元增值税专用发票，并在收到对应货款、扣除 3 个点的开票费用后，将其余款项回流给 A 企业。

分析：在本案中，B 企业属于为他人开具与实际经营不符的发票，A 企业属于让他人为自己开具与实际经营不符的发票。二者都有虚开发票的故意。在税法上构成虚开增值税专用发票行为，不再考虑单独区分增值税专用发票或增值税普通发票。

在刑法上，B 企业涉嫌“虚开增值税专用发票罪”中列举的“没有实际业务，开具增值税专用发票、用于骗取出口退税、抵扣税款的其他发票”的情形；A 企业出于逃避缴纳税款目的，涉嫌“逃税罪”中列举的“虚抵进项税额”的情形。

如果此时引入第三方，最常见的就是票货分离，问题讨论也就变得更加复杂。

案例5

A 企业（购进方）和 B 企业（销售方）在发生相应购销活动的情形

下，B 企业居中介绍，让与 A 企业没有经营往来的 C 企业为 A 企业直接虚开 1000 万元发票。

分析：如果 B 企业居中介绍，C 企业主动为 A 企业虚开发票，则 A 企业和 C 企业当然属于知情。B 企业属于介绍他人开具与实际经营不符的发票；C 企业属于为他人开具与实际经营不符的发票；A 企业属于接受他人开具与实际经营不符的发票。三者都有虚开的主观故意。由于 B 企业的存在，各方构成虚开发票行为的不当连接。

在刑法上，C 企业涉嫌"虚开增值税专用发票罪"中列举的"没有实际业务，开具增值税专用发票、用于骗取出口退税、抵扣税款的其他发票"的情形；B 企业属于"虚开增值税专用发票罪"的共犯；而 A 企业涉嫌"逃税罪"中列举的"虚抵进项税额"的情形。

有人提出，《最高人民法院　最高人民检察院关于办理危害税收征管刑事案件通用法律若干问题的解释》（法释〔2024〕4 号）第十条突出"开具"二字，原来"介绍他人虚开"字样已经删除，此时是否认为介绍虚开的 B 企业无法再以虚开增值税专用发票罪予以定性？

这种理解是比较机械的，这里所说的"开具"，既指直接实施虚开发票行为的 C 企业，也包括为虚开帮助、教唆的 B 企业，法释〔2024〕4 号文件第十九条规定："明知他人实施危害税收征管犯罪而仍为其提供账号、资信证明或者其他帮助的，以相应犯罪的共犯论处。"因为这里的"其他帮助"属于兜底规定，所以完全可以涵盖为虚开发票行为的共犯。

如果 C 企业不知情，B 企业以 A 企业名义订购货物，A 企业对此知情，则 A 企业属于接受他人开具与实际经营不符的发票；B 企业属于让他人开具与实际经营不符的发票。但是，对 C 企业不应定性为虚开，因为其没有虚开的主观故意，而且已经尽了审查义务，法律不应强人所难，其不应承担相应的行政责任。

在刑法上，A 企业和 B 企业依然分别涉嫌"虚开增值税专用发票罪"

“逃税罪”。但是，由于C企业是在不知情的情形下被骗开具增值税专用发票的，主观上没有骗取税款的故意，不应承担刑事责任和行政责任。

如果对此模式进一步升级，则可以分为主动型票货分离。比如，C企业将购进货物销售给B企业，B企业销售给D企业，同时C企业将1000万元“富余票”开给A企业，B企业隐瞒收入，此时就成了上述案例的升级版。A企业属于无货接受虚开，C企业属于无货虚开，B企业依然构成偷税，D企业属于正常经营；如果D企业也需要接受发票，则此时再次触发虚开。

但是，这个问题到此并没有结束，接下来我们再看被动型票货分离。

案例6

A个体户以B企业名义从C企业处购入货物，货款由B企业支付，货物由A个体户提走，进项税额由B企业抵扣。

在此种情形下，A个体户实际构成民法上的表见代理，因此，C企业并无过错，不应当被定性为虚开发票；A个体户属于让他人、为他人虚开发票；B企业属于接受虚开发票。但是，实际上，B企业主张对该笔货物进行转售而未进行申报，此时应当被定性为偷税行为，而非虚开发票行为。从表面上看，被定性为偷税行为处罚得更重，但是如果进入刑事领域，则此问题会发生反转，在量刑时会出现偷税刑期明显少于虚开发票刑期的问题。

第二类情形：开票方被定性为异常凭证，受票方进项税额转出

案例7

A企业将货物转售给B企业，开具发票收款后，未申报缴纳税款后走逃（失联）。

在行政法上，在此类情形下，双方均无法定性为虚开发票行为。判断

虚开发票行为的常见依据是“三流一致”，但是该原则受到越来越多的质疑。由于服务、劳务发生一段时间后即结束，实际是否发生难以追踪，实践中，税务机关关注更多的还是货物的真实性。

在实践中，税务机关主要关注资金流、货物流、发票流，辅以合同流的辨别。资金流主要关注大额资金长期未支付或者出现资金回流且无合理理由的情况，货物流主要关注运费发票、入库单、出库单。

2016 年 10 月 14 日，《国家税务总局货物和劳务税司就旅行社业“营改增”反映集中的问题所进行的答复》中有关“三流合一”的解释如下。

“（四）纳税人遵从成本有所增加，征管设计有改进的空间。

“一方面，增值税对企业的发票管理、业务核算、纳税管理等都提出了更高的要求，纳税人遵从成本有所增加。另一方面，部分征管制度设计尚不尽如人意。增值税发票管理‘三流合一’的要求对部分业务产生影响。例如部分地方规定，旅行社向酒店付款，那么酒店发票只能开给旅行社而不能以客户单位为开票抬头；许多旅客以个人名义报团，发票又需要开具公司抬头，旅行社极易不符合‘三流合一’的规定。

“国家税务总局货劳司：纳税人遵从成本有所增加是正常的，因为现在增值税管理比营业税要严格，从总局了解的情况，国税局的管理比地税局要严格规范一些，政策制定比较统一。地税局各地之间差异比较大，地方性的政策也比较多。

“‘三流合一’是 1995 年国税发 192 号文件，那个文件的其他条款全都废止了，就留了这一条。到现在已有二十多年，现在形势的发展无论是支付手段，还是发票监管，都是电子抵账，已经很强大了。当时都是手开票，拿手写的专用发票，那个情况下税务局需要看是否‘三流合一’，但是现在该条款管的范围还仅限于货物和运输服务。营改增的服务领域不适用该条规定。关于该条款总局会再评估一下，如果觉得它存在已经没有意义的话，今后有可能会取消。”

但是，对于暴力虚开发票行为而言，资金流属于断流状态，并未出现资金回流，如果仅依据大额未支付现金就定性为虚开发票行为，证据证明明显不足。由于相关人员快速走逃（失联），账簿资料无法检查，业务真实性无从判断，证据上处于合理怀疑的阶段，为了保障国家的税收利益，只能要求对相关进项税额进行转出处理。此时，受票方产生新问题：能否定性为善意取得？

回答是不能。由于善意取得仅限于被定性为虚开发票，而且仅限于增值税专用发票；对于定性为异常的凭证，只是认为其存在虚开嫌疑，暂时冻结而非永久剥夺其抵扣权，在此情形下，开票方被定性为异常凭证，受票方只能进项税额转出，如果符合条件重新开具增值税专用发票，就可以继续抵扣。

在刑法上，对于暴力虚开后走逃（失联）企业，其虚开增值税专用发票行为造成税收损失的，应当定性为“虚开增值税专用发票罪”；其虚开增值税普通发票行为，不再考虑是否造成税收损失，同样被定性为“虚开发票罪”。

案例8

A 企业并无货物销售给 B 企业，开具发票后走逃（失联）。

此种情形下，因为上游企业已经走逃（失联），主管税务机关对走逃（失联）户既无法查处相关账簿，也无法核实业务真实性，所以将其对外开具的发票定性为异常凭证。

但是，需要注意的是，矫枉不能过正，不能简单地直接将所有走逃（失联）企业开具的发票一律定性为异常凭证。原因很简单，定性为异常凭证是针对其存疑虚开发票行为，而在税收实践中，存在错误的认识：有的税务机关存在“疑罪从有”的错误观念，在证据明显不足的情形下，直接将走逃（失联）企业开具的发票全部定性为异常凭证；有的甚至全部定性为虚开发票，带来的后果就是下游受票方遭受不公正处理。将走逃（失联）企业开具的所有增值税专用发票等同于虚开发票，以身份定行为，而非以事实定行为，这是与当前实际严重不符合的。税务机关是因为开票方在没有真实交易或者实际交易双方不一致的情况下，将其开具的发票定性为虚开，而对其基于真实交易行为开具的发票仍然要准予抵扣。对于无法确定业务真实性的应当“疑罪从无”，而不是主观臆断定性为虚开发票，人为制造不必要的执法风险，给企业造成额外的税收损失。

刑法分析同案例4。

第三类情形：开票方被定性为虚开发票，受票方被定性为善意取得

此类情形现在虽然少量存在，却是屠龙之技。原因在于，善意取得的文件出台背景只可能发生在手工开票年代。由于当时增值税专用发票采用手工开票的方式，相对于实施“金税工程”以后的税控机开票方式，缺乏对增值税专用发票开具和抵扣进行监管的有效手段，在现实生活中，某些不法分子为牟取经济利益，实施虚开增值税专用发票等违法犯罪行为，利用增值税专用发票的抵扣功能大肆骗取国家税款，严重破坏国家增值税征管制度，造成国家税款的大量流失。各地陆续爆发了数额达百万元、千万元，甚至上亿元的税案，震惊全国。如果虚开方A公司买的是本省的真发票并对外开具，接受方B公司是不可能辨别出来的，就出现了善意取得的问题。但是，随着增值税发票防伪税控系统的普及，以往通过购买、借用、伪造等非法手段取得发票的违法行为无处遁形。实践中，由于信息技术的管控，如果自己开具了他人的发票，受票方就无法通过验证。

在刑法上，仅对开票方定性为“虚开增值税专用发票罪”；善意取得方不构成行政违法，更不构成犯罪。

第四类情形：开票方被定性为虚开发票，受票方无法定性，只能要求纳税人将进项税额转出，并加收滞纳金

有个别税务机关对此问题处理失当，直接将其定性为善意取得。税务机关的逻辑在于，既然无法定性恶意取得，但是由于善恶属于对立，就错误地直接推定纳税人取得虚开增值税发票没有主观恶意，将其定性为善意取得。实际上，善意取得必须同时具备四个条件，如果不符合就不能被定性为善意。因此，不能采取非此即彼的思考方式，直接忽略了善意取得的具体规定，导致未能加收滞纳金，并造成新的税收执法风险。在税收实践中，对此类问题证据不足无法定性的，应当将进项税额转出，并依法加收滞纳金。

需要注意的是，如果将不符合条件的虚开发票行为定性为善意取得，后期又发现虚开发票的证据，对于同一违法事实就会产生两种截然不同的税收行为定性，税务机关是否需要对此承担相应的责任？因此，本书建议，对于定性善意取得必须谨慎，不可率性而为！

第五类情形：特定行业开票方与受票方均为同一纳税人，可能涉及双向虚开

一般情况下，由销售方（收款方）向购买方（付款方）开具发票，即常见的“正向开票”。所谓“反向开票”，即发票的开具流程与常规流程相反，由购买方（付款方）向销售方（收款方）开具发票。“反向开票”一般具有如下情形。

（1）收购单位向农业生产者个人购进自产农产品，企业可自行开具农产品收购发票。

（2）已备案汽车销售企业从自然人处购进二手车，允许企业反向开具二手车销售统一发票，并凭此办理转移登记手续。

（3）国家电网公司从分布式光伏发电项目发电用户处购买电力产品，允许国家电网所属企业直接向发电用户开具普通发票。

（4）扣缴义务人支付个人款项时，可由购买方（付款方）向销售方（收款方）开具发票。

（5）《国家税务总局关于资源回收企业向自然人报废产品出售者“反向开票”有关事项的公告》（国家税务总局公告2024年第5号）规定：“自2024年4月29日起，自然人报废产品出售者（以下简称出售者）向资源回收企业销售报废产品，符合条件的资源回收企业可以向出售者开具发票。”

由于上述情形下，销售方（收款方）均为“自然人”，大多数不愿意花费精力去税务部门办理代开发票事务，购买方（付款方）企业常常难以获得合规的增值税发票。当企业无法取得自然人销售发票作为税前扣除凭证时，势必增加企业的税收成本。为提升特定行业的企业向自然人开展业务时取得发票的便利性，特别实施了“反向开票”制度设计。以农产品行业为例，《中华人民共和国增值税暂行条例释义》第八条指出：“由于农业生产者数量众多，税源分散，不便征管，同时增值税实行凭发票注明税款抵扣制，要求有健全的会计核算制度，要求农民做到这一点很困难，因而国际上对农业一般采取了特殊的增值税政策。我国对农业生产者销售的自产农产品免征增值税。按道理，购进免税的农产品，因为购买方没有向农民支付增值税额，也就无税款可供抵扣。但生产农产品需要投入如农机具、燃料、动力等生产资料，农民在购买这些农业生产资料时，是支付了增值税的，也就是说，农业生产的投入物是含有增值税的。这样购进农产品时，购买方虽未直接支付增值税款，却已负担了农业生产投入物的增值税，如果不允许扣除农产品中所含的增值税，就会造成一定程度的重复征税。为解决这一矛盾，减轻农民负担，原条例把购进免税农产品所负担的增值税款，作为一种特殊的进项税额按10%扣除率计算抵扣。”（财政部、税务总局、海关总署公告2019年第39号文件：自2019年4月1日起，原适用16%、10%税率的分别调整为13%、9%；农产品扣除率，由原10%调整为9%；购进用于生产或者委托加工13%税率货物的农产品，按照10%的扣除率计算进项税额）

由于在“反向开票”方式下，开票方、受票方均为同一主体，开票方在对外虚开的同时，可以用自然人的名义为自己开具发票，进而造成了虚开的便利性。以农产品行业为例，因为实施了计算抵扣和核定扣除两种方式，而核定扣除的目的在于隔离虚开进项，所以只按销售额反向推出进项税额，收购发票便被剥离了抵扣功能，不影响增值税收，进而制约了虚开发票行为，其计算方式带来的影响见表1-3。

表1-3 农产品行业（一般纳税人）

交易模式	手段	增值税影响	定性
虚假货物交易	双向虚开	1. 开票方无实际应纳税额，但虚开发票为受票方偷税提供便利 2. 虚开收购发票抵扣，平衡虚开成本，隐瞒虚开发票行为	虚开
真实货物交易	单向虚开	虽然开票方销售额真实，但是农产品为从贩子处购进，虚开收购发票抵扣造成偷税后果	偷税
	双向虚开	开票金额大于实际销售额，此时通过虚开收购发票抵扣，平衡虚开成本，隐瞒虚开发票行为	虚开

第六讲　认定虚开发票行为成立的政策体系

一、行政责任认定体系

按照第一讲描述的虚开发票方式，虚开发票的行政认定按照开票方和受票方分别有如下定性：对开票方来说，可以划分为虚开发票、异常凭证、合规发票；对受票方来说，可以划分为善意取得、无法定性、接受虚开、不得抵扣、正常抵扣。(见表1－4)

表1－4　开票方、受票方分类定性归纳表

开票方	受票方
虚开发票	善意取得
	无法定性
	接受虚开
异常凭证	不得抵扣
合规发票	正常抵扣

对于虚开的认定，共涉及8个依据，其基本概念来源于《发票管理办法》第二十一条、《发票管理办法实施细则》第二十九条。

界定虚开发票行为的税收规范性文件主要有以下6个：

(1)《国家税务总局关于纳税人取得虚开的增值税专用发票处理问题的通知》(国税发〔1997〕134号)；

(2)《国家税务总局关于〈国家税务总局关于纳税人取得虚开的增值

税专用发票处理问题的通知〉的补充通知》（国税发〔2000〕182号）；

（3）《国家税务总局关于纳税人善意取得虚开的增值税专用发票处理问题的通知》（国税发〔2000〕187号）；

（4）《国家税务总局关于纳税人善意取得虚开增值税专用发票已抵扣税款加收滞纳金问题的批复》（国税函〔2007〕1240号）；

（5）《国家税务总局关于纳税人虚开增值税专用发票征补税款问题的公告》（国家税务总局公告2012年第33号）；

（6）《国家税务总局关于纳税人对外开具增值税专用发票有关问题的公告》（国家税务总局公告2014年第39号）。

可以说，《发票管理办法》第二十一条、《发票管理办法实施细则》第二十九条和上述6个规范性文件，初步构建了虚开发票的行政认定体系。

在这里要着重介绍国家税务总局公告2012年第33号文件和国家税务总局公告2014年第39号文件。

（1）国家税务总局公告2012年第33号文件出台的目的是消除政策歧义，解决对虚开方虚开税额进行二次征税的问题。

国家税务总局公告2012年第33号文件和《国家税务总局关于加强增值税征收管理若干问题的通知》（国税发〔1995〕192号）的关系：目的是，在防伪税控系统时代，由于虚开公司已经就虚开发票的税额纳税，无须再次纳税；而对开具发票没有征税的要征收税款情况，只存在于手写增值税发票时代。这也是国家税务总局公告2012年第33号文件出台背景的题中之义。因此，国家税务总局公告2012年第33号文件表述为"已就其虚开金额申报并缴纳增值税的，不再按照其虚开金额补缴增值税"。

国家税务总局公告解读说得十分明确：《国家税务总局关于加强增值税征收管理若干问题的通知》（国税发〔1995〕192号）和《国家税务总局对代开、虚开增值税专用发票征补税款问题的批复》（国税函发〔1995〕415号）的下发有其历史背景，因为当时使用的是手写版增值税专用发票，存在开具“大头小尾”发票和单联填开发票的行为，造成开票方的开票收入不申报或少申报缴税，而受票方虚抵、多抵增值税。因此，国税发〔1995〕192 号文件和国税函发〔1995〕415 号文件对虚开增值税专用发票征补税款的处理规定符合当时的实际征管情况。在增值税防伪税控系统全面推行后，如果开票方对虚开的增值税专用发票在当期进行了全额抄报税、纳税申报及税款缴纳，对其已缴纳的税款再次进行补征，就会造成重复征税。因此，从增值税征收管理实际出发，同时为避免国税发〔1995〕192 号文件和国税函发〔1995〕415 号文件表述可能造成的歧义，特在公告中对该问题予以进一步明确，即纳税人虚开增值税专用发票，未就其虚开金额申报并缴纳增值税的，应按照其虚开金额补缴增值税；已就其虚开金额申报并缴纳增值税的，不再按照其虚开金额补缴增值税。同时，将国税发〔1995〕192 号文件和国税函发〔1995〕415 号文件的相关规定废止。

（2）国家税务总局公告 2014 年第 39 号文件的出台，主要是为了明确在真实交易下，采用挂靠方式是否属于虚开问题。界定了纳税人有三种行为不属于虚开增值税专用发票，目的在于既保护国家税款安全，又维护纳税人的合法权益，与国税发〔1995〕192 号文件列举的货物、资金、发票“三流合一”才能抵扣相比，国家税务总局公告 2014 年第 39 号文件列举的货物（劳务、服务）、资金（索款凭据）、发票“三流合一”发票可以抵扣，且范围更大。

国家税务总局在对国家税务总局公告 2014 年第 39 号文件的官方解读中对此解释如下。

“一、纳税人对外开具的销售货物的增值税专用发票，纳税人应当拥有货物的所有权，包括以直接购买方式取得货物的所有权，也包括‘先卖后买’方式取得货物的所有权。所谓‘先卖后买’，是指纳税人将货物销售给下家在前，从上家购买货物在后。

“二、以挂靠方式开展经营活动在社会经济生活中普遍存在，挂靠行为如何适用本公告，需要视不同情况分别确定。第一，如果挂靠方以被挂靠方名义，向受票方纳税人销售货物、提供增值税应税劳务或者应税服务，应以被挂靠方为纳税人。被挂靠方作为货物的销售方或者应税劳务、应税服务的提供方，按照相关规定向受票方开具增值税专用发票，属于本公告规定的情形。第二，如果挂靠方以自己名义向受票方纳税人销售货物、提供增值税应税劳务或者应税服务，被挂靠方与此项业务无关，则应以挂靠方为纳税人。这种情况下，被挂靠方向受票方纳税人就该项业务开具增值税专用发票，不在本公告规定之列。

"三、本公告是对纳税人的某一种行为不属于虚开增值税专用发票所做的明确，目的在于既保护好国家税款安全，又维护好纳税人的合法权益。换一个角度说，本公告仅仅界定了纳税人的某一行为不属于虚开增值税专用发票，并不意味着非此即彼，从本公告并不能反推出不符合三种情形的行为就是虚开。比如，某一正常经营的研发企业，与客户签订了研发合同，收取了研发费用，开具了专用发票，但研发服务还没有发生或者还没有完成。这种情况下不能因为本公告列举了'向受票方纳税人销售了货物，或者提供了增值税应税劳务、应税服务'，就判定研发企业虚开增值税专用发票。"

综上所述，对上述6个税收规范性文件之间的逻辑关系梳理如下。

（1）如果该笔业务对应的货物（劳务、服务）、资金（索款凭据）、发票"三流合一"，购货方既不适用"善意取得"，也不适用虚开，属于真实存在的正常交易，则直接适用国家税务总局公告2014年第39号文件，销售方该笔业务对应开具的增值税专用发票不得定性为虚开。开票方未定性为虚开，受票方不成立接受虚开，已经抵扣的进项税额不必做转出处理，虚开链条有限条件下终止，不被无限传导。需要注意的是，挂靠方以被挂靠方名义应当包括表见代理：行为人没有代理权，以被代理人名义订立合同，相对人有理由相信行为人有代理权的，该代理行为有效。本书认为，可以判定为善意取得发票。

（2）如果销售方主管税务机关向购买方主管税务机关出具《已证实虚开通知单》，则按照《国家税务总局关于纳税人取得虚开的增值税专用发票处理问题的通知》（国税发〔1997〕134号）、《国家税务总局关于〈国家税务总局关于纳税人取得虚开的增值税专用发票处理问题的通知〉的补充通知》（国税发〔2000〕182号）、《国家税务总局关于纳税人善意取得虚开的增值税专用发票处理问题的通知》（国税发〔2000〕187号）、《国家税务总局关于纳税人善意取得虚开增值税专用发票已抵扣税款加收滞纳金问题的批复》（国税函〔2007〕1240号）区分是否符合善意取得，分别进行处理。

如果符合善意取得条件，则对购买方不以偷税或骗税论处，不实施行政处罚，但不予抵扣进项税额、不予出口退税；已经抵扣进项税额或已取得出口退税的，应依法予以追缴。

如果不符合善意取得条件，且证据不足无法定性为接受虚开，则进项税额可做转出处理，并加收滞纳金；由于事实不清，证据不足，不应进行行政处罚。

如果符合接受虚开条件，则应当区分是否已经抵扣，从而构成不交或少交税款的后果。如果构成不交或少交税款的后果，则应视为虚开和偷税的法条竞合而择一重处；如果取得专用发票未申报抵扣税款，或未申请出口退税，则定性为虚开处理。

（3）销货方对外虚开，依据国家税务总局公告2012年第33号文件规定，对虚开金额全额征税，其取得与虚开相关的进项不得抵扣。由于增值税是链条税，环环相扣，增值税一般纳税人抵扣进项税额的前提是上游企业正常纳税，对其虚开全额补税，除防止下游企业走逃（失联）给国家造成税款损失外，也带有一定的惩罚性质。但是，在实践中，对此类虚开发票行为补税存在执行难的问题。

二、刑事责任认定

虚开发票行为的刑事责任认定体系，由一系列法律、司法解释组成。

（1）《刑法》第二百零五条规定的“虚开增值税专用发票、用于骗取出口退税、抵扣税款发票罪”，第二百零五条之一的虚开其他发票。

（2）《全国人民代表大会常务委员会关于惩治虚开、伪造和非法出售增值税专用发票犯罪的决定》（中华人民共和国主席令第五十七号）。

（3）自2022年5月15日起实施的《最高人民检察院、公安部关于公安机关管辖的刑事案件立案追诉标准的规定（二）》。

（4）《最高人民法院 最高人民检察院关于办理危害税收征管刑事案件适用法律若干问题的解释》（法释〔2024〕4号）。

法释〔2024〕4号文件自2024年3月20日起施行。《最高人民法院关于适用〈全国人民代表大会常务委员会关于惩治虚开、伪造和非法出售增值税专用发票犯罪的决定〉的若干问题的解释》（法发〔1996〕30号）、《最高人民法院关于审理骗取出口退税刑事案件具体应用法律若干问题的解释》（法释〔2002〕30号）、《最高人民法院关于审理偷税、抗税刑事案件具体应用法律若干问题的解释》（法释〔2002〕33号）同时废止。

在严厉打击虚开发票行为的同时，也给了构成虚开犯罪人员一条自救的出路。法释〔2024〕4号文件第二十一条规定：“实施危害税收征管犯罪，造成国家税款损失，行为人补缴税款、挽回税收损失，有效合规整改的，可以从宽处罚；犯罪情节轻微不需要判处刑罚的，可以不起诉或者免予刑事处罚；情节显著轻微危害不大的，不作为犯罪处理。对于实施本解释规定的相关行为被不起诉或者免予刑事处罚，需要给予行政处罚、政务处分或者其他处分的，依法移送有关主管机关处理。有关主管机关应当将处理结果及时通知人民检察院、人民法院。”

上述规定明确了合规不起诉的整改。这里提出的不起诉、免予刑事处罚、不作为犯罪处理三种处理方式，对于涉嫌虚开人员的法律影响是不同的。

根据《中华人民共和国刑事诉讼法》（以下简称《刑事诉讼法》）规定，不起诉是指人民检察院对公安机关侦查终结移送起诉的案件和自行侦查终结的案件进行审查后，认为犯罪嫌疑人的行为不符合起诉条件或没有必要起诉的，依法不将犯罪嫌疑人提交人民法院进行审判、追究刑事责任的一种处理决定。由此可知，不起诉的作出主体是人民检察院。免予刑事处罚，是指因某些原因犯下罪行，需要刑事处罚，但因为存在自首或其他情节，导致不会受到刑事处罚。免予刑事处罚的作出主体是人民法院。对于单位和个人而言，不起诉便无犯罪记录，可以开无犯罪记录证明；免予刑事处罚则有案底，不可以开无犯罪记录证明。如果被判定成立虚开罪名，就会对企业未来的招投标产生巨大影响。

2021 年 6 月 3 日，最高人民检察院举行“依法督促涉案企业合规管理　将严管厚爱落到实处”新闻发布会，发布《关于建立涉案企业合规第三方监督评估机制的指导意见（试行）》，为企业刑事合规不起诉改革提供了制度方案。根据该意见第四条规定，同时符合以下 3 个条件的刑事案件，可以适用该意见：“（一）涉案企业、个人认罪认罚；（二）涉案企业能够正常生产经营，承诺建立或者完善企业合规制度，具备启动第三方机制的基本条件；（三）涉案企业自愿适用第三方机制。”第三方机制是自愿适用的，在启动程序方面，检察院必须征询当事人意见，只有当事人或其代理人主动申请适用，才能启动第三方机制。

税务刑事合规作为企业合规出罪的一种新方式，在目前“六保”“六稳”的大局势下，可以避免企业因税务刑事风险爆发而陷入经营困境或破产的境地。

第七讲　虚开发票案件证据的证明力

一般而言，证据是认定事实的依据，事实是作出行政决定或者司法裁判的基础。具体到虚开发票案件，不可回避的是虚开发票案件证据的效力问题，它影响着虚开发票案件证据的组合方式，也决定着虚开发票案件的整体走向。在实际查处过程中，判定是否属于虚开增值税专用发票，主要是看发票、货物、资金三者之间是否具有流动的一致性，以及流动过程中的违法性，以便判断其具体侵害的法益。下面结合虚开行政案件的查处，逐一进行阐述。

在税务稽查实践中，直接证明交易真实性具有相当大的难度。因为即便证明货物交易不存在，也会在有完整的出入库记录的情况下，由于货物品类众多、流动频繁，难以在短时间内逐一进行核实。这样很难做到事实清楚、证据确凿。所以，在证明相关虚开发票行为过程中，更多的是依托间接证据进行。

一、证明力较强的证据

（一）交易资金真实性证据

在正常的经营活动中，发票是记载购销商品、提供或者接受服务，以及从事其他经营活动的收付款凭证，其中，作为交易要素的交易资金会从受票方账户流出，流入开票方账户，即发生真实的资金收付。这种正常交易资金的流动一般与发票流向相反且单向不可逆，即给付的交易资金不会回流。虚开发票违法活动中的虚构交易，资金流动是双向可逆的，资金流出是为了制造正常资金收付假象，资金流回是为了确保构造资金流动痕迹的资金安全。

在税务机关查处此类案件时，资金流转问题是核心所在。随着现代交易的日益频繁、互联网时代的到来和电子银行业务的普及，资金通过转账支付成为主流方式，加上互联网终端的便携化、移动化，同一时点维度内可集中多个银行结算账户，让虚开发票这一违法活动可以安全、迅速、频繁地进行异地调度资金流转，构建复杂的资金流转网络，并从中安全、便捷地收取或支付开票手续费用，同时有利于职业化地构造资金流转痕迹。提供资金结算凭证的走账公司可以提供虚假交易资金参与虚开发票违法活动，并从中谋取非法利益。但是，凡事都具有两面性，虚开发票行为在充分享受现代支付便利的同时，会不可避免地面临另一个困境，即资金回流违反现代交易常规，如果没有合理解释，虚开发票团伙就会无法自圆其说。因此，资产流转仍然成为判定虚开发票行为的重要证据。

在税务稽查实践中，由于现代支付方式有章可循，资金流转记录长期保存在银行系统服务器中，税务稽查部门可以主要依托资金回流（大额资金快进快出）、长期挂账未支付、短期出现大额现金支付等异常特征进行判断。最常见、证明力最大的就是资金回流。

在税收实践中，资金回流方式有闭环式回流，而闭环式回流又具体分为闭路式资金回流、半闭路式资金回流。其中，在闭路式资金回流中，资金回流的起点也是终点，具体又分为全额资金回流和差额资金回流。在全额资金回流中，资金金额在流转过程中不发生变化，会全额回到企业对公账户；在差额资金回流中，资金在流转过程中被扣下开票费，一般是4~5个点，然后回到企业对公账户。由于容易被税务机关识别，上述方式已经极少采用。

关于半闭路式资金回流，主要是差额资金回流。在此种模式下，资金在扣除开票费后，往往会回流至企业法定代表人、企业财务人员的银行卡，以及企业实际控制人掌握的个人银行卡中。

在税务稽查实践中，由于在商品贸易活动中资金和货物基本是单向流动的，对于出现资金回流现象，企业如果没有相关的合理解释，则95%以上存在虚开发票行为。但是，对于证明虚开事实来说，资金回流证据是典型的必要而非充分条件，通俗来说，就是“没它不行，有它不够”，还必须辅以其他证据。因为，资金回流是一种资金流转方式，本身并非违法行为，不能简单地以企业存在资金回流行为认定企业没有真实的交易关系和债权债务关系。如果在对相关人员的银行流水进行识别后，发现了资金回流现象，就要结合询问笔录中相关人员对此现象有无合理解释判断交易的真实性，也从一定程度上印证了虚开发票行为是否存在。

长期挂账未支付、短期出现大额资金支付虽然是比较明显的特征，但是其对于虚开发票行为的证明力偏弱，只能视为违法线索疑点进行排查，而不能直接作为证据。因为，长期挂账未支付现象不能否认其债权债务关系，而短期出现大额资金支付现象如果与企业经营规模、注册资金相匹配，那么是完全可以理解的。

（二）发票流

对于发票，可以参考主管税务机关发出的《已证实虚开通知单》和合同，比对购、销是否关联匹配。也就是说，通过对购进发票商品信息的分析，厘清和确定购进原材料（商品）的种类、数量、金额，从而判定购进原材料（商品）与已销商品之间是否关联、匹配。其中，重点判断是否存在票货分离、进销不符等特征。但是，仅有发票流不足以否定其交易的真实性，必须和货物流结合，分析才有意义。

（三）购进货物真实性证据

证明购进货物真实性证据有能耗比、物料比、进销品目是否匹配，以及购进原材料结构比。一般来说，上述证据只能从侧面证明货物是否真实存在，不能直接否定合同的真实性。原因在于，二者之间并非直接的因果关系，无法得出合同虚假的必然结论。比如，在涉农行业虚开发票案件的查处过程中，由于农产品收购发票由农产品收购单位自行填开、自行申报抵扣，办案机关往往难以识别其业务的真实性，而且收购发票涉及销售方数量多、人员杂、分布广，核查成本较高。即便取得的发票上载明当事人已死亡，身份证信息已注销；或当事人登记信息被盗用，并未从事相应的种植养殖业务；或虽有同类业务，但没有与之交易或与实际交易不符；或者发票上载明农业生产者不生产发票所载的农产品，或其生产能力、规模与发票载明的农产品数量悬殊；等等，也只是否定了涉农企业与发票注明的农业生产者之间不存在真实交易，却不能否定其货物未被真实购进，而无法排除其外购后对外销售的可能性。因此，相关证明力不够，仍需要其他证据补强。

二、证明力相对一般的证据

（一）运输流真实性证据

运输流真实性证据主要包括货运车辆运行轨迹、货运发票、入库出库单。运输流是企业生产经营活动中极其重要的组成部分，同资金流逆向流动，即“一手交钱、一手交货”，与其一并构成交易闭环成为交易活动中不可缺少的两个方面。在税务稽查实践中，车辆运行轨迹可以有效证明所匹配的运输车辆是否实施了运输服务，如果与合同约定的生产方地点、购进方地点不一致，可以从物理上否定物流运输行为的真实存在，推断相关货物购进或者出售行为存在虚假。但是，如果涉及合同约定指示交付等情形，其证明力就会被削弱，还需要其他证据补足。例如，江西××公司、黄××虚开增值税专用发票、用于骗取出口退税、抵扣税款发票案

[(2016)赣01刑初3号]。在市场交易中，交易双方为了增加利润、减少中间过程，通过减少仓储等方式降低成本，是一种经营和交易常态……对于销货方（糖厂或者糖业公司）来说，只要收到货款并将货物销售出去，就可以实现交易目的，至于实际收货人是谁（只要买受人认可已经交付），在所不问。这也是《民法典》上“指示交付、替代交付”等非直接现实交付形式均被法律承认的缘由。对于买受方来说，只关心支付的货款能否买到想要的货物，即合同目的能否实现，至于销货方从哪个仓库（如本案中中糖公司的货从×北糖业公司仓库提取）提供货物给买受人则在所不问。因此，本案中的票货分离方式并不为法律所禁止。

2019年9月，交通运输部办公厅发布了《网络平台道路货物运输经营服务指南》《省级网络货运信息监测系统建设指南》《部网络货运信息交互系统接入指南》三份与网络货运平台息息相关的文件。根据这三份文件要求，平台需要具备信息发布、线上交易、全程监控、金融支付、咨询投诉、在线评价、查询统计、数据调取功能。

其中，全程监控是对“具备全程跟踪记录等线上服务能力”的具体阐释，要求网络货运平台或者合作第三方平台对运输地点、货物轨迹、运输状态进行动态监控，具备对装货、卸货、结算等物流信息的全流程跟踪、记录、存储、分析能力。对于网络货运平台来说，满足全程跟踪记录要求，最需要注意的是时间、地点要有实时的对应轨迹数据。对于税务机关来说，通过交通运输局的回函信息与相关物流车辆的运行轨迹进行比对，以及道路运输事务中心信息中心部门的回函信息与该公司提供的车辆运输信息比对，如果车辆运输信息与实际运输情况不符合，就证明货物流信息虚假。如果无法提供货运发票，就只能证明其发票管理不规范，而不能直接否定其交易行为的真实性。因为入库、出库单容易被伪造，即使取得也难以认定其交易行为的真实性，所以其证明力比较弱。

（二）相关人员言辞真实性问题

言辞证据包括法定代表人询问笔录、证人证言、举报材料等。如果相关人员言辞证据能相互印证，而且均为对其不利的证据，则证明力相对较强。值得一提的是，由于虚开发票行为面临较为严厉的行政责任、刑事责任追究，加之此类虚开团伙往往有地域化、家族化特征，其以血亲、姻亲为核心纽带，往往存在相互串供现象，严重干扰税务机关查处。对于此类问题，可以借鉴我国古代人“两害相权取其轻，两利相权取其重”的思维，在其他证据比较充分时，要主动宣传《最高人民法院　最高人民检察院关于办理危害税收征管刑事案件适用法律若干问题的解释》（法释〔2024〕4号）第十九条规定：“明知他人实施危害税收征管犯罪而仍为其提供账号、资信证明或者其他帮助的，以相应犯罪的共犯论处。”让相关人员衡量违法收益成本，打破其看似坚不可摧的“攻守同盟”，推动案件迅速查办。

（三）合同流

在税务稽查实践中，重点是关注合同及其补充条款约定，但部分税务机关认为，合同容易被伪造，也难以证明真伪，证明力还是比较弱。

综上所述，在涉及上述证据时，由于单独证明力不足，需要进一步采用组合式证据的方式补强，主要是以货物流、发票流、资金流为核心，辅助以运输流、合同流等多层次开展证据证明，如以下税务处理决定书的相关论证就比较充分，可供参考。

H税一稽于2023年7月21日至2023年9月25日对××市建途纺织有限公司（纳税人识别号：××××××；地址：××市××区××镇××工业区）2017年11月1日至2023年6月30日增值税情况进行了检查。经检查，查明你单位存在以下对外虚开增值税专用发票违法事实。

（1）你单位无生产经营场所且已走逃。

2023年7月19日，检查组按照预案统一进场突击检查（现场已使用执法记录仪）。你单位注册地址××市××区××镇××工业区无你单位；××市××区××镇××工业区镇经济发展和建设局工作人员朱×表示该地址无你单位。检查人员联系税务登记的法定代表人、财务负责人瞿××已停机，检查人员联系办税人员李×称早已离职。

（2）通过虚填农产品收购发票或者销售发票抵扣。

通过税收大数据管理平台查询，你单位2018—2022年度通过虚填农产品收购发票或者销售发票抵扣进项税额分别为2018年度572910元、2019年度975424.86元、2020年度1078978.32元、2021年度1116633.6元、2022年度98208元，合计税额3842154.78元。

（3）取得电费发票虚假，无实际电力费用支出。

你单位接受国网××省电力有限公司××供电分公司2020年8月25日开具1份增值税专用发票（发票代码：××××；发票号：××××），物品名称：×供电×售电，价税合计130597.65元；2021年11月26日开具1份增值税专用发票（发票代码：××××，发票号：××××），物品名称：×供电×售电，价税合计158964.25元。从供电部门取得证据表明：电费发票上的用户编号××××在2014年4月10日至2022年3月4日属于××市A纺织有限公司，自2022年3月4日起变更为××市B纺织有限公司，该用户编号不属于你单位，证明检查所属期间你单位并无实际电力费用支出。

（4）存在购货大额货款未支付、销货大额货款未收款情形。

检查人员通过你单位对公银行账户（开户行××农村商业银行股份有限公司××支行，账号××××）资金流水与上、下游单位开票情况发现，你单位收到上游北京×××纺织有限公司开具的增值税专用发票，价税合计1219002元，但银行流水中并未发现有向北京×××纺织有限公司支付款项的记录；你单位向下游绍兴市×××纺织品有限公司开具增值税专用发票，价税合计2145556元，但银行流水中未发现有收到款项的记录。

通过你单位法定代表人瞿××、王×等涉案人员的银行账户资金情况进行调查取证：你单位存在收到绍兴市×××纺织品等下游企业打入的款项后，当日立即将款项全额转入王×个人账户，同日再由王×个人账户分散转入其他几十个个人账户的情形。上述资金进出不符合企业经营规律，收付异常。

（5）无固定资产及期间费用金额低，无法支撑销售额对应生产经营能力。

经查询“金税三期”系统，你单位财务报表显示年均只有管理费用几万元不等，无财务、销售费用，资产负债表显示固定资产为99600元。经异地协助平台查询，2020年11月14日你单位从吉林省××机械设备有限公司购进设备取得普通发票（发票代码：××××；发票号码：××××）价税合计99600元，已证实虚开发票行为，证明你单位无固定资产。

上述违法事实，主要有以下证据证明。

证据一：电话记录、文书送达见证说明，证明你单位已走逃。

证据二：增值税申报表及附表、财务报表、上游发票明细，证明你单位上游购进虚假。

证据三：电费发票、户名变更记录，证明你单位电费虚假。

证据四：对公账户、王×等涉案账户资金明细，证明大额货款未支付及资金收付异常。

证据五：资产负债表及利润表、固定资产已认定虚开证明单，证明你单位无固定资产及期间费用金额低，无法支撑销售额对应生产经营能力。

第八讲　虚开案件查处与税收监管升级

一、金华税案

1995 年 3 月至 1997 年 3 月，浙江省金华县 218 户企业虚开增值税专用发票 65536 份，价税合计 63.1 亿元。案件涉及全国 36 个省、自治区、直辖市和计划单列市的 3030 个县、市的 28511 户企业。

1997 年 1 月 8 日，江苏省姜堰市检察院调查人员来到浙江省金华县国税局稽查分局，向开具此票的金华市安 × 物资实业公司（以下简称“安 × 公司”）调查取证。经过侦查，据安 × 公司老板吴 × × 交代，其共骗购专用发票 52 本，虚开价税合计 1.1 亿元。在吴 × × 案侦破后短短几个月内，仅部分查实就发现金华县辖内虚开增值税发票价税合计高达 10 多亿元。

1997—1998 年，各地国税部门追回并入库 12.14 亿元，其中，查补税款 6.85 亿元，罚款 5.09 亿元，其他虚开增值税发票补税罚款 2000 万元。

税案引发的改革：此后，以增值税发票防伪税控为主的“金税二期”于 1998 年经国务院批准立项，并出台了《国家税务总局关于严禁对增值税一般纳税人实行定率征收增值税问题的通知》（国税发〔1998〕183 号）。

二、潮汕税案

2000年8月25日，根据国务院指示，为打击骗取出口退税违法犯罪活动，国家税务总局、公安部、监察部、财政部等13个部门组成国务院"807"工作组，奔赴广东潮汕地区打击骗取出口退税行为。"807"工作组共检查认定汕头、普宁两地犯罪分子伪造、虚开增值税专用发票17.2万份，虚开金额共计323亿元，骗税42亿元。

潮汕税案是自金华税案以来金额最大、涉案人员最多的税案。该案有30人被判处无期徒刑以上，19人被判处死刑，涉税犯罪团伙约150个，涉案被调查人员多达328人。陈××、林××、黄××、何×等因虚开增值税专用发票金额巨大，被判处死刑。

税案引发的改革：2000年8月，国家税务总局向国务院汇报"金税二期"的建设方案并得到批准。2001年7月1日，增值税防伪税控发票开票、认证、交叉稽核、协查四个子系统在全国全面开通，对加强增值税专用发票管理，打击偷、骗税犯罪行为，增加国家税收等方面起到积极作用。

三、河南许昌道路货运发票案

2003年，审计署驻郑州特派员办事处审计时发现，许昌市道路货运增值税专用发票管理失控，将案情以"情况反映"和专题报告的形式上报审计署后，审计署又以"审计要情"上报了国务院，国家领导人对此案作了重要批示。河南省成立由税务、公安、监察、工商等部门和审计署郑州特派员办事处参加的"6·11"专案组。至2003年12月，案件查处工作基本结束。

当时的政策是，运输业按3%缴纳营业税（加上城市维护建设税、教育费附加、个人所得税，合计税点小于7%），增值税一般纳税人取得运输发票按7%扣除率计算进项税额抵扣，存在虚开营业税发票谋利空间。经查，2001—2002年度，许昌市共有30户开票单位涉嫌虚开增值税发票13515本，共计33.78万份，运费金额26.11亿元。截至2004年3月，税务机关共查补税收收入11084.76万元，已入库7449.65万元；公安机关共抓获犯罪嫌疑人38人，已移送起诉28人。

税案引发的改革：《国家税务总局关于加强货物运输业税收征收管理的通知》（国税发〔2003〕121号）规定，自2003年12月1日起，国家税务总局将对增值税一般纳税人申请抵扣的货运发票与地税局营业税纳税人开具的货运发票进行比对。

2006年，在河南省、湖南省和青岛市试点货运发票税控系统。《国家税务总局关于公路、内河货物运输业统一发票增值税抵扣有关问题的公告》（国家税务总局公告2006年第2号）规定，自2007年1月1日起，全国推行货运发票税控系统。

《国家税务总局关于启用货物运输业增值税专用发票的公告》（税务总局公告2011年第74号）规定，营改增试点后，货运发票改为货物运输业增值税专用发票。

四、长兴“1·09”税案

2004年1月，浙江省湖州市长兴县国税局稽查局进行进项抵扣凭证检查时发现长兴汉×纺织有限公司、长兴隆×纺织有限公司等4户企业有虚抵增值税的重大嫌疑。国家税务总局和公安部联合组织了协查取证工作，查清了13户企业的涉税违法犯罪事实。经查，自2001年以来，张某伟、吴某晃等人通过各种虚假手段，在长兴注册了13户纺织有限公司，用于虚开增值税专用发票。自2001年10月至2003年12月期间，以1.5%～3%

的手续费，通过中间人从全国 19 个省份 538 户企业取得进项抵扣凭证 5785 份，抵扣税款 8730 万元；同时，按票面金额 4% ~5% 收取手续费，虚开增值税专用发票 8242 份，金额 5. 13 亿元，税额 8722 万元，涉及全国 22 个省份。

福建泉州属涉案的重点地区，涉及 825 户企业，涉案金额 3. 72 亿元，税额 5401 万元。泉州地区受票企业将货款全额打到长 × 开票公司，长 × 开票公司收到款后扣除 3% ~5% 的手续费，将余款提现返回受票企业：一是直接返回受票企业相关人员的个人银行卡；二是通过彼此信任的中间人转款；三是余款转给指定布行，再由布行将相应的布料发给受票单位。这些资金返回都是为了造成货、票、款一致的假象。

犯罪分子一是以假身份证大量注册公司；二是以假票抵扣进项税额，套取真票后虚开，收取虚开发票手续费，并以虚假的资金支付形式和票货分离的办法掩饰虚开发票行为。

税案引发的改革：国家税务总局要求在税务登记、变更及发票领购等环节进行身份信息核查，与公安部二代身份证联网。

五、夏都专案

2005 年 1 月 14 日，涉及全国 11 个省份 211 户企业，涉案金额 28. 42 亿元、税额 4. 3 亿元的虚开骗税大案水落石出。

2003 年，西宁三 × 制衣有限公司通过防伪税控系统开出发票 65 份，销售额 1480 万元，销项税额 252 万元；取得手工版增值税专用发票 22 份；取得海关代征进口货物增值税专用发票 36 份，金额 1208 万元，税额 205 万元。深圳文锦渡海关回复协查通报：“经查，所提供的 36 份增值税专用缴款书均无电脑记录，非我关开具。”深圳市国税局也证明，给该公司提供 2 份手工版增值税专用发票的深圳伟 × 染织厂不存在。

西宁三×制衣有限公司先预缴占增值税发票金额6.8%的税款，套取出口退税相关凭证，并交由进出口公司申报后骗取出口退税。

其中，深圳鄂×××实业有限公司接受虚开的增值税专用发票，与开票企业虚构购销业务，签订虚假的购销合同；报关出口的部分货物经证实并非开票企业生产，香港警方也核实该公司出口货物的9户外商并不存在，证明其境外销售是虚假的。金华市进出口公司六部办理，共计从26家生产企业取得增值税专用发票236份，价税合计3400万元，其中，税额500万元。这些发票所购进货物已全部报关出口，多份出口报关单及增值税专用发票所列货物名称与进口国到岸提运单所列货物名称、数量不符。

2004年7月，国家税务总局和公安部在西宁联合召开会议。因为西宁有“夏都”之称，所以该案被定名为“夏都专案”。截至2004年12月底，此案共涉及全国11个省份，涉案企业包括205户生产企业和6户外贸出口企业，查处的增值税专用发票、农副产品收购发票、废旧物资收购发票、废旧物资收购企业开具的用于抵扣的普通发票、海关代征进口货物增值税专用缴款书达41167份。公安机关已立案50起，抓获主要犯罪嫌疑人75名。

该骗税案显现出几个新特点：小规模纳税人出口货物时，因为不能退税，所以套用外贸企业的空白报关出口合同、出口发票、外汇核销单，卖给开票企业；开票企业与外贸企业签订虚假购销合同、虚开增值税专用发票，再用假结汇、虚构外贸合同等一整套退税手续骗取出口退税；给出口公司“供货”的企业，在注册登记、租赁场地、购买固定资产、购买进项等环节的规模，全是根据需要开票的金额推算的，看起来有厂房、工人、设备、生产。如果不是专家，很难发现其中的漏洞：棉纱制纱的工序缺少翻纱机，生产布的工序缺少验布机，没有针头的缝纫机在“加工”服装，青海生产的产品没经过运输就到了深圳，货车在从没去过的地方拉产品，等等。

税案引发的改革：自 2007 年 6 月 1 日起，防伪税控一机多票系统开具的废旧物资增值税专用发票（零税率），非废旧物资专用发票不得抵扣。

《关于再生资源增值税政策的通知》（财税〔2008〕157 号）规定，自 2009 年 1 月 1 日起，取消“售废免税”和“购废按 10% 抵扣”政策，一律按规定缴纳增值税。

六、秋风行动——打击假海关完税凭证

自 2007 年 10 月起，浙江省国税、公安部门联合开展打击利用假海关完税凭证抵扣税款违法犯罪活动的“秋风行动”。截至 2008 年 3 月底，共对 7136 份海关完税凭证进行了检查，查实假发票 3063 份，查补税收收入 1.11 亿元，移送公安机关 180 户，公安机关抓捕犯罪嫌疑人 21 人。

税案引发的改革：《国家税务总局　海关总署关于实行海关进口增值税专用缴款书“先比对后抵扣”管理办法有关问题的公告》（国家税务总局　海关总署公告 2013 年第 31 号）规定，自 2013 年 7 月 1 日起，海关缴款书先稽核比对，相符后才能抵扣，改变了以往“先抵扣后比对”的做法。

七、“3 · 18”黄金发票案件

2011 年，由公安部和国家税务总局督办，涉案金额达 272 亿元的“3 · 18”黄金发票案件被河南洛阳警方宣告侦破。这是一起涉案金额巨大的虚开增值税发票案。

由于黄金和煤炭行业的税率均为 17%，该案件中购买虚假增值税发票的企业多集中在煤炭行业，包括河南汝州银辉 × × 公司、洛阳龙 × 煤业等。银辉 × × 公司总共申领了 10.98 亿元的增值税发票，为它们开具增值税发票。

案件中共有1944千克黄金完成了这一次看似完美的“起点即终点”旅行。2009年10月至2010年3月，票贩子周某化身黄金买家，通过某公司账户给银辉××公司打进购买黄金的预付款。银辉××公司将这部分款项打入洛阳紫×××公司账户，再由紫×××公司将款转到上交所购买黄金并办理黄金交割出库手续。银辉××公司出具销售黄金的增值税专用发票，由其出纳王×邮寄给票贩子。票贩子获得增值税专用发票后进行伪造，然后转卖给需要发票的企业，并收取2%的手续费。购票企业拿着伪造的增值税发票到当地税务机关认证并抵扣税款，完成发票的流转。当增值税发票拿到手后，票贩子将买到的黄金以每克降低0.4元的价格卖给紫×××公司深圳业务员段×。段×将黄金空运至紫×××公司，再由银辉××公司回购入库，黄金的周转至此完成。

“3·18”黄金发票案件暴露出“金税二期”的不足。金税卡将销货方和购货方的纳税人识别号、金额、税额、税率自动形成84位字符密码。犯罪分子取得专用发票后进行涂改，但“金税工程”只能识别专票密码区信息，不能识别汉字信息，这才使得犯罪分子有机可乘。

税案引发的改革：《国家税务总局关于增值税防伪税控系统汉字防伪项目试运行有关问题的通知》（国税发〔2011〕44号）规定，自2011年5月起，上海、陕西、广东深圳从事黄金、成品油经销的一般纳税人试点汉字防伪税控，采集发票汉字信息，对购销方企业名称、货物名称、单位和数量等汉字信息进行二维码加密。

《国家税务总局关于全面推行增值税发票系统升级版有关问题的公告》（国家税务总局公告2014年第73号）规定，自2015年1月1日起，全面推行增值税发票系统升级版，实时在线加密上传发票全部数字、汉字信息。

八、黄金发票系列案件

2015 年 4 月以来，公安部、国家税务总局、中国人民银行部署开展了打击利用黄金交易虚开增值税专用发票专项行动。截至 2016 年 1 月，已破获该类案件 2037 起，抓获犯罪嫌疑人 1649 名，配合税务机关查补税款 46 亿余元。

（1）2015 年 10 月，深圳市国税局和公安局联合发起“海浪 2 号”特大黄金票虚开骗取出口退税、贩卖假发票、偷税票统一收网行动，抓获犯罪嫌疑人 29 人。深圳市龙 × × 投资发展有限公司等企业虚开发票金额 50 多亿元，税额 8.7 亿元；骗取出口退税涉案金额 9 亿多元，退税额 1.5 亿元。

（2）2015 年，湖南湘西宣布成功破获“5 · 18”专案，抓获犯罪嫌疑人 37 名，湖南瑞 × 工贸公司等 15 家公司涉嫌虚开增值税专用发票金额 200 多亿元，税款 35 亿元。

（3）国家税务总局曝光 5 起虚开增值税发票案件，其中，3 起黄金发票案件：2015 年，安徽“11 · 02”虚开发票案，取得虚开“黄金”专票 5462 份，金额 17.61 亿元，税额 2.88 亿元；2014 年，重庆市 × 金属材料公司虚开发票案，金额 9.68 亿元，税额 1.41 亿元；2015 年 12 月，上海一举摧毁了以林某某、曹某某为首的虚开发票犯罪团伙，上海华 × 黄金制品销售有限公司、上海千 × 黄金股份有限公司等涉案 15 户企业，虚开增值税专用发票 4 万余份，金额 250 亿余元，税额 42 亿元。

（4）2016 年 1 月，厦门侦破郑 × 雄、洪 × 憶、郑 × 莱虚开发票案，抓获违法犯罪嫌疑人 12 名，涉案金额达 93 亿元。

税案引发的改革：黄金税案加快了专用发票汉字防伪的推广和发票升级版新系统的应用。

九、美×公司骗税案

2012年9月，上海市公安局接到上海市税务局移送线索：美×公司涉嫌骗取巨额出口退税。在犯罪嫌疑人黄×、陈×控制的4家企业中，生产加工能力与公司的羊绒纱线出口规模大相径庭。原来，自2009年以来，黄×伙同陈×等人将羊毛纱线虚报为羊绒纱线出口，并提高报价，用从内蒙古、河北、辽宁等地大肆虚开的增值税发票骗取了高额的出口退税。

羊毛纱是每千克70～120元，而羊绒纱则是每千克680～850元，两者价格相差610～730元。黄×公司出口的所谓“羊绒纱线”报价甚至高于千元。货物运抵境外后，由他们控制的“空壳”公司虚报品名为“棉纱线”，以每千克约16元的价格买入境内，重新包装后做循环出口。“羊毛纱线”变“羊绒纱线”出口，再变成“棉纱线”进口，这样“空转”往返，4年累计出口金额近70亿元，骗取出口退税款8亿余元。

据介绍，犯罪分子开增值税发票需要支付“开票费”4个点，注册外贸公司、租房子、人员工资大概需要4个点，其他成本3个点，共需要约11个点。而按照纺织品退税16个点计算，一来一回稳赚5个点利润。犯罪团伙中的37人更是各司其职：有的负责寻找生产企业和货源；有的负责安排“开票方”；有的负责进出口的申报；还有的专门负责在境外注册“空壳”公司进行内外交易，以及广州到上海的物流中转运输，可以说涵盖了上、中、下游“全产业链”。

税案引发的改革：自开自抵是虚开发票诱因之一，开始探索核定扣除，降低虚开发票风险。实物查验和境外海关联网比对有缺陷。增值税发票采用货物编码有利于对交易行为加强数字化监控。

第九讲　虚开发票犯罪的司法观点展示

虚开增值税发票罪从1995年单行刑法做出规定开始，罪与非罪、轻罪与重罪、同案不同判的争议非常多，最高人民法院和最高人民检察院、国家税务总局、刑法学专家和学者都对此持有不同观点，尽管最高人民法院和最高人民检察院已经出台危害税收征管罪的法律适用解释，但是对比该罪的立法沿革与观点演变，仍然有助于对该罪的犯罪构成形成更为清晰的认识。本讲只选取对司法实践影响较大的观点与权威司法案例，并简要说明如下。

一、《全国法院经济犯罪案件审判工作座谈会综述》（2004年）（摘录）

《全国法院经济犯罪案件审判工作座谈会综述》（2004年）

为研讨、解决当前经济犯罪案件审判工作中适用刑法的普遍性、典型性问题，进一步提高全国法院经济犯罪刑事审判工作水平，最高人民法院于2004年11月24日至27日在苏州市召开了全国部分法院经济犯罪案件审判工作座谈会。上海、吉林、陕西、广东、内蒙古、重庆、江苏等20个省、自治区、直辖市高级人民法院的刑二庭庭长，北京、南京、乌鲁木齐、苏州等7个中级法院分管经济犯罪审判工作的副院长和刑二庭庭长，以及最高人民法院研究室的同志参加了座谈会。全国人大常委会法工委、最高人民检察院、公安部也应邀派员参加了座谈会。

座谈会重点讨论了《关于审理抢劫、抢夺刑事案件适用法律若干问题的意见》等五个审判业务调研意见文稿，对抢劫、抢夺等侵财型犯罪，合同诈骗及各种金融诈骗犯罪，贪污贿赂、职务侵占等职务犯罪，以及虚开增值税专用发票等经济犯罪审判工作中普遍存在的一些共性问题进行了集中研讨，并就其中许多重大问题达成共识，进一步统一了执法思想。现将座谈会讨论情况综述如下：

…………

三、关于虚开增值税专用发票犯罪的认定

关于虚开增值税专用发票犯罪，本次座谈会讨论的问题涉及虚开增值税专用发票行为的认定、犯罪的认定、犯罪数额的认定，以及虚开增值税专用发票犯罪与其他犯罪的界限等几个方面。其中，争议较大，且最为核心的问题主要有两个：一是虚开增值税专用发票犯罪的认定问题，二是损失数额的认定问题。

（一）虚开增值税专用发票犯罪的认定

虚开增值税专用发票犯罪的定罪标准问题，是大家讨论最为热烈，也是虚开增值税专用发票犯罪认定中最为核心的关键问题。问题的焦点集中于两个方面。第一，虚开增值税专用发票犯罪的客体。与会代表认为，正确认定虚开增值税专用发票犯罪的客体是最终确认该罪定罪标准的关键。对此，倾向性观点认为，该罪侵犯的是复杂客体，一是增值税专用发票管理秩序，二是国家税收征管制度，二者缺一不可。其中，根据《刑法》第三章第六节的规定，国家税收征管制度应当属于主要客体。因此，如果虚开发票行为仅仅破坏了增值税专用发票管理秩序，但未实际危及国家正常的税收活动，只能属于一般的行政违法行为。第二，虚开增值税专用发票犯罪的性质。对此，主要存在行为犯、目的犯还是结果犯之争。对于结果犯的观点，大家基本持否定态度，因此，问题的焦点最终归结为行为犯和目的犯之争。第一种观点认为，根据《刑法》第二百零五条的规定，并未将行为人具有偷、逃税目的作为虚开增值税专用发票犯罪构成的必要要件。因此，只要行为人着手实施犯罪并达到法律要求的程度就是完成了犯罪行为。至于行为人有无偷逃税的目的，以及行为人有无实际骗取、抵扣税款，并不影响犯罪的认定。由此可见，该罪属于行为犯而不属于目的犯。第二种观点同意上述观点的结论性意见，但同时认为，刑法将虚开增值税专用发票规定为犯罪，主要是为了惩治那些为自己或为他人偷逃、骗取税款虚开增值税专用发票行为。对于确有证据证实行为人主观上不具有偷骗税目的，客观上也不会造成国家税款流失的虚开增值税专用发票行为，不应以虚开增值税专用发票犯罪论处，构成诸如“提供虚假财会报告罪”等其他犯罪的，应以其他犯罪定罪处罚。第三种观点则认为，行为犯是故意犯罪的一种既遂形态，属于犯罪停止形态理论范畴体系，目的犯是故意犯罪的一种类型，属于罪过形式理论范畴体系，因此，行为犯和目的犯并非一对逻辑上的全异关系的概念，而是属于交叉关系，两者并行不悖。虚开增值税专用发票罪既是行为犯，也是目的犯。尽管《刑法》第二百零五条并未将其规定为目的犯，但刑法将其规定为危害税收征管罪，具有偷骗税款的目的应当是该罪的应有之义。正如有的金融诈骗犯罪，刑法并未明确规定行为人必须具有非法占有的目的，但并不妨碍对其进行目的犯的认定一样。质言之，虚开增值税专用发票犯罪的客体问题与性质认定问题属于一个问题的两个方面，侵犯国家税收征管制度的客体要求客观上决定了该罪的目的犯性质。

尽管上述第二、第三两种观点对虚开增值税专用发票犯罪性质的认识有异，但得出的结论一致，都认为行为人主观上不具有偷、骗税目的，客观上也不会造成国家税款流失的虚开发票行为不应以虚开增值税专用发票犯罪论处。因此，持上述两种观点的论者认为，对于实践中下列几种虚开发票行为，一般不宜认定为虚开增值税专用发票犯罪：（1）为虚增营业额、扩大销售收入或者制造虚假繁荣，相互对开或换开增值税专用发票的行为；（2）在货物销售过程中，一般纳税人为夸大销售业绩，虚增货物的销售环节，虚开进项增值税专用发票和销项增值税专用发票，但依法缴纳增值税并未造成国家税款损失的行为；（3）为夸大企业经济实力，通过虚开进项增值税专用发票虚增企业的固定资产，但并未利用增值税专用发票抵扣税款，国家税款亦未受到损失的行为。

（二）损失数额的认定

刑法关于损失数额的规定，有的属于定罪数额，直接关系到罪的成立；有的属于量刑数额，影响量刑的轻重。在虚开增值税专用发票犯罪中，损失数额的性质属于后一类型，主要与行为人的量刑有关，尤其是直接影响到对行为人能否判处无期徒刑、死刑的问题，因此备受代表们的关注。在讨论过程中，争议的焦点集中于损失计算的截止时间问题。对此，多数代表倾向认为：作为量刑数额的损失数额，其时间的划定应当不同于定罪数额。后者一般可以案发时、立案时，或者侦查终结时为准。前者则不然，如挪用公款数额巨大不退还，是以一审宣判前作为时间计算标准的。因为虚开增值税专用发票犯罪的最高刑是死刑（《刑法修正案（八）》予以修改，不再判处死刑），所以审判机关应本着实事求是的态度，从有利于被告的原则出发，损失计算的截止时间还可以适当延伸。基于以上认识，代表们指出，骗取国家税款并且在法院判决之前仍无法追回的，应认定为给国家利益造成损失，法院判决之前追回的被骗税款，应当从损失数额中扣除。一审判决以后，二审或复核生效裁判作出之前追回的被骗税款，也应从一审认定的损失数额中扣除，并以扣除后的损失数额作为最终量刑的基础。

也有部分代表指出，按照上述方法认定损失数额，势必造成如下结果：在终审判决做出之前，损失数额的认定始终处于不确定的变动状态，一审、二审法院据以定案的事实依据不同，必然导致案件改判率的上升，影响法院判决的严肃性和公信力。此外，上述方法还会带来侦查机关追赃不力的负面影响，因为追回的税款越多，被告人的处罚就越轻。因此，建议损失数额的认定最好以侦查终结时为准，个别代表还提出了以立案时或一审判决时作为损失数额计算时间的建议。对于上述代表提出的质疑，持第一种观点的论者表示认同，但认为此乃追求司法公正的代价，从价值权衡的角度看，上述方法仍然不失为一个相对较好的选择。

二、简要介绍目前理论观点的争议

目前，在刑事案件审理过程中，对于虚开增值税专用发票罪的构成，主要有行为犯、实害犯、非法定目的犯、抽象危险犯、目的性限缩解释等五种观点。

第一种观点是行为犯。该观点认为，从《刑法》第二百零五条的表述来看，并没有规定该罪的主观要件要有偷逃税款或骗取税款的目的，而虚开增值税专用发票无论是否给国家造成税款损失，都破坏了国家税收征管秩序。因此，无论是否具有偷骗税的目的，只要实施虚开增值税专用发票行为，达到入罪数额标准的，就构成本罪既遂。虚开增值税专用发票在设立之初，行为犯说为刑法理论和实务界通说。

第二种观点是实害犯。该罪是实害犯的主要理由是《刑法》第二百零五条原第二款规定："有前款行为骗取国家税款，数额特别巨大，情节特别严重，给国家利益造成特别重大损失的，处无期徒刑或者死刑，并处没收财产。"显然，如果骗取国家税款没有达到数额特别巨大的，仍然适用第一款。这便表明第一款规定的是实害犯。如果行为人虚开增值税专用发票，进而骗取了国家税款或者抵扣了增值税款，则认定为本罪的既遂犯；如果虚开、代开增值税专用发票的行为具有骗取国家税款的具体危险，行为人也具有骗取国家税款的故意与非法占有目的，则认定为本罪的未遂犯。否则，就不能认定为本罪，只能认定为《刑法》第二百零五条之一规定的虚开发票罪。

第三种观点是非法定目的犯。所谓非法定目的犯，是指刑法分则本条没有明文要求特定的目的，从罪状表述也无法推断出需要具备特定目的要件，但是刑法理论和司法实践认为仍然需要具备特定的目的要件才能成立的犯罪。虽然《刑法》第二百零五条没有明文规定构成虚开增值税专用发票罪应以偷骗税为目的，但从立法原意和本条第一、第二款的逻辑关系推知，本罪的罪状包括两层含义，即客观上的虚开发票行为和主观上的偷税、骗税故意。如果出现相互对开的虚开增值税专用发票案，被告人主观上没有偷逃税款的目的，客观上没有造成国家税款流失的后果，主观恶性和客观危害不大，就不宜以犯罪论处。

第四种观点是抽象危险犯。针对行为犯说和目的犯说存在的不足，产生了抽象危险犯说。抽象危险犯说认为，只有虚开发票行为具有造成国家税款流失的危险才能构成本罪，如果虚开的增值税发票没有被人用于逃税或者骗税，则仅仅是行政违法行为，其社会危害性达不到值得动用刑罚予以惩罚的程度，不应作为犯罪处罚。

第五种观点是目的性限缩解释。前述第二、第三、第四种观点主要从犯罪构成角度论证虚开犯罪，出发点都是要限缩虚开犯罪的成立，解决虚开犯罪的打击面过宽问题。第五种观点则是从刑法解释方法的角度提出解决路径。该类观点主要来自最高人民法院。2024 年之前，最高人民法院多位法官认为，对于不具有严重社会危害性的虚开增值税专用发票行为，可适用目的性限缩解释方法，不以虚开增值税专用发票罪论处。所谓目的性限缩解释方法，是基于规范意旨的考虑，依法律规范调整的目的或意义脉络，将依法律文义已被涵盖的案型排除在原系争适用的规范外。可见，目的性限缩解释方法的适用，并非从是否为目的犯，而是从立法目的的角度考虑问题。刑法将虚开增值税专用发票规定为犯罪，主要是为了惩治那些为自己或为他人偷逃、骗取国家税款虚开增值税专用发票行为。因此，对于确有证据证实行为人主观上不具有偷、骗税目的，客观上也不会造成国家税款流失的虚开增值税专用发票行为，不以虚开增值税专用发票犯罪论处，构成其他犯罪的，以其他犯罪定罪处罚。

目前，人民法院案例库中发布的最新案例，主要坚持第五种观点，具体论述时，作为一种补强理由有抽象危险犯的考量。例如，《王某某虚开增值税专用发票案》——主观上不具有非法占有目的，客观上未造成国家税款损失，不宜以虚开增值税专用发票罪定罪处罚。该案裁判要旨：在无真实货物购销交易的情况下，循环开具增值税专用发票并均已进行进项税额抵扣，按规定向主管税务机关进行了纳税申报，整个流程环开环抵、闭环抵扣，未造成国家税款的流失。行为人不以骗取国家税款为目的，没有套取国家税款的行为和主观故意，不符合虚开增值税专用发票罪的构成要件，不宜以虚开增值税专用发票罪定罪量刑。

关联索引：一审：山东省济南市中级人民法院（2015）济刑二初字第23号刑事判决（2015年12月4日）。二审：山东省高级人民法院（2016）鲁刑终84号刑事裁定（2016年6月2日）。再审：河北省高级人民法院（2021）冀刑再7号刑事判决（2023年9月8日）。

三、《最高人民法院　最高人民检察院关于办理危害税收征管刑事案件适用法律若干问题的解释》（法释〔2024〕4号）规定的虚开增值税专用发票罪的理解与适用

2024年3月15日，《最高人民法院　最高人民检察院关于办理危害税收征管刑事案件适用法律若干问题的解释》（法释〔2024〕4号）发布，自2024年3月20日起施行。同时，《最高人民法院关于适用〈全国人民代表大会常务委员会关于惩治虚开、伪造和非法出售增值税专用发票犯罪的决定〉的若干问题的解释》（法发〔1996〕30号）、《最高人民法院关于审理骗取出口退税刑事案件具体应用法律若干问题的解释》（法释〔2002〕30号）、《最高人民法院关于审理偷税、抗税刑事案件具体应用法律若干问题的解释》（法释〔2002〕33号）废止。

因刑法对于虚开增值税专用发票罪的犯罪构成没有作出具体描述，按照字面理解的话，只要构成刑法规定的“虚开”就是犯罪，这样打击面就太宽了。法释〔2024〕4号文件的专业性较强，国家税务总局深度参与制

定过程，并且多条意见都得到采纳。法释〔2024〕4 号文件对于虚开增值税专用发票罪的规定，充分体现了行政犯的特征（行政犯的行为首先违反了行政法规，如果没有违反行政法规，则一般不能构成犯罪；即便违反了行政法规，由行为人承担行政责任足以解决问题的，也不轻启刑罚），尊重现有增值税税收政策，区分不同交易情景下能否抵扣，相应作出类型化的规定。同时，体现出财产犯的特征（财产犯是以非法占有为目的，攫取、骗取公私财物或者故意毁坏公私财物的行为），原则上只有通过虚开增值税专用发票并利用增值税专用发票的抵扣功能申报抵扣，从而骗取国家税款的，才构成真正意义上的虚开犯。基于刑法的谦抑性，按照目的性限缩解释方法，限制虚开入罪的范围，避免打击面过宽。由最高人民法院法官编写的《“两高”〈关于办理危害税收征管刑事案件适用法律若干问题的解释〉的理解与适用》指出，“坚持主客观相统一。主客观相统一原则是刑法的重要原则，刑事司法必须始终贯彻遵循。法释〔2024〕4 号文件制定过程中，对虚开增值税专用发票罪的理解争议最大，因刑法条文未明确规定该罪必须具有骗抵税款的主观目的和造成税款损失的客观结果，而实践中不同的‘虚开’无论是主观方面，还是客观危害性，都差异很大。在起草解释过程中，根据主客观相统一原则，结合对罪名沿革历史的考察，对该罪罪状进行了必要的限缩，根据罪责刑相适应原则，合理划定犯罪圈”。

总体来说，法释〔2024〕4 号文件与时俱进，坚持了科学的解释原则、方法。首先，法释〔2024〕4 号文件没有过分强调立法者的原意，而是探究立法原意。30 多年过去了，我们很难探究当初虚开入罪的立法者原意。我国的立法体制决定了立法者是一个集体，严格意义上不存在立法理由书。其次，虚开入罪的立法者在制定单行刑法时，针对的是立法之前已有的案件，对立法时没发生过的案件，立法者不太可能未卜先知。过分强调立法者的原意会导致刑法的滞后性，导致案件处理脱离生活现实。例如，2000 年前后就已经出现的为了申请银行贷款而虚开增值税专用发票并按照虚开金额如实申报纳税。这在虚开入罪之时并不是立法理由，却在形式上符合虚开的犯罪规定。仅是按照虚开犯罪处理，就已经超出了当初立法者的原意。特别是，1994 年，我国实行税制改革，其主要内容之一就是以增值税替代传统的税种。1994 年 1 月 1 日，国务院颁布了《增值税暂行条例》，由此确立了增值税制度。增值税专用发票随即成为计征增值税的依据和抵扣税款的凭证。手工开票时代，配套制度不完善，税务征管监督手段跟不上，税务机关发现虚开大案的时候，虚开抵扣已经完成并给国家税款造成了巨大损失。对比当下，税控开票系统、"金税工程"等增值税管理制度与管理手段都发生了巨大变化，行政违法的手段、方法也相应地与时俱进，需要根据客观变化相应调整司法解释。当然，在现有执法、司法体制下，探究立法者的原意，考察当初立法的背景和沿革还是很有必要的，这样能比较过去与当下的情景差异，从而对虚开犯罪规定作出与时俱进的、有针对性的解释。最后，法释〔2024〕4 号文件坚持了只有具有严重社会危害性的虚开发票行为才具有刑事违法性，进而具有应受刑罚处罚性。严重的社会危害性是犯罪的本质特征。根据罪刑法定原则，对于刑法没有明文规定，具有严重社会危害性的行为不能定罪，同时，对于不具有严重社会危害性的行为，即使从字面上看为刑法条文所规范，也必须适用目的性限缩解释方法将之排除在犯罪圈外。行为的社会危害性是主客观要素的统一，因此在确定行为是否具有严重的社会危害性时，不仅要考察行为的客观危害性，还要关注行为的主观危险性。刑事违法性是犯罪的法律特征，犯罪是严重社会危害性与刑事违法性的统一，其中，社会危害性是第一性的，刑事违法性是第二性的，行为不是因为违法才具有社会危害性，而是因为具有社会危害性才违法。因此，对于刑事违法性的判断，不能仅从法律规范本身去理解，而应结合社会危害性来考察。如前所述，对于不具有严重社会危害性的行为，即使从字面上看为刑法条文所规范，也必须适用目的性限缩解释方法将之排除在犯罪圈外。

（一）对法释〔2024〕4号文件涉及虚开增值税专用发票的内容的简要介绍

1. 关于虚开增值税专用发票罪构成要件的目的性限缩理据

虚开增值税专用发票罪源于1995年《全国人民代表大会常务委员会关于惩治虚开、伪造和非法出售增值税专用发票犯罪的决定》中的规定。1997年修订刑法时，对该单行刑法的具体条文基本照搬，但对“为了惩治虚开、伪造和非法出售增值税专用发票和其他发票进行偷税、骗税等犯罪活动，保障国家税收”的立法目的未引入《刑法》第二百零五条。随着增值税发票制度的不断完善，实践中出现了不以骗取税款为目的，客观上也不可能造成国家税款实际损失，但又不具有与增值税专用发票所记载的内容相符的真实交易的“虚开”行为，如为了虚增单位业绩而虚开增值税专用发票。这种行为虽然客观上破坏了增值税专用发票的管理制度，但与以骗取国家税款为目的的虚开增值税专用发票行为相比，已具有质的区别。如果无视这种区别，仅从字面上套用虚开增值税专用发票罪的相关规定，将这种行为也认为是虚开增值税专用发票罪的实施行为，不仅是对法律的机械理解，也割裂了虚开增值税专用发票罪的立法历史渊源。法释〔2024〕4号文件在征求意见时，各有关部门一致认为，对虚开增值税专用发票罪应当进行一定的目的性限缩解释，防止打击范围过大，但对于目的性限缩的范围如何界定，争议很大。鉴于难以从正面界定达成一致认识，法释〔2024〕4号文件第十条第二款以例外规定的方式，对虚开增值税专用发票罪作了界定。

2. 虚开增值税专用发票罪的构成要件应具备以骗抵税款为目的，不具有该目的的，原则上不构成本罪

增值税是为避免重复征税而设计的，通过增值税专用发票环环抵扣来实现此目的。因此，增值税专用发票区别于其他发票、完税凭证的功能就是抵扣税款的功能。该罪的法定最高刑是无期徒刑，与诈骗罪一致。诈骗

罪是以非法占有为目的，骗取公私财物的行为，诈骗既遂的，最高可以判处无期徒刑。按照同类对待的解释，通过专票抵扣税款的方式骗取了国家税款的，应当与诈骗罪同等对待。对本罪进行目的性限缩解释已成为共识。首先，“虚开”可以指一切与实际业务状况不符合的不实开票行为，包括故意不实开票、过失不实开票。其次，可以将“虚开”界定为故意的不真实开票，即将过失行为排除在“虚开”之外。《刑法》第二百零五条之一虚开发票罪之“虚开”即指此意。最后，根据罪责刑相适应原则，“虚开”是指具有特定目的的不真实开票行为，该特定目的应根据增值税专用发票具有的抵扣功能展开。只有那种以利用增值税专用发票的核心功能——抵扣税款，通过不实开票抵扣税款为目的的虚开发票行为，才具有与《刑法》第二百零五条法定刑相匹配的社会危害性。

增值税发票分为普通发票和专用发票。虚开增值税普通发票情节严重的，根据《刑法修正案（八）》构成虚开发票罪，法定最高刑为七年有期徒刑；而虚开增值税专用发票罪的法定最高刑为无期徒刑。如果认为虚开增值税专用发票罪侵犯的也是发票管理秩序，则无法解释同样为侵犯发票管理秩序的犯罪，为何法定刑差距如此之大。增值税专用发票的核心功能是抵扣税款，只有利用该核心功能进行虚开抵扣，即骗抵税款的，才能被认定为虚开增值税专用发票罪。这种行为本质上是以非法占有为目的、骗取国家财产的，对其处以重刑符合罪责刑相适应原则；反之，即便虚假开票，但没有利用增值税专用发票核心功能的，也不应以本罪论处。这就与法释〔2024〕4 号文件第十条第二款规定相一致了。

关于法释〔2024〕4 号文件第十条第二款“为虚增业绩、融资、贷款等不以骗抵税款为目的，没有因抵扣造成税款被骗损失”的理解。

第一，“不以骗抵税款为目的”是本质，列举的“虚增业绩、融资、贷款”是表现形式，“等”表明不限于所列举的三种形式。例如，已有生效判决认为，行为人出于应对上级单位审计而在内部互开发票的行为，也属于“不以骗抵税款为目的”。第二，构成本罪应“以骗抵税款为目的”或者“因抵扣造成税款被骗损失”，而“因抵扣造成税款被骗损失”在一般情况下即可以认定行为人主观上具有骗抵税款的目的，除非有相反证据证明该损失超出其预料，否则只要发生抵扣造成税款损失的结果，就可以推定行为人主观上具有骗抵税款的目的。例如，证券市场多年以来一直存在上市公司为了满足中国证监会的股票发行与上市要求，虚增销售收入，关联公司内部环开发票。该种情形属于没有真实业务的无货虚开，但是该种闭环运行，不存在发票被受票方用于抵扣骗税的可能，国家税款安全没有受到侵害，自然不能作为犯罪处理。并且，个别上市公司虚开增值税发票虚增业绩之后，还申请到了当地税务机关的退税。对于这种行政违法行为能否如此优待，争议较大。2018 年 12 月，最高人民法院发布的《人民法院充分发挥职能作用保护产权和企业家合法权益典型案例（第二批）》中的张××虚开增值税专用发票案的裁判要旨明确，张××的行为“不具有骗取国家税款的目的，未造成国家税款损失，其行为不构成虚开增值税专用发票罪”。法释〔2024〕4 号文件的规定与该案裁判要旨的精神一脉相承。

最高人民法院、公安部与最高人民检察院解读文章的意见差异

公安部经侦局在其微信公众号上发表的《“两高”〈关于办理危害税收征管刑事案件适用法律若干问题的解释〉的理解与适用》认为，构成本罪应“以骗抵税款为目的”或者“因抵扣造成税款被骗损失”，而“因抵扣造成税款被骗损失”在一般情况下当然可以认定行为人主观上具有“骗抵税款目的”，除非有相反证据证明该损失超出其预料，否则只要发生抵扣造成税款损失的结果，就可以推定行为人主观上具有骗抵税款的目的。

最高人民检察院法律政策研究室高景峰、余双彪、杨新慧发表在《人民检察》上的《“两高”〈关于办理危害税收征管刑事案件适用法律若干问题的解释〉的理解与适用》认为，为虚增业绩、融资、贷款等目的的虚

开发票行为，虽然不以虚开增值税专用发票罪论处，但如果构成欺诈发行证券罪，违规披露、不披露重要信息罪，骗取贷款罪等其他犯罪的，仍应当依法追究刑事责任。需要特别说明的是，《刑法》第二百零五条并未对虚开增值税专用发票罪作出“目的性”要求，法释〔2024〕4号文件尊重立法原意，第十条第二款仅是虚开增值税专用发票罪的出罪条款，不可理解为构成虚开增值税专用发票犯罪需具备骗抵增值税税款的目的和造成增值税税款损失的入罪要件。

3. 虚开增值税专用发票罪与关联犯罪之间的关系

第一，虚开增值税专用发票罪与逃税罪的区别。

最高人民法院认为，二者最关键的区别在于主观上是基于骗取国家税款的故意，还是基于逃避纳税义务的目的，应当区分两种情况依据其虚开进项是否超过真实销项分别认定。首先，纳税人在应纳税义务范围内，通过虚增进项进行抵扣以便少缴纳税款的，即便采取了虚开抵扣的手段，主观上还是为不缴、少缴税款，根据主客观相统一原则，应以逃税罪论处。这也是法释〔2024〕4号文件第一条第一款第（三）项将“虚抵进项税额”作为逃税罪的“欺骗、隐瞒手段”之一规定的考虑。其次，纳税人超过应纳税义务范围，通过虚开抵扣税款，不仅逃避了纳税义务，还骗取了国家税款的，在应纳税义务范围内的部分成立逃税罪，超出应纳税义务范围的部分成立虚开增值税专用发票罪，属于一行为同时触犯两罪名的竞合犯，按照从一重处原则处理。理由主要有五个。其一，符合主客观相统一原则。如上所述，纳税人虚抵进项税额，在应纳税范围内是为了不缴、少缴税款，即为了逃税；但如果超出应纳税范围进行抵扣，则超出部分就不再是为了逃避纳税义务，即超过了逃税的故意，而是基于骗抵国家财产的故意。其二，与《刑法》第二百零四条第二款关于骗取出口退税罪与逃税罪关系的规定精神保持一致。《刑法》第二百零四条第二款规定，纳税人缴纳税款后，采取虚报出口或者其他欺骗方法，骗取所缴纳的税款的，依照逃税罪定罪处罚。由此可见，刑法对逃税罪是从逃避纳税义务的本质进行认定的，无论行为人是事先采取欺骗、隐瞒手段以便不缴、少缴税款，还是先行缴税再将所缴税款骗回的行为，刑法都将其评价为逃税，而不是将后者评价为骗税。同样的道理，为逃税而虚开抵扣的行为，虽然有骗抵行为，但出发点还是不缴、少缴税款，即纳税人虚抵进项税额的目的归根结底是在其应纳税范围内逃税。其三，有利于涵养税源。对负有纳税义务的市场主体，基于主客观相统一原则，将其在应纳税义务范围内的虚抵进项税额行为评价为逃税行为，不是对违法犯罪行为的放纵，而是在不违反法律规定的前提下对实体经济的有效保护，不会导致企业因犯轻罪而被重判，尽可能减少由一案导致企业垮台的情况发生。对于“空壳”公司，因其不负有纳税义务，不能按照上述原则处理。其四，这一观点与全国人大常委会法工委对该问题的观点一致。例如，全国人大常委会法工委刑法室主任王爱立主编的《〈中华人民共和国刑法〉解释与适用（上）》提出：在实践中，“虚开”行为往往伴随着逃避缴纳税款、骗取出口退税、出售营利等不法目的，虚开的增值税专用发票或者可用于出口退税、抵扣税款的发票往往成为虚假申报、逃避缴纳税款或者骗取出口退税的一种手段工具。由于我国实行税收法定原则，根据《刑法》第二百零四条规定，虚开发票行为本身就可能构成犯罪。对于虚开《刑法》第二百零四条规定的发票又利用该虚开发票减免应纳税额以逃避缴纳税款的，或者直接骗取国家出口退税的，或者虚开并出售等情形，应在实践中结合行为人目的、情节具体分析。例如，对于以虚开增值税专用发票为业务并售卖的情形，一般不以本罪论处；对于以逃税为目的的虚开增值税专用发票的情形，可考虑按照逃税罪处理等。其五，保持与税务机关行政认定的一致性。在应纳税范围内，税务机关认为，对于虚抵进项税额行为，根据《国家税务总局关于纳税人取得虚开的增值税专用发票处理问题的通知》（国税发〔1997〕134 号）规定，“受票方利用他人虚开的专用发票，向税务机关申报抵扣税款进行偷税的，应当依照《中华人民共和国税收征收管理法》及有关法规追缴税款”，行政处理上认定为偷税，以此对应刑罚的逃税罪，有利于统一处理口径。

最高人民法院、公安部与最高人民检察院解读文章的意见差异

对于前述“虚抵进项税额”如何理解，最高人民法院、最高人民检察院对于法释〔2024〕4号文件的理解似有不同。

最高人民检察院法律政策研究室高景峰、余双彪、杨新慧发表在《人民检察》上的《“两高”〈关于办理危害税收征管刑事案件适用法律若干问题的解释〉的理解与适用》认为，关于“虚抵进项税额”的逃税行为是指利用虚开增值税专用发票以外的方式虚抵进项税额。例如，根据2017年国务院修订的《增值税暂行条例》相关规定，企业购进的货物、劳务、无形资产和不动产用于免费项目、集体福利、简易征税、管理不善导致的毁损等均被视为企业的消费行为，该项目的进项税额不得从销项税额中抵扣。若企业已向税务机关申请抵扣增值税的，应进行进项转出，否则会造成虚抵进项税额的逃税后果。从社会危害性的角度来看，此种虚抵进项税额的逃税方式轻于利用虚开增值税专用发票的手段虚抵进项税额的逃税方式，按照逃税罪处理，符合罪责刑相适应原则。前述最高人民检察院的观点，似与全国人大常委会法工委的意见有一定的出入，与最高人民法院法官的解读意见似存在一定的矛盾。最高人民检察院将其限定为“利用虚开增值税专用发票以外的方式”。公安部的解读意见与最高人民法院一致。

本书认为，对于前述用于免税项目等的虚抵，因发票开具对应真实的购进业务，企业取得发票也向上游预交了进项税，只是因现有税收政策的规定而依法不能抵扣。此时，企业申报缴纳增值税，抵扣了该部分进项税，没有超过真实销项的，应当定性为逃税；超过真实销项的，也不宜定性为虚开增值税专用发票罪，因其购进环节并不存在“虚开”，申报骗取

的税款仍然在自己购进环节实际缴纳税款的范围之内。

第二，虚开增值税专用发票罪与非法出售增值税专用发票罪、非法购买增值税专用发票罪的界分。

对于虚开增值税专用发票，受票方往往以支付“开票费”“税点”等名义，从他人处获得进项票后进行抵扣，由此开票方与受票方之间又形成了非法出售与非法购买增值税专用发票的关系。对受票方来说，如果其取得虚开的增值税专用发票后继而骗抵税款，则其系以非法购买增值税专用发票的犯罪手段达到虚开增值税专用发票的犯罪目的，系目的行为与手段行为的牵连犯，按照从一重处原则定罪处罚，即按照《刑法》第二百零八条第二款的规定定罪处罚。如果受票方非法购买增值税专用发票后，不是用以骗抵税款，而是用于其他目的，其他目的不构成犯罪的，则系构成非法购买增值税专用发票罪；其他目的构成其他犯罪的，则系构成非法购买增值税专用发票罪与其他目的罪的牵连犯。

对于开票方来说，如果不能证明与受票方存在共同故意，则其收取“开票费”“税点”后为他人开票的行为，本质上是把增值税专用发票当作商品出售，是非法出售增值税专用发票行为，与受票方不能认定为共同犯罪，对其行为的定性也不应受制于受票方的行为性质。正如贩卖毒品的行为人向他人贩卖毒品后，构成贩卖毒品罪；至于他人购买毒品是用于贩卖构成贩卖毒品罪，还是用于自吸构成非法持有毒品罪，对售毒者的犯罪性质没有影响。因此，对于开票方，在此情况下按照非法出售增值税专用发票罪定罪处罚，有利于体现对其从严打击精神。一是实践中开票方多是“空壳”公司，没有实际经营行为，以开票为业，这种所谓的“公司”对社会主义市场经济有百害而无一利，必须从严打击；二是实践中开票方与受票方通过网络交易的越来越多，对开票方来说多属于“来者不拒”型开票，认定其与受票方存在共同故意既面临取证上的困难，也与客观实际不符；三是对非法出售增值税专用发票罪的取证、认定，只需要有开票方收取对方钱款而将增值税专用发票当作商品开给对方的证据即可认定，有利于对此类犯罪的指控；四是非法出售增值税专用发票罪与虚开增值税专用发票罪的法定刑一致，不存在重罪轻判的担忧。按照前述解释，不构成共同犯罪的开票方以“卖票子”牟利，应当按照非法出售增值税专用发票罪定罪处罚，不应按照虚开增值税专用发票罪处理。

（二）关于虚开增值税专用发票罪表现形式的解读

法释〔2024〕4 号文件按照司法实践中常见的虚开类型，将其归纳为“无货虚开”、“有货虚开”、“虚构交易主体型虚开”和通过篡改发票电子信息虚开等类型。需要说明的是，“有货虚开”是指虽有真实交易，但发票上的可抵扣税额超过实际应抵扣的税额，包括以不含税价购买商品而从第三方取得发票以抵扣成本的虚开。“虚构交易主体型虚开”主要针对根据法律规定不能抵扣的受票方，通过虚构交易主体，以该虚构的主体抵扣税款，从而实现骗抵税款的虚开。同时，为防止列举不全，或者将来出现新型虚开手段，设置了兜底规定。符合列举手段的行为只是认定是否虚开的形式，认定是否构成虚开犯罪的关键还是要从本罪的本质认定。

（三）关于虚开增值税专用发票罪加重情节的解读

法释〔2024〕4 号文件第十一条第二款规定了两种应当认定为“其他严重情节”的情形。其一，在提起公诉前，无法追回的税款数额达到 30 万元以上，意味着虽未达到加重犯的数额标准，但犯罪行为造成的税款损失极大可能已无法挽回，对其加重处罚符合罪责刑相适应原则。“因抵扣造成税款被骗损失”强调了该种损失发生方式限定为抵扣；抵扣方式之外的其他方式，即便导致了国家税款损失，也不属于虚开增值税专票犯罪规制的范围。相对应地，损失对象限定为增值税，只有增值税发票才存在抵扣功能，因抵扣造成的税款损失，只能是增值税税款的损失，不包括其他税种的税款损失。其二，行为人在五年内因虚开发票受过刑事处罚或者两次以上行政处罚再次虚开发票的，表明其拒不悔改，人身危险性大。为体现对职业“票贩子”的从严打击，这里的“因虚开发票”不宜限定为“因虚开增值税专用发票”，而应该解读为一切虚开发票行为，既包括虚开增值税专用发票的行为，也包括虚开增值税普通发票的行为。需要说明的是，法释〔2024〕4号文件未将“两年内三次以上虚开”作为其他严重情节明确列举，其主要考虑：与骗取出口退税罪的既遂不同，实践中行为人基于骗抵税款目的虚开增值税专用发票的，一般都是多次虚开，很少只虚开一两次。因此，如将“两年内三次以上虚开”也作为“其他严重情节”之一，可能导致查处的虚开行为都属于情节严重的情况；同时，对连续虚开增值税发票未经处理的，按照累计数额计算，也可以实现从严打击。

（四）新旧司法解释定罪条文对比

新旧司法解释定罪条文对比见表1－5。

表1－5 条文对比

原文件	《最高人民法院关于适用〈全国人民代表大会常务委员会关于惩治虚开、伪造和非法出售增值税专用发票犯罪的决定〉的若干问题的解释》（法发〔1996〕30号）	《最高人民法院 最高人民检察院关于办理危害税收征管刑事案件适用法律若干问题的解释》（法释〔2024〕4号）
实施行为	一、根据《决定》第一条规定，虚开增值税专用发票的，构成虚开增值税专用发票罪。 具有下列行为之一的，属于“虚开增值税专用发票”： （1）没有**货物购销**或者没有提供或接受**应税劳务**而为他人、为自己、让他人为自己、介绍他人开具增值税专用发票； （2）有货物购销或者提供或接受了应税劳务但为他人、为自己、让他人为自己、介绍他人开具数量或者金额不实的增值税专用发票； （3）进行了实际经营活动，但让他人为自己代开增值税专用发票	第十条　具有下列情形之一的，应当认定为刑法第二百零五条第一款规定的“虚开增值税专用发票或者虚开用于骗取出口退税、抵扣税款的其他发票”： （一）没有**实际业务**，开具增值税专用发票、用于骗取出口退税、抵扣税款的其他发票的； （二）有**实际应抵扣业务**，但开具超过实际应抵扣业务对应税款的增值税专用发票、用于骗取出口退税、抵扣税款的其他发票的； （三）对**依法不能抵扣税款的业务**，通过虚构交易主体开具增值税专用发票、用于骗取出口退税、抵扣税款的其他发票的； （四）非法篡改增值税专用发票或者用于骗取出口退税、抵扣税款的其他发票相关电子信息的； （五）违反规定以其他手段虚开的

1. 增值税应税范围表述的对比

法发〔1996〕30号文件适用的时代增值税与营业税并行，增值税仍然是货劳税，即货物与劳务税。随着营业税改征增值税的试点范围逐步扩大，到2016年全面铺开，增值税一统流转税领域，现代服务业等加入增值税的征税范围，相应地，增值税再称为“货劳税”就不大合适了，改称“流转税”更妥当。也正因为这种变化，法释〔2024〕4号文件用“实际业务”概括货物、劳务、服务、不动产等各类应税交易，用词更加简练，表述增值税征收范围更为准确。

2. 如何理解新增的“依法不能抵扣税款的业务”

因增值税是链条税，采用购进扣税法，即当期进项抵扣当期销项的计算方法，贯彻消费终端纳税原则；同时，对于某些特殊业务出于政策考量等，不允许开具增值税专用发票进行抵扣。虚开增值税专用发票罪是秩序犯、行政犯，以违反税收法律、法规、规章等为前提，故犯罪认定既要尊重行政规范，又要保持刑法的谦抑性，保持刑罚特有的运行规律，只有严重违反税收规范的行为才能入罪。法释〔2024〕4号文件第十条分别规定了“没有实际业务”“有实际应抵扣业务”“依法不能抵扣税款的业务”，最高人民法院、最高人民检察院解释不仅尊重《发票管理办法》，也尊重增值税税收规范，按照增值税规范划分了不同类型。对于有实际业务的，进一步将实际业务区分为有实际业务多开多抵、有实际业务不能抵两种情形。

对于“依法不能抵扣税款的业务”的“依法”，不可解释为法律，因为增值税至今尚未上升为法律规范，目前增值税领域的基础性规范是《财政部　国家税务总局关于全面推开营业税改征增值税试点的通知》（财税〔2016〕36号）及若干补丁规范。该文件第一段写明“经国务院批准”。为什么要写这句话？是因为1985年4月10日第六届全国人民代表大会第三次会议决定，授权国务院对于有关经济体制改革和对外开放方面的问题，必要时可以根据宪法，在同有关法律和全国人民代表大会及其常务委员会有关决定的基本原则不相抵触的前提下，制定暂行的规定或者条例，颁布实施并报全国人民代表大会常务委员会备案。一般认为，国务院批准、部门颁布的规范性文件，在一定程度上具有准行政法规的效力。财税〔2016〕36号文件附件一《营业税改征增值税试点实施办法》第二十七条规定："下列项目的进项税额不得从销项税额中抵扣：（一）用于简易计税方法计税项目、免征增值税项目、集体福利或者个人消费的购进货物、加工修理修配劳务、服务、无形资产和不动产。其中涉及的固定资产、无形资产、不动产，仅指专用于上述项目的固定资产、无形资产（不包括其他权益性无形资产）、不动产。纳税人的交际应酬消费属于个人消费。（二）非正常损失的购进货物，以及相关的加工修理修配劳务和交通运输服务。（三）非正常损失的在产品、产成品所耗用的购进货物（不包括固定资产）、加工修理修配劳务和交通运输服务。（四）非正常损失的不动产，以及该不动产所耗用的购进货物、设计服务和建筑服务。（五）非正常损失的不动产在建工程所耗用的购进货物、设计服务和建筑服务。纳税人新建、改建、扩建、修缮、装饰不动产，均属于不动产在建工程。（六）购进的旅客运输服务、贷款服务、餐饮服务、居民日常服务和娱乐服务。（七）财政部和国家税务总局规定的其他情形。本条第（四）项、第（五）项所称货物，是指构成不动产实体的材料和设备，包括建筑装饰材料和给排水、采暖、卫生、通风、照明、通讯、煤气、消防、中央空调、电梯、电气、智能化楼宇设备及配套设施。"第二十八条规定："不动产、无形资产的具体范围，按照本办法所附的《销售服务、无形资产或者不动产注释》执行。固定资产，是指使用期限超过12个月的机器、机械、运输工具以及其他与生产经营有关的设备、工具、器具等有形动产。非正常损失，是指因管理不善造成货物被盗、丢失、霉烂变质，以及因违反法律法规造成货物或者不动产被依法没收、销毁、拆除的情形。”

前述业务均属于依法不能抵扣税款的业务，行为人为了规避前述规定，虚构交易主体导致不可抵扣变为可抵扣交易。例如，个人购买各类装修材料，支付给建材商城 100 万元就属于“个人消费”，产品走出了生产销售环节，进入了消费终端领域，将来也存在预交进项抵扣销项问题。终端消费者全额承担了价款与增值税税款，但是该个人有自己的公司，以公司的名义购买建材并申报抵扣公司真实的销项，装修材料由个人房屋使用，该公司本来与该笔交易无关，只是为了抵扣才被强行安排到交易中，并不是真实交易的主体。又如，某公司因进项税较少，为了增加进项税愿意出“报酬”，对社会上非本单位人员购买车辆，将增值税专用发票开具给某公司，某公司也属于此处的“虚构交易主体”情形。但是，如果前例中的建材商城为了卖发票牟利，可能会与需要发票的单位达成协议，取得开票费之后，将发票开具给其他单位，则建材商城与其他单位均构成无货虚开。

但是，如果交易双方没有变化，而是转换交易性质，则不属于此处的“虚构交易主体”。例如，甲、乙两家公司，甲公司需要资金，请求乙公司出借 1 亿元，如果签订借款合同，则购进贷款服务的利息发票不能抵扣。双方约定由甲公司向乙公司销售货物，乙公司先付款，甲公司后发货，以该种法律形式规避应税行为的发生属于滥用法律形式，税务稽查证据充分的可以否定交易形式，作出税务处理决定，要求依法纳税，因此属于税收违法行为，而不属于犯罪行为。

3. 如何理解法释〔2024〕4 号文件没有关于“有货代开”构成犯罪的规定

法释〔2024〕4 号文件没有关于“有货代开”构成犯罪的规定，对此是否说明有货代开不再构成犯罪。这取决于如何界定“有货代开”的内涵与外延。其实，从最高人民法院发布的典型案例来看，最高人民法院、地方高级人民法院出罪的“有货代开”都属于小商小贩，出于谋生，其因自己没有运输、建工等各类许可资质，只能挂靠在有资质的企业名下工作，为了顺利拿到报酬，需要向被挂靠企业支付管理费，然后才能取得发票与对方结算。挂靠经营是行政资质管理下，在各行各业广泛存在的现象，如果把这种情形一律当作犯罪处理，打击面就太大了。建设工程领域的包工头都是挂靠拿工程，借用有建筑资质的企业对外签合同、开发票，总不能说他们都是虚开罪犯。对此问题的理解，比较系统的意见出现在最高人民法院研究室制发的《〈关于如何认定以“挂靠”有关公司名义实施经营活动并让有关公司为自己虚开增值税专用发票行为的性质〉征求意见的复函》（法研〔2015〕58 号），具体分为如下两种情形。

一是挂靠经营不构成虚开犯罪。“虚开增值税专用发票罪是行政犯，对相关入罪要件的判断，应当依据、参照相关行政法规、部门规章等，而根据《国家税务总局关于纳税人对外开具增值税专用发票有关问题的公告》（国家税务总局公告 2014 年第 39 号），挂靠方以挂靠形式向受票方实际销售货物，被挂靠方向受票方开具增值税专用发票的，不属于虚开。”财税〔2016〕36 号文件附件一《营业税改征增值税试点实施办法》第二条规定：“单位以承包、承租、挂靠方式经营的，承包人、承租人、挂靠人（以下统称承包人）以发包人、出租人、被挂靠人（以下统称发包人）名义对外经营并由发包人承担相关法律责任的，以该发包人为纳税人。否则，以承包人为纳税人。”挂靠经营的，须同时满足以被挂靠人名义对外经营及由发包人承担相关法律责任，明确规定了挂靠经营如何确定纳税人、如何纳税开票问题，其判断标准是法律形式。至此，符合挂靠经营模式的，一般不作为虚开犯罪处理。

二是事实挂靠关系。“行为人利用他人的名义从事经营活动，并以他人名义开具增值税专用发票的，即便行为人与该他人之间不存在挂靠关系，但如行为人进行了实际的经营活动，主观上并无骗取抵扣税款的故意，客观上也未造成国家增值税款损失的，不宜认定为刑法第二百零五条规定的‘虚开增值税专用发票’；符合逃税罪等其他犯罪构成条件的，可以其他犯罪论处。”并明确指出，“1996年10月17日《关于适用〈全国人民代表大会常务委员会关于惩治虚开、伪造和非法出售增值税专用发票犯罪的决定〉的若干问题的解释》……该解释中关于‘进行了实际经营活动，但让他人为自己代开增值税专用发票’也属于虚开的规定，与虚开增值税专用发票罪的规定不符，不应继续适用；如继续适用该解释的上述规定，则对于挂靠代开案件也要以犯罪论处，显然有失妥当”。

四、新旧司法解释量刑标准对比

虚开增值税专用发票的量刑标准发生过多次变化，因法释〔2024〕4号文件自2024年3月20日起实施，以后定罪量刑一律按照法释〔2024〕4号文件办理，所以无须过分关注已经废止的数额标准，本书简要说明如下。

（一）简要介绍相关变化

《最高人民法院关于适用〈全国人民代表大会常务委员会关于惩治虚开、伪造和非法出售增值税专用发票犯罪的决定〉的若干问题的解释》（法发〔1996〕30号）规定的定罪量刑数额标准，依据《刑法》第二百零五条规定虚开税款数额五十万元以上即应当判处十年以上有期徒刑或者无期徒刑。2014年，最高人民法院研究室作出《关于如何适用法发〔1996〕30号司法解释数额标准问题的电话答复》（法研〔2014〕179号），主要内容为：为了贯彻罪刑相当原则，对虚开增值税专用发票案件的量刑数额标准，可以不再参照适用1996年的解释。在新的司法解释制定前，对于虚开增值税专用发票案件的定罪量刑标准，可以参照最高人民法院《关于审理骗取出口退税刑事案件具体应用法律若干问题的解释》（法释〔2002〕30

号）的有关规定执行，即虚开增值税专用发票罪的税款数额入罪、数额较大、数额巨大的标准分别为五万元、五十万元、二百五十万元。

法研〔2014〕179号文件对于正确适用刑法关于虚开增值税专用发票罪的规定，实现罪刑均衡发挥了重要作用。但是，由于法研〔2014〕179号文件不是正式的规范性文件，在具体案件办理过程中，对于办理虚开增值税专用发票刑事案件是否继续参照执行法发〔1996〕30号文件的有关规定，仍然存在较大分歧。此外，刑法关于骗取出口退税罪和虚开增值税专用发票罪的定罪量刑标准表述不同，具体如何参照，也需要进一步明确。

有鉴于此，最高人民法院在有关部门的大力支持下，经深入调查研究、广泛征求意见，于2018年8月22日正式印发了《最高人民法院关于虚开增值税专用发票定罪量刑标准有关问题的通知》（法〔2018〕226号），其第二条规定："在新的司法解释颁行前，对虚开增值税专用发票刑事案件定罪量刑的数额标准，可以参照《最高人民法院关于审理骗取出口退税刑事案件具体应用法律若干问题的解释》（法释〔2002〕30号）第三条的规定执行，即虚开的税款数额在五万元以上的，以虚开增值税专用发票罪处三年以下有期徒刑或者拘役，并处二万元以上二十万元以下罚金；虚开的税款数额在五十万元以上的，认定为刑法第二百零五条规定的'数额较大'；虚开的税款数额在二百五十万元以上的，认定为刑法第二百零五条规定的'数额巨大'。"前述规定重复了法研〔2014〕179号文件税款数额入罪、数额较大、数额巨大的标准分别为五万元、五十万元、二百五十万元的规定。

法〔2018〕226号文件只要求参照执行法释〔2002〕30号文件第三条规定的定罪量刑数额标准，而没有要求参照执行"其他严重情节""其他特别严重情节"的认定标准，主要是考虑到当前办理虚开增值税专用发票刑事案件过程中亟待解决的问题，即数额标准如何掌握。因此，在明确可以参照执行数额标准的基础上，不对情节标准作出统一规定，交由司法实践自由裁量，应能基本满足司法实践的需要。而且，刑法对虚开增值税专用发票罪的规定，与骗取出口退税罪毕竟有所不同，两罪存在一定区别，定罪量刑标准能否完全等同，需要进一步研究论证，宜交由专门司法解释作出明确。

（二）《最高人民法院　最高人民检察院关于办理危害税收征管刑事案件适用法律若干问题的解释》（法释〔2024〕4号文件）第十一条内容

第十一条规定了入罪与数量较大、数额巨大的标准，概括而言分别为十万元、五十万元、五百万元。该条规定："虚开增值税专用发票、用于骗取出口退税、抵扣税款的其他发票，税款数额在十万元以上的，应当依照刑法第二百零五条的规定定罪处罚；虚开税款数额在五十万元以上、五百万元以上的，应当分别认定为刑法第二百零五条第一款规定的'数额较大''数额巨大'。具有下列情形之一的，应当认定为刑法第二百零五条第一款规定的'其他严重情节'：（一）在提起公诉前，无法追回的税款数额达到三十万元以上的；（二）五年内因虚开发票受过刑事处罚或者二次以上行政处罚，又虚开增值税专用发票或者虚开用于骗取出口退税、抵扣税款的其他发票，虚开税款数额在三十万元以上的；（三）其他情节严重的情形。具有下列情形之一的，应当认定为刑法第二百零五条第一款规定的'其他特别严重情节'：（一）在提起公诉前，无法追回的税款数额达到三百万元以上的；（二）五年内因虚开发票受过刑事处罚或者二次以上行政处罚，又虚开增值税专用发票或者虚开用于骗取出口退税、抵扣税款的其他发票，虚开税款数额在三百万元以上的；（三）其他情节特别严重的情形。以同一购销业务名义，既虚开进项增值税专用发票、用于骗取出口退税、抵扣税款的其他发票，又虚开销项的，以其中较大的数额计算。以伪造的增值税专用发票进行虚开，达到本条规定标准的，应当以虚开增值税专用发票罪追究刑事责任。"

（三）虚开增值税专用发票罪的犯罪数额认定，数额包括“虚开税款数额”与“无法追回的税款数额”

根据《刑法》第二百零五条及法释〔2024〕4号文件的规定，审理虚开增值税专用发票案件，应该查明和确认虚开税款数额、骗取国家税款数额和给国家利益造成的损失数额。这是对涉案被告人依法定罪量刑的关键问题，其中，虚开税款数额是指增值税专用发票上载明的增值税税款，只要查获了发票，就应认定。骗取国家税款数额是指受票单位或者个人用于抵扣税款的数额，或者骗取出口退税的数额。许多虚开增值税专用发票犯罪案件由于受票单位多、范围广，查证困难、执法成本高，在事实认定和证据规格方面，要结合取得的发票、行为人的口供、资金往来凭证等综合判定。给国家利益造成的损失数额，法释〔2024〕4号文件的规定是指在提起公诉前仍无法追回的已被抵扣或者骗取出口退税的数额。

第一，只虚开进项税票或者只虚开销项税票的，虚开税款数额按照虚开的总数额计算。实践中对这种情形没有争议。

第二，以同一购销业务名义，即进项与销项之间具有关联性如品名相同，既虚开销项票又虚开进项票的，以其中较大的数额认定为虚开税额，不按照虚开的进项税额和销项税额累计计算。

增值税是流转税的一种。在正常的生产经营中，生产者销售货物要向他人开出销项增值税专用发票，并向国家缴纳税款。生产者凭借在购买原材料时他人为其开具的进项增值税专用发票缴纳的税款，向税务机关申报抵扣，生产者实际缴纳的税款只是货物增值部分计征的税款。每个环节缴纳和抵扣增值税的数额，要以货物在此环节增值的多少决定。一般来说，为他人开具的销项增值税专用发票数额总是大于让他人为自己开具的进项增值税专用发票数额；否则，不存在货物增值和纳税问题，也不可能向税务机关申报并抵扣。因此，在处理虚开增值税专用发票案件时，对于为他人虚开销项增值税专用发票，为了掩盖其犯罪事实，又让他人为自己虚开进项增值税专用发票的，往往只按较大的销项发票计算虚开的数额。

但是，在司法实践中，由于行为人为他人虚开的销项增值税专用发票非常分散，加上取证困难，有时并不能查证每一笔虚开的销项税额。这时，就会出现行为人虚开的进项税额大于其为他人虚开的、已经查证的销项税额的情形。在这种情况下，由于具体销项税额难以查证，而事实上的销项税额应大于已经查证的进项数额，为了正确反映案件的客观事实，应以行为人自己为自己、让他人为自己虚开的进项增值税专用发票税款的数额计算。还有一种情形，行为人让他人为自己虚开进项增值税专用发票以后，因为种种原因没有来得及虚开销项增值税专用发票，对这种有证据证明虚开的销项税额确实小于他人为其虚开进项税额的情况，也应以较大的进项税额认定为虚开税额。因为，在这种情形下，仍然存在行为人为他人虚开销项的危险性，刑法规定“让他人为自己虚开”也是虚开增值税专用发票犯罪行为的一种。需要强调的是，对于在不具有真实交易情况下的虚开增值税专用发票行为，由于虚开发票行为人不存在向国家缴税的义务，虚开的税额只以销项税额或进项税额中较大的计算即可，不应将虚开的销项税额和进项税额累计计算。

第三，对骗税数额、损失数额的计算。在进项税额与销项税额都是虚开的情况下，骗税数额和损失数额只应计算销项被受票单位抵扣的税款和无法追回的税款。如果被告人开出的销项受票单位尚未抵扣税款，就不能认为已经骗取国家税款和给国家利益造成了损失。既然被告人开出的销项有些未被查实是否抵扣，就应以查实的销项抵扣和无法追回的税款作为骗税数额和损失数额。对于一些无生产、销售经营活动的行为人在为他人虚开销项增值税专用发票以后，为了掩盖向他人虚开的事实，又让他人为自己虚开进项增值税专用发票的情形，应以查实的销项增值税中被实际抵扣部分作为给国家利益造成的损失。因为，这种虚开增值税专用发票犯罪行为的真正危害，是虚开的增值税专用发票被受票单位或个人用作在正常经营时向税务机关抵扣税款而自己可以不缴税。行为人为他人虚开销项增值税专用发票以后，受票单位用这些虚开的销项增值税专用发票抵扣应缴的税款，才是给国家造成的真正损失。行为人为掩盖其虚开的犯罪事实，又让他人为自己虚开进项增值税专用发票，因为其并未进行真正的货物买卖或提供劳务，就没有向国家缴纳税款的义务，所以行为人虽然虚开了进项增值税发票，但这种虚开并未给国家造成实际损失，让他人虚开并申报的进项税额不能计算在给国家造成的损失中，一般只能按照其开出销项发票的受票人向税务机关申报并抵扣的税款数额作为给国家造成的实际经济损失。

第四，对不能区分是否基于同一购销业务，既虚开进项发票又虚开销项发票的，应如何认定虚开税款数额？对该问题目前尚未达成共识，法释〔2024〕4 号文件对此也未作规定。最高人民法院倾向于以累计数额计算。如果行为人正常经营，让别人为自己虚开了进项发票以后，既为自己的正常经营抵扣税款，又掩盖其为他人虚开的事实，就要分两部分计算，即把自己正常经营抵扣的进项发票税款加上虚开给别人的销项发票被别人抵扣的税款中无法挽回的部分作为其给国家利益造成的损失。国家税务总局对该种情形的意见比较明确，《国家税务总局关于增值税一般纳税人发生偷税行为如何确定偷税数额和补税罚款的通知》（国税发〔1998〕66 号）第一条规定："关于偷税数额的确定。(一）由于现行增值税制采取购进扣税法计税，一般纳税人有偷税行为，其不报、少报的销项税额或多报的进项税额，即是其不缴或少缴的应纳增值税额。因此，偷税数额应当按销项税额的不报、少报部分或者进项税额的多报部分确定。如果销项、进项均查有偷税问题，其偷税数额应当为两项偷税数额之和……"

第五，对于"无法追回的税款数额"计算。确定了虚开税款数额，被告单位及其家属等积极退还税款，或者下游受票单位退还税款的，虚开税款数额扣除退还税款，差额部分就是"无法追回的税款数额"。需再次明确的是，这里的税款、税款损失仅指增值税税款，不包括城市维护建设税、教育费附加、地方教育附加及企业所得税等。实务中，对于非被告人退还的部分，一般需作实际出资人的笔录，确认其本人意愿及款项用途。

第六，关于被告单位及被告人在侦查阶段、诉讼程序、执行程序中退还的税款应当统一交由税务机关处理，不应当由人民法院交给相应级次的地方财政。

该问题与法释〔2024〕4 号文件有一定的关联，在此一并说明。例如，法释〔2024〕4 号文件第二十一条规定："实施危害税收征管犯罪，造成国家税款损失，行为人补缴税款、挽回税收损失，有效合规整改的，可以从宽处罚；犯罪情节轻微不需要判处刑罚的，可以不起诉或者免予刑事处罚；情节显著轻微危害不大的，不作为犯罪处理。"该条的行为人补缴税款应当依照《税收征收管理法》的规定向主管税务机关补缴税款，而不是向公安机关、检察机关、人民法院补缴税款，前述机关更不宜将税款、滞纳金统一上缴给相应级次的地方财政。

目前，实务操作中，各级各地的公检法部门做法不一致。例如，有的案件处理过程中，由公安机关收缴税款，并在判决生效之后移交给税务机关；而有的公安机关、检察机关、人民法院将补缴的税款移送给地方财政，财政部门将其作为非税收入入地方财政的国库。对此，前述做法均违反了相关规定，具体理由如下。

（1）刑事案件处理应当遵守分税制规定。

《国务院关于实行分税制财政管理体制的决定》（国发〔1993〕85 号）规定："根据事权与财权相结合的原则，按税种划分中央与地方的收入。将维护国家权益、实施宏观调控所必需的税种划为中央税；将同经济发展直接相关的主要税种划为中央与地方共享税；将适合地方征管的税种划为地方税，并充实地方税税种，增加地方税收入。"相对应地，不同税种需按照前述精神作出归属与划分。经多次调整，现行主要税种收入归属与划分具体为中央政府固定收入、地方政府固定收入、中央与地方共享收入三种类型。

首先为中央政府固定收入，包括消费税（包括进口海关代征的部分）、车辆购置税、关税、船舶吨税、海关代征的进口环节增值税等。其次为地方政府固定收入，包括车船税、房产税、城镇土地使用税、耕地占用税、土地增值税、契税、环境保护税等。最后为中央与地方共享收入，例如，增值税，除了进口环节由海关代征的增值税，其余增值税按照中央 50%、地方 50% 的比例划分；企业所得税，中国国家铁路集团、各银行总行及海洋石油企业缴纳的企业所得税归中央政府所有，其余的企业所得税按照中央 60%、地方 40% 的比例划分；个人所得税按照中央 60%、地方 40% 的比例划分。

无论是正常征管，还是出现了刑事案件，都不能改变税收级次，如果因为有刑事案件处理程序，将偷逃的增值税、消费税等由司法部门全额交给地方财政，则该种做法违反了分税制的要求，侵害了中央政府收入，应当坚持依照《税收征收管理法》规定，由税务机关统一依法征收才能有效解决税收错误归属问题。

（2）最高人民法院、最高人民检察院与国家税务总局已经有明确规定的，各单位应当遵守，确保税款及时缴入中央国库。

1997 年 10 月 31 日，最高人民检察院、最高人民法院、国家税务总局联合印发《关于办理偷税、抗税案件追缴税款统一由税务机关缴库的法规》（高检会〔1991〕31 号）第一条规定："根据《中华人民共和国刑法》第一百二十一条规定的精神，偷税、抗税构成犯罪的，应当按照税收法规补税。这部分税款属于国家应征税款的一部分，对其处理不能按一般赃款对待，不宜由人民检察院或者人民法院追缴后直接上交地方财政，应当由税务机关依法征收，并办理上交国库手续。"第四条规定："偷税、抗税案件经人民法院判决应当予以追缴或退回的税款，判决生效后，由税务机关依据判决书收缴或退回。对被告人和其他当事人以及有关单位，拒绝依据判决书缴纳或划拨税款的，由人民法院强制执行。”

依照前述规定，即便是刑事案件追究犯罪分子的刑事责任，也不能改变税收征收问题，税款仍然由税务机关征收，并依法缴入税款对应的国库。

（3）《刑法》有明确规定，税款享有法定优先权的，各有关单位应当依法保证税款优先实现。

《刑法》第二百一十二条规定：“犯本节第二百零一条至第二百零五条规定之罪，被判处罚金、没收财产的，在执行前，应当先由税务机关追缴税款和所骗取的出口退税款。”实务中，一审法院负责执行刑事裁判涉及财产部分的执行工作，法院刑事审判庭将已经生效的刑事裁判依职权移送给本院执行局立案执行，本院执行局依法启动程序，对查封、扣押、冻结的财产依法予以处置。此时，因财产已经被侦查机关、人民法院执行局先行查封、冻结，故税务机关应当及时依法与相关单位商请，可以由人民法院处置，并将拍卖价款移送税务机关；也可以转由税务机关依法处置，以确保《刑法》第二百一十二条规定得到实现，保护国家税款安全，财政级次依法入库。对于侦查机关、检察机关收到犯罪嫌疑人补缴的税款，税务机关也应当及时函请相关单位依法协助，及时转交税款。

（4）税务机关的征税职责不因纳税人等涉及刑事责任而得以免除，仍然应当依法征税。

《刑法》之所以单列一节规定危害税收征管罪，就是希望通过追究刑事责任，保证国家税款安全，促进税款尽快入库。《刑法》第二百一十二条规定了税务机关先行追缴税款，如果刑事责任得以追究，但是税款没有得到保障，这个刑事诉讼的意义就会大打折扣。而税务机关作为征税机关，应当依法履行征税职责，该职责不因为刑事诉讼程序的启动而得以豁免。例如，中国人民银行、财政部、国家税务总局联合印发的《待缴库税款收缴管理办法》（银发〔2005〕387 号）第三条规定："本规定所称待缴库税款，是指从异地缴纳和从第三方账户划缴的不能直接缴库的非现金税款。具体内容包括：……2. 人民法院、检察院和公安机关扣收的纳税人涉税资金中，需要缴库的款项……"据此，税务机关应当及时协调人民法院、检察院和公安机关，及时收缴税款。

总之，如果公检法将款项转付给了同级财政，就会导致国库级次发生变更，也不符合《中华人民共和国国家金库条例》《税款缴库退库工作规程》等的规定。这在当前的财政状况下，对税务机关提出了更为严格的财经纪律要求。

第二篇

虚开发票疑难问题剖析

1. 挂靠方向被挂靠方提供虚开发票，此时对双方行为应当如何定性?

2. 下游企业接受发票，受票方所在地的稽查局能否定性为虚开行为?

3. 开具增值税专用发票不符合“三流一致”原则，能否直接认定企业存在虚开发票行为?

4. 农产品企业虚开收购发票，相关人员否认对其销售棉花（并书面表明自己没有种植棉花），能否认定其存在虚开发票行为?

5. 能否因为受票方为走逃（失联）户，以及被法院判定有虚开发票行为，直接认定上游开票方有虚开发票行为?

…………

1 挂靠方向被挂靠方提供虚开发票，此时对双方行为应当如何定性？

答：根据《财政部、国家税务总局关于全面推开营业税改征增值税试点的通知》（财税〔2016〕36 号）附件 1《营业税改征增值税试点实施办法》第二条规定："单位以承包、承租、挂靠方式经营的，承包人、承租人、挂靠人（以下统称承包人）以发包人、出租人、被挂靠人（以下统称发包人）名义对外经营并由发包人承担相关法律责任的，以该发包人为纳税人。否则，以承包人为纳税人。"

财政部、国家税务总局在关于《营业税改征增值税试点实施办法》的政策解读文件中指出："挂靠经营是指企业、合伙组织等与另一个经营主体达成依附协议，挂靠方通常以被挂靠方的名义对外从事经营活动，被挂靠方提供资质、技术、管理等方面的服务并定期向挂靠方收取一定的管理费的经营方式"，"挂靠经营的主要特征有三：一是借用行为；二是独立核算行为；三是临时性行为"。

虽然上述文件明确了被挂靠方可以成为纳税人，但是一般纳税人的增值税计税方式为"销项税额 - 进项税额"，如果无法取得合规进项税额，企业就会承担高额税负。

由于目前挂靠方式在我国部分行业领域依然比较盛行，比较突出的是建筑行业。一些企业受制于特定行业资质而无法参与对应层级的招标，只能采取挂靠方式承接业务，向有资质的被挂靠方支付所谓的管理费，对外以被挂靠方名义进行经营活动。如果对应的购进货物以被挂靠方名义购入，并依法由被挂靠方用于生产经营，那么此时自然可以抵扣，但是这就不构成挂靠关系了。在此期间，由于经营活动产生的利润主要存在被挂靠方账户，被挂靠方并不参与此类项目的实际经营，只是收取挂靠费，挂靠方将相关资金转入被挂靠方后，被挂靠方对外支付，实际货物用于挂靠方施工，对应的货物发票却由被挂靠方予以抵扣，此时应当视为虚开。

虽然被挂靠方取得增值税专票或者普票的目的是让挂靠方顺利提取利润，并不是逃避纳税义务，但是并不影响税务机关的认定。按照《发票管理办法》规定，凡是开具的发票与实际经营情况不符的，均属于虚开。至于是何种目的的考量，只是刑事领域对于罪与非罪的认定，不影响行政法上对其虚开发票行为的认定，以及对其行政责任的追究。

注意：如果受票方在取得虚开发票抵扣后被查，那么此时实际销售方与开票方签订的挂靠协议不得适用国家税务总局公告 2014 年第 39 号文件规定，定性为挂靠代开。原因在于，挂靠关系存在时，被挂靠方和挂靠方交易真实，就开票对象、金额达成一致，且如实申报，挂靠在前，开票在后；而在非法代开中，实际销售方与开票方并无挂靠协议存在，开票方也未如实申报，即便补签、倒签挂靠协议，也是在交易行为完成后补齐手续的，属于开票在前，挂靠在后，不能否定其虚开发票行为的本质。

2 下游企业接受发票，受票方所在地的稽查局能否定性为虚开发票行为?

答：根据税收实践，一般是由开票方所在地的主管税务机关定性虚开。但是，在现行法规中，并未禁止受票方主管税务机关对发票定性虚开，因此实践中也有此类现象出现，被称为“反向定性”。从控制执法风险角度来看，对此类定性虚开要慎重。原因在于，作为受票方主管税务机关检查发现，可能存在以下两种情形。

（1）无实际购销关系存在，具体内容又可划分为货物、劳务、服务。如果是无货物购销，那么通过询问笔录、资金回流、虚开手续费、货物流等相关证据，否认交易的实际存在，结合外调证据，在排除了指示交付等情形后，在无实际货物交易情况下取得发票抵扣，足以证明无货虚开发票行为的实际发生。但是，劳务购销、服务购销与货物购销不同，没有货物流、入库单等可以证明其交易发生，只能通过服务、劳务成果予以判断，给稽查工作判定虚开发票行为带来了很大的难度。比如，甲公司要求乙公司开展了市场调研，提供了市场调研报告，对方出具了报告内容，同时有差旅费、统计样表等内容予以佐证，由于此类服务难有统一的市场公允价值，是否存在虚开发票行为难以判断。

（2）如果是有货交易，就必须判定实际销售方、名义销售方的询问笔录、合同、物流清单等内容。由于开票方企业并非查处单位的管辖范围，即便此时出现发票与货物不一致、资金流不一致，还是需要稽查局进一步外调，排除开票方是否存在指示厂家直接交付货物，或者交付给购买方仓单自行提取货物等常见商业情形，综合各类相关证据后，才能最终定性虚开。

3 开具增值税专用发票不符合“三流一致”原则，能否直接认定企业存在虚开发票行为？

答：仅凭开具增值税专用发票不符合“三流一致”原则，不能直接认定企业存在虚开发票行为。

首先，不符合“三流一致”是虚开发票行为的常见特征，对于识别虚开发票行为发挥了很大作用。

在市场经济起步阶段，考虑到开票方与收款方高度一致，同时开票方又是货物销售方，国家出台了《国家税务总局关于加强增值税征收管理若干问题的通知》（国税发〔1995〕192 号），其第一条第（三）项规定：“购进货物或应税劳务支付货款、劳务费用的对象。纳税人购进货物或应税劳务，支付运输费用，所支付款项的单位，必须与开具抵扣凭证的销货单位、提供劳务的单位一致，才能够申报抵扣进项税额，否则不予抵扣。”在实践中，大家将上述规定概括为“三流一致”。可以说，“三流一致”概念的出现，在很大程度上符合当时的商业情况。依据“三流一致”判定企业是否存在虚开，具有很高的准确性，发挥了重要的作用。

其次，“三流不一致”不能直接等同于存在虚开发票行为。众所周知，“三流一致”是简单经济贸易下的理想化模式，随着市场经济的不断发展，新兴交易模式日益增多，更为复杂的交易模式、更为高效的商品及资金流转，往往达不到理想状态下的“三流一致”，但是其并不属于虚开。如有仓单转移，后续仓单又转让第三方并伴有运输流。相反，有些虚开发票行为虽符合“三流一致”的形式要求，但是本身属于虚假交易，其虚开的性质并不会因为符合形式要求而变得合法。国家税务总局出台了一系列文件，也从侧面证明了“三流不一致”的情形不能直接等同于虚开发票行为。比如，《国家税务总局关于项目运营方利用信托资金融资过程中增值税进项税额抵扣问题的公告》（国家税务总局公告 2010 年第 8 号）规定，信托融资模式下，项目运营方在建设期内取得的增值税专用发票等，虽然产权属于信托公司，但允许按规定抵扣。又如，《国家税务总局关于跨境应税行为免税备案等增值税问题的公告》（国家税务总局公告 2017 年第 30 号）规定：“纳税人以承运人身份与托运人签订运输服务合同，收取运费并承担承运人责任，然后委托实际承运人完成全部或部分运输服务时，自行采购并交给实际承运人使用的成品油和支付的道路、桥、闸通行费，同时符合下列条件的，其进项税额准予从销项税额中抵扣：（一）成品油和道路、桥、闸通行费，应用于纳税人委托实际承运人完成的运输服务；（二）取得的增值税扣税凭证符合现行规定。”

可以看出，上述交易行为明显与“三流一致”要求不符，但是政策依然允许抵扣，就是基于现实经营方式的考虑。

综上所述，“三流一致”只是判定是否存在虚开发票行为的辅助证据，而实际经营活动真实，以及发票开具与“实际经营业务情况”一致，才是判定是否存在虚开发票行为的关键所在。

提示：《国家税务总局关于纳税人对外开具增值税专用发票有关问题的公告》（国家税务总局公告2014年第39号）明确列举的货物（劳务、服务）、资金（索款凭据）、发票“三流合一”发票可以抵扣，与国税发〔1995〕192号文件列举的货物、资金、发票“三流合一”才能抵扣情形相比，前者的范围更大。

案例9

母公司甲与购买方B公司签署购销合同，后由子公司A发货、开具发票，但购买方B公司直接将货款支付给母公司甲，此时母公司甲仅有合同流和资金流，而子公司A只有发票流和货物流，三者之间存在错配。有人提出，可以签订三方协议，即母公司甲、子公司A和购买方B公司应签订三方委托付款协议，明确约定子公司A委托购买方B公司将货款支付给母公司甲，这样可以间接使该资金流与货物流和发票流一致。

这种做法是错误的。具体到本案，母公司甲对购买方B公司虽未开具发票，但是有购销合同，而且收取了货款。如果母公司甲未申报收入，则构成偷税行为；如果母公司甲申报了收入，而此时无相关货物购进记录，后续企业所得税检查记录就会存在问题。对于子公司A来说，其对外开具发票，也发生了货物销售，此时必须进行纳税申报，但同一笔交易在子公司A和母公司甲被重复计算，因此依然存在矛盾。所谓的三方委托付款协议只是解决了资金支付问题，却无法解决纳税申报问题。当然，上述行为虽然“三流不一致”，但是不能被定性为虚开，因为只是企业的不规范操作导致无法符合税收上的监管要求。

从规范的角度来看，由于母公司甲和子公司 A 虽然同属于一个集团，但是二者均为独立法人，子公司 A 的货物不可以归属母公司甲自由支配；在增值税上，二者均为独立纳税人，开具发票时应当独立履行义务，而不能相互替代。因此，当母公司甲与购买方 B 公司发生购销行为时，应当付款给母公司甲，由母公司甲开具发票给购买方 B 公司。如果母公司甲没有货，则应当是子公司 A 开具发票给母公司甲，母公司甲支付货款给子公司 A。在实际操作中，可能集团内部会挂应收应付，等购买方 B 公司资金到位后再付款给子公司 A，货物流则不必经过母公司甲。由于母公司甲已经取得该批次货物所有权，可以采取指示交付方式，让子公司 A 直接运输给购买方 B 公司，该笔交易即可宣告完成。

4 农产品企业虚开收购发票，相关人员否认对其销售棉花（并书面表明自己没有种植棉花），能否认定其存在虚开发票行为？

答：可以定性为虚开发票行为。但是具体定性为有货虚开，还是无货虚开，仍需要稽查部门进一步依据法定程序调查取证，并依据调查结果综合分析认定。

农产品企业虚开农产品收购发票，存在两种可能性：一种是从未购进初级农产品，此种属于典型的“无中生有”，应当定性为无货虚开；另一种是虽购进农产品，但不是符合税法规定的初级农产品，此时相关人员否认对其销售棉花（并书面表明自己没有种植棉花），只能证明发票开具的投售人和农产品企业之间不存在交易行为，但不能排除该企业从其他单位或者个人购进的可能性。为进一步做实相关证据，稽查部门应向涉案企业发出《税务事项通知书》，要求企业按时提供证明自己与其他方存在交易的合同、入库单、出库单、相关人员身份证件，并依法询问核实。通过《税务事项通知书》对涉税当事人履行告知义务后，可以作为税务机关已经依照法定程序实施公权力的证据之一。根据《最高人民法院关于适用〈中华人民共和国行政诉讼法〉的解释》（法释〔2018〕1号）第四十五条规定："被告有证据证明其在行政程序中依照法定程序要求原告或者第三人提供证据，原告或者第三人依法应当提供而没有提供，在诉讼程序中提供的证据，人民法院一般不予采纳。"对税务机关而言，这里的"法定程序"指的就是依据《税收征收管理法》第五十四条规定："税务机关有权进行下列税务检查：（一）检查纳税人的账簿、记账凭证、报表和有关资料，检查扣缴义务人代扣代缴、代收代缴税款账簿、记账凭证和有关资料……（三）责成纳税人、扣缴义务人提供与纳税或者代扣代缴、代收代缴税款有关的文件、证明材料和有关资料……"对于无法提供的，视为没有相关证明材料存在，根据现有证据综合认定其存在无货虚开发票行为。涉嫌犯罪的，依法移送公安机关。

5 能否因为受票方为走逃（失联）户，以及被法院判定有虚开发票行为，直接认定上游开票方有虚开发票行为?

答：此问题要区分具体情形后作出判断。

首先，受票方为走逃（失联）户，其可能存在接受虚开发票、对外虚开发票，以及未按规定按期办理纳税申报等多种违法行为。由于其违法行为可能存在多样性，不能仅依据其被定性为走逃（失联）户，就直接推定其存在接受虚开发票行为。

其次，即便同时受票方的法定代表人被人民法院在审理其刑事案件判决书中，对犯罪事实部分认定存在虚开发票行为，此行为也不能直接得出结论——为该企业开具发票的上游企业必然存在虚开发票行为，二者之间没有必然的逻辑关系。原因在于，实践中存在票货分离式虚开。比如，个体户 A 以企业 B 名义从企业 C 处购入货物，货款由企业 B 支付，货物由个体户 A 提走，进项税额由企业 B 抵扣。在此种情形下，企业 A 实际构成表见代理，因此开票方企业 C 并无过错，不应当定性为虚开发票，个体户 A 属于让他人、为他人虚开，企业 B 属于接受虚开。

综上所述，在税收实践中存在着普遍认识：走逃（失联）户普遍存在利用接受虚开发票平衡对外开票同步产生的税负情况。但是，违法行为的常见特征、习惯思维不能等同于产生的客观事实，更不能仅仅依据办案经验就主观推定存在违法行为。因此，如果有违法线索应当由稽查部门进一步检查，而不宜仅依据上述证据直接定性为虚开发票行为。

6 企业委托他人销售，自行收款和开票，是否属于虚开发票行为？

案例10

2023 年，甲企业有乙企业的文创商标使用授权，丙企业负责甲企业的产品设计监制及产品出厂前的审核。丙企业在景点承办文创店，售出的产品收款方为甲企业，由甲企业开票。请问是否涉嫌虚开？

答：首先需要理解代工和贴牌的差异。代工是由委托方提出产品设计方案，享有关于这个产品的全部知识产权，受委托方只是单纯地生产加工，不得将这个产品的知识产权泄露给第三方；而贴牌是生产加工方拥有部分或全部知识产权，委托方只作销售渠道。

在本案中，该业务属于两种模式的混合体，贴牌商品的所有权依然属于甲企业，丙企业在景点承办文创店，对于售出的产品，应当看二者的合同约定。

情形一：甲企业将部分货物转售给丙企业，丙企业在景点承办文创店，销售的产品属于自营货物，应当由甲企业开具增值税专用发票给丙企业，丙企业支付货款，然后丙企业对外收款、开票。

情形二：丙企业是甲企业的委托代销，按照现行的《增值税暂行条例》规定，应当视同销售，为保证增值税抵扣链条不发生中断，仍然需要采取二者之间互开发票方式，以使资金流、发票流保持一致。

情形三：该店铺为甲企业的对外直销渠道，乙企业单独收取场地费。此时由甲企业对外开票、收款，符合税收规定。

综上所述，针对情形一和情形二，由甲企业对外开票、收款，不应定性为虚开，但是符合《发票管理办法》中的未按照规定开具发票，属于错开发票。如果仅有发票开具，而货款由丙企业独自收取，则甲企业构成虚开发票行为，乙企业构成偷税行为。如果属于情形三，则符合税收规定，不存在涉税法律风险。

7 如果否定交易性质，或者认定合同无效，能否直接认定开具发票属于虚开发票行为？

答：对于虚开发票行为是否成立，税务机关应当区别对待合同性质与效力。

税务机关应当严格按照《发票管理办法》第二十一条规定作出认定，审查发票与“实际经营业务情况”是否相符，而不能依据其他征管规定作出认定。税务机关不仅有发票管理的行政权力，还有税收征管的其他权利，最典型的是《税收征收管理法》《中华人民共和国企业所得税法》（以下简称《企业所得税法》）等规定的核定权。

首先，对于商业交易的性质，税务机关可以基于税法规范作出有别于民法的认定，有权依法重新定性交易性质。例如，企业发生了不动产租赁交易，但掩盖成酒店式公寓服务，开具了住宿服务的发票，税务机关有权要求企业更正。最高人民法院行政裁定书（2018）最高法行申209号认为："根据《税收征收管理法》以及相关规定，税务机关是主管税收工作的行政主体，承担管辖权范围内的各项税收、非税收入征管等法定职责。因此，税务机关一般并不履行认定民事法律关系性质职能；且税务机关对民事法律关系的认定一般还应尊重生效法律文书相关认定效力的羁束。但是，税务机关依照法律、行政法规的规定征收税款系其法定职责，在征收税款过程中必然会涉及对相关应税行为性质的识别和判定，而这也是实质课税原则的基本要求。……因而，在坚持税务机关对实质民事交易关系认定负举证责任的前提下，允许税务机关基于确切让人信服之理由自行认定民事法律关系，对民事交易秩序的稳定性和当事人权益并不构成重大威胁。当然，税务机关对实质民事交易关系的认定应当符合事实与税收征收法律规范，税务机关认为其他机关对相应民事法律关系的认定与其认定明显抵触的，宜先考虑通过法定渠道解决，而不宜径行作出相冲突的认定。"对于企业开票与实际经营业务不符，税务机关不能直接认定其属于虚开发票行为，不符原因需要查明，到底是基于理解错误造成错开，还是有意而为进行虚开。对于前例，税务机关需要查明是否提供了与住宿相关的配套服务，如果仅仅提供房屋的使用权而无相关配套服务，则应按不动产经营租赁服务征税；反之，如果在提供房屋使用权的同时，还配有早餐、洗衣、叫醒、保洁、安保等相关服务，则应按住宿服务征税。除此之外，还存在特殊情形。《国家税务总局关于在境外提供建筑服务等有关问题的公告》（国家税务总局公告2016年第69号）明确，纳税人以长（短）租形式出租酒店式公寓并提供配套服务的，按照住宿服务缴纳增值税。依据调查取得的证据证明的事实，依法予以认定。

其次，对于民商事交易的效力，税务机关不宜依据《民法典》直接区分有效、无效、效力待定等，而应当直接推定为有效，效力发生争议的，应交由人民法院、仲裁机关处理。《民法典》关于合同效力的规定条款较多，专属于人民法院、仲裁机构的职权，《民法典》《中华人民共和国民事诉讼法》（以下简称《民事诉讼法》）规定，有权认定合同效力的主体限于人民法院与仲裁机构，行政机关不宜在行政程序中认定民商事合同效力。例如，最高人民法院（2019）最高法行再184号行政判决书认为："合同当事人对《宅基地转让协议书》的效力与应否履行发生争议的，一般应当通过提起民事诉讼或者申请仲裁机构仲裁认定，行政机关在审查过程中一般不宜对合同是否有效直接作出认定。但在《宅基地转让协议书》未经人民法院或者仲裁机构认定无效的情况下，广西区政府可以推定《宅基地转让协议书》有效，并以此为前提，审查判断贵港市政府将涉案土地划拨给李建珍的合法性。"税务机关依据《民法典》认定合同效力，超越了税收征管的职权范围，所作认定不具有法律效力。按照《行政诉讼法》第七十五条规定："行政行为有实施主体不具有行政主体资格或者没有依据等重大且明显违法情形，原告申请确认行政行为无效的，人民法院判决确认无效。"税务机关没有法律授权的职权依据，认定民商事合同无效已经达到了"重大且明显"的无效行政行为的认定标准。

对税务机关而言，应当回归行政规范，查明交易真实性、实际交易情况。例如，虽然签订了商品房买卖合同，但是开发商没有房屋预售许可证，导致商品房买卖合同被法院认定为无效。对于税务机关来说，开发商具有纳税义务，发票不属于虚开。后期，当合同被法院宣告无效时，可以通过开具红字发票冲销。除符合《民法典》第一百四十六条外，其他条款规定的合同无效与虚开之间无必然联系。

因此，税务机关在对相关虚开发票行为定性时，关注的核心依然是交易是否真实，而无须纠结合同是否有效等民法概念，忽略了对虚开发票行为相关证据的收集和论证，陷入新的困境。

对合同无效的说明：合同无效，是指合同当事人所为的意思表示不为法律所承认，不能产生当事人预期的法律效果，但这不代表合同无效不会产生任何其他法律效果，其民事法律后果由法律直接予以确定。《民法典》规定的合同无效原因主要包括同谋虚伪意思表示、违法无效、背俗无效等，涉及的主要条款列举如下。

《民法典》（摘录）

第一百四十四条【无民事行为能力人实施的民事法律行为的效力】无民事行为能力人实施的民事法律行为无效。

第一百四十六条【虚假表示与隐藏行为的效力】行为人与相对人以虚假的意思表示实施的民事法律行为无效。

以虚假的意思表示隐藏的民事法律行为的效力，依照有关法律规定处理。

第一百五十三条【违反强制性规定及违背公序良俗的民事法律行为的效力】违反法律、行政法规的强制性规定的民事法律行为无效。但是，该强制性规定不导致该民事法律行为无效的除外。

违背公序良俗的民事法律行为无效。

第一百五十四条【恶意串通的民事法律行为的效力】行为人与相对人恶意串通，损害他人合法权益的民事法律行为无效。

第四百九十七条【格式条款无效的情形】有下列情形之一的，该格式条款无效：

（一）具有本法第一编第六章第三节和本法第五百零六条规定的无效情形；

（二）提供格式条款一方不合理地免除或者减轻其责任、加重对方责任、限制对方主要权利；

（三）提供格式条款一方排除对方主要权利。

第五百零六条【免责条款效力】合同中的下列免责条款无效：

（一）造成对方人身损害的；

（二）因故意或者重大过失造成对方财产损失的。

8 企业发生让与担保合同，此时开具的增值税专用发票是否属于虚开？

答：原则上不认定为虚开，说明如下。

第一，对让与担保的介绍。让与担保属于非典型性担保，区别于抵押、质押等典型担保。简单来说，让与担保就是采用把财产过户给债权人的方式起到担保债务履行的功能。例如，民间借贷中，借款人为了担保还款，把自己的房产、股权等过户到出借人名下，如果不还款，出借人就可以处置房产、股权等。让与担保有别于抵押、质押等典型担保形式，如房产抵押需要到房产部门办理抵押登记，但是让与担保是以房产作为让与担保，要到房产部门办理商品房预售（销售）合同登记、备案，甚至办理过户手续，不存在抵押登记。

现在，让与担保也有相关法律规定，如《最高人民法院关于适用〈中华人民共和国民法典〉有关担保制度的解释》（法释〔2020〕28 号）第六十八条第一款规定："债务人或者第三人与债权人约定将财产形式上转移至债权人名下，债务人不履行到期债务，债权人有权对财产折价或者以拍卖、变卖该财产所得价款偿还债务的，人民法院应当认定该约定有效。当事人已经完成财产权利变动的公示，债务人不履行到期债务，债权人请求参照民法典关于担保物权的有关规定就该财产优先受偿的，人民法院应予支持。"第六十九条规定了股权让与担保："股东以将其股权转移至债权人名下的方式为债务履行提供担保，公司或者公司的债权人以股东未履行或者未全面履行出资义务、抽逃出资等为由，请求作为名义股东的债权人与股东承担连带责任的，人民法院不予支持。"

第二，让与担保合同本身是否纳税存在争议，但因各方没有违法故意，故不应认定为虚开。

本书认为，让与担保合同是为了担保交易合同的履行而签订，自身不属于交易合同、应税交易。例如，双方发生了民间借贷交易，为了担保还款，又签订了让与担保合同将财产过户给债权人。借款属于提供贷款服务，属于应税交易，应当照章纳税，但是让与担保合同涉及的财产过户理论上不是应税交易。如果有限责任公司将股权作为让与担保物，则不存在缴纳增值税的问题；如果是其他增值税的应税范围财产，则是否纳税，存有争议。但是，无论当事人是否因此开票，均不应认定为虚开发票，至少双方在法律形式上存在买卖交易，并且按照《中华人民共和国行政处罚法》（以下简称《行政处罚法》）第三十三条的规定，双方均没有违反《发票管理办法》的故意，不宜予以虚开的行政处罚。

第三，税收实务中，容易发生征纳税争议的，主要是双方只有一份买卖合同，而没有借款等主合同，交易双方往往主张这是让与担保不应当开票纳税，而税务机关认为这是买卖交易。

例如，商品房买卖合同往往伴有“买方任意解除权”条款，如特定条件发生合同自动解除、特定期间届满卖方固定价格回购等。合同履行过程中会发生固定金额的资金回流，资金回流达到特定额度，双方协商解除合同，卖方红字冲回发票。对此，税务机关有权核定其交易属性。例如，《林××、莆田市地方税务局稽查局税务行政管理（税务）再审审查与审判监督行政裁定书》［最高人民法院行政裁定书（2018）最高法行申253号］，其中，莆田市地方税务局稽查局对商品房买卖合同穿透法律形式，按照民间借贷定性，最高人民法院也认可税务机关享有对交易性质的核定权。需要注意的是，此时纳税人新的纳税义务是由税务处理决定产生的。

在税务机关作出税务处理决定之前，纳税人按照法律形式体现的交易属性办理纳税申报，符合当时的交易定性，不适合认定为虚开。并且，税务处理决定作出后产生新的纳税义务，并非在开具发票时就已经存在，不宜以事后的新纳税义务为依据认定之前开具发票与实际经营情况不符合，这属于以法律评价代替事实认定，并不妥当。

9 某事业单位为套取财政资金而接受虚开增值税普通发票，是否属于虚开发票行为?

答：事业单位一般属于非营利法定代表人，从事公益性或者非营利性活动，对外开具发票或者取得发票的业务较少。如果因事业单位某种经营性业务开具或者取得了发票，就应当遵守发票管理规范，不因其事业单位身份而有特殊性，不受税收规范约束。税务机关认定某一行为是否属于虚开发票行为，需依据行政法律、法规，目前主要依据《发票管理办法》第二十一条：“开具发票应当按照规定的时限、顺序、栏目，全部联次一次性如实开具，开具纸质发票应当加盖发票专用章。任何单位和个人不得有下列虚开发票行为：（一）为他人、为自己开具与实际经营业务情况不符的发票；（二）让他人为自己开具与实际经营业务情况不符的发票；（三）介绍他人开具与实际经营业务情况不符的发票。”

关于发票行为主体，《发票管理办法》第二条规定：“在中华人民共和国境内印制、领用、开具、取得、保管、缴销发票的单位和个人（以下称印制、使用发票的单位和个人），必须遵守本办法。”依据前述规定，事业单位也属于开具发票、取得发票的行为主体之一，需要遵守《发票管理办法》的规定，如果实施虚开发票行为，就要承担相应的法律责任。

至于事业单位出于非税收利益考虑实施虚开发票行为（比如，发放职工福利虚开发票套取资金），并不是逃避税收目的，对国家税收秩序没有影响，并不影响税务机关对其虚开发票行为的认定。对达到犯罪标准的，税务机关应当依据自2022年5月15日实施的《最高人民检察院、公安部关于公安机关管辖的刑事案件立案追诉标准的规定（二）》，初步审查判断其行为涉嫌税收犯罪的，依法移送公安机关处理。

10 自然人股东刘某为逃避缴纳个人所得税，让自然人钱某到税务局大厅虚开 200 万元工程发票给公司，是否属于《发票管理办法》所称的虚开发票行为？

答：属于虚开发票行为。在税收执法实践中，判定发票虚开违法行为的行政法规依据是《发票管理办法》第二十一条规定："开具发票应当按照规定的时限、顺序、栏目，全部联次一次性如实开具，开具纸质发票应当加盖发票专用章。任何单位和个人不得有下列虚开发票行为：（一）为他人、为自己开具与实际经营业务情况不符的发票；（二）让他人为自己开具与实际经营业务情况不符的发票；（三）介绍他人开具与实际经营业务情况不符的发票。"

实际执行上述条款时需要关注以下三点。

首先，《发票管理办法》中所称"个人"，不仅限于从事经营活动的个体工商户等，也包括自然人。因此，刘某、钱某的虚开发票行为也在《发票管理办法》禁止之列。

其次，《发票管理办法》第十六条规定："需要临时使用发票的单位和个人，可以凭购销商品、提供或者接受服务以及从事其他经营活动的书面证明、经办人身份证明，直接向经营地税务机关申请代开发票……"代开发票属于领用发票的特殊情形，由税务机关直接代为开具，相关规定在《发票管理办法》"第三章　发票的领用"阐明。无论是发票领用，还是代开发票，都需要遵守《发票管理办法》"第四章　发票的开具和保管"规定。发票专用章是发票开具方加盖在发票上的信用证明，便于纳税人及用票单位正确使用发票及方便公众辨别发票。虽然税务机关代开发票并加盖了发票专用章，但是税务机关对于合同资料仅为形式审查，税务机关为其代开发票并不能为其交易的真实性提供合法性保证，不产生任何信赖利益保护，并且“代开”是纳税人申请税务机关代开，具有委托的意思，代开的法律后果归属于申请人，而非税务机关。二人串谋虚构交易事项骗取税务机关代开发票，均构成发票开具的违法行为，应当依法予以处罚。由于《发票管理办法》仅规定了虚开发票行为，没有进一步区分虚开增值税普通发票行为和虚开增值税专用发票行为。因此，在作出违法处理决定时，需要结合其他税收文件对该违法行为性质作出综合评价。

最后，要注意行政执法与刑事司法的衔接。根据《最高人民检察院、公安部关于公安机关管辖的刑事案件立案追诉标准的规定（二）》第五十七条规定：“【虚开发票案（刑法第二百零五条之一）】虚开刑法第二百零五条规定以外的其他发票，涉嫌下列情形之一的，应予立案追诉：（一）虚开发票金额累计在五十万元以上的；（二）虚开发票一百份以上且票面金额在三十万元以上的；（三）五年内因虚开发票受过刑事处罚或者二次以上行政处罚，又虚开发票，数额达到第一、二项标准百分之六十以上的。”该违法行为符合前述立案标准，税务机关应当及时向公安机关移送，严禁以行政处罚代替刑罚追究，否则有渎职之嫌，增加执法人员的执法风险。

注意：《最高人民法院关于对〈审计署关于咨询虚开增值税专用发票罪问题的函〉的复函》（法函〔2001〕66号）指出，“地方税务机关实施‘高开低征’或者‘开大征小’等违规开具增值税专用发票的行为，不属于刑法第二百零五条规定的虚开增值税专用发票的犯罪行为，造成国家税款重大损失的，对有关主管部门的国家机关工作人员，应当根据刑法有关渎职罪的规定追究刑事责任”。

11 乙公司欠甲公司法定代表人的个人债务无法清偿，约定以一批货物交付甲公司抵债并开具增值税专用发票，是否属于虚开发票行为？

答：行政规范认定虚开发票行为的依据主要是《发票管理办法》第二十一条；《发票管理办法实施细则》第二十九条则对哪些情况构成“与实际经营业务情况不符”予以具体化、类型化，其规定，“《办法》第二十一条所称与实际经营业务情况不符是指具有下列行为之一的：（一）未购销商品、未提供或者接受服务、未从事其他经营活动，而开具或取得发票；（二）有购销商品、提供或者接受服务、从事其他经营活动，但开具或取得的发票载明的购买方、销售方、商品名称或经营项目、金额等与实际情况不符”。

虚开是指与实际经营业务情况不符，票面所体现的信息与实际交易信息不一致。本书认为，本案涉及行为不属于虚开发票行为，分析如下。

首先，甲公司与乙公司的交易行为是真实存在的，甲公司向乙公司交付货物，货物所有权发生了变动，二者之间有真实的货物流。

其次，乙公司向甲公司交付货物完成后，与甲公司法定代表人之间的债权债务消灭，二者之间以代物清偿的方式替代了应当支付给甲公司的现金流。或者该案的货物流发生在两家公司之间，资金流发生在甲公司法定代表人与乙公司之间，不违反“三流一致”规则。乙公司作为销售方，做到了债务减少（类似现金流）与发票开具主体的一致性。

最后，乙公司的交易税收分析。甲公司与其法定代表人之间的关系分为以下两种情形。

第一种情形：如果法定代表人将个人债权直接转让或者增资给公司，公司依法取得了债权，现金流就会呈现更加简单的状况，采取以货抵债的方式并不违反法律和会计上的规定。

第二种情形：如果法定代表人没有转让债权或者增资给公司，直接在法定代表人处消灭，甲公司就会无偿获得其法定代表人的财产利益，二者之间存在赠予法律关系，甲公司应当就该笔所得申报纳税。

针对前述两种可能性的分析，税务机关应当对各方之间的法律关系予以调查了解并取得证据，至少应当查明甲公司法定代表人对于自身债权打算如何处分，并以查明的交易事实为基础作出相应的税务认定。

12 农产品企业采用核定扣除方式，能否影响其取得虚开发票的定性？

答：虚开农产品收购发票的行为可能存在两方面的税收危害。一方面，由于计算抵扣增值税，如果接受虚开农产品收购发票，就必然造成偷税行为，而核定扣除方式的存在则部分排除了这种风险。由于核定扣除是以销定进的，只要销售真实，进项抵扣税额就会受到销售额和扣除标准的双重制约，而不同于以往的虚构进项，想抵扣多少就开具多少。只是这里有一个关键点，就是销售额必须是真实发生的，如果是虚假的或者真假参半，则依然可以达到虚假抵扣的效果，而且更具有隐蔽性，更加难以被稽查发现。另一方面，由于现行企业所得税以以票扣税原则为主，以真实合理扣除原则为补充，虚开发票依然会造成当期应纳税所得额的不当减少，或者可弥补亏损额的不当放大。

对于虚开发票行为而言，其认定标准不同于偷税行为。只要实施了虚开发票行为即构成了税收违法行为，而偷税行为的认定标准更为复杂，不仅要实施法律明确指出的四类手段，还要造成少缴或者不缴税款的后果，才能称为偷税行为。在上述问题中，企业属于为自己开具与实际经营情况不符的发票，所以，应当定性为虚开发票行为，至于其因为现行征管方式被调整为核定扣除方式，造成了虚开的进项税额未能实现抵扣，则只是最终未能构成涉及增值税的偷税行为，而虚开发票行为依然得以认定。

另外，实务中，有企业认为，采用核定扣除方式不用开具或取得农产品发票，这种理解是错误的。如果企业未取得相应发票，则会面临企业所得税税前不予扣除的涉税风险。

13 法院民事诉讼判决能否影响行政机关的虚开发票的定性?

案例11

A 企业与 B 建筑公司签订建筑合同承建 1 个居民小区，工程款共计 1.2 亿元。工程完工后，A 企业向 B 建筑公司支付 1.2 亿元工程款，B 建筑公司向 A 企业开具 1.2 亿元增值税专用发票。后 B 建筑公司按照 A 企业法定代表人王某要求，将 2000 万元转给其表弟刘某，归还王某前期从刘某处的借款。事后，王某和刘某之间发生经济纠纷，法院认定上述工程款为王某妻子个人借款注入 A 公司。由于王某非法处置夫妻共同财产，向刘某赠予资金 2000 万元，要求刘某予以返还。刘某则提出 B 建筑公司转账系代王某偿还个人债务，并向税务机关举报，王某虚开发票 2000 万元，主张法院在判决书事实认定部分已经确认资金回流。

对此，刘某的前述事实主张并不准确。法院判决书查明的事实只是认定公司与个人之间有资金往来，至于出现的公司向个人支付资金，只是从民法角度认定其存在赠与行为，并未越界认定该项事实是属于稽查部门才有权认定的虚开发票的资金回流现象。对案涉的建筑劳务只是描述其已经发生，而对于是否存在部分虚开发票行为，则没有予以查明评价。法院不予查明的原因：一是不属于民事案件事实范围，二是不属于民商事审判的法定职责。某项交易是否存在虚开等行政违法行为，不属于人民法院司法职能范围，即便是法院的行政审判也主要评价已经作出的行政行为是否合法，而不是直接针对当事人的行为作出税法认定。

答：简而言之，人民法院的生效判决处理的民商事纠纷，与税务机关处理所涉同一交易中发生的虚开、逃税等行为要区分来看，法院与税务机关要解决的不是一个问题，法院解决的诉讼请求是否应当支持，是依据《民法典》等作出的处理；税务机关解决的虚开问题，是依据行政规范作出的处理。例如，民事判决书认为某交易构成股权交易，按照公司法予以处理。但是，税务机关经调查发现，名为股权交易实际为提供贷款服务，就可以依据增值税相关规定依法作出认定。又如，生效判决书认定建设工程施工合同无效，判决开发建设单位应当依法支付工程款。此时，税务机关无须考虑合同无效问题，只要施工单位保留了经济效果，税法上的所得实现，就要责令施工单位依法履行缴纳增值税、企业所得税等纳税义务。

14 农产品企业核定进项税额，接受虚开农产品收购发票是否构成偷税行为?

答：就增值税而言，现行的增值税税收政策规定，针对农民个人销售自产农产品原料为免税行为，且存在销售金额小、产量零星、路程偏远等特点，对实际从农民手中收购自产农产品的企业，允许其从主管税务机关领取农产品收购发票，根据实际业务自行开具后申报抵扣增值税进项税额及作企业所得税税前扣除。后考虑到自开自抵的虚开发票行为日益猖獗，根据《财政部、国家税务总局关于在部分行业试行农产品增值税进项税额核定扣除办法的通知》（财税〔2012〕38 号）附件 1《农产品增值税进项税额核定扣除试点实施办法》的规定核定抵扣。

按照上述规定，税务机关要求部分行业的企业对部分农产品实施核定抵扣，也就是以销售确定抵扣的进项税额，改变了以往凭票计算抵扣的方式，便排除了虚开农产品发票抵扣进项税额的发生。如果发生了虚构进项税额，则一般是由虚构销售收入带来的衍生后果，与其虚开农产品收购发票无任何关联。

但是，对于企业所得税而言另有一番天地。如果企业当年的销售收入真实，那么此时虚开的农产品收购发票便虚增了营业成本，造成当期应纳税所得额减少，也就减少了企业所得税税额，应当定性为偷税行为。如果企业存在以前年度未弥补亏损，且在税务机关依法进行纳税调增后依然亏损，则由于无应纳税所得额（税收利润），不存在偷税的可能性，应当定性为虚开农产品收购发票。

如果企业销售收入属于虚构，只是为其对外虚开发票提供了帮助，则对接受的农产品收购发票应当定性为虚开，对其编造的销售收入应当定性为编造虚假计税，依据法规分别进行处罚。由于实际经营业务并不存在，相应纳税义务并未产生，偷税行为并不成立。

《农产品增值税进项税额核定扣除试点实施办法》（摘录）

四、农产品增值税进项税额核定方法

（一）试点纳税人以购进农产品为原料生产货物的，农产品增值税进项税额可按照以下方法核定：

1. 投入产出法：参照国家标准、行业标准（包括行业公认标准和行业平均耗用值）确定销售单位数量货物耗用外购农产品的数量（以下称农产品单耗数量）。

当期允许抵扣农产品增值税进项税额依据农产品单耗数量、当期销售货物数量、农产品平均购买单价（含税，下同）和农产品增值税进项税额扣除率（以下简称“扣除率”）计算。公式为：

当期允许抵扣农产品增值税进项税额 = 当期农产品耗用数量 × 农产品

平均购买单价×扣除率/（1+扣除率）

当期农产品耗用数量=当期销售货物数量（不含采购除农产品以外的半成品生产的货物数量）×农产品单耗数量

对以单一农产品原料生产多种货物或者多种农产品原料生产多种货物的，在核算当期农产品耗用数量和平均购买单价时，应依据合理的方法归集和分配。

平均购买单价是指购买农产品期末平均买价，不包括买价之外单独支付的运费和入库前的整理费用。期末平均买价计算公式：

期末平均买价=（期初库存农产品数量×期初平均买价+当期购进农产品数量×当期买价）/（期初库存农产品数量+当期购进农产品数量）

2. 成本法：依据试点纳税人年度会计核算资料，计算确定耗用农产品的外购金额占生产成本的比例（以下称农产品耗用率）。当期允许抵扣农产品增值税进项税额依据当期主营业务成本、农产品耗用率以及扣除率计算。公式为：

当期允许抵扣农产品增值税进项税额=当期主营业务成本×农产品耗用率×扣除率/（1+扣除率）

农产品耗用率=上年投入生产的农产品外购金额/上年生产成本

农产品外购金额（含税）不包括不构成货物实体的农产品（包括包装物、辅助材料、燃料、低值易耗品等）和在购进农产品之外单独支付的运费、入库前的整理费用。

对以单一农产品原料生产多种货物或者多种农产品原料生产多种货物的，在核算当期主营业务成本以及核定农产品耗用率时，试点纳税人应依据合理的方法进行归集和分配。

农产品耗用率由试点纳税人向主管税务机关申请核定。

年度终了，主管税务机关应根据试点纳税人本年实际对当年已抵扣的农产品增值税进项税额进行纳税调整，重新核定当年的农产品耗用率，并作为下一年度的农产品耗用率。

3. 参照法：新办的试点纳税人或者试点纳税人新增产品的，试点纳税人可参照所属行业或者生产结构相近的其他试点纳税人确定农产品单耗数量或者农产品耗用率。次年，试点纳税人向主管税务机关申请核定当期的农产品单耗数量或者农产品耗用率，并据此计算确定当年允许抵扣的农产品增值税进项税额，同时对上一年增值税进项税额进行调整。核定的进项税额超过实际抵扣增值税进项税额的，其差额部分可以结转下期继续抵扣；核定的进项税额低于实际抵扣增值税进项税额的，其差额部分应按现行增值税的有关规定将进项税额做转出处理。

（二）试点纳税人购进农产品直接销售的，农产品增值税进项税额按照以下方法核定扣除：

当期允许抵扣农产品增值税进项税额 = 当期销售农产品数量/（1 − 损耗率）× 农产品平均购买单价 × 13%/（1 + 13%）

损耗率 = 损耗数量/购进数量

（三）试点纳税人购进农产品用于生产经营且不构成货物实体的（包括包装物、辅助材料、燃料、低值易耗品等），增值税进项税额按照以下方法核定扣除：

当期允许抵扣农产品增值税进项税额 = 当期耗用农产品数量 × 农产品平均购买单价 × 13%/（1 + 13%）

农产品单耗数量、农产品耗用率和损耗率统称为农产品增值税进项税额扣除标准（以下称扣除标准）。

15 企业如果未出现资金回流，资金流、货物流均正常，能否认定该企业没有接受虚开发票行为？

答：认定企业是否存在虚开发票行为，关键是要关注经济交易行为是否真实存在。在税务稽查工作中，如果是货物交易，则主要依据合同和相关附证资料（入库单、出库单）等，以及资金流、货物流进行判断。如果存在虚开发票行为，那么大概率会出现虚构正常资金支付掩盖其虚开发票行为，资金由购货方向销售方支付后，会通过对公账户再度转入第三方个人账户，经过多个个人账户的资金流转后，最终返回到接受虚开方法定代表人或者财务人员的个人银行卡中，最终再次返回到公司对公账户，完成资金回流的闭环操作。但是，如果未出现资金回流，资金流、货物流运行正常，而且入库、出库等相关资料齐备，企业已经完成取得行政调查程序的协助义务，则证明虚开的举证责任应当由主管税务机关承担。如果主管税务机关无法就虚开事实取得符合真实性、合法性、相关性的证据，那么即便上游企业被定性为虚开发票，由于接受虚开和虚开并非如同刑法的对合犯，二者也无必然的因果关系，不能直接推定下游企业必然接受虚开。本书认为，此时，应按照事实不清、证据不足暂不定性。所以，控制税收执法风险，不应直接作出稽查结论定性虚开发票行为不存在。

16 发票被主管税务机关要求认定为异常凭证，按照主管税务机关要求转出，后续该发票被认定为虚开，能否因此不再认定受票方为接受虚开？

答：本书在虚开基础知识讲解中已全面阐述了异常凭证与发票的关系，此处不再赘述。纳税人按照税务机关要求将异常凭证转出，是税务机关防控虚开风险、保障国家税收利益的税收管理举措。税务机关认定相关发票为异常凭证，认为大概率存在虚开风险，定性为异常凭证并要求转出，不属于对发票进行终局性处理，而只是暂时冻结增值税专用发票的抵扣权。后期，主管税务机关对相关发票定性为虚开后，稽查部门以此为线索进行排查，对于双方存在资金回流、无货物交易等证据予以相互印证，构建其相关证据证明体系，从不同角度、不同侧面证明了虚开发票行为的实际存在，此时属于终局性处理，发票是否合规才能尘埃落定。如果证明其符合虚开的规定，则应当依法予以定性，前期异常凭证的认定，可以理解为终局认定之前的临时保全措施，不构成后续虚开认定的法律障碍。但是，因在稽查部门介入检查前进项税额已经转出，本书认为不宜定性为偷税行为。

17 在查证企业的资金流过程中，资金回流未出现完全闭环，资金回流至公司个人账户而非公司对公账户，能否认定为虚开的资金回流?

答：综合案件具体情况，税务机关可以作出行政认定。为了掩盖虚开发票行为，企业也熟知税务机关的办案思路，让资金不出现闭环回流，甚至会取出现金消灭转账痕迹，所以，不能说必须回流到原账户才算资金回流。

这也涉及虚开的行政认定和刑事认定的差异。司法机关往往认为，必须形成完整的资金回流闭环，才能认定购买方资金重新返回到公司账户，从而证明该业务是虚开的资金回流。如果资金仅仅回流到个人账户，尚未返回公司账户，则不足以认定资金回流。无论是个人账户，还是公司账户，原则上都是只能开户人自己使用，中国人民银行禁止互相出借账户，特别是公款私存等行为。没有认定账户出借事实的，或者尚未认定个人与企业财务混同的，不能推定其存在虚开发票行为。

对此，税务机关的行政行为与刑事司法行为的属性不同，证明标准不同。一般来说，税务行政处罚、税务行政处理都承担说服责任而非推进责任，原则上需要达到明显优势证明标准，除非出现走逃（失联）等，导致税务机关无法调查取证的情况，可以相应降低证明标准，而绝大多数刑事案件都需要达到排除合理怀疑的程度，证明标准高于税务行为的证明标准。相应地，刑事司法需要的证据数量、质量也都高于税务行政行为。受制于税务机关取证手段、力度的制约，一般难以达到此标准，并且税务处理需要保证行政效率。经调查，销售方对于交易资金从自己的公户转移到购买方关联人员的私户，既没有提供正当交易证据，也没有合理解释的，可以认定为存在资金回流。

尽管理论上确实存在前述证明标准、证据数量等方面的差异，但是税务机关作出关系到纳税人重大权益的决定，还是要尽量调查取证，穷尽调查手段，不能取得直接证据材料的，也要尽量收集其他间接证据，形成证据体系，排除证据之间的矛盾，提高违法事实证明的质量。这样做既维护了当事人的合法权益，也可以有效减少自身执法错误的风险。

18 纳税人为融资先行开具发票，后在税务机关发现前又将发票作废，能否视为虚开发票行为的撤回？

答：在税法领域，实施了税收违法行为，具备了相应的税收违法要件事实，就属于“既遂”。如果在违法行为实施过程中中止，违法要件事实尚未具备，即违法行为尚未发生，而不是定性为违法行为撤回。违法事实一旦完成，就属于客观存在，不存在撤回的可能性。

具体到虚开发票行为，为融资提供交易证明先行开具发票，已经属于虚构交易；而开具了与实际经营情况不符的发票，则虚开发票行为已经成立，违法行为已经完成。事后主动作废发票，属于主动消除违法行为的后果，在按照《发票管理办法》实施税务行政处罚时，可以考虑相关悔过情节，酌情从轻、减轻税务行政处罚。

19 上游定性为虚开，下游企业能否定性为善意取得？

答：有可能。虚开发票行为不能被简单套用刑法上对某些罪名的思维，如直接套用刑法中对合犯的概念，如行贿罪的构成必然由行贿行为和受贿行为构成。此种思维直接套用在虚开的行政认定上，容易造成一定程度的偏差和错判（见表2－1）。

表2－1 虚开定性汇总

开票方定性	受票方定性
虚开	接受虚开
	善意取得
	证据不足，无法定性
无法定性虚开	无法定性虚开
正常开具（被骗为第三人开具）	接受虚开（知情）

首先，由表2－1可以看出，即便认定确有虚开发票行为存在，也可能由于存在多种可能性的组合，开票方虚开和受票方接受虚开并非一一对应的关系，不能得出虚开发票行为的成立必然是开票方、受票方合谋的当然结论。

其次，在实践中不能简单采取非此即彼的二元思维，认为无法定性为虚开的，必然是善意取得。个别单位创设了一个概念——恶意虚开，以善恶二元标准对虚开发票行为进行了划分。实际上，对于无法定性为接受虚开的，还有两种可能性：善意取得或者证据不足。不能简单认定，无法定性为虚开的非此即彼，将其直接归属于善意取得。原因在于，税法上的善意取得是采取正列举法，而非排除法。“善意取得增值税专用发票”是增值税政策中的概念，民法意义上的善意取得是指对动产所有权外观（占有）的合理信赖，法律应当保护善意第三人的合法权益。国家税务总局借鉴民法善意第三人的理念，出台了《关于纳税人善意取得虚开的增值税专用发票处理问题的通知》(国税发〔2000〕187号)。该文件规定“购货方与销售方存在真实的交易，销售方使用的是其所在省(自治区、直辖市和计划单列市)的专用发票，专用发票注明的销售方名称、印章、货物数量、金额及税额等全部内容与实际相符，且没有证据表明购货方知道销售方提供的专用发票是以非法手段获得的”。符合这四个条件的受票方为“善意取得增值税专用发票”。

同样，即便无法构成善意取得，也未必构成接受虚开。逻辑同上。

注意：税法上的善意取得与民法上的善意取得概念不同，要注意辨析。

《民法典》第三百一十二条规定：“【遗失物的善意取得】所有权人或者其他权利人有权追回遗失物。该遗失物通过转让被他人占有的，权利人有权向无处分权人请求损害赔偿，或者自知道或者应当知道受让人之日起二年内向受让人请求返还原物；但是，受让人通过拍卖或者向具有经营资格的经营者购得该遗失物的，权利人请求返还原物时应当支付受让人所付的费用。权利人向受让人支付所付费用后，有权向无处分权人追偿。”

需要强调的是，这里的善意取得与民法中的善意取得看上去精神相似，实质操作却不相同。民法中的善意取得是保护善意第三人的权益，善意取得财产不予返还，善意取得票据权益应当得到兑现。但是，在税法上，善意取得仅仅是对第三人不予行政处罚，不加收税收滞纳金，防止取得人承受更大的负担。二者不能完全等同。但两者也有相同的含义：不知情或者不应当知情对方的违法行为。

20 接受发票抵扣后，发现对方进行合同诈骗，能否定性为善意取得？

答：首先来看我国民法上对善意取得的规定。

《民法典》第三百一十一条规定：“【善意取得】无处分权人将不动产

或者动产转让给受让人的，所有权人有权追回；除法律另有规定外，符合下列情形的，受让人取得该不动产或者动产的所有权：（一）受让人受让该不动产或者动产时是善意；（二）以合理的价格转让；（三）转让的不动产或者动产依照法律规定应当登记的已经登记，不需要登记的已经交付给受让人。受让人依据前款规定取得不动产或者动产的所有权的，原所有权人有权向无处分权人请求损害赔偿。当事人善意取得其他物权的，参照适用前两款规定。”

根据前述规定，民法意义上的善意取得需要满足三个基本条件：受让人受让财产是善意，受让价格合理，已经依法登记或者实际交付。

由于民法上合同诈骗的存在，交易本身从未存在过，既然并未构成实际交易，也就不存在善意取得的认定。

但是，税法借鉴了民法上的善意取得概念，《国家税务总局关于纳税人善意取得虚开的增值税专用发票处理问题的通知》（国税发〔2000〕187号）中明确，善意取得增值税专用发票应当符合规定：“购货方与销售方存在真实的交易，销售方使用的是其所在省（自治区、直辖市和计划单列市）的专用发票，专用发票注明的销售方名称、印章、货物数量、金额及税额等全部内容与实际相符，且没有证据表明购货方知道销售方提供的专用发票是以非法手段获得的，对购货方不以偷税或者骗取出口退税论处。”

而合同诈骗罪是指以非法占有为目的，在签订、履行合同过程中，采取虚构事实或者隐瞒真相等欺骗手段，骗取对方当事人的财物，且数额较大的行为。这里主要是以骗取财物为目的，并无真实交易存在。这不符合认定善意取得的条件，无法认定其属于善意取得。但是，也无法定性为接受虚开，因为不具备虚开的主观故意。对此比较稳妥的做法，是依据《增值税暂行条例》第九条规定，作为不合规凭证不得抵扣。但是，由于不属于善意取得，滞纳金没有相应法条支持，依然要加收。产生的增值税和滞纳金损失，可以通过民事诉讼向犯罪嫌疑人另行主张，税收上对于税款和滞纳金也没有相应的豁免条款。

21 接受虚开发票无法证明存在主观故意，是否必然构成善意取得？

答：虚开定性和善意取得不是非此即彼的关系，即虚开发票行为不成立的，不能直接推断出必然构成善意取得。根据《国家税务总局关于纳税人善意取得虚开的增值税专用发票处理问题的通知》（国税发〔2000〕187号），善意取得增值税专用发票应当符合规定：“购货方与销售方存在真实的交易，销售方使用的是其所在省（自治区、直辖市和计划单列市）的专用发票，专用发票注明的销售方名称、印章、货物数量、金额及税额等全部内容与实际相符，且没有证据表明购货方知道销售方提供的专用发票是以非法手段获得的，对购货方不以偷税或者骗取出口退税论处。”

根据上述文件规定，我们不能采取非此即彼的处理方式，将不能定性为虚开的，直接定性为善意取得。因为，不定性为虚开发票行为，存在三种可能性。一是正常交易，完全可以抵扣。因为，即便企业有虚开发票行为，也不能必然得出其所有开票行为均属于虚开的结论，对其正常交易发生的开票行为，受票方依然可以抵扣。二是善意取得，此处不再赘述。三是证据不足，无法定性。此时，不能排除虚开的可能性，只是税务机关在实践中，尚未取得足够证据证明其存在虚开发票行为，进而无法追究其违法责任而已。如果不假思索就将证据不足以定性为虚开的案件，直接判定为善意取得，就会造成对部分虚开发票行为的纵容，也给后续的税务处理带来难题：如果后期再次取得证据证明其存在虚开，税务机关前期将其定性为善意取得就是一种形成性的行政行为，可能面临撤销和追究相关人员执法过错的执法风险，所以在定性善意取得时应当慎之又慎。

22 如果对虚开发票行为无法定性，或者认定不存在虚开发票行为，是否要制作《不予税务行政处罚决定书》？

答：根据《国家税务总局关于修订部分税务执法文书的公告》（国家税务总局公告2021年第23号）附件《修订后的税务执法文书式样》第8页“使用说明”第2条“适用范围：税务机关对违法行为轻微，依法可以不予行政处罚的案件；或者违反税收法律、行政法规应当给予行政处罚的行为，五年后发现的案件作出决定时使用；或者其他依法不予处罚情形的”。

《行政处罚法》第五十七条规定：“调查终结，行政机关负责人应当对调查结果进行审查，根据不同情况，分别作出如下决定：（一）确有应受行政处罚的违法行为的，根据情节轻重及具体情况，作出行政处罚决定；（二）违法行为轻微，依法可以不予行政处罚的，不予行政处罚；（三）违法事实不能成立的，不予行政处罚；（四）违法行为涉嫌犯罪的，移送司法机关。”

《不予税务行政处罚决定书》与《税务稽查结论》，是两种性质不同的文书，对于其各自的适用范围，国家税务总局在填写说明里有明确规定。概括来说，《不予税务行政处罚决定书》作用于法律适用领域，查明有违法事实，只是因为法律规定了处罚阻却事由而不予处罚，违法事实已经调查程序予以确认。而《税务稽查结论》作用于事实查明领域，主要适用于两种情况：一是经调查，税务机关确认不存在违法事实；二是税务机关的证据不足以证明存在法律规定的全部违法要件事实，或者是不足以达到规定的证明标准，对于这种情况，也不能作出处罚，应当按照“疑罪从无”处理。

注意：国家税务总局文书标准格式对比：《不予税务行政处罚决定书》

的标准格式为“上述行为违反规定，鉴于上述税收违法行为，依照规定，现决定不予行政处罚”，已经明确说明有违法行为。而《税务稽查结论》的标准格式最后一句为“未发现税收违法问题”。两者对比，前者是法律适用文书，后者是事实证明文书。

23 企业账面存在大额未付账款，等待三年后仍未支付，相关专票已经抵扣，能否作为其取得虚开发票的佐证之一？

答：在实践中，有人提出，在检查某企业时发现，该企业在接受增值税专用发票抵扣的同时，账面存在较大数额的未支付货款长期挂账，更加违反常理的是，根据《民法典》第一百八十八条规定“向人民法院请求保护民事权利的诉讼时效期间为三年。法律另有规定的，依照其规定”，对方企业在销售货物后，主动开具增值税专用发票抵扣，在购货方未依据合同条款支付货款后，在长达三年的诉讼时效里不向人民法院主张债权，自然丧失胜诉权的行为与常理不符。此项证据虽然不能单独证明其存在虚开发票行为，但是可以作为证明虚开的间接证据之一。

证明虚开发票行为的发生，主要是证明开票信息与实际经营情况不符，由于虚开发票行为存在真假混杂、经营模式多变等情况，查处难度极大。税务机关查处虚开发票行为，主要是聚焦在资金回流且存在开票费、大额货款未支付、相关人员询问笔录、勘验笔录等相关证据方面，多方取证后用间接证明方法论证交易并不真实存在。因为虚开需要承担较重的行政处罚，甚至承担刑罚，所以多数企业会对交易真实性提出各种申辩意见，提供各种反证，鲜见有主动承认的。因此，实务中，税务稽查机关需要从资金流回流、发票流、货物流，甚至是合同谈判签订的经办人询问笔录等多角度出发，综合审查虚开事实是否成立。而大额价款长期未支付的情况与各行业生产经营常规不符合，属于存在虚开疑点的证据之一。另外，由于企业之间发生债权债务纠纷属于常见事件，货款未支付这一消极事实属于孤证，无法直接否定交易的真实性，而这正是决定开票行为是否合法的关键所在。如果经调查，大额应付款未支付情况是因为双方之间存在买卖合同争议，企业提出了未支付货款的合理解释，或者提供了证据证明不付款的原因，就可以认定属于双方之间的民事债务纠纷，不宜据此得出虚开的结论；如果企业的解释不合理，或者证据无法采信，则可以综合情况决定是否进一步外调、协查等以取得进一步的证据，最终作出准确认定。

24 企业接受虚开增值税专用发票，已经进行抵扣，同时列入主营业务成本，在税务机关检查前又将已抵扣进项税额转出，成本也不再税前扣除，此时是依据接受虚开发票行为定性并进行处罚，还是按照编造虚假计税依据定性并进行处罚？

答：应当按照接受虚开发票行为定性并进行处罚。

根据发票管理的有关规定，虚开发票行为实施后即构成行政法上的虚开发票行为，对由接受虚开发票造成的增值税抵扣或企业所得税扣除带来的税收损失，应当定性为偷税。如果当事人出于法律的威慑力而终止了税收违法行为，偷税结果未能实现，则只是不再构成偷税行为（因为偷税的四种手段，以及不缴或少缴税款的后果必须同时具备）。但是，虚开发票行为是根据行为定性的，即便撤回并开具红字发票进行红冲，虚开发票行为依然属于成就，只不过在实施税务行政处罚时，可以认定为“主动消除或者减轻违法行为危害后果的”减轻、从轻处罚，甚至不予以处罚。

值得一提的是，编造虚假计税依据并不适用上述情形。根据全国人大常委会法工委编写的《中华人民共和国税收征收管理法释义》，计税依据又称“计税基础”，是课税对象的数量或数额标准，是计算应征税款的直接依据。计税依据一般根据其课税对象的物理形态或者价值形态，分别适用从量定额的计税方法和从价定率的计税方法。我国主要税种的计税依据如下：增值税的计税依据为纳税人销售货物或者应税劳务的销售额，该销售额为纳税人销售货物或者应税劳务向购买方收取的全部价款和价外费用，但是不包括收取的销项税额。企业所得税的计税依据为应纳税所得额，该应纳税所得额为纳税人每一纳税年度的收入总额减去准予扣除项目后的余额。发票不能直接等同于计税基础，此时套用此项进行处理，存在适用法律规定错误。

25 对受票人的虚开发票行为与偷税行为分别进行处罚，是否可行？

答：是否分别实施税务行政处罚，关键在于虚开发票行为和偷税行为的关系如何界定，在具体案件中，是属于两个独立行为，还是存在牵连关系的行为，在作出处理决定时应当遵守《行政处罚法》中“禁止重复评价”的规定。一般来说，对于当事人实施的违法行为是一个违法行为还是数个违法行为，《行政处罚法》并未规定具体的判断标准，需要行政机关以违法行为的构成要件为基础，综合考虑违法行为人的主观意图、行为的外在形态和所处的时空状态、受侵害的法益属性及多个法益之间的关系等因素，并在遵循有关拟制行为个数的法律规定前提下加以认定。

如果受票人实施了两个分别独立的行为，符合法律规定的构成要件事实，则原则上应当分别处罚。比如，甲企业属于一般纳税人，2023 年既有隐瞒销售收入 300 万元，又同时取得虚开增值税普通发票 6 份，合计金额 30 万元进行税前扣除，加大了当年税前可弥补亏损，在对该不合规发票进行纳税调整后，依然属于亏损状态。此时，只能对其虚开发票行为单独进行处罚；对其隐瞒销售收入的行为在增值税上定性为偷税行为，单独实施处罚。该案例中的隐瞒收入与虚开发票行为之间不存在类型化的手段与目的、原因与结果的类型化牵连关系，隐瞒收入行为与虚开发票行为之间也不存在要件事实上的交叉、包含关系等。

如果受票方存在两个以上自然行为，而法律规范或者执法实践将其拟制为一个法律行为，则往往是因为这两个行为之间存在类型化的手段与目的、原因与结果的类型化牵连关系。例如，甲企业于2023年12月取得虚开增值税专用发票30万元，在2024年1月全部抵扣，此时应当视为偷税金额30万元，存在取得行为与申报抵扣行为，因为两个行为具有类型化的特点，结合得非常紧密，所以一并予以评价。对于前述案例如何处理，一种观点认为，应当根据《国家税务总局关于纳税人取得虚开的增值税专用发票处理问题的通知》（国税发〔1997〕134号）规定，将该种取得增值税专用发票抵扣直接定性为偷税。由于规范性文件已经直接规定为偷税，是科处的一行为，按照偷税行为给予税务行政处罚即可。另一种观点认为，受票方虚开与受票方偷税存在构成要件的交叉重叠，按照《行政处罚法》第二十九条规定："对当事人的同一个违法行为，不得给予两次以上罚款的行政处罚。同一个违法行为违反多个法律规范应当给予罚款处罚的，按照罚款数额高的规定处罚。"即便税务机关认定存在两个违法行为，也应当遵守"禁止重复评价"规则。对虚开发票行为，税务机关不宜既作为独立的发票虚开予以处罚，又作为偷税予以处罚，而应当分别确认偷税、虚开两个处罚标准，择一重处。目前，各地对该类案件的处罚认识不够统一。

本书倾向于处理文书中应当明确指出该行为违反了多个法律规范，同时存在虚开与偷税的违法行为，只是在科处罚款的时候"择一重处"的观点。虽然虚开与偷税两个法律规范分别予以调整，但两个行为之间的违法事实存在交叉关系。《行政处罚法》第二十九条"同一个违法行为违反多个法律规范应当给予罚款处罚的，按照罚款数额高的规定处罚"是2021

年修订时新增加的内容，此前的《行政处罚法》只有前段内容，而国税发〔1997〕134号文件规定的虚开申报抵扣按照偷税处理的规定，与《行政处罚法》第二十九条后段规定有一定的冲突，宜按照上位法的新规定予以处理。“择一重处”是在确认违法行为违反多个法律规范，定性多种违法责任的前提下，在罚款上选择数额高的规定处罚，并非当事人只存在罚款数额高的规范所指向的违法行为。尽管法释〔2024〕4号文件第一条第一款第（三）项将“虚抵进项税额”作为逃税罪的“欺骗、隐瞒手段”之一，也并非否定其行政法上的虚开性质，只是基于税收及时入库的目的，体现刑法的谦抑性、科处刑罚的谨慎性，按照刑法特有的主客观相一致、罪责刑相适应原则作出与时俱进的解释。

至于如何选择罚款数额高的规定，全国人大常委会法工委认为：“所谓罚款数额高的规定是指法律规定的罚款数额，而非行政机关实际处以的罚款数额。对于固定数额的罚款，直接适用罚款数额高的规定给予罚款处罚，比如当事人的同一个违法行为同时违反处以5000元罚款的规定和处以3000元罚款的规定，直接适用处以5000元罚款的规定给予5000元的罚款处罚；对于按照罚款数额下限、上限模式设定的罚款处罚，适用罚款数额上限高的规定给予罚款处罚，比如当事人的同一个违法行为同时违反处以1万元以上10万元以下罚款的规定和处以5000元以上5万元以下罚款的规定，适用处以1万元以上10万元以下罚款的规定给予罚款处罚，具体罚款数额还要考虑违法行为的事实、性质、情节，以及社会危害程度和行政处罚裁量基准等确定；对于按违法所得的倍数等模式设定的罚款处罚，在确定罚款数额高的规定时，可能还需要先进行计算比较。”

对于虚开的处罚，《发票管理办法》第三十五条规定：“违反本办法的规定虚开发票的，由税务机关没收违法所得；虚开金额在1万元以下的，可以并处5万元以下的罚款；虚开金额超过1万元的，并处5万元以上50万元以下的罚款；构成犯罪的，依法追究刑事责任。非法代开发票的，依照前款规定处罚。”

对于偷税的处罚，《税收征管法》第六十三条规定：“纳税人伪造、变造、隐匿、擅自销毁账簿、记账凭证，或者在账簿上多列支出或者不列、少列收入，或者经税务机关通知申报而拒不申报或者进行虚假的纳税申报，不缴或者少缴应纳税款的，是偷税。对纳税人偷税的，由税务机关追缴其不缴或者少缴的税款、滞纳金，并处不缴或者少缴的税款百分之五十以上五倍以下的罚款；构成犯罪的，依法追究刑事责任。”

偷税处罚并不必然高于虚开处罚，二者的处罚规则不同，需要先进行计算比较。比如，某企业虚开增值税专用发票税款 8 万元，可以给予 10 万元行政处罚，但是按照《税收征收管理法》第六十三条定性，可以按照 1 倍实施行政处罚，罚款为 8.56 万元（考虑城市维护建设税因素），此时应当按照虚开予以处罚。针对具体案件，不宜先入为主，认为偷税罚款的处罚力度必然大于虚开金额，造成执法风险。

26 开票方在开票时提出需要增加“税点”，是否必然构成虚开发票行为？

答：要区分情况进行分析。

所谓“税点”概念的出现，源于实际的商业活动，是在商业购销活动中，部分商家为了将税收成本转嫁给购买方的一种方式。对于购买方索取发票的请求，销售方提出，由于合同约定不明，或者出现税收政策调整，如果要发票就需要单独支付税点。如果形成双方合意，那么此时增加所谓的“税点”，并不构成虚开发票行为。

在税收实践中，有部分虚开犯罪分子以此为借口，为其虚开增值税专用发票收取的不法酬劳进行掩护，对于税务机关发现的相关企业单独对其支付的费用，以所谓“税点”予以搪塞。实际上，税务机关对于定性虚开的关注焦点在于经营情况是否真实，如果是真实业务，那么双方收取“税点”并不违反税收规定，属于双方对于税收成本的分摊；但是，对于不具备真实性的业务，无论以何种理由，都无法提供业务真实性资料，税务机关综合货物流、资金流、询问笔录等各类证据后，确认是否已支付“开票费”，开票前如何协商确定获利分配数额或比例，开票方、中间人分配比例，受票方实际支付数额比例，支付方式（现金、汇票等）、支付次数、支付时间、支付地点，资金流向，现金或者票据实际交接双方当事人，资金使用情况等，依然可以按照优势证据原则予以确认虚开。此时，即便以“税点”掩饰实际支付的开票费，稽查部门也不会予以认可，相反还会有进一步做实存在隐瞒税收违法行为、不配合税务检查的嫌疑。

27 涉农企业虚开农产品收购发票，如何确定其所涉嫌的税收征管罪名?

答：众所周知，我国现行的对农产品扣除政策分为两类：核定扣除与计算抵扣。前者以购进农产品为原料生产产品的增值税一般纳税人被纳入农产品增值税进项税额核定扣除试点范围，不再凭增值税扣税凭证自行计算抵扣增值税进项税额；后者则是根据增值税扣税凭证计算抵扣，此时农产品收购发票发挥了增值税抵扣功能。无论是核定扣除还是计算抵扣，其基本规则都是利用增值税进、销项抵扣后的差额机制，只不过核定扣除起到了监管作用，能够事先防范虚开农产品收购发票，或者说，核定制度在很大程度上遏制了企业虚开农产品收购发票的内心冲动。虚开农产品收购发票行为，具体分为两种情况。

（一）没有实际经营业务，通过虚开发票行为牟利

1. 开票方

开票方对外虚开增值税专用发票，为避免销售收入虚增导致企业所得

税应税收入剧增却无对应的税收成本匹配，进而产生大量的企业所得税，开票方通过虚开农产品收购发票的方式消化成本，此时应当构成虚开用于抵扣税款发票罪；其对外开具的增值税专用发票，由于对于受票方具备抵扣功能，此时涉嫌虚开增值税专用发票罪。对于虚开进项与虚开销项各自涉及不同罪名的犯罪行为，应当如何定罪处罚，本书说明如下。

（1）关于《刑法》第二百零五条罪名的说明。

《刑法》第二百零五条将虚开增值税专用发票、用于骗取出口退税、抵扣税款发票三种行为合并为一罪。在我国刑法理论上，这是一种选择罪名的立法方式。所谓“选择罪名”是相对于单一罪名而言的，在单一罪名的情况下，刑法只规定了一个构成要件行为，因而罪名不能分拆使用。在选择罪名的情况下，刑法将数个构成要件行为规定在同一罪名中，这种选择罪名既可以概括使用，也可以分解使用。也就是说，本罪的罪状将三种虚开发票行为规定在同一法条中，这三种行为可以分别单独成为一个罪名。可以说《刑法》第二百零五条规定了三个罪名。这三个罪名之间有着密切的联系，因而同时实施其中两种以上行为的，并不实行数罪并罚（其实，由于增值税专用发票与其他可以骗取出口退税、抵扣税款的发票都属于专用发票，将罪名规定为虚开专用发票罪，会进一步增加罪名的涵盖性，而且更体现罪名的科学性和简洁性，使我国刑法分则的罪名立法更加完善）。这三个选择性罪名在犯罪主体、犯罪客体、犯罪主观方面都相同，唯一不同的是犯罪对象有所差异。依据2005年12月29日第十届全国人民代表大会常务委员会第十九次会议通过的《全国人民代表大会常务委员会关于〈中华人民共和国刑法〉有关出口退税、抵扣税款的其他发票规定的解释》，“刑法规定的‘出口退税、抵扣税款的其他发票’，是指除增值税专用发票以外的，具有出口退税、抵扣税款功能的收付款凭证或者完税凭证”。因而，虚开增值税专用发票、用于骗取出口退税、抵扣税款发票罪同为危害税收征管秩序，以及侵犯同一国家应收税款利益的行为。在案件定性过程中，应当依据犯罪客体关联性，以其侵犯的不同对象选择适用罪名。

（2）开票方的行为定性为虚开增值税专用发票、用于抵扣税款发票罪。

《刑法》第二百零五条的标准罪名是“虚开增值税专用发票、用于骗取出口退税、抵扣税款发票罪”。开票方既虚开进项，又虚开销项，涉及两种不同的犯罪对象。虚开进项的犯罪对象是农产品收购发票，虚开销项的犯罪对象是增值税专用发票。两种犯罪行为同为危害税收征管秩序，以及侵犯同一国家应收税款利益的行为，侵害的都是国家增值税税款安全，都是利用增值税税收发票的抵扣功能骗取国家税款的行为。不用实行数罪并罚，犯罪数额合并计算即可。

最高人民法院滕伟等的《“两高”〈关于办理危害税收征管刑事案件适用法律若干问题的解释〉的理解与适用》（以下简称《理解与适用》）明确指出：“对于开票方来说，如不能证明其与受票方存在共同故意，其收取‘开票费’‘税点’后为他人开票的行为，本质上是把增值税专用发票当作商品出售，是非法出售增值税专用发票行为……在此情况下按照非法出售增值税专用发票罪定罪处罚，有利于体现对其从严打击精神。”因此，应当分别对开票方的前后两个虚开发票行为定性，即虚开用于抵扣税款发票罪与非法出售增值税专用发票罪，并按照数罪并罚的规则判处刑罚。对此，本书认为，尽管最高人民法院的解读意见指出了这种买卖发票的行为应当如何处罚，但是没有涉及开票方虚开农产品收购发票的情形，因侵害的法益都是国家增值税税款的安全，适用一个选择性罪名就可以解决问题，而适用数罪并罚则可能存在重复评价的问题，虚开进项、虚开销项各自用一个罪名评价一次，显然不符合虚开类犯罪的特征。法释〔2024〕4号文件第十一条规定：“以同一购销业务名义，既虚开进项增值税专用发票、用于骗取出口退税、抵扣税款的其他发票，又虚开销项的，以其中较大的数额计算。”定性为两罪，不符合司法解释的明确规定，刑罚的确定严禁重复评价。并且，非法出售增值税专用发票罪与虚开增值税专用发票罪法定刑一致，也不存在放纵犯罪分子的嫌疑，并可以很好地回避犯罪数额重复评价问题。

如开票方与受票方存在虚开犯罪的共同故意，则对开票方也应当按照虚开增值税专用发票、用于抵扣税款发票罪定罪处罚。

2. 受票方

《理解与适用》明确指出：“关于如何区分虚开增值税专用发票罪与非法出售增值税专用发票罪、非法购买增值税专用发票罪。虚开增值税专用发票，受票方往往以支付‘开票费’‘税点’等名义，从他人处获得进项票后进行抵扣，由此开票方与受票方之间又同时形成非法出售与非法购买增值税专用发票的关系。对受票方来说，如果其取得虚开的发票后继而骗抵税款，则其系以非法购买增值税专用发票的犯罪手段，达到虚开增值税专用发票的犯罪目的，系目的行为与手段行为的牵连犯，按照从一重处原则定罪处罚，即按照《刑法》第二百零八条第二款的规定定罪处罚；如受票方非法购买增值税专用发票后，不是用以骗抵税款，而是用于其他目的，如其他目的不构成犯罪的，则系构成非法购买增值税专用发票罪一罪；如其他目的构成其他犯罪的，则系构成非法购买增值税专用发票罪与其他目的罪的牵连犯。”参照《理解与适用》，对于受票方：

（1）如果是以骗抵税款为目的，则系目的行为与手段行为的牵连犯，涉嫌虚开用于抵扣发票罪，非法购买增值税专用发票罪，择一重处；

（2）如果以骗取政府财政补贴等非税收目的，则系目的行为与手段行为的牵连犯，涉嫌非法购买增值税专用发票罪、诈骗类犯罪，择一重处；

（3）如果是为了提升自身知名度、增加谈判筹码等，则单独构成非法购买增值税专用发票罪。

（二）有实际经营业务，虚开发票仅为自身开具

1. 开票方

《理解与适用》明确指出："二是增加虚列支出、虚抵进项税额的逃税手段。税务机关认为，对于虚抵进项行为，根据《国家税务总局关于纳税人取得虚开的增值税专用发票处理问题的通知》（国税发〔1997〕134 号）规定，'受票方利用他人虚开的专用发票，向税务机关申报抵扣税款进行偷税的，应当依照《中华人民共和国税收征收管理法》及有关法规追缴税款，处以偷税数额五倍以下的罚款'，因此，建议应当将上述手段予以列举。需要特别说明的是，这里的'虚抵进项税额'，是以不构成虚开增值税专用发票罪为前提。""虚开增值税专用发票罪与逃税罪的界分。最关键的区别在于主观上是基于骗取国家税款的故意，还是基于逃避纳税义务的目的。我们认为，第一，纳税人在应纳税义务范围内，通过虚增进项进行抵扣以少缴纳税款的，即便采取了虚开抵扣的手段，但主观上还是为不缴、少缴税款，根据主客观相统一原则，应以逃税罪论处。这也是《解释》第一条第一款第（三）项将'虚抵进项税额'作为逃税罪的'欺骗、隐瞒手段'之一规定的考虑。第二，纳税人超过应纳税义务范围，通过虚开抵扣税款，不仅逃避了纳税义务，同时还骗取国家税款的，则在应纳税义务范围内的部分成立逃税罪，超过部分成立虚开增值税专用发票罪，属于一行为同时触犯两罪名的竞合犯，按照从一重处原则处理。"

按照上述权威意见，对于开票方虚开农产品收购发票，没有超过实际业务销项的，按照偷税、逃税罪处理；超过实际业务销项的，属于虚开用于抵扣税款发票罪，同时构成逃税罪与虚开用于抵扣税款发票罪，依据竞合犯的规则，从重处罚，按虚开用于抵扣税款发票罪定罪处罚。

2. 受票方

由于双方有实际经营业务，此时开票方对其开具的农产品销售发票属

于有真实业务的发票，不需要进项税额转出后重新开具，不属于税收违法行为，更不构成犯罪行为。

注意：《理解与适用》明确指出，“有争议的是，对于不以骗抵税款为目的虚开增值税专用发票的行为，能否按照虚开发票罪论处，如基于《刑法》第二百零五条之一的文义，仅从虚开的发票对象上是无法得出上述结论的。因该问题理论和实务界均有争议，《解释》对该问题未明确规定，尚需理论和实务界进一步探讨”。但是，从整篇解读文章中，我们可以感受到最高人民法院的意思还是很明确的，坚持其一贯的主张，虚开犯罪应当具有利用增值税专用发票的抵扣功能骗抵税款的犯罪目的，全国人大常委会法工委也有类似意见。

28 对纳税人接受虚开属于善意取得，是否需要制作《不予税务行政处罚决定书》？

答：不需要制作《不予税务行政处罚决定书》。税务机关认定了善意取得就已表明受票方没有接受虚开的恶意，此时根本没有违法行为的存在。根据新修订的《发票管理办法》第二十一条第二款规定：“任何单位和个人不得有下列虚开发票行为：（一）为他人、为自己开具与实际经营业务情况不符的发票；（二）让他人为自己开具与实际经营业务情况不符的发票；（三）介绍他人开具与实际经营业务情况不符的发票。”上述条款针对发票阐发，实际包含了增值税专用发票和增值税普通发票。由于采取正列举方式界定，没有设置兜底条款，如果纳税人的发票违规行为不能归属于上述三种情形之一，就不能得出虚开发票的结论。同时，适用此条款，应当考虑主观故意的因素。有人认为，条款并没有直接将主观故意作为判定行政法意义上虚开发票的构成要件，但是从《发票管理办法》的行文中可以看出，“为”“不符”“让”“介绍”的出现表明故意、有意为之是条款包含的应有之义，只能在故意的驱使下才能做出上述行为。如果没有主观故意因素的考量，那么划分善意取得增值税专用发票将无从谈起。正是因为有了主观故意的要件之一，才有了后来善意取得和非善意（恶意）取得的划分。

《行政处罚法》第三十三条第二款规定：“当事人有证据足以证明没有主观过错的，不予行政处罚。法律、行政法规另有规定的，从其规定。”该条款将当事人不存在故意、过失等主观过错作为不予处罚的情形。据此，将当事人没有主观过错明确为不予处罚的情形。当事人取得虚开的发票，但是主观上没有故意或者过失的，属于违法事实不成立，不应当给予处罚。根据《国家税务总局关于修订部分税务执法文书的公告》（国家税务总局公告2021年第23号）附件《修订后的税务执行文书式样》中《不予税务行政处罚决定书》适用范围：税务机关对违法行为轻微，依法可以不予行政处罚的案件；或者违反税收法律、行政法规应当给予行政处罚的行为，五年后发现的案件作出决定时使用；或者其他依法不予处罚情形的。对照上述适用范围的兜底条款，“其他依法不予处罚情形”也应当具有与列明的两种情形相类似的违法行为，只是不予以处罚。

违法行为应当具有主观过错、客观行为等要件，在没有主观过错的情形下属于违法事实不成立，相应的法律后果不能发生。“善意取得”的名称已经表明行为人没有过错，不应当予以罚款，自然不得处罚，而非因违法事实成立，但有法定的、酌定的阻却处罚事由而不予处罚。由前述可知，善意取得不予处罚不属于上述执法文书适用范围，不应当适用《不予税收行政处罚决定书》。

29 纳税人对外虚开，是否需要通过《税务处理决定书》予以告知？

答：需要。应当依法告知，应当在《税务处理决定书》中予以注明。

因为《税务处理决定书》是税务机关对各类税务违法行为依法调查、审理后作出补税等税务处理决定的一种税收执法文书，适用于向被处理对象追缴税款、加收滞纳金等。但是，有些税务机关错误理解为该文书只适用于征税行为。实际上，如果对纳税人定性为虚开，稽查部门在接收到委托方开具的《已证实虚开通知单》后，就必须立案检查并将查处情况反馈给委托方，即使是定性为善意取得，受票方企业也需要对进项税额作出处理。

定性虚开对开票方、受票方纳税人权益已产生了实质性影响，受票方将丧失抵扣进项税额权利，开票方则面临行政处罚、移送公安机关追究刑事责任，以及受票方追究税收损失的民事责任等诸多风险。此时，定性虚开已经不是税务机关之间的内部行为，而是转化为外部化的具体行政行为。如果不列入《税务处理决定书》，开票方纳税人就无法通过行政复议或者行政诉讼方式，依法向税务机关请求撤销或变更其违法不当的行政行为，受损害的合法权益也就无法得到法律救济。

有部分税务机关认为，税务处理决定应当是由补正税款、加收滞纳金等涉税事项调整，定性为虚开并不是税务机关对纳税人作出的实体性决定，无须向其告知。但是，《国家税务总局关于修订部分税务执法文书的公告》（国家税务总局公告2021年第23号）附件《修订后的税务执法文书式样》中《税务处理决定书》的使用说明反映《税务处理决定书》在税务机关对各类税收违法行为依据有关税收法律、行政法规、规章作出处理决定时使用。按照上述规定，此时定性虚开，是依据《增值税暂行条例》《发票管理办法》作出的处理决定。一旦作出，稽查局就会向下游主管税务机关发出《已证实虚开通知单》，购买方税务稽查局便会依此通知单迅速对购买方纳税人立案，并以此为主要证据或唯一证据，作出虚开增值税专用发票处理，也进一步说明此通知单对外产生了影响和作用，使用的内部部门拿此证据对外（购买方纳税人）作出处理，没有出具《税务处理决定书》，却抢先发出《已证实虚开通知单》，开票方的纳税人无法对此进行陈述申辩，其权利无法得到程序性保障。同时，《重大税收违法失信主体信息公布管理办法》（国家税务总局令第54号）第六条规定："本办法所称'重大税收违法失信主体'（以下简称失信主体）是指有下列情形之一的纳税人、扣缴义务人或者其他涉税当事人（以下简称当事人）：……（五）虚开增值税专用发票或者虚开用于骗取出口退税、抵扣税款的其他发票的；（六）虚开增值税普通发票100份以上或者金额400万元以上的……"第七条第二款规定："对移送公安机关的当事人，税务机关在移送时已依法作出《税务处理决定书》，未作出《税务行政处罚决定书》的，当事人在法定期限内未申请行政复议、未提起行政诉讼，或者申请行政复议，行政复议机关作出行政复议决定后，在法定期限内未提起行政诉讼，或者人民法院对税务处理决定或行政复议决定作出生效判决、裁定后，有本办法第六条规定情形之一的，税务机关确定其为失信主体。"上述规定的存在，也证明了定性虚开应当在《税务处理决定书》中注明。

30 认定发票属于虚开进项税额转出，是否受五年税收追征期的限制？

答：定性发票属于虚开，不受税收追征期的限制。《发票管理办法》第二十一条规定："开具发票应当按照规定的时限、顺序、栏目，全部联次一次性如实开具，开具纸质发票应当加盖发票专用章。任何单位和个人不得有下列虚开发票行为：（一）为他人、为自己开具与实际经营业务情况不符的发票；（二）让他人为自己开具与实际经营业务情况不符的发票；（三）介绍他人开具与实际经营业务情况不符的发票。"

《发票管理办法实施细则》第二十九条规定："《办法》第二十一条所称与实际经营业务情况不符是指具有下列行为之一的：（一）未购销商品、未提供或者接受服务、未从事其他经营活动，而开具或取得发票；（二）

有购销商品、提供或者接受服务、从事其他经营活动，但开具或取得的发票载明的购买方、销售方、商品名称或经营项目、金额等与实际情况不符。”

如果定性为虚开，则应当按照《增值税暂行条例》第九条“纳税人购进货物、劳务、服务、无形资产、不动产，取得的增值税扣税凭证不符合法律、行政法规或者国务院税务主管部门有关规定的，其进项税额不得从销项税额中抵扣”规定处理。有税务机关认为，结合《国家税务总局关于纳税人善意取得虚开的增值税专用发票处理问题的通知》（国税发〔2000〕187 号）规定，定性善意取得虚开增值税专用发票并没有时间限制，因此对发票涉及的进项税额作转出处理，并无不当。

增值税进项税额不等同于应纳税额。根据现行的《增值税暂行条例》第四条规定：“除本条例第十一条规定外，纳税人销售货物、劳务、服务、无形资产、不动产（以下统称应税销售行为），应纳税额为当期销项税额抵扣当期进项税额后的余额。应纳税额计算公式：应纳税额 = 当期销项税额 - 当期进项税额。”但是进项税额转出间接造成了应纳税额的增加，由于善意取得的存在，此时无法定性为偷税，税款不能依据《税收征收管理法》第六十三条无限期追征。

那么，能否依据《税收征收管理法》第五十二条第二款规定“因纳税人、扣缴义务人计算错误等失误，未缴或者少缴税款的，税务机关在三年内可以追征税款、滞纳金；有特殊情况的，追征期可以延长到五年”？

《中华人民共和国税收征收管理法实施细则》（以下简称《税收征收管理法实施细则》）第八十一条规定：“税收征管法第五十二条所称纳税人、扣缴义务人计算错误等失误，是指非主观故意的计算公式运用错误以及明显的笔误。”此时无法扩展到进项税额转出的情形。

相反，《国家税务总局关于欠税追缴期限有关问题的批复》（国税函〔2005〕813 号）指出：“税收征管法第 52 条有关追征期限的规定，是指因税务机关或纳税人的责任造成未缴或少缴税款在一定期限内未发现的，超过此期限不再追征。纳税人已申报或税务机关已查处的欠缴税款，税务机关不受该条追征期规定的限制，应当依法无限期追缴税款。”

31 接受虚开发票行为的行政处罚追责期限是如何计算的?

案例12

A企业于2023年1月取得15份虚开的增值税专用发票，税额100万元，于2023年2月10日申报销项税额150万元，进项税额110万元，实际纳税40万元。2023年2月纳税申报期满之日为15日，如何确定接受抵扣的违法行为发生时间?

答：根据《税收征收管理法》第八十六条规定，违法行为发现之日超过五年的，不再进行税务处罚。在税收实践中，部分税务机关直接将违法行为发现之日作为终点，并直接往前倒推五年作为起点，发现之日如果落在此区间就可以认定为该违法行为在五年内发现，但这种判定方式是错误的。

根据《增值税暂行条例》第四条规定：“除本条例第十一条规定外，纳税人销售货物、劳务、服务、无形资产、不动产（以下统称应税销售行为），应纳税额为当期销项税额抵扣当期进项税额后的余额。应纳税额计算公式：应纳税额=当期销项税额－当期进项税额。”

按照上述文件规定，当纳税人取得不符合规定的专用发票时，不具备对应增值税专用发票的抵扣权，进而造成当期的应纳税额不当减少。根据《增值税暂行条例》第二十三条第二款规定：“纳税人以1个月或者1个季度为1个纳税期的，自期满之日起15日内申报纳税……”自纳税申报期满次日起，应当视为该纳税人违法行为得以实现，应当以该日作为违法行为的发生时间，并向后顺延五年作为违法行为的追溯期。如果违法行为的发现日落在此区间内，则应视为此时发现了税收违法行为。

有人提出，在本案例中能否以纳税申报成功当日作为违法行为的发生之日？本书认为，此种观点值得商榷，原因在于此时纳税申报时间尚未届满，纳税人即便采取虚假纳税申报，也依然存在调整纳税申报的可能性，无法确定纳税人虚假纳税申报是否最终成立。而纳税申报期满后，少缴税款的最终后果得以确认，此时确认违法行为发生更加合理。

32 接受虚开发票的发生时间如何确认？

答：目前，虚开发票主要涉及虚开增值税普通发票、虚开增值税专用发票两个时间节点。

对于虚开增值税普通发票，确认其接受虚开发票的时间节点应当为收到纸质发票的当天。对于开票方，应当以开具纸质发票的当日作为虚开发票行为的发生时间。

对于虚开增值税专用发票，由于接受虚开的目的是抵扣进项税额，获取不法利益。主流观点认为，一般是以其抵扣增值税进项税额的当日作为违法行为发生之日。但有观点认为，虚开发票行为与偷税行为不同，只要该违法行为实施就构成了虚开，增值税专用发票进入发票综合平台并进行勾选后，就应当被视为取得发票，而如果造成偷税后果，则应当以该进项税额通过虚假的纳税申报得以实现，最终造成当期应纳税额的实际减少之日为发生时间。

目前，我国已全面推广数字化电子发票，因为其具有“去介质、标签化、去版式、要素化、授信制和赋码制”等特点，所以可以为企业提供更便捷、高效和安全的票据管理和交易方式。其中，交易方式与纸质发票最大的不同点在于开票方完成开票行为后，发票可定义为自动进入受票方电子发票服务平台，无须另行发送。因此，在发生以上情形，且被税务机关查实定性为虚开时，无论开具的是增值税专用发票还是增值税普通发票，开票方虚开发票行为的发生时间节点均为开具并发送的当天。

33 虚开违法行为发现时间应当如何确定？

案例13

某企业于2016年9月取得虚开增值税专用发票，于10月8日申报抵扣了进项税额，至2021年10月9日案发。现在有两种处理意见：一是已超五年未被发现，只补增值税不处罚；二是申报期截止到10月22日，因此未超五年，应补税并罚款0.5倍。

答：本问题在实践中存在争议。

第一种观点认为，违法行为发现时间应当是税务机关送达《税务检查通知书》当日，因为税务机关在发现存在违法行为线索时就可以视为违法行为发现时间，主要是税收违法案件的发现历时很长，以税务检查时间作为发现之日，可以最大限度地保证案件发现时间不超过五年，可以符合《税收征收管理法》的时间要求，最大限度地通过税务行政处罚方式对税收违法行为进行有力打击。其缺点在于，送达行为一旦做出，就固定了发现之日，不够灵活。因为，违法行为被发现的时候不需要证据确凿，证据确凿是发现之后调查的事项。

第二种观点认为，违法行为发现时间应为税务稽查工作底稿签收之日。相对于第一种观点，该证据比较准确充分，当事人也在税务稽查工作底稿上签了字。但是，需要注意的是，税务稽查底稿并非对外的税收执法文书，而且此类案件最终要经过稽查局的集体审理，部分案件甚至还要经过重案审理才能最终确定，也存在不确定性。

第三种观点认为，违法行为发现时间应为税款损失确认之日。但是，虚开发票行为在行政处理上只考虑行为发生，不考虑是否造成税款损失后果，不能将刑法上追究虚开增值税专用发票罪考虑的税款损失，与行政法上认定虚开的判断标准混为一谈。

第四种观点认为，违法行为发现时间之日应为作出《税务处理决定书》之日。这也存在一个突出问题：极有可能超过五年的行政处罚追责期限，造成无法对税收违法行为进行追溯。此项规定对纳税人更加有利，但是造成税务机关在查处相关涉税违法行为时更加吃力。

本书认为，应当参考第一种观点。《司法部关于提请明确对行政处罚追诉时效“二年未被发现”认定问题的函》（司发函〔2004〕212 号）提出：“经研究，我部认为，《行政处罚法》第 29 条规定的发现违法违纪行为的主体是处罚机关或有权处罚的机关，公安、检察、法院、纪检监察机关和司法行政机关都是行使社会公权力的机关，对律师违法违纪行为的发现都应该具有《行政处罚法》规定的法律效力。因此上述任何一个机关对律师违法违纪行为只要启动调查、取证和立案程序，均可视为‘发现’；群众举报后被认定属实的，发现时效以举报时间为准。”《全国人民代表大会常务委员会法制工作委员会关于提请明确对行政处罚追诉时效“二年未被发现”认定问题的函的研究意见》（法工委复字〔2004〕27 号）答复：“你处送来的关于提请明确对行政处罚追诉时效‘二年未被发现’认定问题的函收悉。经研究，同意你部的意见。”

34 接受虚开被界定为偷税，此时是否必须在下达处理决定前主动缴清税款和滞纳金，才能适用从轻处罚？

答：这种说法是不准确的，要结合具体情形分类判断。

第一种情形，纳税人在检查环节主动申报税款。众所周知，如果不是迫于检查的压力，国家税款仍然会流失，税收违法行为的表现手段已客观存在，不缴税或少缴税的后果已属既成事实。因此，纳税人在被查期间申报补缴逾期未缴或少缴税款的行为不能掩盖其过去偷税违法行为既成的客观事实，这不能与纳税人主动自查纠错行为混为一谈。对此种行为，应参照《国家税务总局关于税务检查期间补正申报补缴税款是否影响偷税行为定性有关问题的批复》（税总函〔2013〕196 号）："税务机关认定纳税人不缴或者少缴税款的行为是否属于偷税，应当严格遵循《中华人民共和国税收征收管理法》第六十三条的有关规定。纳税人未在法定的期限内缴纳税款，且其行为符合《中华人民共和国税收征收管理法》第六十三条规定的构成要件的，即构成偷税，逾期后补缴税款不影响行为的定性。"

鉴于纳税人在被查期间因迫于被查的压力已作出知错改过的行为表现，与稽查部门出具《税务处理决定书》后追缴相比，存在一定的主动性，税务机关在实施行政处罚时可视情节按照各地行政处罚裁量基准予以考虑从轻处罚，以体现行政处罚适当的原则，而不宜一律采取处未缴或者少缴的税款 50% 以上 5 倍以下的罚款。

第二种情形，纳税人在检查环节按照稽查部门要求主动预缴税款，此时应当适用从轻处罚。有人提出，纳税人未依法缴清税款、滞纳金的，不应当对其适用减轻处罚。这种理解是错误的，由于《税务处理决定书》并未下达，无法确认税务机关认定的偷税金额，应当补缴的税额是不确定的，预缴可能多于或者少于实际金额；由于最终税额不确定，最终需要补缴的滞纳金也是不确定的。此种不确定带来的无法准确缴清后果，不应当由纳税人承担。

注意：纳税人预缴税款是迫于税务机关的要求采取的行动，对其采用减轻行政处罚应当慎重。《税务行政处罚裁量权行使规则》第二十一条规定："对情节复杂、争议较大、处罚较重、影响较广或者拟减轻处罚等税务行政处罚案件，应当经过集体审议决定。"

35 接受虚开发票被定性为偷税，检查期间主动补缴部分税款，是仅对预缴部分从轻处罚，还是针对全部计算罚款基数从轻处罚？

答：根据《行政处罚法》第三十二条："当事人有下列情形之一，应当从轻或者减轻行政处罚：（一）主动消除或者减轻违法行为危害后果的……（四）配合行政机关查处违法行为有立功表现的……"第三十三条："违法行为轻微并及时纠正，没有造成危害后果的，不予行政处罚……"

《国家税务总局关于发布〈税务行政处罚裁量权行使规则〉的公告》（国家税务总局公告2016年第78号）第十五条："当事人有下列情形之一的，应当依法从轻或者减轻行政处罚：（一）主动消除或者减轻违法行为危害后果的；（二）受他人胁迫有违法行为的；（三）配合税务机关查处违法行为有立功表现的；（四）其他依法应当从轻或者减轻行政处罚的。"

具体到本案，被查单位在检查过程中主动补缴部分税款，应当视为整体偷税行为，可以适用从轻处罚。有人问，此类情形能否直接适用减轻处罚？

对于减轻处罚，应当充分考虑违法行为的性质、情节、后果等多种因素，经过集体审议决定。但是，接受虚开发票被定性为偷税，检查期间主动补缴部分税款，属于一种纠错行为，带有一定的被动性，其实是在税务机关介入检查后被迫缴纳一定税款，虽然存在一定的悔过因素，但是并不足以反映其真实悔过的心态；同时，偷税行为在税收违法行为种类中也属于社会危害性比较大、影响比较恶劣的违法行为，考虑其主动预缴部分税款，适用从轻处罚是与其配合检查的情形相适用的。但是，如果对此类情形适用减轻处罚，则存在重错轻罚的选择性执法，造成责任和惩处显失公正，容易引发税收执法过错的重大风险。在实践中，对此类情形建议慎用减轻处罚。

36 纳税人定性为虚开在移送前是暂不处罚，还是可以选择处罚后移送公安机关?

答：对此问题应当分类进行讨论。

首先，结合《行政处罚法》和税务行政复议规则，税务行政处罚分为行政罚款、停止出口退税权、没收违法所得以及吊销税务证件四类。现行的纳税人定性为虚开在移送前可以选择暂不处罚，是指暂不做税务行政罚款的行政处罚，而非不可作出其他类别的财产罚或者资格罚。因为，只有税务行政罚款与刑事罚金存在重合，而罚款之外的其他税务行政处罚与刑罚方法不存在重合。

其次，根据相关规定，行政执法机关在移送案件时已经作出行政处罚决定的，应当将行政处罚决定书一并抄送公安机关、人民检察院；未作出行政处罚决定的，原则上应当在公安机关决定不予立案或者撤销案件、人民检察院作出不起诉决定、人民法院作出无罪判决或者免予刑事处罚后，再决定是否给予行政处罚。

根据《国务院关于修改〈行政执法机关移送涉嫌犯罪案件的规定〉的决定》（中华人民共和国国务院令第 730 号）第十一条第二款：“行政执法机关向公安机关移送涉嫌犯罪案件前已经作出的警告，责令停产停业，暂扣或者吊销许可证、暂扣或者吊销执照的行政处罚决定，不停止执行。”第三款：“依照行政处罚法的规定，行政执法机关向公安机关移送涉嫌犯罪案件前，已经依法给予当事人罚款的，人民法院判处罚金时，依法折抵相应罚金。”

37 企业收到异常凭证，是否必须比照虚开增值税发票重新开具才能税前扣除？

答：不需要。异常凭证与虚开的增值税专用发票存在质的不同，异常凭证只是暂时冻结其发票抵扣权，并未直接定性发票属于虚开，如果符合法定条件，就可以解除异常状态认定，继续抵扣；而虚开的增值税专用发票与此不同，一旦被认定，就会永久丧失抵扣权。

具体到企业所得税扣除环节，是否允许扣除应参照《国家税务总局关于发布〈企业所得税税前扣除凭证管理办法〉的公告》（国家税务总局公告 2018 年第 28 号）第十四条规定：“企业在补开、换开发票、其他外部凭证过程中，因对方注销、撤销、依法被吊销营业执照、被税务机关认定为非正常户等特殊原因无法补开、换开发票、其他外部凭证的，可凭以下资料证实支出真实性后，其支出允许税前扣除：（一）无法补开、换开发票、其他外部凭证原因的证明资料（包括工商注销、机构撤销、列入非正常经营户、破产公告等证明资料）；（二）相关业务活动的合同或者协议；（三）采用非现金方式支付的付款凭证；（四）货物运输的证明资料；（五）货物入库、出库内部凭证；（六）企业会计核算记录以及其他资料。前款第一项至第三项为必备资料。”

对于这里的不合规发票，该公告第十二条进行了明确：“企业取得私自印制、伪造、变造、作废、开票方非法取得、虚开、填写不规范等不符合规定的发票（以下简称‘不合规发票’），以及取得不符合国家法律、法规等相关规定的其他外部凭证（以下简称‘不合规其他外部凭证’），不得作为税前扣除凭证。”

此处列举属于“等内”还是“等外”？

《现代汉语词典》（第七版）中，“等”字用作助词时用在列举后有如下释义：①表示列举未尽（可以叠用），此即“等外”；②表示列举后煞尾，此即“等内”。

“等内”一般是指列举后总结，例如，北京、上海、广州等三大城市。在法律中就是指只包括法条所列举的事项。

“等外”一般是指表示列举未尽，例如，我们学习数学、语文等课程。在法律中的体现就是除了法条所列举的事项，还有其他相关的法律规定。法律中是“等内”还是“等外”要根据具体的法律规定判断。对照《发票管理办法》第六章罚则部分，第十二条已经列举了所有可以穷尽的不合规发票种类，属于“等内”，因此异常凭证不属于上述范围。

换言之，异常凭证只是暂时不得抵扣，无须换开。如果有证据证明业务真实发生，则依据《企业所得税法》第八条，以及国家税务总局公告2018年第28号文件第十四条规定，直接准予税前扣除。如果后期主管税务机关认定相关发票属于虚开发票，则可以依法换开；如果不能换开，则不得进行所得税前扣除。

38 未发生货物的移库、运输，或者由第三方交付货物，对此开具发票是否构成虚开发票行为？

答：未发生货物的移库、运输，并不等同于未发生销售行为。民法上最常见的交付方式为简易交付、指示交付。

简易交付，是指受让人已经占有动产，如果受让人已经通过寄托、租赁、借用等方式实际占有了动产，则于物权变动的合意成立时，视为交付。其特点是占有在前、交付在后，直接交付。《民法典》第二百二十六条规定：“【简易交付】动产物权设立和转让前，权利人已经占有该动产的，物权自民事法律行为生效时发生效力。”

指示交付，是指标的物由双方以外的第三人实际占有时，转让人将对第三人的返还请求权让与受让人，以代替标的物的实际交付。其特点是买卖在前、交付在后，他人交付。《民法典》第二百二十七条规定：“【指示交付】动产物权设立和转让前，第三人占有该动产的，负有交付义务的人可以通过转让请求第三人返还原物的权利代替交付。”比如，乙企业从甲企业处购进一批原材料，甲企业负责运输。在运输途中，乙企业与丙企业达成该批原材料的购销合意，将该批原材料转让给丙企业，货物不再运至乙企业的仓储地点，而是改为直接运往丙企业。在该笔业务中，甲企业与乙企业之间没有发生物理意义上的货物流，货物直接从甲企业运至丙企业。这就是在途货物买卖，是出卖人与买受人就正在运输途中的标的物订立的买卖合同。

综上所述，上述交付方式并不完全符合税收上“三流一致”要求，但是其交易具备真实性，税务机关认定实际经营业务的本质应当必须综合双方言辞证据、合同、资金流转等因素进行判断，否则就偏离了虚开定性的立法本意。

39 签订购销合同后，约定先行开具增值税专用发票，后因合同无法履行予以作废，已开具发票用于银行贷款，是否属于虚开？

答：不属于虚开，但是存在违反金融行业监管要求。国家税务总局办公厅《关于〈国家税务总局关于纳税人对外开具增值税专用发票有关问题的公告〉的解读》指出：“纳税人对外开具的销售货物的增值税专用发票，纳税人应当拥有货物的所有权，包括以直接购买方式取得货物的所有权，也包括‘先卖后买’方式取得货物的所有权。所谓‘先卖后买’，是指纳税人将货物销售给下家在前，从上家购买货物在后。”

按照合同约定，在排除纳税人双方达成虚开合意的情形下，双方有达成购销行为的意愿，但是后期如果因为其他因素造成无法购进货物，最终导致合同约定的销售行为无法实现，则不能界定为虚开，而应当将发票主动予以红冲，并做好相关资料的备案。由于企业已经将发票作废，并未造成抵扣税款的后果，不能定性为虚开。其将作废前的发票复印后到银行进行融资贷款，虽违反了金融行业监管要求，但不属于税务机关职权范围，也不应当由税务机关将其定性为虚开并实施行政处罚。

40 当事人以其他公司名义对外订货，取得增值税专用发票后由该公司抵扣，货物则由当事人对外转卖，开票方是否属于表见代理，不予行政处罚？

案例14

自然人 A 以 B 公司名义对外与 D 商贸公司签订合同，同时提供了购货企业的授权书，购进 300 万元货物。支付货款后 D 商贸公司按照自然人 A 的要求将发票开给 B 公司抵扣，货物则按照其要求直接发给 E 公司，实现了票货分离。

答：在税收实践中，有当事人以其他公司名义对外订货并持有购货企业提供的授权书，对外完成交易行为。此时，对双方是否存在虚开发票行为，应当分类进行讨论。

首先，虚开发票是税务机关依据税法规定对其行为进行的行政认定，而当事人持有企业的授权书以解决商事外观，可能构成有权代表、代理，也可能构成越权代表、无权代理。代理规则解决交易的民事法律后果是否由被代理企业承担，包括货物是否归属于被代理企业，货款是否应当由被代理企业支付。可以说，民事代理规则对于判断是否构成虚开发票不构成完整的依据，而应当严格按照《发票管理办法》及其实施细则来审查判断。

其次，如果开票方对其虚开发票行为并不知情，则应当视为其对外的正常交易，并已经履行了审核义务，法律不应强人所难。有人提出，出现了票货分离就能认定该企业存在虚开的主观故意。该种意见欠缺证据证明虚开故意的存在，并且在市场经济下，发票与收货人不一致属于正常的商业现象。很难想象，购货方在取得货物所有权后先入库再发出，实际造成了运费的进一步增加，属于不经济、不科学，违背市场规律的行为。此时，开票方并无虚开的故意与过失，自然谈不上追究其法律责任的问题。

但是，B 公司在明知自己不是实际购货人的情况下，和自然人 A 相互配合，套取发票抵扣权实现票货分离，B 公司和自然人 A 属于让他人虚开。同时，B 公司取得发票后抵扣，造成了税款的实际少缴，属于行政法上的牵连行为，应当定性为偷税；对于自然人 A 既有介绍他人虚开发票行为，又有转卖货物隐瞒收入的行为，构成偷税，应当分别处罚。

如果 D 商贸公司对此知情，只是从程序上伪造相关证据把自己包装成不知情，试图以表见代理为借口逃避行政处理和处罚，则此问题相对简单。D 商贸公司属于为他人虚开，自然人 A 属于介绍他人虚开，B 公司属于接受虚开。

注意：新修订的《发票管理办法实施细则》第二十九条规定："《办法》第二十一条所称与实际经营业务情况不符是指具有下列行为之一的：（一）未购销商品、未提供或者接受服务、未从事其他经营活动，而开具或取得发票；（二）有购销商品、提供或者接受服务、从事其他经营活动，但开具或取得的发票载明的购买方、销售方、商品名称或经营项目、金额等与实际情况不符。”

41 合同成立但未生效，此时提前开票是否属于虚开？

答：合同成立，是指双方当事人意思表示达成了一致；合同生效，是指合同成立后在法律上得到肯定性评价，产生了当事人意定的法律效力。合同成立是合同生效的前提。当事人订立合同的目的就是要使合同生效，产生约束力，从而实现合同规定的权利和利益；如果合同不能生效就等于一纸空文，当事人也就不能实现订约目的。合同成立和合同生效的区别主要体现在以下几个方面。

（1）构成要件不同。合同成立的标志是双方当事人意思表示一致。合同生效分为三类：一是依法成立的合同，自成立时生效，即当事人意思表示一致，合同就成立，同时生效；二是除具备双方当事人意思表示一致外，按法律、行政法规规定还应当办理批准、登记等手续生效的，履行法定手续时生效；三是合同虽然成立，但必须具备双方当事人约定的生效条件，或双方当事人约定的生效期限届满才能生效。

（2）发生时间不同。合同成立在先，合同生效在后。合同生效的一定已经成立，而已经成立的未必生效，即依法成立的合同，自成立时生效。但法律和行政法规规定须经批准和登记才能生效的合同，则经过批准和登记才能生效。

（3）法律效力不同。合同成立的法律效力是要约人不得撤回要约，承诺人不得撤回承诺，但要约人与承诺人的权利义务仍未得到法律认可，处于不确定的状态。如果已经成立的合同被宣告无效，或被撤销，或确定不发生法律效力，那么它设定的权利义务关系对双方当事人来说，就没有法律约束力。而合同生效是法律对当事人意思表示的肯定评价，表明当事人的意思表示符合国家意志，当事人设定的权利义务得到国家强制力的保护。

(4）法律后果不同。合同成立只涉及当事人意思表示的真实问题，而不涉及国家意志。因此，如果合同不成立，那么其产生的法律责任只涉及缔约过失、返还财产等民事责任，而不涉及其他。而无效合同因为在性质上违反国家意志，所以不仅产生民事责任，还可能引起行政责任或刑事责任。

但是，对于税收而言，税务机关并无直接认定合同有效与否的权力。国家税务总局办公厅《关于〈国家税务总局关于纳税人对外开具增值税专用发票有关问题的公告〉的解读》明确："纳税人对外开具的销售货物的增值税专用发票，纳税人应当拥有货物的所有权，包括以直接购买方式取得货物的所有权，也包括'先卖后买'方式取得货物的所有权。所谓'先卖后买'，是指纳税人将货物销售给下家在前，从上家购买货物在后。"

按照上述解释，虽然合同并未生效，但是双方愿意履行合同（违反国家法律法规的无效合同除外)，属于当事人意思自治的体现，或者是以行为变更了合同约定。开具并交付发票也属于合同的从合同义务之一（或者可以请求履行的附随义务)，此时不能简单理解为合同未生效，不得开具发票，自然也就不存在虚开问题的认定。

42 税务机关以虚开罪移送，检察院以纳税人构成逃税罪起诉，法院判决罪名成立并处以罚金后，税务机关是否需要继续对虚开发票行为进行处罚?

答：此问题取决于对税收违法行为的认定。在实践中，税务机关对于接受虚开造成的偷税行为认识不一。

第一种观点认为，接受虚开发票行为和偷税行为构成了行政法意义上的牵连行为，《国家税务总局关于纳税人取得虚开的增值税专用发票处理问题的通知》（国税发〔1997〕134 号）明确指出，受票方利用虚开增值税专用发票申报抵扣税款进行偷税、骗取出口退税的，依照《税收征收管理法》追缴税款，处以偷税罚款、骗税罚款。以偷税行为定性，既然司法机关作出了逃税罪定性，二者之间的定性就不存在冲突，不应当再次进行处罚。

第二种观点认为，根据法条竞合的处断原则，在普通法与特别法相重合的时候，应该优先选择特别法；在复杂法与简单法相交叉的时候，应该优先选择复杂法；在重法与轻法相冲突的时候，应该优先选择重法；在新旧法律条文冲突时，应该以新法为准。《税收征收管理法》第六十三条关于偷税与《发票管理办法》第三十七条关于虚开存在法条竞合问题。应当依据《行政处罚法》的规定，当事人同一个税收违法行为违反了不同行政处罚规定且均应处以罚款的，应当选择适用处罚较重的条款。刑事判决已经判处了罚金，税务机关不宜重复评价即再就偷税处以罚款。

第三种观点认为，根据《中华人民共和国立法法》第九十九条规定："法律的效力高于行政法规、地方性法规、规章。行政法规的效力高于地方性法规、规章。"《税收征收管理法》属于法律，《发票管理办法》属于行政法规，所以此时不应当适用法条竞合原则。

本书赞同第二种观点，根据《行政处罚法》的规定，当事人同一个税收违法行为违反不同行政处罚规定且均应处以罚款的，应当选择适用处罚较重的条款。这本身就是将法条竞合原则吸收进了行政处罚领域。

43 企业法人代表主张企业被债权人 A 实际控制，进而造成企业接受虚开发票，此时虚开发票责任是否应当由债权人 A 承担？

答：在税法上，纳税人是办理了税务登记的企业而非债权人，或者企业法定代表人。企业对外作出的法律行为属于企业意志的体现，相应的法律后果也应当由企业独自承担。而债权人属于企业外部人员，只是与企业存在债权债务关系，一般没有控制企业的权利。但是，是否可以理解为不能对其追究行政责任？从行政法规上看，完全可以。《发票管理办法》第二十一条规定“任何单位和个人不得有下列虚开发票行为……”这里的个人包含所有的个人，既包括个体工商户，也包括自然人。但是，在实际操作中，债权人并非纳税人，在制作处罚文书时存在困难。

在刑法上，虚开增值税专用发票罪既可以追究单位责任，也可以追究个人责任。根据《刑法》第二百零五条第二款：“单位犯本条规定之罪的，对单位判处罚金，并对其直接负责的主管人员和其他直接责任人员，处三年以下有期徒刑或者拘役；虚开的税款数额较大或者有其他严重情节的，处三年以上十年以下有期徒刑；虚开的税款数额巨大或者有其他特别严重情节的，处十年以上有期徒刑或者无期徒刑。”

这里的“其他直接责任人员”应当归责于造成虚开发票行为的个人，其对虚开增值税专用发票等相关事宜具有决定权，授意并指挥他人进行具体操作，虽无相关决策程序，但以单位名义同开票单位签订虚假合同，让他人为本单位虚开增值税专用发票。对于本问题的法定代表人，实际已经丧失了控制权，与虚开发票行为没有任何关联，此时不应追究其所谓的刑事责任。

注意：以单位名义同开票单位签订虚假合同，让他人为本单位虚开增值税专用发票，无论回流款流入本人或其控制的他人账户，还是回流至公司账户，都属于以公司名义虚开增值税专用发票，且虚开的增值税专用发票全部被涉案公司用于抵扣税款，因此，应认定为单位犯罪。

44 企业借用他人身份办理个体工商户对外虚开，此时虚开责任应由谁承担？

案例15

甲企业为减轻自身税收负担，借用个人张三身份办理个体工商户××经营部（小规模纳税人）。2023 年 7—12 月，其对外虚开增值税普通发票金额合计 74 万元。

答：根据《发票管理办法》第二十一条："开具发票应当按照规定的时限、顺序、栏目，全部联次一次性如实开具，开具纸质发票应当加盖发票专用章。任何单位和个人不得有下列虚开发票行为：（一）为他人、为自己开具与实际经营业务情况不符的发票；（二）让他人为自己开具与实际经营业务情况不符的发票；（三）介绍他人开具与实际经营业务情况不符的发票。"

《发票管理办法实施细则》第二十九条："《办法》第二十一条所称与实际经营业务情况不符是指具有下列行为之一的：（一）未购销商品、未提供或者接受服务、未从事其他经营活动，而开具或取得发票；（二）有购销商品、提供或者接受服务、从事其他经营活动，但开具或取得的发票载明的购买方、销售方、商品名称或经营项目、金额等与实际情况不符。"

在本案中，个人借用身份证明为他人办理税务登记，不能直接等同于个人虚开发票，也不能等同于个人借用身份证明为其到税务机关代开发票。在实践中，一般以纳税人作为处罚对象，此时该个体工商户虚开发票行为属于为他人虚开，企业的行为属于让他人为自己虚开，应当分别进行处罚。构成刑事犯罪的，依法移送公安机关。

在刑事案件审理过程中，个人为进行违法犯罪活动设立的公司、企业、事业单位实施犯罪的，或者公司、企业、事业单位设立后，以实施犯罪为主要活动的，不以单位犯罪论处。比照上述观点，此时个体工商户违法不应视为单位犯罪，但是甲企业和张三可能涉嫌虚开发票行为的共同犯罪：甲企业构成虚开发票行为的实施犯，张三构成虚开发票行为的帮助犯，应分别对其进行处罚。

45 企业被界定为虚开发票行为，需要哪些方面的证据？

答：企业被界定为虚开发票行为，主要有下列证据。

一是言辞证据。涉案相关人员承认或指认虚开发票行为的言辞证据，包括虚开发票行为的涉案人员或其他与发票所列经营业务、开票行为相关人员的言辞证据。根据证据规则，其他证人证言优于涉案当事人及与其有密切关系的证人证言。在虚开增值税发票案件检查中，通常虚开犯罪团伙的主要成员不承认虚开发票行为，如果能取得开票相关方证明其业务不真实的言辞证据，以及虚开团伙聘用的开票人员、记账会计、办公文员等指证其未从事经营而开具发票的证据，则可定性其虚开发票行为成立。对于虚开涉案人员自己承认虚开的言辞证据，虽然可以作为虚开证据，但是为防止其反悔，应当形成多人相互印证的言辞证据，且有相应的发票、合同、资金流向等其他证据佐证，方可定性。

二是资金流向异常证据。通过无真实资金往来或资金流向异常证明业务不真实，定性为虚开。《发票管理办法》第三条规定：“本办法所称发票，是指在购销商品、提供或者接受服务以及从事其他经营活动中，开具、收取的收付款凭证。”发票的本质是收付款凭证。在虚开案件检查中，犯罪嫌疑人通常会对抗检查，不提供账册、凭证，甚至注销、走逃。在这种情形下，虽然无法对其进行查账、询问，但其银行交易信息不会灭失，可通过调取涉案企业所有银行账户的交易明细进行检查。如果发现其与下游受票企业无任何资金往来，或存在资金回流，就可证明其开具发票对应的资金不是真实收付的。

发票是收付款凭证，银行查询到的资金回流证据、未收款证据也是收付款凭证。作为企业自行开具的证据，发票的证据效力低于属于第三方证据的银行资金往来明细记录。因此，在两种证据指向冲突的情况下，应采信银行查询提取的资金回流证据认定“实际经营业务”，进而认定其开具的发票与实际经营业务不符，定性为虚开发票行为。

同时，虚假的资金支付或资金回流也不符合企业经营业务的日常生活经验，按照《最高人民法院关于行政诉讼证据若干问题的规定》第六十八条规定，属于可直接认定的证据。对于查明资金回流的应可直接定性为虚开；对于查明银行账户中无收款记录的，还应取得受票方是否已发生付款行为、以何种方式付款的证据，防止后期出现开票方推脱“现金收结算”的情况。

值得注意的是，在实际操作中，部分网络货运出现了“垫付”的情况，即发货人在完成运输业务后，先向个人预付运费，再向网上货运平台付款，以此获取发票。网络货运平台在向驾驶员付款的时候，会安排其雇员作为代理人，虽然最终货物实际付给了个体驾驶员，却产生了资金回流，但是此时应当认定为资金支出未遵循平台规范。发生用工时采取现金或者私户转账的结算方式，在与灵活用工平台、网络货运平台交易时为避免重复付款而收回“垫资、预付款”，不能直接定性为虚开发票行为。

三是其他间接证据。对于注销、走逃户而言，很多证据难以取得，特别是在公安部门未立案查处，或立案后未能侦控实际经营人身份的情形下，无法取得有效言辞证据，而资金流由于某些原因也未获得回流证据。税务部门在检查中能够获得一些间接证据，如名义法定代表人对企业的存在不知情的言辞证据，银行开设账户未发生资金收付的证据，实际经营场所不存在，从未发生过正常经营应当发生的经营费用，公司财务、办税人员指证其从未见过公司发生实际业务，生产企业无生产能力，或未发生生产必须消耗的水电支出而销售自产产品，生产企业的名义职工指证从未在公司从事过生产，等等。

这些证据虽然不能直接证实其未从事过发票所列的经营业务，但可以通过证据组合，以日常生活经验法则推定其未从事过实际经营业务，定性为虚开。根据《最高人民法院关于行政诉讼证据若干问题的规定》第六十八条，“（五）根据日常生活经验法则推定的事实”是法庭可以直接认定的证据。

四是虚开手续费证据。虚开手续费一般有两种形式：一种是在开票金额对应的资金往来外单独支付，另一种是从资金往来中扣除。除现金支付外，以上两种形式均可通过查询企业账户资金的流转及涉案人员控制的个人银行卡等方法取证。对于金额较大的虚开案件，虚开手续费金额也较大，一般均通过银行结算，通常虚开犯罪嫌疑人避免与相关人员直接接触，要求受票方通过银行打款。理论上，虚开手续费均可以取得证据。在实际检查中，对于通过个人银行卡单独支付的，如何侦查出其控制的银行卡号是关键。

手续费的支付涉及收付款双方：一是通过对受票方相关人员的排查，查询关键人员的开户情况，对其不同银行卡的资金进出进行分析；二是通过对开票方收款账户的资金流出进行检查，追踪其资金流转过程。对于取得的虚开手续费的证据，既是定性虚开的有力证据，也能佐证虚开犯罪嫌疑人是否具有“为他人虚开、为自己虚开、让他人为自己虚开、介绍他人虚开”的主观故意性。

46 企业将债务转让后，相关增值税专用发票的抵扣权是否转让到受让人？

案例16

2023 年 10 月，A 企业从 B 公司处购进货物 100 万元，后无力偿还货款，将该项债权转让给 C 公司，货物同步移送给 C 公司。

答：不能。企业发生的债务转移，只是将 A 企业应偿还的金钱债务转让给第三方 C 公司，而购销合同是购货方 A 企业和 B 公司之间达成的。B 公司依照合同约定，将货物移送给 A 企业，B 公司已经依照合同履约，享受对 A 企业的债权请求权。但是，A 企业未能及时履约，通过将债务和货物转移给第三人的方式，由第三方代为清偿债务。这里的法律关系具体说明如下。

（1）A 企业和 B 公司的购销关系。A 企业应当对 B 公司付款，B 公司负责供应货物并开具增值税专用发票。

（2）A 企业和 C 公司的购销关系。C 公司应当对 A 企业付款，A 企业负责供应货物并开具增值税专用发票。

（3）A 企业和 C 公司的委托付款关系。C 公司向 B 公司代为清偿 A 企业的债务，A 企业和 B 公司的债权债务关系、A 企业和 C 公司的债权债务关系得以消灭。

因此，货物虽然发生了转移，但是并未改变 A 企业和 B 公司的购销关系，发票接收方不能转让给 C 公司，否则构成虚开。对 A 企业来说，如果对上述销售业务没有申报纳税，则构成偷税行为。

说明：《民法典》第五百四十五条规定：“【债权转让】债权人可以将债权的全部或者部分转让给第三人，但是有下列情形之一的除外：（一）

根据债权性质不得转让；（二）按照当事人约定不得转让；（三）依照法律规定不得转让。当事人约定非金钱债权不得转让的，不得对抗善意第三人。当事人约定金钱债权不得转让的，不得对抗第三人。”第五百五十四条规定：“【债务转移时从债务一并转移】债务人转移债务的，新债务人应当承担与主债务有关的从债务，但是该从债务专属于原债务人自身的除外。”第五百五十五条规定：“【合同权利义务一并转让】当事人一方经对方同意，可以将自己在合同中的权利和义务一并转让给第三人。”第五百五十六条规定：“【合同权利义务一并转让的法律适用】合同的权利和义务一并转让的，适用债权转让、债务转移的有关规定。”

前述规定的合同债权转让、债务转移，并非任何种类的债权、债务都能发生承担、承受主体的变更，开票义务、受票权利不仅是民事权利，更具有强烈的行政管制属性。发票开具与交易发生主体有不可分割的关联，债权转让、债务转移都不导致交易关系的变化，新加入的主体不得成为开票方、受票方。

但是，如果发生了合同权利义务一并转让，就要区分情形。一个尚未履行完毕的合同，如持续性供货合同，对于一并转让之前的，应当由原交易双方发生开票受票关系；对于一并转让之后的，应当由新交易双方发生开票受票关系。一个已经基本履行完毕，主要交易事项已经完成，只剩下质量保修等义务的合同，新交易双方之间不得发生开票受票关系。

47 通过哪些方面观察企业的资金流，可以进一步判定其存在虚开发票行为？

答：税务机关通常认为资金流较难作假，因此，在查处虚开案件的过程中，十分关注证据链中的资金流，而其也是查证企业交易是否真实存在、是否存在虚开发票行为的关键所在。由于资金活动存在多样性，采购方向销售方支付交易款，一般包括现金、银行转账、银行流水、银行承兑汇票、商业承兑汇票等多种。概括起来，主要有以下方式。

一是出现大额现金支付。在现代商业模式下，大额现金支付已经让位于银行转账，如果使用各种金融工具支付，该笔交易就会在系统中留下痕迹，方便、快捷、安全，所以成为主流方式。如果反其道而行之，大量通过现金支付，有故意隐瞒现金流痕迹，就有逃避税务机关监管的嫌疑，使虚开等犯罪所得无法被轻易发现。

二是出现资金回流。虚开案件的关键线索在于资金，一旦出现资金回流现象，就会极大地增加无真实业务虚开发票的认定概率。原因是，虚构交易中重要的一环就是虚构交易款项的支付。既然是虚假支付，那么款项最终要以各种形式回流到资金的实际提供者，形成相反的资金流向。这里反向的资金流动就是所谓的资金回流。有的企业为了避免账面资金枯竭，不得不将回流资金以股东借款名义向公司注入，计入其他应付款。在当事人对此无合理解释的情况下，虽然不能单独依据资金回流定性，但是结合货物流异常等其他要素，虚开嫌疑会增大。常见特征有同一笔等额资金短期内（24 小时）在受票方账户、开票方账户、个人银行账户之间快速流动，不留余额或者留下一定比例余额后转出，过渡性质明显；短期内相同的受票方账户与个人账户，开票方账户与个人账户，开票方账户与其生产经营无明显关系、无真实债权关系的第三方账户，个人账户与个人账户频繁发生资金收付；开票方账户短期内将受票方转入资金转入个人银行结算账户，或与其生产经营无明显关系、无真实债权关系的第三方单位账户（一对一转出、一对多转出、多对一转出）；第三方单位账户频繁提现，以受票方名义存入开票方账户，或存入受票方账户等。

三是出现大额其他应收款长期挂账。由于真实交易并不存在，考虑自身资金安全因素，在取得对方虚开发票后，私下支付开票费，却未支付对应货款，将货款长期挂账处理，而且长期不催讨相应钱款，企业久亏不倒，明显违背常理。

四是中小企业大量使用银行承兑汇票。由于银行承兑汇票流通灵活，容易形成虚假资金流向。银行承兑汇票的兑付期一般是六个月，在兑付期内汇票可以不断进行背书转让、买卖或者贴现。不法分子为了应对税务部门监管，达到票、款流向一致，必然会在资金运作上大做文章，而银行承兑汇票以其承兑性强、流通灵活等特点，逐渐成为不法分子用于虚构资金流的首选。银行承兑汇票原件在兑付期内要用于不断流通，每次背书转让时，用于记账的都只能是银行承兑汇票复印件，因此，不法分子很容易通过真票虚转、假借背书转让、假票入账等方式，达到开出汇票与付款方向一致的目的，虚构虚假业务的表面真实。但是，由于中小企业急于收回资金，较小可能使用此类方式。

48 税务机关作出让纳税人转出进项税额的错误决定，是否需要对退还税款计算同期利息？

答：需要。根据现行《税收征收管理法》第五十一条规定："纳税人超过应纳税额缴纳的税款，税务机关发现后应当立即退还；纳税人自结算缴纳税款之日起三年内发现的，可以向税务机关要求退还多缴的税款并加算银行同期存款利息，税务机关及时查实后应当立即退还；涉及从国库中退库的，依照法律、行政法规有关国库管理的规定退还。"

《税收征收管理法实施细则》第七十八条第二款、第三款规定："税收征管法第五十一条规定的加算银行同期存款利息的多缴税款退税，不包括依法预缴税款形成的结算退税、出口退税和各种减免退税。退税利息按照税务机关办理退税手续当天中国人民银行规定的活期存款利率计算。"

在本问题中，税务机关作出让纳税人转出进项税额的错误决定，应当归责于税务机关，其应当承担相应的存款利息。有人提出，可以适用《最高人民法院关于审理民事、行政诉讼中司法赔偿案件适用法律若干问题的解释》（法释〔2016〕20号）第十五条第一款规定：“国家赔偿法第三十六条第七项规定的银行同期存款利息，以作出生效赔偿决定时中国人民银行公布的一年期人民币整存整取定期存款基准利率计算，不计算复利。”对此，本书认为，首先，因前述标准的适用范围是“人民法院在民事、行政诉讼过程中，违法采取对妨害诉讼的强制措施、保全措施、先予执行措施，或者对判决、裁定及其他生效法律文书执行错误，侵犯公民、法人和其他组织合法权益并造成损害的，赔偿请求人可以依法向人民法院申请赔偿”，且需按照刑事赔偿程序办理，适用范围限定为人民法院的审执违法行为。而税务机关的征税行为是行政行为，即便涉及国家赔偿，也应当适用行政赔偿规则。其次，因税务机关责令进项税额转出的错误行为不属于《中华人民共和国国家赔偿法》第四条规定的行政赔偿范围，不宜按照该法处理，而且《税收征收管理法》已经明确了该种情形如何处理。纳税人可以在征管程序中提出请求，对于税务机关没有按照《税收征收管理法》规定加算利息的，属于税务机关违反法律规定的不作为，可以直接在复议程序中提出复议请求，一般不涉及国家赔偿问题。

49 某农产品企业实施虚开发票行为后，按照增值税风险管理要求对其进行停票处理，此时能否直接对其进行企业所得税核定？

答：不能。税务机关按照增值税风险管理要求，对该农产品企业实施停票处理后，属于增值税上的发票管理措施。如果经检查发现，该农产品企业的经营业务实际存在，只是并非属于税法上的初级农产品，则原有的农产品收购发票属于不合规发票，不得准予抵扣，企业所得税不得扣除；

如果是核定扣除的行业，则对增值税抵扣并不影响，因为符合以销定扣的政策，但是对于企业所得税而言，同样属于不合规发票，企业所得税前不得扣除。

由于购进农产品业务是真实存在的，应当由该企业先根据国家税务总局公告 2018 年第 28 号文件，从实际取得农产品收购人处重新取得发票，可以通过到办税服务厅补开发票的方式进行处理。

个别地方在处理上欠妥，直接对无法取得换开发票的农产品企业核定企业所得税。此处存在两个隐患：一是该农产品企业只是部分发票未能取得，如果符合该公告完全可以直接扣除而非核定，直接适用《税收征收管理法》的核定规定，这在程序上跳跃了；二是即便不能依据国家税务总局公告 2018 年第 28 号文件进行税前扣除，无法取得发票也不能被直接等同于账簿资料残缺不齐，对企业所得税采取核定征收。

50 纳税人既有对外虚开发票行为，也有接受虚开发票行为，此时是否必须补缴税款？

答：根据《国家税务总局关于纳税人虚开增值税专用发票征补税款问题的公告》（国家税务总局公告 2012 年第 33 号）：“纳税人虚开增值税专用发票，未就其虚开金额申报并缴纳增值税的，应按照其虚开金额补缴增值税；已就其虚开金额申报并缴纳增值税的，不再按照其虚开金额补缴增值税。税务机关对纳税人虚开增值税专用发票的行为，应按《中华人民共和国税收征收管理法》及《中华人民共和国发票管理办法》的有关规定给予处罚。纳税人取得虚开的增值税专用发票，不得作为增值税合法有效的扣税凭证抵扣其进项税额。”

在税收实践中，如果当事人以虚开牟利，那么其本身没有纳税义务，此时让其依法补缴税款，无论在理论上还是实践中都难以落实。由于税收损失主要是下游企业接受虚开导致的，应当由下游企业转出进项税额，挽回税收损失，而对其上游企业获取的非法所得应当依法予以没收。

从目前法院裁判来看，人民法院支持税务机关的处理决定，即进项要转出，销项要补税。

51 如何准确把握异常凭证、虚开发票、不合规发票三者之间的关系？

答：在实践中，很多人将异常凭证、虚开发票、不合规发票三者混为一谈，造成了一系列困扰。实际上不合规发票概念来源于《发票管理办法》第二十一条第一款规定："开具发票应当按照规定的时限、顺序、栏目，全部联次一次性如实开具，开具纸质发票应当加盖发票专用章。"《国家税务总局关于发布〈企业所得税税前扣除凭证管理办法〉的公告》（国家税务总局公告 2018 年第 28 号）第十二条规定："企业取得私自印制、伪造、变造、作废、开票方非法取得、虚开、填写不规范等不符合规定的发票（以下简称'不合规发票'），以及取得不符合国家法律、法规等相关规定的其他外部凭证（以下简称'不合规其他外部凭证'），不得作为税前扣除凭证。"

发票之所以被认定为异常凭证，是因为其符合异常的条件，但是异常凭证不等于发票存在明确的问题。换言之，异常凭证还需要进一步检验以确定其是否存在问题，因此异常凭证不能直接等同于不合规发票。即便后期异常凭证被定性为虚开发票，也要注意虚开发票是《发票管理办法》定性的，而不合规发票的概念是企业所得税管理中提出的，因此，二者在实际运用时应当注意场景，不能随意混用。

注意：对于稽查局查证属于有货虚开的交易行为，应当下达《税务事项通知书》，要求企业及时换开发票，并由稽查部门对换开发票是否合规进行核实。

52 如何区分如实代开行为和虚开发票行为的关系?

答：在现行的虚开发票行为查处过程中，主要是涉及行政法领域和刑法领域。销售方另找一家公司代开发票，这种代开属于有实际交易而让他人代开，就构成行政法意义上的虚开，是否构成刑事虚开尚存在争议。

行政法领域：《发票管理办法实施细则》第二十九条规定“《办法》第二十一条所称与实际经营业务情况不符是指具有下列行为之一的：（一）未购销商品、未提供或者接受服务、未从事其他经营活动，而开具或取得发票；（二）有购销商品、提供或者接受服务、从事其他经营活动，但开具或取得的发票载明的购买方、销售方、商品名称或经营项目、金额等与实际情况不符。”

刑法领域：《刑法》规定虚开增值税专用发票犯罪，不仅为避免国家税款流失，还保护增值税专用发票的管理秩序。非以营利为目的，增值税一般纳税人为非一般纳税人根据商品交易额如实代开，该增值税一般纳税人能否构成虚开增值税专用发票罪主体，在实践中尚存在争议。实践中存在两种不同观点。一种观点认为，增值税一般纳税人如实代开增值税专用发票不宜被认定为犯罪行为，以一般违法行为论处即可。因为其仅违反增值税专用发票独立使用原则，虽然为他人代开，但所开为“实”，并非为“虚”，未造成国家税款的流失，不应追究其刑事责任。例如，山东省青岛市中级人民法院在崔某某虚开用于抵扣税款发票罪再审一案判决书（2017）鲁 02 刑再 2 号中认为：“没有骗税目的的找他人代开发票行为，与以骗税为目的的虚开发票犯罪行为的社会危害性不可相提并论，因此，在不能证明被告人有骗取抵扣税款或帮助他人骗取抵扣税款故意的情况下，仅凭找其他公司代开发票的行为就认定构成发票犯罪不符合立法本意，也不符合主客观相一致原则和罪责刑相适应原则。”最终宣告被告人无罪。另一种观点认为，增值税一般纳税人代开增值税专用发票，符合刑法规定的“为他人虚开”行为，如达到定罪标准，则以虚开增值税专用发票罪定罪处罚。例如，广东省高级人民法院刑事裁定书（2019）粤刑终1073号认为：“范某某在侦查中供认，凡是银行流水情况中有‘回款情况’的，就是存在虚开增值税专用发票的业务，足以认定。”

53 如何区分“先卖后买”和无货虚开发票？

答：“先卖后买”是双方已经以合同为载体，达成了货物交易的合意，按照合同约定，销售方通过合同约定锁定购买方，再依据合同约定寻找供货方，满足终端购买方的要求。这是符合商业规律的经济行为，在实际操作中也是吻合的。

因此，不能以签订合同时尚未取得货物，就认定对方没有销售货物的意图，进而得出属于虚开的结论。只是货物流出现在开票之后，并不是常见现象。即便是违约造成了合同无法履行而解除，应当依法赔偿经济损失，通过开具红字发票予以红冲，也不能定性为虚开。

对于无货虚开来说，在实际操作中，双方虽然同样签订了合同，但是自始至终没有货物流的出现，只是先开具了发票，有相当数量的案件还出现了资金回流到相关法定代表人或者其实际控制的银行卡中。

因此，主要依据货物是否实际存在。如果违反商业逻辑，开票后长时间未发货，并据此辩解为合同尚未执行完毕，就会存在虚开的重大嫌疑。但是，需要注意的是，绝不能仅仅以合同约定与实际不符就定性为虚开，还需要资金回流等相关证据形成证明体系，如检查资金支付明细账、现金存款明细账、银行存款明细账、现金付款或者银行付款单据，核实与涉嫌接受虚开发票对应的资金流向是否存在，资金流、发票流是否一致，进而得出虚开的结论。

54 发现企业存在“票货分离”行为，是否应当定性为虚开？

答：“票货分离”属于一种现象描述而非违法行为，在税务机关查处的虚开案件中虽然存在“票货分离”型虚开，但是不能反过来推出结论，认定凡是“票货分离”的，必然属于虚开发票行为。

原因在于，过去在计划经济环境下，上述票货流保持一致是符合当时经营活动实际的。但是，在现代社会中，随着物流行业的高度发展，为了节约时间和运费，企业购进货物后不再直接入库，而是在获取发票进而在账面完成入库后，指示厂家直接将货物运送给第三方。这样就避免了货物先到购货方，再办理转运的过程，改变了物流、仓储不经济的情形。虽然出现了“票货分离”，但是由于经营活动真实存在，与经营模式相吻合，符合市场经营常理，应当予以承认，而不能简单地以发票流和货物流不一致，否认其交易的真实性。当然，有些虚开发票行为同样出现了“票货分离”，不同在于交易主体与发票主体的错配，人为将只有货物流的真实交易和只有发票流的虚假交易混淆，实现销售方不开票偷税、开票方不卖货赚取手续费、购买方抵扣税款的三方合谋，共同分享不当抵扣进项税额的非法利益。

55 如何区分“票货分离”和“购用分离”？

答：在社会主义市场经济环境下，应从以下两方面区分“票货分离”和“购用分离”。

一是所有权是否整体转移。根据法律规定，所有权是指所有人依法对自己资产享有的占有、使用、收益和处分权利。在“票货分离”情形下，受票方与实际购货方相互勾结，受票方取得专用发票虚抵，购货方实际占用货物。货物并没有被用于受票方生产经营，货物所有权已整体转移，但受票方转售商品并未计提销项税额，属于账外经营隐瞒销售收入。“票货分离”结束后，受票方、实际购货方之间不再产生任何关联。

“购用分离”则不同，所有权并没有发生完全转移，如货代企业与个体运输户签订的运输委托合同，实际是受票方货代企业享有成品油的收益权和处分权，个体运输户享有占有权和使用权，双方均没有完整的处分权。货代企业购进加油卡供实际承运人使用，服务于企业的经营活动，最终受益者依然是货代企业，所以应当视为“购用分离”，而非“票货分离”。

二是是否存在购货资金的垫付。在“票货分离”的模式下，购货方和受票方并非同一主体，为了掩盖受票方的购货资金来源，购货方通过委托代购的形式向受票方账户注入资金，伪造资金流、发票流和货物流“三流一致”的假象，最终受票方接受增值税专用发票抵扣，购货方提取货物并取得开票费，二者共同分享虚开收益。但是，在“购用分离”情况下，购货方和受票方属于同一主体，购货资金源于受票方自身，而非外部代购合同流入的资金垫付，货物购入后直接流向受票方，票货并未出现分离。

综上所述，判定一项经营行为是否属于“票货分离”，要结合所有权是否发生转移、是否存在现金流的垫付等来分析，不能仅仅因为业务形式相似，就忽略了业务实质，造成经济业务性质的误判。

56 虚开发票和未按规定开具发票，应当如何区分？

答：对于虚开发票行为，实际应当划分为有货物、劳务、服务虚开，以及无货物、劳务、服务虚开两种。《发票管理办法》将上述行为概括为虚开发票，明确“介绍他人开具与实际经营业务情况不符的发票”也属于虚开。

新修订的办法对原办法中对“未按照规定开具发票的”行为进行了细分和删减，保留了其中的五项：“应当开具而未开具发票，或者未按照规定的时限、顺序、栏目，全部联次一次性开具发票，或者未加盖发票专用章的”，“拆本使用发票的”，“扩大发票使用范围的”，“以其他凭证代替发票使用的”，“跨规定区域本省内开具发票的”。

其中，最容易引起混淆的就是“未按照规定的时限、顺序、栏目，全部联次一次性开具发票”，其与虚开发票的区别，核心在于是否与经营实际保持一致。对于前者，业务是真实存在的，主要是指必须明确增值税专用发票开具时限，开具发票的用票人必须按照发票号码的顺序，包括本数顺序，每本的号码顺序填开发票，既不能跳本、跳号填开，也不能多本同时填开；开具发票的用票人应按照发票票面规定的内容逐项填写，不得空格、漏项或简略；开具发票的用票人必须按照经济业务活动的真实内容，全份一次复写、打印，简而言之就是开错了。对于后者，主要是指“（一）未购销商品、未提供或者接受服务、未从事其他经营活动，而开具或取得发票；（二）有购销商品、提供或者接受服务、从事其他经营活动，但开具或取得的发票载明的购买方、销售方、商品名称或经营项目、金额等与实际情况不符”两种情形，也就是前提与实际经营业务情况不符。

在实践中，少数单位对此认识不够精准，将虚开发票错当成未按规定开具发票，造成了政策上的误用，也带来了一定的税收执法风险。

57 接受虚开发票造成了骗取增值税留抵退税，接受方应当如何定性？

答：根据现行的《税收征收管理法》，对于接受虚开增值税专票发票抵扣，骗取留抵税款并没有规定具体的处罚条款，只是对骗取出口退税进行了明确。《税收征收管理法》第六十六条第一款规定：“以假报出口或者其他欺骗手段，骗取国家出口退税款的，由税务机关追缴其骗取的退税款，并处骗取税款一倍以上五倍以下的罚款；构成犯罪的，依法追究刑事责任。”“骗取留抵退税”与“骗取出口退税”虽然字面意思相近，但在法律法规上不能等同。现行的法律法规中没有规定“骗取留抵退税”的罪名，以及相应行政处理处罚依据，立法或司法解释也没有将出口退税扩大解释为包含留抵退税。根据罪刑法定原则，骗取留抵退税行为不能按照骗取出口退税的有关规定处理处罚。

对于接受虚开的，适用《发票管理办法》。可以要求对接受虚开的发票进行罚款，如果同时造成了少缴税款，构成偷税行为，则依据《国家税务总局关于纳税人取得虚开的增值税专用发票处理问题的通知》（国税发〔1997〕134 号）明确的，利用虚开增值税专用发票申报抵扣税款进行偷税、骗取出口退税，依照《税收征收管理法》追缴税款，处以偷税罚款、骗税罚款。需要注意的是，此时对于骗取留抵退税款如何评价？

比如，进项税额 100 万元，销项税额 50 万元，留抵税额 50 万元，申请退税 50 万元，检查发现进项税额 100 万元中有 40 万元是买的虚开增值税专用发票，按国税发〔1997〕134 号文件处理，确定偷税是 10 万元。但是处罚应按照《国家税务总局关于增值税一般纳税人发生偷税行为如何确定偷税数额和补税罚款的通知》（国税发〔1998〕66号）处理："由于现行增值税制采取购进扣税法计税，一般纳税人有偷税行为，其不报、少报的销项税额或者多报的进项税额，即是其不缴或少缴的应纳增值税额。因此，偷税数额应当按销项税额的不报、少报部分或者进项税额的多报部分确定。如果销项、进项均查有偷税问题，其偷税数额应当为两项偷税数额之和。"此时，确定的偷税处罚基数就是接受虚开的进项税额40万元，并以此计算罚款金额。

58 某企业双向虚开，对于其接受虚开部分，能否全部直接定性为偷税？

答：所谓"双向虚开"，是指行为人既接受虚开增值税专用发票，又对外实施虚开增值税专用发票的违法行为。在双向虚开发票行为中，对于开票方来说，既存在虚开增值税专用发票的违法行为，又存在接受虚开增值税专用发票抵扣税款并从中牟利的违法行为。这两个行为不能割裂开来，应当认定为接受虚开只是手段，对外虚开牟利才是目的，两者之间属于牵连关系。

对于开票方来说，应当注意区分以下两类情形。

（1）行为人自始至终在购、销两个环节都没有真实交易，因此行为人主观上并没有利用取得虚开的增值税专用发票偷逃国家税款的故意，此时直接定性为虚开发票行为。

（2）行为人在购、销两个环节中部分或大部分的交易是真实的，只有一部分购销交易是虚假的情形。行为人取得虚开增值税专用发票的目的是平衡账目，掩盖其对外虚开增值税专用发票的事实，定性为虚开发票行为。如果行为人取得虚开增值税专用发票的目的是抵扣其真实的销项税款，则定性为偷税行为。但是同时又构成虚开，形成了行政法意义上的法条竞合。依据《行政处罚法》第二十九条规定，“对当事人的同一个违法行为，不得给予两次以上罚款的行政处罚。同一个违法行为违反多个法律规范应当给予罚款处罚的，按照罚款数额高的规定处罚”，选择罚款数额高的进行处罚。

对于受票方来说，其接受虚开增值税专用发票的行为，应当首先查实是否构成了善意取得。如果不构成善意取得，并且有证据证明其对此知情，则对其接受虚开增值税专用发票并造成不缴、少缴税款的行为定性为偷税。如果没有造成偷税的后果，则应当定性为虚开。如果证据不足，但不构成善意取得，则不能采用非此即彼的方式，直接推导受票方构成接受虚开，只能依据《增值税暂行条例》第九条规定，对受票方作出进项税额转出处理，同时依据《税收征收管理法》第三十二条规定，自滞纳税款之日起，按日加收滞纳税款万分之五的滞纳金。

59 对税务机关善意取得的定性不服，如何提起行政复议，如何救济？

答：定性善意取得之后，主管税务机关会制作《税务事项通知书》要求纳税人对相关的增值税专用发票作进项税额转出处理。由于善意取得并非相关税收规范明确列明的行为类型，需依据《税务行政复议规则》第十四条规定的税务行政行为类型作出认定。

在税收实践中，《税务处理决定书》下发时，会注明需要转出的进项税额，此时属于《税务行政复议规则》第十四条第（一）项纳税争议中的“抵扣税款”，按照该规则第三十三条规定，“申请人对本规则第十四条第（一）项规定的行为不服的，应当先向行政复议机关申请行政复议；对行政复议决定不服的，可以向人民法院提起行政诉讼”。

申请人按照前款规定申请行政复议的，必须依照税务机关根据法律、法规确定的税额、期限，先行缴纳或者解缴税款和滞纳金，或者提供相应的担保，才可以在缴清税款和滞纳金以后，或者提供的担保得到作出具体行政行为的税务机关确认之日起六十日内，提出行政复议申请。

按照上述规定，当事人应当向主管税务机关提供证明材料，以证明取得的是正常发票，应当允许抵扣。这些主要围绕交易真实性展开，但是定性善意取得或者接受虚开，是根据上游主管税务机关制作的《已证实虚开通知单》。此类文书是基于上游主管税务机关按照重大税务案件审理制度或者稽查局集体审理后作出的，除非上游税务机关依法撤销《已证实虚开通知单》，否则势必制约下游税务机关对受票方行为作出的定性。下游税务税务机关即便受理复议，也无法越权直接撤销上游税务机关作出的《已证实虚开通知单》，从而造成问题的处理陷入死循环。

本书认为，《已证实虚开通知单》属于税务机关内部文书，属于违反线索的通知，本身不构成善意取得定性行为的事实依据，作为事实依据的是对上游企业虚开事实的认定。下游税务机关的行政行为是依据自己查明的案件事实情况，并进行综合判断作出的，故纳税人对进项税额转出决定不服的，应当对该行政行为作出的事实依据、法律依据提出异议，而不是针对上游税务机关发来的《已证实虚开通知单》。尽管在诸多税务文书、裁判文书中都会列明证据《已证实虚开通知单》，但是本书认为其并不属于《行政诉讼法》列明的法定证据种类，《已证实虚开通知单》背后的上游税务机关作出的《税务处理决定书》等记载的虚开违法事实才是真正的书证。同时，对于上游企业被认定虚开，下游受票方起诉上游税务机关作出的《税务处理决定书》应否予以受理，已有少数判决允许下游受票方提出行政诉讼。例如，广东省高级人民法院受理的××金属材料有限公司与国家税务总局广州市税务局第三稽查局税务处理决定案［广东省高级人民法院行政裁定书（2021）粤行再3号］。再审法院认为："根据《国家税务总局关于纳税人虚开增值税专用发票征补税款问题的公告》有关‘纳税人取得虚开的增值税专用发票，不得作为增值税合法有效的扣税凭证抵扣其进项税额’的规定，××公司取得的 21 份增值税专用发票不得作为增值税合法有效的扣税凭证抵扣其进项税额，案涉《税务处理决定书》对××公司作为纳税人的合法权益产生实际影响。据此，××公司与案涉《税务处理决定书》存在法律上的利害关系，其具有提起本案诉讼的原告主体资格。原二审法院认为案涉《税务处理决定书》并未增设××公司的权利义务，未对××公司的合法权益产生影响，据此认为××公司提起的本案诉讼不属于人民法院行政诉讼的受案范围不当，本院依法予以纠正。”本书认为，前述意见能否被各级各地法院普遍接受，有待进一步实践观察。

60 纳税人接受的增值税专用发票被税务机关定性为虚开，纳税人能否直接提起行政复议?

答：按照《税务行政复议规则》第十四条第一款第（一）项规定：“行政复议机关受理申请人对税务机关下列具体行政行为不服提出的行政复议申请：（一）征税行为，包括确认纳税主体、征税对象、征税范围、减税、免税、退税、抵扣税款、适用税率、计税依据、纳税环节、纳税期限、纳税地点和税款征收方式等具体行政行为，征收税款、加收滞纳金，扣缴义务人、受税务机关委托的单位和个人作出的代扣代缴、代收代缴、代征行为等。”

现在的问题是，定性为虚开增值税专用发票，是否属于纳税争议?

上游税务机关定性虚开发票行为后，本地税务机关作出转出进项税额的税务处理决定。如果受票方对此不服，则应当首先转出进项税额、缴纳税款、滞纳金或者提供纳税担保，其次向作出处理决定的税务机关提起行政复议。例如，北京市第一中级人民法院（2018）京 01 行终 910 号判决书认为：本案中，昊×××公司用于申报纳税的24份增值税专用发票，经原深圳市国家税务局稽查局、第一稽查局、第二稽查局、第四稽查局分别出具的《已证实虚开通知单》证实虚开，原海淀国税局稽查局作出68号《税务处理决定书》，向昊×××公司追缴增值税及滞纳金。昊×××公司不服68号《税务处理决定书》，系对计税依据有异议而发生的争议，属于上述规定的“纳税上的争议”，应当适用复议前置的规定。

由于定性虚开是由开票方主管税务机关作出的，实践中多数税务机关认为，如果开票方企业对对外虚开定性不服，税务机关应当送达《税务处理决定书》，查明其虚开增值税专用发票的份数、发票号码、金额，并依法告知行政复议、行政诉讼的权利，明确纳税人的救济路径。该行政行为实际对纳税人也产生了不利影响，却不能依法予以告知，构成当事人诉讼权利行使障碍，应当由税务机关依法承担相应的责任。但是，对于受票方企业，税务机关无法直接发起，因为税务处理决定针对的对象并不是受票方，也很难确定受票方是否与此税务处理决定存在利害关系，因此，对此类申请行政复议不应受理。

注意：最高人民法院在最新答疑中对此问题作了回应：

2024年4月26日，最高人民法院举办第二期“行政审判讲堂”，在答疑环节，针对通过法答网提出的四个疑难复杂问题，副庭长梁凤云代表最高人民法院行政审判庭进行了现场答疑。

问题4：税务机关认定出票企业虚开增值税发票并作出税务处理决定，受票企业是否有权作为利害关系人申请行政复议？（提问人：辽宁省大连市中级人民法院审监庭庭长王少琨）

答疑意见：

这个问题，也从三方面解答。

第一，受票企业是否符合行政复议申请人资格，主要看是否与行政行为有利害关系。根据《行政复议法》第三十条第一款的规定，申请人须与被申请行政复议的行政行为有利害关系。

根据上述规定，受票企业能否对税务机关就出票企业虚开增值税发票作出的税务处理决定申请行政复议，应当以该税务处理决定是否影响受票企业的权利义务为判断标准。

第二，参照相关规章规定，税务处理决定可能对受票企业权利义务产生影响。《国家税务总局关于纳税人虚开增值税专用发票征补税款问题的公告》（国家税务总局公告2012年第33号）规定，纳税人取得虚开的增值税专用发票，不得作为增值税合法有效的扣税凭证抵扣其进项税额。因此，税务处理决定可能导致受票企业从出票企业处取得的增值税专用发票不能作为增值税合法有效的扣税凭证抵扣其进项税额。

据此，上述税务处理决定对受票企业作为纳税人的权利义务有可能产生实际影响，受票企业与上述税务处理决定具有利害关系，有权申请行政复议。

第三，在例外情况下，税务处理决定可能对受票企业权利义务不产生实际影响。参照国家税务总局有关规章规定，在出票企业存在虚开增值税发票的情形下，受票企业并非必然不能将取得的增值税专用发票作为增值税扣税凭证抵扣进项税额。在此情况下，当有充分证据证明受票企业符合上述情形时，税务机关对出票企业的虚开增值税发票行为作出税务处理决定将不会对其权利义务产生实际影响。受票企业不能作为行政复议申请人申请行政复议。

当然，在执法实践中，对于行政复议申请人资格不宜采取严格限制的做法，特别是，对行政复议机关已经确认申请人资格的，在行政诉讼中，人民法院要予以充分尊重。要按照新修订的行政复议法的精神，充分发挥行政复议“低成本、高效率、宽口径”的制度优势，推动发挥行政复议化解行政争议主渠道作用。

61 税务机关收到《已证实虚开通知单》，纳税人能否对制发《已证实虚开通知单》的税务机关提起行政诉讼？

答：各地法院对此问题的认识分为两种观点。

一种观点认为，纳税人不能提起行政诉讼。“《已证实虚开通知单》属于《税收违法案件协查函》的具体内容或附件，是异地税务机关之间的内部公文，是行政行为之间确立委托协查关系的文件以及协查的工作内容，仅供税务机关内部使用，其性质属内部行政行为。从《已证实虚开通知单》的内容看，只能证明委托方查处的发票属于虚开，并不能当然证明该发票的相关方具有税务违法行为。只有税务机关按照《税务稽查工作规程》（已在2021年8月11日废止）立案检查作出的相关处理决定才能明确行政相对人的具体权利义务，才对行政相对人产生实际影响。”［广西壮族自治区高级人民法院再审行政裁定书（2019）桂行申347号］

另一种观点认为，纳税人可以提起行政诉讼，但应当先经过复议，再进行诉讼。“起诉人所诉的《已证实虚开通知单》系税务机关作出税务处理决定的事项之一，依法应先申请行政复议，起诉人未经行政复议，不属于行政诉讼受案范围，不符合立案条件。”［福建省漳州市芗城区人民法院行政裁定书（2017）闽0602行初146号］

综上所述，税务稽查部门处理过程中，直接凭据《已证实虚开通知单》向下游企业追缴税款及滞纳金等追缴行为侵犯了行政相对人的财产权益，《已证实虚开通知单》被认为属于向纳税人进行执法的外部文书。此时的《已证实虚开通知单》属于作出行政行为的事实依据，该事实依据是否充分，甚至是否构成法定证据种类，行政相对人可对税务机关凭借《已证实虚开通知单》征税的行为提起行政诉讼。如果税务稽查部门按照稽查税收违法案件发票协查管理要求，将委托方开具的《已证实虚开通知单》

作为线索，对涉案企业开展立案检查，取得交易情况的各方面证据，再根据企业税务违法情况作出处理，那么作为税务机关内部文书的《已证实虚开通知单》，便未对相对人的合法权益造成直接损害，本书认为不具有诉讼的利益，不符合起诉讼条件。

注意：《已证实虚开通知单》名为内部文书，实际上是税务局对一定事实的正式确认，而且所确认事实不仅影响上游企业的重大利益，还牵涉下游企业的重大利益。就通知单实际承载的功能而言，税务局应使用对外执法文书为妥，这样上游企业有权寻求救济，下游企业也可告可诉。

62 稽查局查处虚开发票行为期间，相关当事人在询问笔录中出现言辞反复，对此应当如何处理？

答：在实践中，有观点认为，当事人如果在询问笔录中出现言辞反复，则此言辞证据的可采信证明度较低，只有在当事人一直承认状态下，才成为予以认定虚开发票行为的证据之一。

实际上，定性虚开发票行为取决于多种证据，如取得了虚开发票的资金回流、手续费证据；向虚开企业下达《税务事项通知书》后，企业无法提供证明交易真实存在的证据，如入库单、出库单、物流发票等证据；询问了包括法定代表人、会计、出纳、业务经办人、仓库管理员、运输人员等人的证言。如果已经查清接受虚开发票的策划者和策划过程，包括开票单位（个人）的基本情况，如何认识开票单位（个人），是否有中间人及其基本情况，接受虚开发票的动议、决策过程及参与人员，与开票单位（个人）、中间人等协商过程及具体内容，那么即便当事人一直否认虚开发票行为，而其他各项证据之间相互印证，从不同角度、不同层面证明了虚开发票行为实际发生，也可以定性为虚开发票行为，承认虚开的询问笔录不是证明虚开发票行为的必要条件之一。

63 开票方的主管税务机关发出《已证实虚开通知单》，如果受票方向其主管税务机关主张业务真实并提供证据，是否无须采取进项税额转出处理？

答：依据《税务总局关于印发〈税收违法案件发票协查管理办法（试行）〉的通知》（税总发〔2013〕66号）第九条规定："已确定虚开发票案件的协查，委托方应当按照受托方一户一函的形式出具《已证实虚开通知单》及相关证据资料，并在所附发票清单上逐页加盖公章，随同《税收违法案件协查函》寄送受托方。"

《已证实虚开通知单》作为税务机关的内部行政文书，是查办税收违法案件的税务局稽查局（以下简称"委托方"）办理案件时，传递给需异地调查取证、对发票委托具有管辖权的税务局稽查局（以下简称"受托方"）的协查文件，仅供税务机关内部使用，并不直接送达行政相对人，对行政相对人的权利义务并不产生直接影响。对受托方来说，只能以《已证实虚开通知单》作为线索开展立案检查，然后根据查明的受票方企业是否存在违法情况，最终作出相关税务处理、处罚决定，不能直接作为行政决定的事实依据。

因此，受票方企业向其主管税务机关主张业务真实并提供证据，主管税务机关可以根据是否将其定性为接受虚开发票行为，确定对其是否适用善意取得，是否加收滞纳金、罚款。

由于《已证实虚开通知单》并非由受票方的主管税务机关作出，同时也是内部文书，应当由开票方税务机关撤销该文书，否则该文书必须执行。《增值税暂行条例》第九条规定："纳税人购进货物、劳务、服务、无形资产、不动产，取得的增值税扣税凭证不符合法律、行政法规或者国务院税务主管部门有关规定的，其进项税额不得从销项税额中抵扣。"

注意：开票方的发票已经被定性为虚开，但是受票方取得不符合上述情形的发票是不得作为抵扣凭证的，以上有一个内在逻辑，即发票是否虚开，由开票方举证证明自己不属于虚开发票行为，在税务机关未认可开票方提供证据而进行协助调查认定之前，受票方是不能进行抵扣的。特别说明，这与流转税上强调法定程序原则与企业所得税上强调合理性原则的立法意图是不同的。

64 证明虚开发票行为发生，一般需要哪些证据?

答：首先是虚开增值税专用发票的证据。一是主体证据方面与偷税行为主体证据方面的取证相同。二是客观行为证据方面包括以下内容。

（1）开票方证据。

①纳税人发票领用情况的相关证明材料。

②纳税申报表、税收缴款书、进项抵扣凭证。

③票、货、款是否一致的证据，包括开票单位与受票单位相关的账册凭证、资金来源明细账、现金存款明细账、银行存款明细账、现金收款或者银行收款凭据、货物进出凭据、生产过程资料、货物出入库单据、运输单据（包括运输合同、运输费用支出凭证、运输发票等），以及相关合同、协议，核实涉嫌虚开增值税专用发票是否在经营范围内填开。

④收集当事人陈述、申辩材料及开票单位与受票单位有关人员（包括法定代表人、业务经办人、财务人员及仓库管理员、运输部门人员等）的证言材料，制作询问笔录。证言应能说明代开、虚开、接受虚开或介绍虚开增值税专用发票的动机、目的、手段，受票单位（个人）的基本情况，如何结识受票单位（个人），是否有中间人及其基本情况，虚开发票的动机、决策过程及参与人员，与受票单位（个人）、中间人等协商过程及具

体内容，填开及交接过程，收取开票手续费情况等。

⑤委托的行业协会等出具的证明无真实交易的鉴定结论。根据稽查对象的行业，委托相关行业协会对稽查对象的生产能力等情况（如设备数量、工人效率、运输能力等）实施勘察，制作鉴定结论，确定销售业务的真实性。

⑥通过对受票单位的协查，取得虚开发票已申报抵扣的证据。

⑦到涉嫌虚开发票单位的生产经营场所调查其实际生产能力、生产规模及经营状况，综合判断其是否与涉嫌虚开的发票反映的生产能力相符合，并通过拍照、摄像等方式固定证据。

⑧其他与虚开增值税专用发票有关的证据。

（2）受票方证据。

①接受虚开可抵扣增值税发票的处理。

a. 有真实交易接受虚开可抵扣增值税发票的处理。

在拟定性为有真实交易接受虚开可抵扣增值税发票稽查案件中，原则上应调查并取得下列能够证明交易真实性的证据材料（包括但不限于）。

第一类：能够证明“真实交易”的证据材料。

Ⅰ. 交易合同或者协议（或当事人自述材料、情况说明、询问笔录等其他能够证明交易的材料）；

Ⅱ. 支付的付款凭证和检查出的与真实交易方资金流向的证据；

Ⅲ. 企业会计核算记录；

Ⅳ. 能够证明交易发生的其他资料（如货物入库、出库凭证或货物运输的证明，交易发生的商业理由及交易过程、结果、验收记录等）；

Ⅴ. 对真实交易销售方的调查情况（如询问笔录、销售方陈述、销售方的收款情况等）。

其中，Ⅰ～Ⅳ项为必备项。

第二类：能够证明“明知”的证据材料。

Ⅰ. 检查出的与开票方资金流向相关的证据（如单笔资金回流对应或接近对应、多笔资金回流总额与开票总额接近、支付开票手续费、虚假现金支付、虚假结算、虚假承兑汇票、无正当理由长期挂账未支付及涉案人员证实交易资金虚假，以及无真实交易或票货不一致的言辞证据等），其中，支付虚开发票“开票费”情况，包括是否已支付“开票费”，开票前如何协商确定获利分配数额或比例，开票方、中间人分配比例，受票方实际支付数额比例，支付方式（现金、汇票等）、支付次数、支付时间、支付地点等，资金流向，现金或者票据实际交接双方当事人，资金使用情况等。

Ⅱ. 能够证明受票方明知销售方与开票方不一致或直接从第三方取得虚开的可抵扣增值税发票，而用于抵扣税款、申请出口退税和成本扣除行为的其他证据材料。

b. 无真实交易接受虚开可抵扣增值税发票的处理。

在拟定性为无真实交易接受虚开可抵扣增值税发票稽查案件中，原则上应调查并取得下列能够证明无真实交易的证据材料（包括但不限于）。

Ⅰ. 能够证明无真实交易的证据材料（如单笔资金回流对应或接近对应、多笔资金回流总额与开票总额接近、支付开票手续费、虚假现金支付、虚假结算、虚假承兑汇票、无正当理由长期挂账未支付及涉案人员证实交易资金虚假，以及无真实交易或票货不一致的言辞证据等），其中，支付虚开发票“开票费”情况，包括是否已支付“开票费”，开票前如何协商确定获利分配数额或比例，开票方、中间人分配比例，受票方实际支付数额比例，支付方式（现金、汇票等）、支付次数、支付时间、支付地点等，资金流向，现金或者票据实际交接双方当事人，资金使用情况等。

Ⅱ. 能够证明虚构业务为自己、让他人为自己虚开发票或要求销售方开票金额多于实际交易金额而虚开可抵扣增值税发票，用于抵扣税款、申请出口退税和成本扣除行为的其他证据材料。

②接受虚开不可抵扣增值税发票的处理。

a. 有真实交易接受虚开不可抵扣增值税发票的处理。

在拟定性为有真实交易接受虚开不可抵扣增值税发票稽查案件中，原则上应调查并取得下列能够证明交易真实性的证据材料（包括但不限于）。

第一类：能够证明“真实交易”的证据材料。

Ⅰ. 交易合同或者协议（或当事人自述材料、情况说明、询问笔录等其他能够证明交易的材料）；

Ⅱ. 支付的付款凭证和检查与真实交易方资金流向的证据；

Ⅲ. 企业会计核算记录；

Ⅳ. 能够证明交易发生的其他资料（如货物入库、出库凭证或货物运输的证明，交易发生的商业理由及交易过程、结果、验收记录等）；

Ⅴ. 对真实交易销售方的调查情况（如询问笔录、销售方陈述、销售方的收款情况等）。

其中，Ⅰ ~ Ⅳ项为必备项。

第二类：能够证明“明知”的证据材料。

Ⅰ. 检查与开票方资金流向相关的证据（如单笔资金回流对应或接近对应、多笔资金回流总额与开票总额接近、支付开票手续费、虚假现金支付、虚假结算、虚假承兑汇票、无正当理由长期挂账未支付及涉案人员证实交易资金虚假，以及无真实交易或票货不一致的言辞证据等）；

Ⅱ. 能够证明受票方明知销售方与开票方不一致或直接从第三方取得虚开的可抵扣增值税发票，用于抵扣税款、申请出口退税和成本扣除行为的其他证据材料。

b. 无真实交易接受虚开不可抵扣增值税发票的处理。

在拟定性为无真实交易接受虚开不可抵扣增值税发票稽查案件中，原则上应调查并取得下列能够证明无真实交易的证据材料（包括但不限于）。

Ⅰ. 能够证明无真实交易的证据材料（如单笔资金回流对应或接近对

应、多笔资金回流总额与开票总额接近、支付开票手续费、虚假现金支付、虚假结算、虚假承兑汇票、无正当理由长期挂账未支付及涉案人员证实交易资金虚假，以及无真实交易或票货不一致的言辞证据等），其中，重点关注支付虚开发票“开票费”情况，包括是否已支付“开票费”，开票前如何协商确定获利分配数额或比例，开票方、中间人分配比例，受票方实际支付数额比例，支付方式（现金、汇票等）、支付次数、支付时间、支付地点等，资金流向，现金或者票据实际交接双方当事人，资金使用情况等。

Ⅱ. 能够证明虚构业务为自己、让他人为自己虚开发票或要求销售方开票金额多于实际交易金额而虚开可抵扣增值税发票，用于抵扣税款、申请出口退税和成本扣除行为的其他证据材料。

③ 行为结果证据。

首先是受票方取得虚开发票，并已据此申报抵扣税款的证据。

其次是虚开农产品收购和销售发票的证据。

一是主体证据方面与偷税行为主体证据方面的取证基本相同。

二是客观行为证据方面包括以下内容。

a. 开票单位发票领购簿，其他相关证明材料。

b. 开票单位与受票单位之间有无真实业务往来的证据，包括相关的货物往来、资金往来账簿、资金收支单据、货物出入库单据、运输单据及相关合同、协议的复印件等，并进行比对，取得票、货、款是否一致的证据。

c. 取得当事人陈述或收集相关人员（包括法定代表人、具体经办人、财务人员及仓库管理员、运输部门人员等）的证人证言，并制作询问笔录。证言应能说明虚开农产品收购凭证的动机、目的、手段，虚开发票行为的策划者和策划过程，填开及交接过程等。

d. 必要时请公安机关出具收购发票上填写的出售人的身份证鉴定结

论，确定收购业务的真实性。

e. 出具收购发票上填写的出售人的证人证言，内容包括农产品的种植面积、饲养数量、捕捞数量、季节性特点等（必要时邀请出售人当地政府机关人员作为见证人），确定收购业务的真实性。

f. 委托的行业协会等出具的证明无真实交易的鉴定结论。根据稽查对象的行业，委托相关行业协会对稽查对象的收购行为、生产能力等情况（如设备数量、工人效率、运输能力等）实地勘察，制作鉴定结论，确定收购业务的真实性。

g. 有关政府部门的公文，如生态环境局等出具的证明文件，确定稽查对象是否利用收购的农产品从事过生产，确定收购业务的真实性。

h. 纳税申报及缴纳税款资料的复印件，核实受票单位是否已抵扣税款。

i. 相关账册凭证、货物出库单、过磅单、运输发票，以及相关合同、协议等。

三是行为结果证据。受票单位根据虚开抵扣税款的普通发票骗取抵扣税款的证据；受票方取得虚开发票，并已据此申报抵扣税款的证据。

四是善意取得成立的证据。

A. 善意接受虚开可抵扣增值税发票的处理。

a. 行政定性标准。善意接受虚开可抵扣增值税发票应同时满足以下条件。

Ⅰ. 受票方与销售方存在真实的交易。

Ⅱ. 销售方使用的是其所在省（自治区、直辖市和计划单列市）的增值税发票。

Ⅲ. 增值税发票注明的销售方名称、印章、货物（及劳务）数量、金额及税额等全部内容与实际相符（如取得增值税电子发票应符合现行要求）。

Ⅳ. 没有证据表明受票方知道销售方提供的增值税专用发票是以非法手段获得的。

b. 调查取证要求。在拟定性为善意接受虚开可抵扣增值税发票稽查案件中，原则上应调查并取得下列能够证明交易真实性的证据材料（包括但不限于）。

Ⅰ. 交易合同或者协议（或当事人自述材料、情况说明、询问笔录等其他能够证明交易的材料）。

Ⅱ. 支付的付款凭证且未发现资金回流至受票方及关联人员。

Ⅲ. 企业会计核算记录。

Ⅳ. 能够证明交易发生的其他资料（如货物入库、出库凭证或货物运输的证明，交易发生的商业理由及交易过程、结果、验收记录等资料）。

B. 善意接受虚开不可抵扣增值税发票的处理。

a. 行政定性标准。参照善意接受虚开可抵扣增值税发票的行政定性标准。

b. 调查取证要求。参照善意接受虚开可抵扣增值税发票的调查取证标准。

65 《已证实虚开通知单》能否直接作为虚开发票行为的行政和刑事证据？

答：不能。由于《已证实虚开通知单》属于税务机关内部行政执法文书，理论上不对系统外的单位和个人设立任何权利与义务。在实践中，部分查处虚开发票行为的稽查局作出的《已证实虚开通知单》没有附录认定涉案的发票系虚开发票的证据，没有列明事实认定过程，没有列举认定受票方取得的发票系虚开发票的法律依据。而在行政程序中，《已证实虚开通知单》的内部文书性质，使其在行政程序中也并未接受过纳税人的核查和申辩，即没有经过复议、诉讼程序对其内容的客观真实性进行审查。因此，《已证实虚开通知单》不能直接对外发挥任何证明作用。

如果《已证实虚开通知单》有附录认定涉案的发票系虚开发票的证据，那么此时是相关证据证明虚开发票行为的存在，而非《已证实虚开通知单》证明了该环节事实。而在涉税刑事案件虚开审理过程中，对《已证实虚开通知单》能否作为证据尚存在诸多争议。

观点一：(2019）甘0402刑初181号。

“公诉机关认定存在虚开增值税专用发票的主要证据是白银区国家税务局出具的《已证实虚开通知单》和孙××的口供，《已证实虚开通知单》是税务机关之间的协查材料，属税务机关内部文书，没有法律规定只要税务机关出具《已证实虚开通知单》即被认定为虚开；孙××虽供称存在虚开的情形，但是在真实交易的过程中部分虚开，虚开的数量、金额其不清楚，现有证据也无法证实；故认定孙××犯虚开增值税专用发票罪的事实不清，证据不足，被告人孙××的行为依法不应认定为虚开增值税专用发票犯罪的辩护意见成立，本院予以采纳。”

观点二：(2020）青01刑终60号。

“法院认为，关于上诉单位及上诉人邓某某所提‘《已证实虚开通知单》《关于××公司取得虚开的增值税专用发票抵扣税款涉嫌犯罪的情况说明》不具备证据的三性，不能作为刑事证据使用’的上诉理由。经查，税务机关作为国家税务管理部门，具有提供真实税务材料的资格，本案税务机关提供的《已证实虚开通知单》《关于××公司取得虚开的增值税专用发票抵扣税款涉嫌犯罪的情况说明》等证据材料，是根据税务机关的管理系统数据库中数据产生和提取，并经税务机关检查、核实，且税务机关在移交的证据材料上均加盖税务机关印章，证据取证合法，内容客观真实，可作为本案据以定案的证据。故该上诉理由不能成立。”

本书赞同观点一。《已证实虚开通知单》是税务机关之间的协查材料，虽然名为已经证实，认定当事人行为构成虚开，但全案仍须形成完整的证据链条，在案证据需环环相扣、相互印证，足以证明当事人虚开发票的事实。《已证实虚开通知单》是税务机关之间的协查材料，不宜作为直接定案证据使用。根据《税收违法案件发票协查管理办法（试行）》第十五条规定，发票协查的委托方开具《已证实虚开通知单》的，受托方应立案检查。据此可知，协查受托方收到《已证实虚开通知单》后应当立案，启动检查程序收集证据，对其陈述的违法事实进行核实。《已证实虚开通知单》作为稽查立案的案源信息，其真实性是不确定的。行政程序的证据必须符合客观真实性标准，包括形式真实性和内容真实性，两者缺一不可。《已证实虚开通知单》作为内部公文，只满足形式真实性要件，不符合内容真实性要求，不能作为行政程序的证据使用。

66 在刑事案件中，如何认定虚开税款的数额？

案例17

被告人李某在无货物购销的情况下，采取按发票面额收取开票费的方法，用某公司的增值税专用发票为B市某金属制品公司、Q市某家电公司虚开增值税专用发票40份，合计为他人虚开销项增值税9.4万余元。同时，被告人李某为弥补进项发票的不足，多次采取由本人填写或指使他人代为填写的方法，虚构9家单位为供货方，为自己虚开增值税专用发票共计112份，虚开的进项税款合计301万余元。法院以进项发票和销项发票中较大的进项数额，即301万余元认定为李某虚开的数额，不再将其为两家单位虚开的销项发票数额9.4万余元计算入内。

答：一般而言，虚开税款的数额就是虚开的增值税专用发票上所载明的税款。增值税专用发票包括销项发票和进项发票：销项发票是指生产方向购买其货物的单位和个人开具的增值税专用发票，购买方可凭此项发票向税务机关申报抵扣相应税款，生产方则据此项发票向税务机关缴纳税款；进项发票是指生产方在购买原材料时由他人为其开具的增值税专用发票，生产方可凭此发票向税务机关申报抵扣税款。

在本案中，李某为两家公司开具的增值税专用发票即为销项发票，为自己开具的增值税专用发票即为进项发票。当行为人只开具销项发票或进项发票一项时，虚开税款的数额即为虚开发票上载明的数额。但在无实际生产经营的情况下，虚开销项发票和虚开进项发票有一定的相关性，行为人为他人虚开销项发票后，出于掩盖其虚开销项发票行为的目的，往往会为自己或让他人为自己虚开相应的进项发票。值得注意的是，在这里，行为人虚开的进项发票因无货物交易，不具有纳税义务，不需要缴纳相应的税款，从而以虚假的进项发票抵扣本不存在的税款没有造成国家的实际损失。因此，在无实际经营情况下，行为人既虚开销项发票又虚开进项发票时，虚开数额的认定应以行为人为他人开具的销项发票上的票面数额为准。

在司法实践中，虚开增值税专用发票常会出现两种情况：一是行为人虚开了进项发票后未虚开销项发票，其虚开进项发票是为日后虚开销项发票做准备，如果仍以销项发票认定数额的话，则会产生行为人具有虚开发票行为但不存在虚开数额的结果，难以定案；二是虚开发票行为本身存在着时间、空间跨度大的问题，不仅难以收集到虚开数额销项发票的证据，而且行为人可能采取分批抵扣处理，从而出现查明的进项发票数额大于销项发票数额的情况，如果还是依据销项发票认定虚开数额同样会出现不符合犯罪事实的结果。

因此，无实际生产经营的行为人既为他人虚开销项发票，又为自己虚开进项发票时，其虚开数额的认定应按其中虚开数额较大的一项为准。《最高人民法院　最高人民检察院关于办理危害税收征管刑事案件适用法律若干问题的解释》（法释〔2024〕4号）第十一条规定："……以同一购销业务名义，既虚开进项增值税专用发票、用于骗取出口退税、抵扣税款的其他发票，又虚开销项的，以其中较大的数额计算……"

《理解与适用》则对此问题进行了进一步阐述："4. 关于虚开税款数额计算的解读。对于虚开数额的计算，应根据具体情形进行认定：其一，只虚开进项税票，或者只虚开销项税票的，虚开税款数额按照虚开的总数额计算。实践中这种情形没有争议；其二，以同一购销业务名义，即进项与销项之间具有关联性，如品名相同，既虚开销项票，又虚开进项票的，以其中较大的数额认定虚开数额，不按照虚开的进项和销项总数额累计计算；其三，对不能区分是否基于同一购销业务，既虚开进项票，又虚开销项票的，应如何认定虚开数额，目前尚未达成共识，《解释》对此未规定。我们倾向以累计数额计算。"

67 在刑事案件中，如何认定骗取国家税款的数额？

答：骗取国家税款的数额，是指行为人以虚开的增值税专用发票通过向税务机关申报抵扣，或者其他途径直接非法占有的数额，既包括行为人实际获得的数额，也包括行为人本应缴纳而未缴纳的数额。无实际生产经营行为人既为他人虚开销项发票，又让他人为自己虚开进项发票，势必会出现以下两种结果：一是受票单位凭借行为人为其虚开的销项发票向税务机关申报抵扣，并实际得到抵扣款项；二是行为人凭借为自己或他人为自己虚开的进项发票向税务机关申报抵扣，并且得到实际抵扣款项。这样看来，似乎骗取国家的税款应该是这两项已抵扣税款数额的累加。但是，需要强调的是，如前所述，无实际生产经营行为人因为没有货物交易，不具有纳税义务，其承担的所谓应纳税款本质上是不存在的。

因此，以虚假进项发票抵扣税款，没有给国家税款带来任何损失。无实际生产经营行为人既为他人虚开发票，又让他人为自己虚开进项发票的行为，危害在于受票单位使用或将要使用虚开的增值税专用发票申报抵扣，因而受票单位实际抵扣的税款才是国家税收的真正损失。因此，在无实际生产经营情况下，骗取国家税款的数额只应计算因行为人为他人虚开的销项发票被实际抵扣的那部分数额，而不应将因进项发票而被抵扣的那部分数额计算在内。

注意：被骗取的国家税款数额不等同于给国家税款造成损失的数额。

根据《最高人民法院　最高人民检察院关于办理危害税收征管刑事案件适用法律若干问题的解释》（法释〔2024〕4 号）第十一条规定："……具有下列情形之一的，应当认定为刑法第二百零五条第一款规定的'其他严重情节'：（一）在提起公诉前，无法追回的税款数额达到三十万元以上的……"认定无法追回的税款损失程序节点发生变化，向后移到"在提起公诉前"。据此，关于给国家造成损失数额的认定，实际上就是对被骗取的国家税款在提起公诉前已经追回和无法追回情况的认定。行为人在虚开增值税专用发票期间实际缴纳的税款和行为人家属退赔的款项，都应被认定为追回的税款，应在已认定的骗取税款中扣除。

68　关于虚开增值税专用发票罪中的税收损失如何计算？

答：《增值税暂行条例》第九条规定："纳税人购进货物、劳务、服务、无形资产、不动产，取得的增值税扣税凭证不符合法律、行政法规或者国务院税务主管部门有关规定的，其进项税额不得从销项税额中抵扣。"另外，根据《国家税务总局关于纳税人虚开增值税专用发票征补税款问题的公告》（国家税务总局公告 2012 年第 33 号）规定："纳税人取得虚开的增值税专用发票，不得作为增值税合法有效的扣税凭证抵扣其进项税额。”也就是说，纳税人取得虚开发票，税法是不准抵扣的。一旦认证抵扣，其虚开发票的行为就会造成国家税款损失的事实，至于后续作进项转出处理并补缴税款，是事后挽回损失的措施，并不影响之前行为的性质。造成国家税款损失的数额是一个差额概念，是指国家税款被骗取并且在提起公诉前仍无法追回的数额，等于国家税款被骗取数额扣除在提起公诉前已经追回的数额，追回数额包括行为人在虚开增值税专用发票期间实际缴纳的税款和行为人家属退赔的款项。

有人提出，获取的开票费能否从其中予以减除？例如，最高人民法院案例库中的《赵某某等虚开增值税专用发票案——虚开增值税专用发票罪中“虚开发票行为”的内涵及犯罪数额的认定标准》。该案裁判要旨：“虚开增值税专用发票罪虚开发票行为的界定，要结合被告人的主观目的进行。利用增值税专用发票可以抵扣税款的核心功能，从国家骗抵税款的虚开发票行为，本质上与诈骗犯罪无异，危害性大，因此刑法对虚开增值税专用发票罪规定了严厉的法定刑。抵扣税款的前提是进项已缴纳税款。对于虽有实际交易但没有缴税的业务，因其购买环节没有缴纳税款，所以其也无权抵扣；被告人若从第三方购买发票进行抵扣，本质上就是骗抵税款的虚开发票行为。被告人购买发票的‘开票费’等支出，卖票方不会作为税款上缴国家，对国家而言损失的是被告人抵扣的全部税款，因此犯罪数额中不能扣除‘开票费’。”

69 如何把握虚开发票行为与虚开增值税专用发票罪之间的关系？

答：主要有以下几方面。

虚开发票行为虽然在行政法意义上成立，但是在虚开增值税专用发票罪名上，不仅量的差异带来质的变化，认定虚开的范围也会出现缩小。

在金额方面，刑法上《最高人民检察院、公安部关于公安机关管辖的刑事案件立案追诉标准的规定（二）》规定，“虚开的税款数额在十万元以上或者造成国家税款损失数额在五万元以上的”，达到立案标准。但是，行政法上无此金额限制。

在开具内容方面，刑法上对于有货物或应税劳务发生虚开的，仅限于开具数量或者金额不实的增值税专用发票；行政法上则对此无限制，开具或取得的发票载明的购买方、销售方、商品名称或经营项目、金额等与实际情况不符的，均属于虚开。

在主观目的和客观效果上，税务机关无须考虑主观目的与客观结果。追究虚开发票行政责任的依据是《发票管理办法》第二十一条列举的三种情形。由于该条款并非具体划分为虚开增值税普通发票、增值税专用发票，作为当事人只要实施虚开发票行为即可，至于主观目的是骗抵税款，还是贷款或者融资、税前扣除等在所不问。此时的判断更接近刑法中“行为犯”的概念。

在刑法领域，对于虚开发票犯罪行为，司法机关应当考虑主观目的与客观结果。对于开票方而言，其实际目的是通过协助相关单位和个人逃避纳税义务；对于受票方而言，具体到增值税专用发票的主要目的是骗抵税款。设置虚开增值税专用发票罪是为了禁止通过非法抵扣的方式造成国家税收利益损失，因此，虚开发票进行抵扣的适格性就是成立该罪的最低要求。

70 对于虚开增值税专用发票案件，如何判定是单位犯罪还是个人犯罪？

答：问题的核心在于，是以单位意志还是个人意志。《最高人民法院关于印发〈全国法院审理金融犯罪案件工作座谈会纪要〉的通知》明确，

“直接负责的主管人员，是在单位实施的犯罪中起决定、批准、授意、纵容、指挥等作用的人员，一般是单位的主管负责人，包括法定代表人。其他直接责任人员，是在单位犯罪中具体实施犯罪并起较大作用的人员，既可以是单位的经营管理人员，也可以是单位的职工，包括聘任、雇用的人员。应当注意的是，在单位犯罪中，对于受单位领导指派或奉命而参与实施了一定犯罪行为的人员，一般不宜作为直接责任人员追究刑事责任。”

《最高人民法院关于印发〈全国法院审理金融犯罪案件工作座谈会纪要〉的通知》（法〔2001〕8号）规定：“关于单位犯罪问题。根据刑法和《最高人民法院关于审理单位犯罪案件具体应用法律有关问题的解释》的规定，以单位名义实施犯罪，违法所得归单位所有的，是单位犯罪。”若认定单位犯罪，就要同时具备：一是以单位名义实施犯罪（可以通过查看单位有无会议或公示集资的资金用于单位，查看公函或印章等材料进行综合认定）；二是违法所得归单位所有。《最高人民法院关于审理单位犯罪案件具体应用法律有关问题的解释》第二条规定：“个人为进行违法犯罪活动而设立的公司、企业、事业单位实施犯罪的，或者公司、企业、事业单位设立后，以实施犯罪为主要活动的，不以单位犯罪论处。”第三条规定：“盗用单位名义实施犯罪，违法所得由实施犯罪的个人私分的，依照刑法有关自然人犯罪的规定定罪处罚。”在实践中，对此问题应当进行区分。

71 企业通过虚开增值税普通发票骗取国家补贴款的行为如何定性？税务机关以何种罪名移送？

案例18

2017年，王某在A市先后投资甲、乙、丙3家公司，分别从事家庭净水器的生产、销售和售后工作。2018年，A市出台财政奖励政策，对当年销售收入达到300万元以上的企业，按照增值税价税合计数给予5%的财政资金奖励。王某为获取该项财政奖励，让其名下控制的甲、乙、丙3家公司相互虚开增值税专用发票，也就是俗称的“环开”发票。最后，3家公司合计开票金额1000万元以上，达到政策奖励标准，获得财政部门奖励50万元。2020年，王某被税务部门发现且依法定性为虚开增值税专用发票行为，并依法移送公安机关。

答：有人认为，依据2020年7月22日《最高人民检察院关于充分发挥检察职能服务保障“六稳”“六保”的意见》规定，“对于有实际生产经营活动的企业为虚增业绩、融资、贷款等非骗税目的且没有造成税款损失的虚开增值税专用发票行为，不以虚开增值税专用发票罪定性处理，依法作出不起诉决定的，移送税务机关给予行政处罚”，企业可不以虚开增值税专用发票罪定性，税务机关只要给予行政处罚即可。

但要清醒地看到，该案件是不适用上述条款的，因为该企业的行为虽然没有给国家造成税款损失，但是并没有实际生产经营活动，目的是骗取政府补贴，因此不应当引用该条款不予起诉。

那么，该企业是否构成虚开增值税专用发票罪？答案是否定的。参考《最高人民法院研究室〈关于如何认定以“挂靠”有关公司名义实施经营活动并让有关公司为自己虚开增值税专用发票行为的性质〉征求意见的复函》（法研〔2015〕58号）规定：“虚开增值税发票罪的危害实质在于通过虚开发票行为骗取抵扣税款，对于有实际交易存在的代开行为，如行为人主观上并无骗取抵扣税款的故意，客观上未造成国家增值税款损失的，不宜以虚开增值税专用发票罪论处。虚开增值税专用发票罪的法定最高刑为无期徒刑，系严重犯罪，如将该罪理解为行为犯，只要虚开增值税专用发票，侵犯增值税专用发票管理秩序的，即构成犯罪并要判处重刑，也不符合罪刑责相适应原则。”《最高人民法院 最高人民检察院关于办理危害税收征管刑事案件适用法律若干问题的解释》（法释〔2024〕4号）第十条第（五）项规定，“为虚增业绩、融资、贷款等不以骗抵税款为目的，没有因抵扣造成税款被骗损失的，不以本罪论处，构成其他犯罪的，依法以其他犯罪追究刑事责任。”虽然该企业不构成虚开增值税专用发票罪，但是其通过虚开发票骗取政府奖励资金，以非法占有为目的，骗取国家补贴款，数额特别巨大，情节严重，已构成诈骗罪。

有人提出，既然其有诈骗国家财产的目的，税务机关能否以诈骗罪移送？答案是否定的。《行政执法机关移送涉嫌犯罪案件的规定》（国务院令第310号）第三条规定：“行政执法机关在依法查处违法行为过程中，发现违法事实涉及的金额、违法事实的情节、违法事实造成的后果等，根据刑法关于破坏社会主义市场经济秩序罪、妨害社会管理秩序罪等罪的规定和最高人民法院、最高人民检察院关于破坏社会主义市场经济秩序罪、妨害社会管理秩序罪等罪的司法解释以及最高人民检察院、公安部关于经济犯罪案件的追诉标准等规定，涉嫌构成犯罪，依法需要追究刑事责任的，必须依照本规定向公安机关移送。”第四条第一款规定：“行政执法机关在查处违法行为过程中，必须妥善保存所收集的与违法行为有关的证据。”对于税务机关来说，诈骗罪的查处已经超过了其职权范围，因此，只能依据2023年4月29日最高人民检察院、公安部联合发布修订后的《关于公安机关管辖的刑事案件立案追诉标准的规定（二）》将案件以虚开增值税专用发票罪移送公安机关，最终是否以此罪名定罪由公安机关、检察机关、人民法院依法予以认定。

72 企业接受虚开造成偷税，是视为牵连行为直接定性为偷税，还是直接定性为虚开发票行为移送？

答：偷税实际上从行为与结果两个层面考虑，而虚开在规范文义上仅考虑行为层面，这就出现了构成要件上的交叉重叠。如果定性时只能选择一个——要么虚开，要么偷税，带来的结果就是：按照牵连行为定性为偷税，存在刑法规定的处罚阻却事由，不能直接移送公安机关，带来税收执法风险；按照虚开行为移送，公安机关认为是偷税会对此不予立案，转回给税务机关处理，此时只能依据虚开增值税专用发票进行处罚。但是，偷税实施的处罚是0.5～5倍的罚款，虚开实施的是5万～50万元的罚款，可能会出现新的处罚不公。

如果未达到移送标准，那么按照法条竞合择一重处是比较好的处理办法。但是，因为涉及涉税犯罪定性问题，所以依然存在诸多不同理解。目前采用定性为虚开行为移送方式处理的最多。

有人认为，如果公安机关对虚开不予认可，那么是否可以直接以偷税行为名义进行处罚？这就取决于税务处罚决定书的定性，根据《税收征收管理法》，定性为偷税的先处罚、后移送符合要求，但是定性为虚开行为移送后，并未定性为偷税，在退回后未对该案件先进行偷税定性再进行处罚，和执法程序不相吻合。同时，不追究刑事责任不能免除追究行政法律责任，建议对此继续以虚开发票行为处罚。

73 企业拒不承认虚开发票行为，能否以虚开增值税发票罪移送公安机关？

案例19

受票方取得开票方虚开发票，已认证抵扣税额100万元，开票方为“空壳”企业，无实际业务。经过检查，通过中间人扣除开票费之后资金回流到受票方实际控制人个人银行账户。在整个检查过程中，受票方不配合检查，不提供证明业务真实性的相关资料。

答：可以移送。我国法院审理案件作出判决时都重证据、重调查研究，不轻信口供。如果只有被告人供述而没有其他证据，则不能认定被告人有罪和处以刑罚。如果证据确实充分，那么即使没有被告人供述也可以认定被告人有罪和处以刑罚。在被告人拒不认罪“零口供”的情况下，依照书证、证人证言、鉴定结论等形成的证据链条，可以判决。

需要注意的是，关于行政执法收集的证据，可分为客观证据和言辞证据两类。

（1）客观证据的直接转化适用。《刑事诉讼法》第五十四条第二款规定：“行政机关在行政执法和查办案件过程中收集的物证、书证、视听资料、电子数据等证据材料，在刑事诉讼中可以作为证据使用。”而这就是对客观证据直接适用的明文规定。

（2）言辞证据的区分适用。关于行政机关对证人证言等言辞证据的收集，《刑事诉讼法》没有明确规定，在制定刑事诉讼法解释的过程中，第七十五条原本拟增加一款作为第二款：“行政机关在行政执法和查办案件过程中收集的证人证言、当事人陈述、辨认笔录，需要在刑事诉讼中作为证据使用的，应当重新收集。确有证据证实相关人员因死亡、丧失做证能力等，无法重新收集的，该证据可以在刑事诉讼中作为证据使用；经法庭调查，证言、陈述的收集程序合法，并有其他证据相印证的，可以作为定案的根据。”但在讨论中，有意见认为，相比于刑事司法程序，行政执法办案对程序规范、权利保障的要求较为宽松。言辞证据具有易变性，故对于言辞证据，特别是证人证言的审查通常要遵守直接言辞原则。而作出上述规定，将导致对言辞证据的质证权难以落实。此外，还有可能使言辞证据被滥用、不当适用，规避《刑事诉讼法》的相关规定。例如，一旦证人联系不上，就以证人失踪为由，要求使用、采信行政机关对其录取的证言。经研究采纳上述意见，删去相关规定。司法实践中，对行政机关收集的言辞证据，在刑事诉讼中作为证据材料使用的，必须作更为严格的限制，即仅限于确实无法重新收集，但又必须使用的，且有证据证明取证程序合法，能与其他证据相印证的极特殊情形。例如，最高人民法院研究室编写的《新刑事诉讼法及司法解释适用解答》认为：“对于证人证言等言辞证据材料，应当在案件进入刑事诉讼后，由公安、司法机关予以重新收集或者转换。例如，经侦查机关向犯罪嫌疑人、被害人、证人当面核实其在行政机关所作证言后，相应言辞证据实际上就从行政机关收集的证据转化为刑事证据，具有刑事诉讼的证据资格。当然，具体的转换方式可以根据案件具体情况把握。司法实践中的情况十分复杂。部分案件的证人可能长期居住在国外，短期内无法回国，或者已经死亡，对于这些证人证言无法当面核实，一律排除在刑事诉讼的证据以外，不符合司法实践的具体情况。因此，对行政机关收集的言辞证据的具体转换方式可以由司法实践根据案件具体情况予以把握。”

74 环开或者对开增值税专用发票，未造成国家税款的流失，是否构成虚开增值税发票罪？

答：不构成虚开增值税发票罪。刑法对定性为虚开或者对开增值税专用发票罪十分谨慎，保持了刑法应有的谦抑性。原因在于，该违法行为并未造成国家税款的损失，行为人也不是为了骗取进项抵扣，而往往是为了融资、贷款、上市等。这与传统的虚开发票行为社会危害性不可同日而语。通过行政处罚的方式进行惩戒，已经能匹配与其虚开发票行为造成的社会危害，不应受到刑罚处罚的严厉评价。

参考最高人民法院案例库中《王某某虚开增值税专用发票案——主观上不具有非法占有目的，客观上未造成国家税款损失，不宜以虚开增值税专用发票罪定罪处罚》的裁判要旨，在无真实货物购销交易的情况下，循环开具增值税专用发票并均已进行进项税额抵扣，按规定向主管税务机关进行了纳税申报，整个流程环开环抵、闭环抵扣，未造成国家税款的流失。行为人不以骗取国家税款为目的，没有套取国家税款的行为和主观故意，不符合虚开增值税专用发票罪的构成要件，不宜以虚开增值税专用发票罪定罪量刑。

关联索引《中华人民共和国刑法》第二百零五条第一款。

一审：山东省济南市中级人民法院（2015）济刑二初字第 23 号刑事判决（2015 年 12 月 4 日）。

二审：山东省高级人民法院（2016）鲁刑终 84 号刑事裁定（2016 年 6 月 2 日）。

再审：河北省高级人民法院（2021）冀刑再 7 号刑事判决（2023 年 9 月 8 日）。

75 利用虚开普通发票的手段逃税，如何定罪量刑？

答：目前对此问题区分是否同时达到虚开发票罪和逃税罪立案标准。

一是二者仅有一项达到立案标准。此时无争议。如果只有一个行为构成犯罪，就直接对构成犯罪的行为定罪处罚。如果未达到虚开发票罪立案标准，但是已经构成逃税罪，此时以逃税罪定罪量刑。

二是二者同时达到立案标准。利用虚开增值税普通发票的手段逃税，属于刑法意义上的牵连犯还是吸收犯？

首先，我们来看刑事理论以及审判实务对牵连犯与吸收犯的主流观点。因不同刑法学者、刑事判决书对于牵连犯、吸收犯的意见略有差异，本书只简明介绍，以中国政法大学刑法学研究所所长、博士研究生导师罗翔教授在《刑法学总论》中的意见为主，介绍如下。

牵连犯，是指犯罪的手段行为或者结果行为与目的行为或者原因行为分别触犯不同罪名的情况。其特征有三个：（1）数个行为必须触犯不同罪名，侵犯不同法益；（2）数个行为之间为目的行为与手段行为或原因行为与结果行为的关系；（3）必须出于一个犯罪目的，在理论上，牵连犯采取从一重罪处理原则。在法律上还有其他处理原则，如直接规定以一罪从重论处或数罪并罚。事实上，在法律和司法解释中，越来越倾向于对牵连犯实施数罪并罚。一般来说，当牵连犯的目的行为与手段行为在经验法则上具有高度的伴随性时，从一重罪处断才可以被接受。

吸收犯，是指行为人的某个犯罪行为是其他犯罪行为当然或盖然性（可能性很大）的经过过程或者当然或盖然性的结果，被其他犯罪行为吸收，而不独立成罪的情况。其特征有四个：（1）实施了数个犯罪行为。如果只有一个行为，那么不可能出现吸收犯。（2）数个行为必须触犯数个罪名。如果触犯的是同一罪名，那么不可能是吸收犯，而有可能是连续犯。（3）数个行为具有吸收关系，即前行为是后行为发展的必经阶段，后行为是行为的当然或盖然性的结果。（4）侵害的法益是相同的。吸收犯不能数罪并罚的最重要原因就在于，前行为和后行为侵害的法益是相同的。吸收犯的处理原则是重罪吸收轻罪，不能数罪并罚。

牵连犯与吸收犯有以下区别。

（1）吸收犯前后行为的联系较之牵连犯更为紧密，因为吸收犯的后行为是前行为当然或盖然性的发展结果。

（2）牵连犯的前后两罪侵害的法益大多是不同的，而吸收犯的前后行为侵害的法益是相同的。因此，吸收犯不可能数罪并罚，而牵连犯却经常性地被数罪并罚（尤其是法益不同的情况）。例如，盗窃枪支而后私藏的，之所以不是原因和结果的牵连，而是吸收犯，最重要的原因就在于前后行为侵害的法益是相同的。但是，为了杀人而盗窃枪支，就并非吸收犯，因为盗窃罪侵害的是财产权，而杀人行为侵犯了生命权，因此，属于牵连犯。

本书认为，当事人并无真实交易，实施虚开普通发票的目的就在于偷逃税款，行为人的犯罪目的明确，以及本罪的内在特征决定了行为人实施完本罪行为以后，在经验法则上具有高度伴随性地将虚开发票在企业所得税汇算清缴、土地增值税清算时税前扣除，可见在此种情形下，逃税行为和虚开发票行为之间是目的与手段的关系，逃避缴纳税款是虚开发票行为追求的结果，造成应纳税款的不当减少，此时应适用牵连犯的相关理论，择一重处。2011 年 4 月 27 日，《人民法院报》刊登时任国家法官学院院长高憬宏的文章——《专家谈虚开增值税专用发票“死刑”取消与虚开发票罪的设立》。该文章也认为“要注意区分本罪与虚开增值税专用发票罪、逃税罪的界限……如果利用虚开普通发票的手段逃税的，可以按照处理牵连犯的原则，以处罚较重的罪处罚。”2024 年，中国法学会财税法学研究会等组织评选的 2023 年度影响力税务司法审判案例之一（2022）皖刑终 204 号刑事判决也认为“如果未利用增值税专用发票的抵扣功能，而是利用了增值税专用发票所具有的一般发票也具有的经济活动证明功能，则虚开增值税专用发票与虚开普通发票无实质区别，从罪责刑相一致原则考虑，同时构成虚开发票罪与逃税罪的，按照牵连犯从一重处罚原则，一般定逃税罪”。

其次，我们来观察增值税普通发票的功能定性。相较于增值税专用发票来说，增值税普通发票主要发挥企业所得税、土地增值税税前成本扣除的功能。以企业所得税为例，从征税原理及实质课税的角度来看，企业实际发生的与取得收入有关的、合理的支出应当在计算应纳税所得额时予以扣除，此时并不构成偷税行为。如果业务交易真实存在，那么对于企业在真实交易基础上取得的与实际交易不相符的发票，由于企业不具有骗取税款的目的，也未造成税款流失，仅是为了实现税前扣除的权益，并不构成逃税行为，更不可能构成逃税罪，此时应当定性为虚开发票罪。

最后，法释〔2024〕4 号文件对刑法关于逃税罪不予追究刑事责任的有关规定进一步作了明确——将纳税人补缴税款的期限规定至公安机关刑事立案前；明确补缴税款的期限，包括经税务机关批准的延缓、分期缴纳的期限，防止逃税行为一被发现即因补缴期限短而难以补救的情形发生，将刑法规定的制度效果最大化。如果有纳税人在公安机关立案前，经税务机关依法下达追缴通知后，在规定的期限或者批准延缓、分期缴纳的期限内足额补缴应纳税款，缴纳滞纳金，并全部履行税务机关作出的行政处罚决定，则不予追究刑事责任。

注意：如果农产品行业采取核定扣除方式，那么农产品收购发票并无抵扣功能。如果接受农产品收购发票虚开，则应当定性为虚开发票罪，而非虚开增值税专用发票罪。

76 虚假申请代开专票，是构成非法出售增值税专用发票罪，还是虚开增值税专用发票罪？

案例20

王某于2022年1月至2023年8月，以自己及关系人名义先后成立、收购9家建筑公司，后利用小规模纳税人税收优惠政策，通过由税务机关代开发票的方式，在没有真实业务的情况下分别向多家受票单位虚开增值税专用发票，并收取高于票面税额1%～3%的开票费。经查，王某共计虚开增值税专用发票180张，涉及票面税额100万元，价税合计8800万元。

答：在实践中存在两种观点。

一种观点认为，王某通过伪造真实业务骗取税务机关代开增值税专用发票的行为，是通过欺骗税务机关才取得其代为开具的增值税专用发票，因此，这种欺骗行为本身就是犯罪手段。根据税收征收规定，增值税纳税人申请代开增值税专用发票时应按增值税专用发票上注明的税额全额申报缴纳税款。因此，无论是个人还是企业，委托税务机关代开增值税专用发票的，都已实际缴纳相应的增值税，所以并未造成国家税收损失。以非法出售增值税专用发票罪评价王某行为的实质性危害，是对其行为的社会危害性进行了刑法评价，也能充分考虑其行为的危害对象、危害结果及恶性程度。

例如，北京市第二中级人民法院刑事判决书（2019）京02刑终113号："在没有真实贸易的情况下开具增值税专用发票，就是一种虚假开具的行为，本质上属于虚开增值税专用发票行为，此种行为严重扰乱了增值税专用发票的正常管理秩序，已构成行政违法。但作为刑事犯罪的虚开增值税专用发票罪，不仅要从形式上把握是否存在虚假开具增值税专用发票的行为，还要从实质上把握行为人虚开增值税专用发票的主观心态以及客观后果。""非法出售、购买增值税专用发票罪侵犯的是我国对增值税专用发票严格的领购制度……是一种行为犯，主观上行为人只要对非法买卖的行为有认知即可，无须附加其他主观目的；客观上只要实施了非法买卖的行为，无须造成一定的危害后果。行为人是否获利、出于何种目的买卖、是否造成了国家税款流失不是本罪与非罪的界限，只是在量刑时可以作为情节考量。"

另一种观点认为，上述行为虽为代开，但是受票方属于滥用抵扣权，将虚构交易形成的所谓进项税额进行抵扣。上述进项税额是非法的，虽然已经依法缴纳税款，但是由于交易虚假，并不取得虚假的进项税额抵扣权，同样造成增值税的损失。虚开增值税专用发票行为的危害也主要在于受票方利用增值税抵扣功能骗取国家税款，没有利用该种抵扣功能的，不宜按照本罪定罪处罚。无论是自开还是代开，除了发票填开方式不同外，开票意愿、犯罪意图都来自开票方，案涉情形应当以虚开增值税专用发票罪定罪量刑。

本书赞成第二种观点。《发票管理办法》规定，发票的领购必须由符合条件的单位和个人向税务机关提出领购申请，再由税务机关依法定程序向申请人发售发票。所谓非法出售，是指无权发售发票的行为人，违反

《发票管理办法》，向他人出售其合法领购的发票，或者将通过捡拾、盗取等方式取得的发票出售给他人的行为。

有人提出，《最高人民检察院、公安部关于公安机关管辖的刑事案件立案追诉标准的规定（二）》第六十四条第（二）项规定，“票面金额累计在五十万元以上的”，应予立案追诉，因此，可以将虚开发票并收取手续费的行为予以涵盖。本书认为，上述理解并不准确。原因在于，票面金额累计在五十万元以上的，一般是指定额发票。按照文义解释，“出售”二字并不包含开具内容，如果按照上述观点，虚开发票罪和非法出售发票罪就会出现交叉，不利于准确界定该罪名。不过，将以卖发票牟利的开票公司定性为非法出售发票罪，也符合最高人民法院的意见。

参考案例：北京市海淀区人民法院（2019）京 0108 刑初 1929 号。

基本案情：路某某以人民币一千五百元的价格向举报人出售北京市停车收费定额专用发票一千五百张，被民警当场抓获。经鉴定，上述发票为真发票。

裁判理由：被告人路某某非法出售发票，情节严重，其行为已构成非法出售发票罪，应予惩处。北京市海淀区人民检察院指控被告人路某某犯非法出售发票罪的事实清楚，证据确凿，指控罪名成立。鉴于其归案后能够如实供述犯罪事实；此次犯罪因其意志以外的原因而未得逞，系犯罪未遂；认罪、悔罪态度较好；此次犯罪系初犯；本院依法比照既遂犯对其减轻处罚，并宣告缓刑。……判决如下：一、被告人路某某犯非法出售发票罪，判处有期徒刑八个月，缓刑一年，罚金人民币一万元。

备注：《最高人民检察院、公安部关于公安机关管辖的刑事案件立案追诉标准的规定（二）》

第五十七条 〔虚开发票案（刑法第二百零五条之一）〕虚开刑法第二百零五条规定以外的其他发票，涉嫌下列情形之一的，应予立案追诉：

（一）虚开发票金额累计在五十万元以上的；

（二）虚开发票一百份以上且票面金额在三十万元以上的；

（三）五年内因虚开发票受过刑事处罚或者二次以上行政处罚，又虚开发票，数额达到第一、二项标准百分之六十以上的。

第六十四条 〔非法出售发票案（刑法第二百零九条第四款）〕非法出售增值税专用发票、用于骗取出口退税、抵扣税款的其他发票以外的发票，涉嫌下列情形之一的，应予立案追诉：

（一）非法出售增值税专用发票、用于骗取出口退税、抵扣税款的其他发票以外的发票一百份以上且票面金额累计在三十万元以上的；

（二）票面金额累计在五十万元以上的；

（三）非法获利数额在一万元以上的。

77 平台企业虚开增值税专用发票，未取得进项税额，但是全额进行纳税申报并取得税收返还，未造成国家税款损失，能否定性为虚开增值税专用发票罪？

案例21

A地某平台企业，2022年对外虚开劳务用工发票5000万元，未取得增值税进项发票，全额按照6%增值税税率对外虚开，并对开票方收取1个点的服务费。因所在地政府的招商政策，按其全年营收情况，对增值税地方分成部分税款予以返还。此事未造成国家税款损失。

答：自2022年5月15日起施行的《最高人民检察院、公安部关于公安机关管辖的刑事案件立案追诉标准的规定（二）》规定："虚开增值税专用发票……税款数额在十万元以上或者造成国家税款损失数额在五万元以上的，应予立案追诉。"在本案例中，A地某平台企业行为虽然未造成国家税款损失，但是触发了另一个刑事立案要件：虚开增值税专用发票的税款数额在十万元以上。该公司 2022 年对外虚开税额高达 300 万元，因此依然需要依法移送公安机关，追究其刑事责任。

有部分公安机关认为，根据最高人民检察院发布的第二十二批指导性案例《无锡 F 警用器材公司虚开增值税专用发票案》（检例第 81 号），以及相关类似案例，对于此类虚开发票行为不予起诉，应当追究其诈骗罪。实际上，该指导案例是有使用背景的，应当充分考虑促进经济发展、促进职工就业，维护国家和社会公共利益的需要，积极做好涉罪企业及其有关责任人员的认罪认罚工作，促使涉罪企业退缴违法所得、赔偿损失、修复损害、挽回影响，从而将其犯罪造成的危害降到最低。对犯罪情节较轻且认罪认罚、积极整改的企业及相关责任人员，符合不捕、不诉条件的，坚持能不捕的不捕、能不诉的不诉；符合判处缓刑条件的，要提出适用缓刑的建议。而此类平台创设的公司不是出于生产经营的目的，而是作为违法犯罪的工具，是为实施虚开发票行为提供便利，不能将此类企业等同于正常经营的民营企业，而应当对其虚开增值税专用发票以及诈骗罪一并追究，由于其虚开发票行为是为其诈骗行为提供便利，应当构成牵连犯，认定其构成诈骗罪，并按照牵连犯规则追究刑事责任。

附：《无锡 F 警用器材公司虚开增值税专用发票案》（检例第 81 号）

基本案情：

被不起诉单位，无锡 F 警用器材新技术有限公司（以下简称“F 警用器材公司”）；住所地，江苏省无锡市。

被不起诉人乌某某，男，F 警用器材公司董事长。

被不起诉人陈某某，女，F 警用器材公司总监。

被不起诉人倪某，男，F 警用器材公司采购员。

被不起诉人杜某某，女，无锡 B 科技有限公司法定代表人。

2015 年 12 月，乌某某、陈某某为了 F 警用器材公司少缴税款，商议在没有货物实际交易的情况下，从其他公司虚开增值税专用发票抵扣税款，并指使倪某通过公司供应商杜某某等人介绍，采用伪造合同、虚构交易、支付开票费等手段，从王某某（另案处理）实际控制的商贸公司、电子科技公司虚开增值税专用发票24份，税额计人民币377344.79元，后F警用器材公司从税务机关抵扣了税款。

乌某某、陈某某、倪某、杜某某分别于2018年11月22日、23日至公安机关投案，均如实供述犯罪事实。11月23日，公安机关对乌某某等四人依法取保候审。案发后，F警用器材公司补缴全部税款并缴纳滞纳金。2019年11月8日，无锡市公安局新吴分局以F警用器材公司及乌某某等人涉嫌虚开增值税专用发票罪移送检察机关审查起诉。检察机关经审查，综合案件情况拟作出不起诉处理，举行了公开听证。该公司及乌某某等人均自愿认罪认罚，在律师的见证下签署了《认罪认罚具结书》。2020年3月6日，无锡市新吴区人民检察院依据《刑事诉讼法》第一百七十七条第二款规定，对该公司及乌某某等四人作出不起诉决定，就没收被不起诉人违法所得及对被不起诉单位予以行政处罚向公安机关和税务机关分别提出检察意见。后公安机关对倪某、杜某某没收违法所得共计人民币45503元，税务机关对该公司处以行政罚款人民币466131.8元。

78 真实交易找第三方代开发票，是否构成虚开发票罪或虚开增值税专用发票罪？

答：此问题应当具体讨论。

有司法观点认为，如果不能证明当事人有骗取抵扣税款或帮助他人骗取抵扣税款故意的情况下，仅凭找其他公司代开发票的行为就认定构成此类犯罪不符合立法本意，也不符合主客观相一致原则和罪责刑相适应原则。

判断此问题的核心，是看是否造成了税款损失。按照现行的发票虚开情形，当事人即便如实交易，对于实际交易方和开票方，也要看其如实交易衍生的交易额是否在开票方的增值税纳税申报表中如实反映。具体又可划分为专门从事虚开发票行为的企业和正常经营业务的企业。

专门从事虚开发票行为的企业，并不从事生产经营活动，因而从未发生增值税纳税义务；相反，其只是利用先行增值税税制特点，对外实施虚开发票行为，并从中牟利。比如，农产品企业，按照《增值税暂行条例》解释，这是对特定情形下准予农产品计算进项税额抵扣销项税额的规定。由于农业生产者数量众多，税源分散，不便征管，同时增值税实行凭发票注明税款抵扣制，要求有健全的会计核算制度，但是要求农民做到这一点很困难，国际上对农业一般采取特殊的增值税政策。我国对农业生产者销售的自产农产品免征增值税。按道理，购进免税的农产品，因为购买方没有向农民支付增值税额，也就无税款可供抵扣。但生产农产品需要投入如农机具、燃料、动力等生产资料，农民在购买这些农业生产资料时，是支付了增值税的，也就是说，农业生产的投入物是含有增值税的。这样，在购进农产品时，购买方虽未直接支付增值税款，却已负担了农业生产投入物的增值税，如果不允许扣除农产品中所含的增值税，就会造成一定程度的重复征税。为解决这一矛盾，减轻农民负担，原条例把购进免税农产品所负担的增值税款，作为一种特殊的进项税额按 10% 扣除率（现在为 9%）计算抵扣。而少数不法分子通过虚构经营业务，大肆开具农产品收购发票，进而获取虚拟进项，并以此为基础对外虚开，必然给国家税收带来损失。买票方和开票方虽然均对此知情，但受利益驱动铤而走险。

对于正常经营业务的企业来说，企业在经营活动中会存在部分消费者未索取发票的情况，当企业按实际销售额申报增值税时，企业申报的销售额会大于发票开票金额，由此便产生了“富余票”。开票方利用自身的“富余票”对外开具，并赚取所谓的“开票费”。买票方只是支付所谓的“票点”，并未将其经营活动带来的增值税款交付给开票方，存在骗取税款的主观目的。相应地，增值税收益被买票方和开票方得以分享。对于受票方来说，如果合同与开票方签订，显示其对于虚开发票行为并不知情，那么结合其他证据综合认定，其可能构成善意取得，不予追究接受虚开责任。

综上所述，在追究相关人员刑事责任时，应当严格把握相关适用情形，遵守最高人民法院、最高人民检察院危害税收征管司法解释的规定，对于列明的出罪情形，不得作为犯罪行为对待，对于代开也要严格按照主客观相一致、罪责刑相适应的原则，审查主观目的与客观结果，避免不当入罪。

参考案例：河北省高碑店市人民检察院不起诉决定书（高检公诉刑不诉〔2021〕Z5 号）。

2017 年初，被不起诉人秦某某通过挂靠高碑店市××建筑工程有限公司（以下简称“高碑店市××公司”）资质承包了高碑店市××项目。2018 年 6 月，因××项目需要，秦某某分多次从赵某某手中购进了共计 196. 83 万元的砂浆保温板等材料，当时已付清货款，未要发票。因从开发公司结算工程款需要提供增值税专用发票，秦某某向赵某某提出开具增值税专用发票，赵某某提出开具增值税专用发票需要再加 11% 的“税点”，秦某某提出按 243. 1086 万元的货款开票，并于 2018 年 11 月 22 日、23 日将 282 万元打到廊坊××材料有限公司（以下简称“廊坊××公司”）的账户内，后廊坊××公司（赵某某）又将 248 万元（有 3 万元抵扣款）转回秦某某的账户。2018 年 12 月 7 日，公司开具增值税专用发票 25 张，发票总额 2820060 元，（其中，货物金额 2431086. 32 元，税额 388973. 68 元），高碑店市××公司于 2019 年 1 月 6 日抵扣税款。

经廊坊市文安县公安机关查明，廊坊××公司系刘某某（另案处理）为虚开增值税专用发票以他人名义注册的公司，上述发票为失控发票，遂联系高碑店市××公司要求补缴税款。秦某某于 2019 年 2 月 2 日将该税款补缴。

认定上述事实的证据如下：①书证，包括受案登记表、立案决定书、河北增值税专用发票25张、出入库单复印件、增值税纳税申请表及附明细表、税收完税证明、高碑店市××公司账户明细、到案经过等书证；②证人证言；③犯罪嫌疑人的供述与辩解；④辨认笔录。

本院认为，秦某某与赵某某之间有真实的购销保温材料业务，业务额为196.83万元，根据国家税务总局《关于纳税人善意取得虚开的增值税专用发票处理问题的通知》的规定，该196.83万元的发票应认定为善意取得，不按虚开增值税专用发票追究责任。秦某某让赵某某将其他来源的材料46.27万元开到保温材料的票中，涉税金额7.4032万元，违反了增值税专用发票的管理制度，事实清楚，证据确实、充分，其行为触犯《刑法》第二百零五条规定，应认定为虚开增值税专用发票罪。

根据最高人民法院《关于虚开增值税专用发票定罪量刑标准有关问题的通知》的规定，虚开的税款数额在五万元以上的，以虚开增值税专用发票罪处三年以下有期徒刑或者拘役，并处两万元以上二十万元以下罚金。秦某某虚开增值税专用发票，涉税数额刚过追究标准（五万元），在立案查处前已补交了税款及滞纳金，且有自首行为，属犯罪情节轻微，根据《刑法》第六十七条规定，可以免除处罚。依据《刑事诉讼法》第一百七十七条第二款规定，决定对秦某某不起诉。被不起诉人秦某某如不服本决定，可以自收到本决定书后七日内向本院申诉。

原理分析：对于“富余票”，开票方自身的税收已经完成申报，无继续经营流通环节，上述税收债权已经结清，相应税收应当归属于国家。但是，其将“富余票”对外虚开，带来的结果就是“富余票”对应的应纳税额再次构成进入流通环节的假象，原本已经结清的增值税款性质发生变化，变成了购进货物发生的进项税额，造成了税款的少交。（原理分析参见虚开专题第一讲，此处不再赘述）

有人提出，能否采用三方协议使代开发票行为合法化？实际上，交易已经发生，通过签订三方协议的方式并不能改变购买方与销售方的真实交易关系，第三方的加入实质上就是为了代开发票，其所开具的发票也必然与实际业务情况不符，反而符合虚开发票的定义。

79 企业虚开成品油发票，既有虚开发票行为，也造成了少缴消费税，是构成逃税罪，还是虚开增值税专用发票罪？

答：消费税是在我国境内生产、委托加工和进口应税消费品环节征收的，上游企业通过开具非成品油增值税专用发票，而下游企业（生产型企业、贸易型企业）通过改变货物名称为成品油发票，并开出应税消费品成品油发票，贸易公司或加工企业利用税收征管漏洞逃避缴纳消费税，这种行为造成国家消费税税款大量损失。在目前司法实践中，主要有两种观点。

一种观点认为构成虚开增值税专用发票罪。例如，根据（2020）皖02刑初1号，法院判决认为："本案中，涉案的'变票'环节的各个企业之间并无实际的货物交易，也没有从'原油'到'燃料油'的实际生产加工环节，'变票'环节的各个企业不仅实施了虚开增值税专用发票的行为，并且后续用于抵扣税款，已经实施完成了虚开增值税专用发票罪的全部构成要件，虽然从变票行为整体来看，王某的××公司变票行为最终目的是帮助炼油企业偷逃巨额的消费税，但是其手段行为已经单独构罪，造成了国家税款的损失，侵犯了国家对增值税专用发票的管理秩序和国家税收秩序，尤其是在炼油企业涉嫌逃税的犯罪事实并没有完全查实的情况之下，以手段行为予以刑法评价并无不当，否则可能导致放纵犯罪的情况发生。故本案中王某等人的行为符合虚开增值税专用发票罪的构成要件，依法应当以虚开增值税专用发票罪予以认定。"

另一种观点认为构成逃税罪。例如，辽宁省葫芦岛市中级人民法院刑事判决书（2013）葫刑二初字第00010号。“本院认为，被告人邵某某、廖某某、王某一、刘某某、邱某某、赵某一、王某二、马某某、赵某二为牟取非法利益，违反国家税收法规，钻国家关于石脑油消费税政策空子，故意采用虚假手段，更改增值税专用发票上的品名，逃避缴纳石脑油消费税，偷逃应纳税款数额巨大，且偷逃税额占应纳税额的30%以上，其行为构成逃税罪，且系共同犯罪。公诉机关指控邵某某等被告人犯罪的事实清楚，证据确实、充分，但指控邵某某等被告人的行为构成虚开增值税专用发票罪罪名有误，应予纠正。故对各被告人及其辩护人提出其行为并不符合虚开增值税专用发票罪的构成要件，主观上没有虚开增值税专用发票的故意，客观上也没有实施虚开增值税专用发票的行为的辩解及辩护理由予以支持。”

本书赞同认定构成逃税罪观点。因为，构成虚开增值税专用发票罪的前提是造成了增值税税款损失。《增值税暂行条例》第九条规定：“纳税人购进货物、劳务、服务、无形资产、不动产，取得的增值税扣税凭证不符合法律、行政法规或者国务院税务主管部门有关规定的，其进项税额不得从销项税额中抵扣。”《国家税务总局关于纳税人虚开增值税专用发票征补税款问题的公告》（国家税务总局公告2012年第33号）规定：“纳税人取得虚开的增值税专用发票，不得作为增值税合法有效的扣税凭证抵扣其进项税额。”也就是说，纳税人取得虚开发票，税法是不准抵扣的。一旦认证抵扣，其虚开发票的行为就会造成国家税款损失的事实，至于后续作进项转出处理并补缴税款，是事后挽回损失的措施，并不影响之前行为的性质。造成国家税款损失的数额是国家税款被骗取数额概念的一个延伸，是指国家税款被骗取并且在公诉前仍无法追回的数额。因此，上述税款损失概念，仅限于增值税损失。而造成消费税损失仅能印证行为人可能具有逃税的目的，不能证明其造成了增值税损失，也不能随意扩大虚开增值税发票罪关于税款损失的理解，认为其消费税的损失也可以归属于该罪名所指的税款损失，进而使用该罪名。

《理解与适用》明确指出，“第二，坚持主客观相统一。主客观相统一原则是刑法的重要原则，刑事司法必须始终贯彻遵循。《解释》制定过程中，对虚开增值税专用发票罪的理解争议最大，因刑法条文未明确规定该罪必须具有骗抵税款的主观目的和造成税款损失的客观结果，而实践中不同的‘虚开’无论是主观方面，还是客观危害性，都差异很大。在起草《解释》过程中，根据主客观相统一原则，结合对罪名沿革历史的考察，对该罪罪状进行了必要的限缩，根据罪责刑相适应原则，合理划定犯罪圈”。“增值税专用发票的核心功能是抵扣税款，只有利用该核心功能进行虚开抵扣，即骗抵税款的，才能认定为虚开增值税专用发票罪。这种行为，本质上是以非法占有为目的、骗取国家财产行为，对其处以重刑，符合罪责刑相适应原则。反之，即便虚假开票，但没有利用增值税专用发票核心功能的，也不应以本罪论处。”

之所以改变虚开增值税专用发票品目内容，是因为其主观目的是逃税，客观上也是发生了逃避消费税的后果，不属于骗抵增值税税款的情况，并且增值税税款也没有受到损失，“为虚增业绩、融资、贷款等不以骗抵税款为目的，没有因抵扣造成税款被骗损失的，不以本罪论处，构成其他犯罪的，依法以其他犯罪追究刑事责任”。由于此时虚开增值税专票的目的是逃避缴纳消费税，符合例外排除条款，不应当以虚开增值税专用发票罪定性，而以逃税罪定性更加符合案件实际情况。有人提出，其手段虚开发票行为问题，因牵连犯属于科刑的一罪。这是司法实践认可的刑法理论，只是按照牵连犯处理需要“法无明文规定”为前提，如果刑法、司法解释已经明确该种情况应当数罪并罚、按照其中的结果行为处理等，就不存在牵连犯适用的余地，按照法律、司法解释的规定处理即可。而改变增值税专用发票上的品目，因其“不以骗抵税款为目的，没有因抵扣造成税款被骗损失”，不能按照“本罪论处”，构成逃税罪的，应当依法以逃税罪追究其刑事责任。

80 何种虚开案件可以适用合规不起诉？

答：涉案企业合规不起诉制度是指是由检察机关主导，衔接第三方监督评估组织，对符合一定条件并有建立合规体系意愿的涉刑案企业，督促其建立合规管理体系并进行合规整改，若该企业在合规整改期限后能够通过评估审核，则对该涉案企业不予起诉的制度。为贯彻落实党的十九届四中全会通过的《中共中央关于坚持和完善中国特色社会主义制度 推进国家治理体系和治理能力现代化若干重大问题的决定》“健全支持民营经济、外商投资企业发展的法治环境”精神，最高人民检察院对于涉嫌犯罪的民营企业和民营企业家坚持“可捕可不捕的不捕，可诉可不诉的不诉”态度。

从 2020 年 3 月开始，最高人民检察院先后在多个基层院、市级院开展了两期企业刑事合规不起诉改革试点，并在 2022 年 4 月正式宣布涉案企业合规改革试点将在全国检察机关全面推开。近年来，最高人民法院、最高人民检察院针对保护促进企业发展出台了一系列文件、案例，主要如下。

（1）2021 年 6 月 3 日，最高人民检察院等九部门下发《关于〈关于建立涉案企业合规第三方监督评估机制的指导意见（试行）〉的通知》。

（2）2021 年 6 月 3 日，最高人民检察院发布第一批企业合规改革试点典型案例 4 件。

（3）2021 年 12 月 8 日，最高人民检察院发布第二批企业合规典型案例 6 件。

（4）2022 年 4 月 19 日，最高人民检察院印发《涉案企业合规建设、评估和审查办法（试行）》。

（5）2022年7月21日，最高人民检察院发布第三批企业合规典型案例5件。

（6）2023年1月16日，最高人民检察院发布第四批企业合规典型案例5件。

（7）2023年7月，《中共中央　国务院关于促进民营经济发展壮大的意见》发布，要求“深化涉案企业合规改革，推动民营企业合规守法经营”。

（8）2023年9月，《最高人民法院关于优化法治环境　促进民营经济发展壮大的指导意见》出台，并在人民法院案例库发布了由人民法院主导的审判环节涉案企业合规改革案例。

企业合规不起诉的法律依据是《刑事诉讼法》第一百七十七条“酌定不起诉”规定，即对于依照《刑法》不需要判处刑罚或者免除刑罚的，检察院认为可以作出不起诉决定，实行的是“双不起诉”：①适用对象既包括企业（单位）犯罪案件，也包括企业经营者、管理者、关键技术人员等重要生产经营人员发生的与企业生产经营相关的个人犯罪案件；②目前适用刑期包括企业责任人员可能被判处三年以下有期徒刑，拘役、管制或单处罚金案件；③适用罪名，企业合规不起诉制度不适用于全部刑法罪名，对于危害税收征管类罪，如虚开增值税专用发票类罪等可以适用该种制度。

针对虚开发票类案件，检察机关可以依法采取不起诉的方式进行处理。不起诉既是一种法律手段，也是一种管理手段，具有一定的灵活性和可操作性。对企业不起诉和对实际行为人不起诉的区别在于：对企业不起诉，是指虽不给予企业刑事追究或处罚，但要对实际参与虚开发票的行为人进行追究和处罚；对实际行为人不起诉，是指不对实际参与虚开发票的行为人进行追究和处罚。

落实在检察机关的基层执法上，《人民检察》2024 年第 11 期刊登了《“危害税收征管违法犯罪的打击与治理”三人谈》一文明确提出：“《解释》关于宽严相济刑事政策的规定符合基层办案实践，回应了基层办案需求，能够更好地实现高质效办案。具体到办案中，在处理涉案公司时，应区分实体企业和‘空壳’公司，主动开展办案影响评估工作，考察涉案企业的纳税情况、员工人数、社保缴纳、在办项目、银行借贷、资金周转、公益捐赠等多方面内容，综合判断企业涉案的原因和动机。对于基础条件好、拥有先进科学技术、主动补缴挽损且有主动合规意愿的企业，可以开展涉案企业合规工作，结合合规整改结果判断是否需要‘两分法’处理，让企业活下来，让员工留下来。处理涉案个人时，应考量其客观行为、认罪态度、作案动机、退赃意愿、家庭情况、前科劣迹等。对部分率先认罪、态度好，甚至对突破整个案件有重要贡献的犯罪嫌疑人，应贯彻宽严相济刑事政策、给予从宽处理，情节轻微的可以依法作出不起诉处理。对于不起诉案件，防止出现刑事不处罚，行政也不处罚的不合理现象。检察机关内部应做好行刑反向衔接工作，对外由行政检察部门向相关行政机关发出检察意见书，就行政处罚结果的执行进行跟踪或通过异地协作的方式确保行刑反向衔接工作落地落实。”

在法院系统，2024 年 5 月 30 日上午，举办了以“中国特色现代企业合规司法制度的探索与实践”为主题的“最高人民法院法官讲坛”第四讲。最高人民法院党组书记、院长张军明确提出，“不能让任何一个企业仅因涉案而垮掉”，并提出了三点希望。

一是希望各级法院把“从政治上看、从法治上办”落到实处。涉案企业合规改革是立足我国经济社会发展现实，把“严管”与“厚爱”相结合的重要制度。实施中，要把“从政治上看”与“从法治上办”有机结合起来，从更有利于民营经济发展的角度，准确把握好政策。要深刻认识我国民营企业正在发展壮大、相关制度规范还不够完善、现代企业制度还在建设中的现实，立足最大限度地挽救涉案企业、保住经营主体，积极教育、救治，坚决防止一判了之。只要不违反法律规定，就可以探索开展涉案企业合规改革；只要有利于企业发展，就要协同有关方面有力地推进，不能让任何一个企业仅因涉案而垮掉。同时，把“严管”进一步做实，与有关方面协同落实好第三方监管机制。要抓紧研究出台相关制度规范，在法答网、人民法院案例库中充实相关内容，促进规范涉案企业合规改革工作。

二是希望民营企业坚持守法合规经营。企业发展经营只有合规、唯有依法才能行稳致远。当面对明显违规违法能获利、严格依法依规经营会失去商机的权衡时，负责任的企业家应该选择后者。要坚决向行贿、逃税、走私、侵犯知识产权等违法经营行为说不。要像重视市场销售、财会内控一样重视合规建设。

三是希望携手相关部门把合规改革推向前进。深化涉案企业合规改革，需要全国工商联、有关政法机关、行政部门、专家学者形成工作合力。要共同推进合规改革尽快成为法律条文，为相关单位依法规范实施提供重要制度依据。要共同落实合规监管制度，总结监管评估中的正反案例，努力为建立健全法律制度提供实践样本。要共同促推法治化营商环境不断健全完善，奔着问题去、盯着问题改，坚决破除妨碍推进中国式现代化的思想观念和体制机制弊端，让民营企业家对法治环境的期盼更好地成为现实。

从前文来看，涉税违法企业合规改革制度将得到进一步的建立健全，从事实体经营的企业也应当注重企业的合规建设，在开展业务的同时兼顾合规管理，避免踩红线。即使进入刑事处理程序，也应当及时找出问题，认清企业责任，积极配合检察机关的调查工作，争取合规不起诉的有利结果。

第三篇

虚开案件刑事、行政判决书评析

关于虚开增值税专用发票罪的定罪处罚，无论是定罪，还是量刑，都是刑事案件处理中的难点问题，同案不同判的现象比较严重。究其原因主要有三个。一是税法专业性较强，而增值税作为流转税的第一大税种，其购进扣税法制度的设计产生出增值税专用发票的管理载体，其中包含复杂的税收原理，由于人民法院行政审判庭、刑事审判庭处理该类型业务数量相对较少，难以形成专业化的审判力量。二是一个虚开刑事案件，从税务机关移送公安机关，从检察机关移送法院审理，经历了多个机关的调查、审查，已经形成了一致的意见，即便该意见与最高人民法院的要求不一致，对于人民法院判决宣告无罪来说，也形成了巨大的体制压力，特别是有的是督办案件，更增加了司法体制运作的惯性。三是刑法自身的问题。《刑法》第二百零五条以简单罪状规定虚开增值税专用发票罪，这导致理论界、实务界对本罪中“虚开”这一实行行为的理解分歧很大，虽然最高人民法院、最高人民检察院已经出台了法释〔2024〕4号文件，但是从最高人民法院的解读意见中，依然可以感受到对定罪量刑的多个重要问题没有形成一致意见。本书选取最高人民法院《人民司法》、《刑事审判参考》、人民法院案例库等的典型案例，通过这些典型案例的司法意见，展现虚开犯罪惩罚的主要案型。

刑事案例一　芦某某虚开抵扣税款发票案（《刑事审判参考》）

——虚开抵扣税款发票罪中的主观目的认定，应当结合犯罪对象、抵扣故意等综合认定

案例背景说明：刊登在《刑事审判参考》《人民司法》上的案例，具有一定的典型示范意义，对于指导各级各地人民法院处理类似案件具有重大参考意义。本案与后一案例《福建省泉州市××实业有限公司等伪造、出售伪造的增值税专用发票案》，意在纠偏。在此之前，实务中长期将其理解为行为犯，如1996年最高人民法院研究室在《关于对无骗税或偷税故意、没有造成国家税款损失的虚开增值税专用发票行为如何定性问题的批复》中规定，行为人虚开增值税专用发票，不论有无骗税或偷税故意、是否实际造成国家税收的实际损失，构成犯罪的，均应依照刑法第二百零五条的规定定罪处罚。然而，随着经济的发展，经济生活中的虚开发票行为开始多样化，既有为了抵扣、偷逃税款的虚开情形，也有为了虚增业绩、夸大实力的虚开情形，以及通过他人代开等情形，这些案件涉案价税动辄上百万元，若不考虑是否实际造成法益损害，一律作入罪处理，就会导致刑罚的滥用与恣意。2001年，最高人民法院在关于福建省高级人民法院请示的《福建省泉州市××实业有限公司等伪造、出售伪造的增值税专用发票案》的答复中指出："主观上不具有偷骗税款的目的、客观上亦未实际造成国家税收损失的虚开发票行为，不构成犯罪。"即便是侵犯集体

法益的犯罪，作为法律规范保护的客体也应当具有可损性；即便该行为违反行为规范的规定，但若未能对其保护的客体造成实质的侵害与危险，司法上也不宜将其认定为犯罪。为了审慎说明虚开犯罪处理的案件类型，最高人民法院分别在《刑事审判参考》与《人民司法》上刊登了两个案例，针对经济现实中出现的新类型案件是否作为虚开犯罪处理表明态度，开始强调考虑特定的骗抵目的。

一、基本案情

被告人芦某某，个体运输户。因涉嫌虚开用于抵扣税款的发票罪，于1999年6月8日被逮捕。

浙江省宁波市人民检察院以被告人芦某某犯虚开用于抵扣税款的发票罪，向宁波市中级人民法院提起公诉。

宁波市中级人民法院经公开审理查明：

1997年7月至1998年12月，被告人芦某某挂靠宁波旭日公司，承租宁波远航公司，并从上述两公司分别获取了全国联运业货运统一发票（以下简称“联运发票”）和浙江省宁波市公路集装箱运输专用发票及浙江省公路货运专用发票等运输发票。被告人芦某某在以宁波旭日公司名义经营运输业务期间，为少缴应纳税款，先后从自己承租的宁波远航公司以及5家运输企业接受虚开的表明营业支出的联运发票、浙江省宁波市公路集装箱运输专用发票及浙江省公路货运专用发票等运输发票共53张，价税合计人民币6744563.77元，并将上述发票全部入账，用于冲减其以宁波旭日公司名义经营运输业务的营业额，实际偷逃营业税200379.25元，城市维护建设税14026.55元，企业所得税333965.41元，合计偷逃税款548371.21元，且偷逃税额占其应纳税额的30%以上。

为帮助其他联运企业偷逃税款，被告人芦某某将宁波旭日公司联运发票的发票联共50张提供给浙江省鄞县古林运输公司江北托运部等5家运输企业，将宁波远航公司及浙江省宁波市公路集装箱运输专用发票的发票联3张提供给其他公司用于虚开，虚开的发票联金额总计为4145265.32元，存根联或记账联金额为54395元。以上虚开的运输发票均已被以上受票的运输企业用以冲减营业额，实际偷逃营业税122728.84元，城建税8561.01元，企业所得税204548.07元，合计偷税税款335867.92元。

二、裁判理由

宁波市中级人民法院认为：被告人芦某某在挂靠运输企业经营运输业务期间，违反国家税收法规，故意采用虚假手段，虚增营业开支，冲减营业数额，偷逃应纳税款计人民币548371.21元，且偷逃税额占应纳税额的30%以上；又提供或虚开运输发票，帮助其他运输企业虚增营业开支，冲减营业数额，偷逃应纳税款，计人民币335867.92元，其行为已构成偷税罪。公诉机关指控芦某某犯罪的事实清楚，证据确实、充分，但指控被告人芦某某的行为构成虚开用于抵扣税款发票罪依据不足，指控罪名错误，应予纠正。依照《刑法》第二百零一条第一款、第五十二条之规定，于2000年4月25日判决如下：

被告人芦某某犯偷税罪，判处有期徒刑六年，并处罚金人民币一百万元。

一审判决后，被告人芦某某服判。宁波市人民检察院抗诉提出：本案中的运输发票具有抵扣税款的功能，被告人芦某某虚开了具有抵扣功能的发票，其行为已触犯《刑法》第二百零五条的规定，构成虚开用于抵扣税款发票罪。一审判决因被告人没有将虚开的发票直接用于抵扣税款而认定被告人的行为构成偷税罪不当。

浙江省高级人民法院审理后认为：本案中所有用票单位都是运输企

业，均不是增值税一般纳税人，无申报抵扣税款资格。因此，本案被告人为别人虚开或让别人为自己虚开的发票在运输企业入账后，均不可能被用于抵扣税款。被告人芦某某主观上明知所虚开的运输发票均不用于抵扣税款，客观上使用虚开发票冲减营业额的方法偷逃应纳税款，其行为符合偷税罪的构成要件，而不符合虚开用于抵扣税款发票罪的构成要件。原审判决定罪和适用法律正确，量刑适当。审判程序合法。

依照《刑事诉讼法》第一百八十九条第（一）项之规定，于2000年12月29日裁定驳回抗诉，维持原判。

三、裁判要旨

虚开可以用于抵扣税款的发票冲减营业额偷逃税款，应当定性为偷税，而非虚开抵扣税款发票罪。该案发表于最高人民法院《刑事审判参考》2001年第6辑（总第17辑）。最高人民法院认为，虚开抵扣税款发票罪的成立，必须同时具备以下条件：①行为人实施了虚开用于抵扣税款的发票的行为；②犯罪对象必须是可以用于抵扣税款的发票；③行为人必须具有抵扣税款的资格；④行为人必须具有抵扣税款的故意。对《刑法》第二百零五条中的“用于抵扣税款”的理解不能过于宽泛，“用于”应指主观上想用于和客观上实际用于，而不包括虽然可以用于但行为人主观上不想用于，客观上也没有用于，也不能将行为人使用发票意图不明的视为准备用于。法研〔2015〕58号文件中提及：“《刑事审判参考》曾刊登‘芦某某虚开抵扣税款发票案’。该案例提出，虚开可以用于抵扣税款的发票冲减营业额偷逃税款的行为。主观上明知所虚开的运输发票均不用于抵扣税款，客观上使用虚开发票冲减营业额的方法偷逃应纳税款，其行为不符合虚开用于抵扣税款发票罪的构成要件，属于偷税行为。”

四、本书说明

该案发生在2000年之前，当时流转税包括营业税与增值税两大税种，主要根据行业不同、征管机关不同，分属两大税种。营业税不存在价外计征、进项抵扣的征税机制，主要依据营业额的全额或差额征税。交通运输业属于营业税纳税人，营业税纳税人虚开了可以用于抵扣税款的发票，因存在客观上的政策限制，不可能用于抵扣增值税的销项。法院裁判的逻辑前提是，基于该制度上的客观不能论证犯罪构成的主客观要件，该客观不足以证明行为人没有利用发票抵扣功能骗取国家税款的主观故意。《财政部　国家税务总局关于在全国开展交通运输业和部分现代服务业营业税改征增值税试点税收政策的通知》（财税〔2013〕37号）（全文废止）规定，“经国务院批准，自2013年8月1日起，在全国范围内开展交通运输业和部分现代服务业营改增试点”，提供交通运输业服务，税率为11%。自此以后，交通运输业的纳税人不再有抵扣的制度客观障碍。该案例也说明，最高人民法院当时对于不认定犯罪情况的口径还是从紧，只有客观不能的案例，才作为典型案例。

刑事案例二　福建省泉州市××实业有限公司等伪造、出售伪造的增值税专用发票案

——虚开增值税专用发票的主观目的逐渐成为判定是否成立该罪的条件之一

一、基本案情

公诉机关：福建省泉州市人民检察院。

被告单位：福建省泉州市××实业有限公司（以下简称“××公司”），中外合资企业。

被告人：林某某。

被告人：陈某某，原系××公司董事长兼总经理。1995年11月1日，曾因偷税罪被石狮市人民法院判处有期徒刑三年，缓刑五年，在缓刑考验期内因本案被采取强制措施。

被告人：施某某，原系××公司副总经理。

2000年5月，林某某在××公司向陈某某推销节能器材过程中，得悉陈某某为提高公司现有设备价格，以显示公司经济实力，欲购买一些伪造票据作公司账目。林某某即表示愿意提供，陈某某提出虚开票据数额为3700余万元人民币。双方商定，由陈某某按虚开面额5‰的比例支付酬金给林某某，并向林某某提供了3张××公司向江苏扬州××物资有限公司、

江苏盐城××化纤机械有限公司、江苏苏州××化工有限公司购买设备所开具的增值税专用发票作为样式。施某某在陈某某的授意下，根据该公司现有设备虚列了一张价格 3700 余万元人民币的设备清单，通过杨某某（另案处理）交给林某某，林某某则根据陈某某、施某某提供的发票样式及设备清单，从他处买来伪造的增值税专用发票 942 份，以及发票专用章 12 枚，并以××公司为受票人开具发票 326 份，面额总计 37087001.15 元，税额 5388709.57 元。6 月 23 日，林某某指使杨某某将开具的 326 份伪造的增值税专用发票拿到××公司，经施某某核对后交由陈某某，陈某某付款 18.54 万元给林某某。案发后，公安机关在林某某家中搜出开错税率和空白的伪造增值税专用发票，以及伪造的印章 12 枚。

福建省泉州市人民检察院以被告人林某某犯虚开增值税专用发票罪、购买伪造的增值税专用发票罪，被告单位××公司、被告人陈某某和施某某犯虚开增值税专用发票罪向福建省泉州市中级人民法院提起公诉。

被告单位××公司及其辩护人辩称，××公司虚开增值税专用发票不是用于抵扣税款，犯罪情节轻微，可以不认为是犯罪。

被告人林某某及其辩护人辩称，林某某在公安机关主动交代为××公司虚开增值税专用发票的事实，构成立功，应从轻、减轻处罚。

被告人陈某某及其辩护人辩称，陈某某虚开增值税专用发票不是为了抵扣税款，归案后认罪态度好，应从轻处罚。

被告人施某某及其辩护人辩称，施某某没有虚开增值税专用发票的主观故意和客观行为，不是本案单位犯罪的直接责任人员，施某某不构成犯罪。

二、裁判理由

福建省泉州市中级人民法院经审理认为，被告人林某某违反国家对增值税专用发票的管理规定，为牟取非法利益，购买伪造的增值税专用发票942份，并从中为被告单位××公司虚开326份，面额总计37087001.15元，税额5388709.57元，虚开数额巨大，其行为已构成虚开增值税专用发票罪及购买伪造的增值税专用发票罪；被告人陈某某、施某某分别是××公司的法定代表人和副总经理，为公司牟取非法利益，故意让他人以公司的名义虚开增值税专用发票，且虚开的税款数额巨大，其中，被告人陈某某系直接负责的主管人员，被告人施某某系直接责任人员。被告单位××公司及被告人陈某某、施某某均已构成虚开增值税专用发票罪。林某某在被公安机关查获其伪造的增值税专用发票及印章的情况下，才交代赃物去向及其他同案犯的犯罪事实，故其辩护人提出林某某有立功情节的辩护理由不能成立。被告单位××公司违反国家对增值税专用发票的管理法规，虚开增值税专用发票数额巨大，社会危害性大，故其辩护人提出被告单位犯罪情节轻微，可以不认为是犯罪的辩护理由于法无据。被告人陈某某为牟取单位非法利益，与被告人林某某商定虚开增值税专用发票事宜，指使被告人施某某虚列设备清单，是主犯，其辩护人提出陈某某虚开增值税专用发票不是为了抵扣税款，归案后认罪态度好，建议从轻处罚的意见可以采纳。陈某某在缓刑期间犯罪，应撤销缓刑，数罪并罚。被告人施某某明知陈某某为显示××公司经济实力，在其授意下为虚开增值税专用发票而开具公司生产设备价格清单、验收虚开增值税专用发票的事实，有同案人供述，并有扣押的虚开的生产设备清单、虚开的增值税专用发票可佐证，施某某辩称事先不知道要虚开增值税专用发票及其辩护人提出的施某某没有虚开增值税专用发票的主观故意和客观行为，不是本案单位犯罪的直接责任人员，施某某不构成犯罪的辩解和辩护意见均无事实和法律依据，不予采纳。鉴于施某某系在陈某某的指使下实施犯罪行为，在本案犯罪中起次要、辅助作用，是从犯，对被告人施某某应比照陈某某减轻处罚。依照《刑法》相关规定，判决如下：

（1）撤销石狮市人民法院（1995）狮刑初字第 173 号刑事判决中以偷税罪判处被告人陈某某有期徒刑三年，缓刑五年的缓刑部分之判决。

（2）被告单位××公司犯虚开增值税专用发票罪，判处罚金人民币三十万元。

（3）被告人林某某犯虚开增值税专用发票罪，判处有期徒刑十三年，并处罚金人民币十万元；犯购买伪造的增值税专用发票罪，判处有期徒刑三年，并处罚金人民币五万元。决定执行有期徒刑十五年，并处罚金人民币十五万元。

（4）被告人陈某某犯虚开增值税专用发票罪，判处有期徒刑十年，合并原偷税罪有期徒刑三年，决定执行有期徒刑十二年。

（5）被告人施某某犯虚开增值税专用发票罪，判处有期徒刑五年。

（6）继续追缴被告人林某某违法所得人民币 18.45 万元，上缴国库。

一审宣判后，被告单位××公司及被告人林某某、陈某某、施某某均不服，提出上诉。

福建省高级人民法院二审查明的案件事实与一审认定的案件事实基本一致，认为：上诉人林某某违反国家对增值税专用发票管理规定，为牟取私利，受人之托，从他人处购买了伪造的增值税专用发票 942 份，从中出售给××公司 326 份，其行为已构成出售伪造的增值税专用发票罪。因其购买时即明知不是为了抵扣税款，也没有将抵扣联交给买方，未给国家税款造成损失，综合考虑本案的情节及后果，对林某某可予以从轻处罚。林某某及其辩护人关于只构成虚开增值税专用发票一罪和具有自首和立功情节等辩护意见，经查与法律、事实不符，不予采纳。上诉单位××公司和上诉人陈某某、施某某向他人购买伪造的增值税专用发票的行为，不是为了抵扣税款，而是为了提高购进设备价值，显示公司实力，以达到在与他人合作谈判中处于有利地位的目的。根据国家税法的规定，注明为固定资产的增值税专用发票不能抵扣税款，且陈某某也没有要抵扣联，国家税款不会因其行为而受损失，××公司、陈某某、施某某的行为不具有严重的社会危害性，因此不构成犯罪。各被告人及其辩护人的有关辩护理由，予以采纳。原审以虚开增值税专用发票罪对××公司、陈某某、施某某定罪处刑不当，应予撤销。原审认定上诉人林某某出售伪造的增值税专用发票的事实清楚，但定罪不当。依照《刑事诉讼法》第一百八十九条第（二）项及《刑法》第二百零六条第一款、第六十四条之规定，于2002年5月31日判决如下：

（1）撤销泉州市中级人民法院（2000）泉刑初字第196号刑事判决；

（2）上诉人林某某犯出售伪造的增值税专用发票罪，判处有期徒刑五年，并处罚金人民币五万元；

（3）上诉单位××实业公司、上诉人陈某某和施某某无罪。

三、裁判要旨

本案是疑难请示案件。最高人民法院在答复福建省高级人民法院请示的《福建省泉州市××实业有限公司等伪造、出售伪造的增值税专用发票案》中，明确答复不以抵扣税款为目的的虚开发票行为，不构成犯罪。主要理由是，犯罪属于严重的社会危害性行为，在确定行为是否具有严重的社会危害性时，不仅要考察行为的客观危害性，而且要关注行为的主观危险性。主观方面，涉案被告单位或被告人是为了虚夸公司实力，以便在和外商谈判时处于有利的地位，并不具有偷、骗税款故意，且无证据证实其具有获取其他非法利益的动机和目的；客观方面，根据国家税法的规定，注明为固定资产的增值税专用发票不能抵扣税款，且涉案被告单位或被告人根本没有要增值税专用发票的抵扣联，所以，国家税款不会因其行为而遭受损失，且无证据证实有其他严重危害后果。因此，本案被告单位或被告人购买伪造的增值税专用发票和接受虚开增值税专用发票的行为，从本质上讲不具有严重的社会危害性。

最高人民法院法官提出了目的性限缩解释方法，对增值税专用发票犯罪相关刑法条文的理解和适用，也必须照应目的性限缩解释方法的运用。通过查阅立法资料可知，1997 年《刑法》修改时没有注意到类似本案的虚开增值税专用发票情况，也没有考虑到对这种问题的处理，《刑法》第二百零五条的立法本意是保障国家流转税制，打击的锋芒是利用增值税专用发票非法抵扣国家税款和骗取出口退税款的行为。因此，对于确有证据证实行为人主观上不具有偷、骗税目的，客观上也不会造成国家税款流失和其他严重后果的虚开增值税专用发票行为，虽然字面上看符合《刑法》第二百零五条的规定，但是不宜按照犯罪处理。最高人民法院的目的性限缩解释方法，并没有正向说明是否属于犯罪构成，只是作为反向出罪的要件，并且该种理论性较强的目的性限缩法律适用方法，只有最高人民法院才有适用的职权依据，作为地方司法机关一般不宜对法律适用中的疑难问题作出解释说明，司法指导的效果不是很明显。

四、本书说明

该案与芦某某虚开抵扣税款发票案具有相同点，均存在客观制度障碍导致其不可能抵扣增值税的进项税。本案是因为购进固定资产业务向上游开票方支付的税款不得抵扣，芦某某案是因为其所处的行业整体上是营业税的纳税人。我国增值税制度逐步从生产型向消费型转型过渡，在 2008 年 12 月 31 日之前，购进机器设备等固定资产的进项税额不允许抵扣，直到国务院决定增值税制度改革，印发了《财政部、国家税务总局关于全国实施增值税转型改革若干问题的通知》（财税〔2008〕170 号）（条款修订）。文件规定："为推进增值税制度完善，促进国民经济平稳较快发展，国务院决定，自 2009 年 1 月 1 日起，在全国实施增值税转型改革。为保证改革实施到位，现将有关问题通知如下：一、自2009年1月1日起，增值税一般纳税人（以下简称纳税人）购进（包括接受捐赠、实物投资，下同）或者自制（包括改扩建、安装，下同）固定资产发生的进项税额（以下简称固定资产进项税额），可根据《中华人民共和国增值税暂行条例》（国务院令第538号，以下简称《条例》）和《中华人民共和国增值税暂行条例实施细则》（财政部国家税务总局令第50号，以下简称《细则》）的有关规定，凭增值税专用发票、海关进口增值税专用缴款书和运输费用结算单据（以下简称增值税扣税凭证）从销项税额中抵扣，其进项税额应当记入‘应交税金——应交增值税（进项税额）’科目。”

两起案件都因为存在客观制度障碍所以没有按照虚开增值税专用发票罪处理，表明最高人民法院在当时的态度仍很谨慎。因客观制度障碍足以证明行为人不可能有利用增值税专用发票抵扣功能骗取国家税款的主观故意，客观上也无法实施。而对于不存在前述客观障碍证据的案件，能否以其证据证明其不具有骗抵税款目的，进而不作为虚开犯罪处理？类似案件引起了理论与实务争议，最高人民法院于2004年11月24日至27日在苏州市召开了全国部分法院经济犯罪案件审判工作座谈会，其中，关于虚开增值税专用发票犯罪的认定及其定罪标准问题，只是形成了倾向性意见，未能形成座谈会纪要印发给各级各地人民法院，一体遵照执行。

“对于实践中下列几种虚开发票行为，一般不宜认定为虚开增值税专用发票犯罪：（1）为虚增营业额、扩大销售收入或者制造虚假繁荣，相互对开或环开增值税专用发票的行为；（2）在货物销售过程中，一般纳税人为夸大销售业绩，虚增货物的销售环节，虚开进项增值税专用发票和销项增值税专用发票，但依法缴纳增值税并未造成国家税款损失的行为；（3）为夸大企业经济实力，通过虚开进项增值税专用发票虚增企业的固定资产，但并未利用增值税专用发票抵扣税款，国家税款亦未受到损失的行为。”

补充说明：各级各地法院对于具体案件中法律如何适用存在疑难，经审判委员会讨论之后，虽然可以形成多数意见，但是仍然拿不准的，可以将疑难案件报送上级法院请求业务指导，对具体案件的法律适用问题申请解答，一般由上级法院的业务庭或者审判委员会研究后作出答复，俗称“报疑请”。

关联索引

一审：泉州市中级人民法院（2000）泉刑初字第196号。

二审：福建省高级人民法院（2001）闽刑终字第391号（2022年5月31日）。

刑事案例三　赵某某等虚开增值税专用发票案（人民法院案例库）

——虚开增值税专用发票罪中“虚开发票行为”的内涵及犯罪数额的认定标准

一、基本案情

2011年11月至2013年1月期间，被告单位山东省肥城泰某实业有限公司（以下简称“泰某公司”）在购买河北省安平县旺某五金丝网厂（以下简称“旺某五金”，该厂系个体工商户，无开具增值税专用发票资格）货物的过程中，泰某公司原法定代表人兼总经理赵某某安排该公司原经营部部长赵某、原主管会计郭某某核算需要虚开的增值税专用发票数额后，赵某某等人联系旺某五金的经营者，由后者联系被告人董某，商定以支付“开票费”的方式让董某为泰某公司虚开增值税专用发票。在没有真实货物交易的情况下，董某向其代销货物的天津两公司提供虚构的开票信息，陆续向泰某公司虚开增值税专用发票共计59份，价税合计6046308.32元。在此过程中，泰某公司通过旺某五金经营者向被告人董某支付开票费20.34万元，泰某公司实际抵扣税款计781251.7元。

山东省肥城市人民法院于2022年6月2日作出（2022）鲁0983刑初32号刑事判决：（一）被告单位泰某公司犯虚开增值税专用发票罪，判处罚金五万元。被告人赵某某犯虚开增值税专用发票罪，判处有期徒刑三年，缓刑三年。被告人赵某犯虚开增值税专用发票罪，判处有期徒刑二年，缓刑二年。被告人郭某某犯虚开增值税专用发票罪，判处拘役六个月，缓刑六个月。被告人董某犯虚开增值税专用发票罪，判处有期徒刑二年六个月，缓刑二年六个月，并处罚金五万元。（二）扣押于泰安市公安局的违法所得 203400 元依法予以没收，由扣押机关上缴国库。审理过程中泰某公司所退缴违法所得 781251.7 元依法予以没收，上缴国库。宣判后，被告人赵某某不服，提出上诉。山东省泰安市中级人民法院于 2022 年 7 月 5 日作出（2022）鲁 09 刑终 125 号刑事裁定，驳回上诉，维持原判。

二、裁判理由

法院生效裁判认为，虽然泰某公司与旺某五金之间有部分真实交易，但泰某公司在支付应付的上述货款之外，另行向旺某五金支付 5% ~6% 的"开票费"，要求旺某五金找人为其开具税率为 17%，交易数额为 500 余万元的增值税专用发票，用于抵扣应缴税款，主观上存在让他人为自己虚开增值税专用发票的故意。根据本案查明的事实，泰某公司在向旺某五金购买产品过程中支付的货款并不包含税款，其在支付真实货款之外又额外向旺某五金支付的"开票费"，并非其向旺某五金支付的税款，而是"购买"涉案虚开增值税专用发票的费用，该笔款项并未作为国家税收进入国库，故该款项不应在犯罪数额中予以扣除，亦属于国家税款的损失。

三、裁判要旨

虚开增值税专用发票罪虚开发票行为的界定，要结合被告人的主观目的进行认定。利用增值税专用发票可以抵扣税款的核心功能，从国家骗抵税款的虚开发票行为，本质上与诈骗犯罪无异，危害性大，因此刑法对虚开增值税专用发票罪规定了严厉的法定刑。抵扣税款的前提是进项已缴纳税款。对于虽有实际交易但没有缴税的业务，因为其在购买环节没有缴纳税款，所以其无权抵扣；被告人若从第三方购买发票进行抵扣，本质上就是骗抵税款的虚开发票行为。被告人购买发票的“开票费”等支出，卖票方不会作为税款上缴国家，对国家来说，损失的是被告人抵扣的全部税款，因此犯罪数额中不能扣除“开票费”。

四、本书说明

行为人向国家申报抵扣税款的前提有两个：一是行为人在上一交易环节缴纳了增值税，行为人向上游企业支付的款项包括价格与税额，即国家从该交易的增值部分征收增值税；二是行为人依照法律规定在销售环节享有抵扣的权利。这两个条件必须同时具备，缺一不可。该交易模式较为常见，上游销售方没有开具增值税专用发票的资格，或者即便能够开具增值税专用发票，也会大幅增加其税负，因此，不会愿意自行开具增值税专用发票，个体工商户就是此类典型，享受现有税政特定额度内、符合特定条件的增值税免税待遇。下游卖方为了解决增值税专用发票问题，以支付“开票费”的方式，通过中介取得增值税专用发票。买方在真实的购进环节没有缴纳进项税（对于卖方来说，就是销项税），不满足抵扣条件。

关联索引

《刑法》第二百零五条。

一审：山东省肥城市人民法院（2022）鲁0983刑初32号刑事判决（2022年6月2日）。

二审：山东省泰安市中级人民法院（2022）鲁09刑终125号刑事裁定（2022年7月5日）。

刑事案例四　夏某虚开增值税专用发票案
（人民法院案例库）
——有真实交易代开行为与无真实交易虚开发票行为的区分

一、基本案情

2012年2月至2013年4月，被告人夏某作为某建材公司实际经营人，为抵扣税款，在与某石油化工公司无真实货物交易的情况下，与实际欲从某石油化工公司购油的王某、宋某商定，由王某、宋某以某建材公司名义向某石油化工公司采购燃料油。为体现公对公转账，王某、宋某将购油款转至某建材公司公户，某建材公司再将购油款转至某石油化工公司。后某石油化工公司向某建材公司开具增值税专用发票，王某、宋某将增值税专用发票交给夏某，夏某用于公司抵扣税款，并向王某、宋某支付价税合计3%的开票费，王某、宋某从某石油化工公司运走燃料油后销售。夏某通过上述手段让他人为自己虚开增值税专用发票13份，虚开发票税额共计31.628178万元，并已认证抵扣。2019年4月，某建材公司登记注销。

山东省滨州市滨城区人民法院于2022年11月22日作出（2022）鲁1602刑初241号刑事判决：被告人夏某犯虚开增值税专用发票罪，判处有期徒刑一年六个月。宣判后，被告人夏某提出上诉。山东省滨州市中级人民法院于2023年3月29日作出（2023）鲁16刑终5号刑事裁定：驳回上诉，维持原判。

二、裁判理由

法院生效裁判认为，某建材公司未实际采购柴油，借他人采购柴油之机，由王某、宋某将购油款经某建材公司转至售油公司，售油公司向某建材公司开具增值税专用发票，某建材公司支付王某、宋某开票费。上述过程中，售油公司实际销售柴油，有真实货物交易，但建材公司与王某、宋某或售油公司均无实际货物交易，仅以支付开票费、虚假走账的方式非法获取售油公司开具的增值税专用发票，用于抵扣建材公司其他经营活动应缴纳的销项税款，造成国家税款损失；被告人夏某作为建材公司法定代表人，直接联系王某等人实施虚开发票行为并抵扣公司税款，其行为构成虚开增值税专用发票罪。故法院依法作出如上裁判。

三、裁判要旨

（1）有实际经营活动的公司从事虚开发票行为，往往与实际交易行为交织，对此要进行社会危害性的实质判断，坚持主客观相一致的原则，判断其主观上是否具有骗取抵扣国家税款的目的，客观上是否造成国家税款损失的行为，准确区分不同虚开发票行为。

（2）有实际生产经营活动，并非专门的开票公司，但其为降低成本从他人处以不含票价格购进货物，即在进货过程中未向国家缴纳增值税款，仅以支付开票费方式从与其无真实交易的第三方获取进项发票，用于抵扣其实际销售货物缴纳的销项税。只有在真实交易环节缴纳了增值税，才有向国家税务机关申请抵扣税款的权利，虽有实际经营，但在让他人开票环节并没有对应的真实交易，也没有缴纳进项增值税，却让他人为自己虚开发票用于抵扣销项税，具有骗取国家税款的目的，造成国家税款损失，属于《刑法》第二百零五条规定的“虚开”。

四、本书说明

本案虚开情形也属常见，一方需要增值税专用发票，另一方需要货物，二者结合，均摊利益。需要增值税专用发票用于抵扣的企业，因其与开发票方没有真实的交易，只是使用了自己的名义，实际业务发生在需要货物一方与开票方，属于典型的“票货分离”型虚开。

关联索引

《刑法》第二百零五条。

一审：山东省滨州市滨城区人民法院（2022）鲁1602刑初241号刑事判决（2022年11月22日）。

二审：山东省滨州市中级人民法院（2023）鲁16刑终5号刑事裁定（2023年3月29日）。

刑事案例五　金某某等虚开增值税专用发票案（人民法院案例库）

——暴力虚开的“假公司”以卖票牟利为目的，应当依法予以处理

一、基本案情

2018年至案发前，被告人金某某雇用被告人陈某某、李某某、王某某等人，以他人名义注册或购买上海穗某商贸有限公司等近40家“空壳”公司。在无任何实际货物交易的情况下，金某某以向他人支付票面金额1.3%～2.2%“开票费”，“票货分离”、资金迂回走账等方式，接受山东、浙江等地多家公司虚开的增值税专用发票，价税合计3.8亿余元，税额4600余万元。之后，金某某又通过虚构货物购销业务，向山西、河北、上海等地企业虚开增值税专用发票，价税合计2.2亿余元，造成税款2700余万元被抵扣。

二、裁判理由

浙江省天台县人民检察院以金某某等涉嫌虚开增值税专用发票罪提起公诉。浙江省天台县人民法院认为，被告人金某某在没有真实交易情况下，为他人虚开、让他人为自己虚开增值税专用发票，数额巨大；其他同案被告人明知金某某虚开增值税专用发票仍然参与其中，均已构成虚开增

值税专用发票罪。浙江省天台县人民法院以虚开增值税专用发票罪判处被告人金某某有期徒刑十四年，并处罚金人民币四十五万元；对同案被告人分别判处有期徒刑三年至十三年六个月，并处罚金。一审宣判后，同案被告人提出上诉。浙江省台州市中级人民法院经审理，裁定驳回上诉，维持原判。

三、裁判要旨

既让他人为自己虚开进项发票，又为他人虚开销项发票，是暴力虚开的“空壳”公司，属于典型的虚开增值税专用发票犯罪行为。

刑事案例六 王某某虚开增值税专用发票案

——主观上不具有非法占有目的，客观上未造成国家税款损失，不宜以虚开增值税专用发票罪定罪处罚

一、基本案情

某煤炭贸易公司、济南某能源公司、山东某冶金科技公司均系有限责任公司，被告人王某某系某煤炭贸易公司法定代表人、总经理，负责该公司全面工作，李某某系济南某能源公司实际负责人。2010 年 12 月，王某某、李某某分别代表某煤炭贸易公司、济南某能源公司签署煤炭供销合作协议，内容为：自 2010 年 12 月 5 日至 2012 年 12 月 4 日，济南某能源公司向某煤炭贸易公司每月供应煤炭 25 万吨，某煤炭贸易公司每月以预付款方式确保资金供应，山东某冶金科技公司为该资金安全提供担保。王某某为控制济南某能源公司，经与李某某商议，安排其先前生意伙伴王某伟、宣某某等共同持有该公司 90% 的股权，并指定王某伟任公司总经理，具体负责公司的煤炭经营业务，后因经营管理等原因，至 2011 年底，某煤炭贸易公司支付济南某能源公司 2.5 亿余元购买煤炭预付款后，济南某能源公司未按约定履行供货合同。为应付上级单位对某煤炭贸易公司的年度审计，王某某经人介绍联系山东某冶金科技公司，要求该公司协助某煤炭贸易公司、济南某能源公司虚增交易流水量。2012 年 12 月 21 日至 25 日，

在没有真实贸易的情况下，王某某安排某煤炭贸易公司、济南某能源公司与山东某冶金科技公司签订煤炭购销合同，并在三公司之间进行银行转款，形成1.088832亿元的银行流水账，并要求济南某能源公司为某煤炭贸易公司、某煤炭贸易公司为山东某冶金科技公司、山东某冶金科技公司为济南某能源公司虚开增值税专用发票，其中，山东某冶金科技公司为济南某能源公司虚开增值税专用发票11份，税款1582.063586万元，并在税务机关全部予以抵扣。

山东省济南市中级人民法院于2015年12月4日作出（2015）济刑二初字第23号刑事判决，被告人王某某犯虚开增值税专用发票罪，判处有期徒刑十五年。一审判决后，被告人王某某以其无罪为由提出上诉。山东省高级人民法院于2016年6月2日作出（2016）鲁刑终84号刑事裁定，驳回上诉，维持原判。

原裁判发生法律效力后，王某某之子王某奇向山东省高级人民法院提出申诉，该院于2017年12月12日作出（2017）鲁刑申240号驳回申诉通知。

王某奇不服，向最高人民法院提出申诉。最高人民法院于2021年6月22日作出（2020）最高法刑申237号再审决定，指令河北省高级人民法院对本案进行再审。

河北省高级人民法院经再审查明，原审被告人王某某系某煤炭贸易公司法定代表人、总经理及济南某能源公司实际控制人。为应对某煤炭贸易公司的上级单位年度审计，王某某经人介绍联系山东某冶金科技公司，在没有真实煤炭货物交易的情况下，安排济南某能源公司、某煤炭贸易公司、山东某冶金科技公司于2012年12月19日、20日用1500万元资金在账户循环周转，最终形成济南某能源公司向山东某冶金科技公司支付购煤款1.088832亿元，山东某冶金科技公司向某煤炭贸易公司支付购煤款1.088832亿元，某煤炭贸易公司向济南某能源公司支付购煤款1.0871307亿元的银行流水。三家公司循环开具增值税专用发票，济南某能源公司于

12月21日、24日给某煤炭贸易公司开具增值税专用发票93份，价税合计1.0871307亿元，税额1579.591601万元；某煤炭贸易公司于12月21日、24日给山东某冶金科技公司开具增值税专用发票95份，价税合计1.088832亿元，税额1582.063586万元；山东某冶金科技公司于12月21日、25日给济南某能源公司开具增值税专用发票11份，价税合计1.088832亿元，税额1582.063586万元。上述三家公司税款全部予以认证抵扣。

河北省高级人民法院于2023年9月8日作出（2021）冀刑再7号刑事判决，撤销山东省高级人民法院（2016）鲁刑终84号刑事裁定和山东省济南市中级人民法院（2015）济刑二初字第23号刑事判决；原审被告人王某某无罪。

二、裁判理由

法院生效裁判认为，增值税发票具有凭票抵扣税款的功能，发票上记载的进项税额可以在销项税额中进行抵扣。虚开增值税专用发票罪的危害实质在于通过虚开发票行为骗取抵扣税款，本罪在实践中是最常见和多发的危害税收征管制度的犯罪之一。近年来，虚开增值税专用发票的行为屡禁不止，犯罪案件数量持续增多。但是，随着经济交易的复杂化、经济行为目的的多样化，有相当一部分虚开发票行为的目的已不是骗取国家税款，且有些虚开发票行为并未给国家税款造成损失，这与为骗取抵扣增值税税款的虚开发票行为在社会危害性上有显著不同，超出了虚开增值税专用发票罪的立法目的，如开票公司之间的销项税额与进项税额持平，不存在导致国家税款损失的情况，也就不会因此侵犯刑法保护的相应社会关系，该行为不具有社会危害性，因此，不应以刑事手段进行规制。根据最高人民法院的答复、座谈会纪要、指导案例、复函等精神来看，行为人主观上不以骗取税款为目的，客观上亦未实际造成国家税款损失的行为，不以虚开增值税专用发票罪定罪处罚，这也更符合罪责刑相一致原则。

本案中，多位证人证言、被告人供述及相关书证均能证实被告人王某某虽然在无真实交易的情况下，安排策划济南某能源公司、某煤炭贸易公司、山东某冶金科技公司三方进行银行资金流转，循环开具增值税专用发票，但其作为某煤炭贸易公司的法定代表人、总经理，系为了将旧账转为新账、应对上级集团单位的年度审计，主观上不具有骗取国家税款的目的；客观上，鉴于三家公司并无真实货物购销交易，虽均已对销项税额和进项税额进行抵扣，但三家公司交易具有完整的资金流向，按规定向主管税务机关进行了增值税进项、销项申报，整个流程是环开环抵，从抵扣链条来看，是一种闭环抵扣，因而并未造成国家税款的流失。故王某某的行为不符合虚开增值税专用发票罪的构成要件，不宜以虚开增值税专用发票罪定罪处罚。

三、裁判要旨

在无真实货物购销交易的情况下，循环开具增值税专用发票并均已进行进项税额抵扣，按规定向主管税务机关进行了纳税申报，整个流程环开环抵、闭环抵扣，未造成国家税款的流失。行为人不以骗取国家税款为目的，没有套取国家税款的行为和主观故意，不符合虚开增值税专用发票罪的构成要件，不宜以虚开增值税专用发票罪定罪量刑。

关联索引

《刑法》第二百零五条第一款。

一审：山东省济南市中级人民法院（2015）济刑二初字第23号刑事判决（2015年12月4日）。

二审：山东省高级人民法院（2016）鲁刑终84号刑事裁定（2016年6月2日）。

再审：河北省高级人民法院（2021）冀刑再7号刑事判决（2023年9月8日）。

刑事案例七　徐某虚开增值税专用发票案
（人民法院案例库）

——虚开增值税专用发票罪中单位犯罪与自然人犯罪并罚原则

一、基本案情

被告单位江阴市某机械制造有限公司在2016年至2018年被告人徐某担任法定代表人期间，在没有真实货物交易的情况下，多次以支付开票费的方式，通过张某某，从上海某国际贸易有限公司、江阴某金属材料有限公司虚开增值税专用发票46份至被告单位江阴市某机械制造有限公司，价税合计人民币4961148.68元，税款合计人民币709137.05元。上述增值税专用发票均已被被告单位江阴市某机械制造有限公司申报抵扣，致使国家税款被骗人民币709137.05元。

被告人徐某于2014年至2017年在实际经营江阴市某汽车工装设备厂（个体工商户，已注销）期间，在没有真实货物交易的情况下，多次以支付“开票费”的方式，通过张某某，从上海某国际贸易有限公司、江阴某贸易有限公司虚开增值税专用发票48份至江阴市某汽车工装设备厂，价税合计人民币6961221.68元，税款合计人民币1011460.11元。上述增值税专用发票均已被江阴市某汽车工装设备厂申报抵扣，致使国家税款被骗人民币1011460.11元。

被告人徐某于2021年1月5日接民警电话通知后主动至公安机关投案，并如实供述了上述犯罪事实。

案发后，被告单位江阴市某机械制造有限公司及被告人徐某已退回抵扣税款及缴纳滞纳金。

江苏省江阴市人民法院于2022年6月30日作出（2022）苏0281刑初664号刑事判决：（一）被告单位江阴市某机械制造有限公司犯虚开增值税专用发票罪，判处罚金人民币三十万元。（二）被告人徐某犯（单位）虚开增值税专用发票罪，判处有期徒刑一年六个月；犯虚开增值税专用发票罪，判处有期徒刑二年，并处罚金人民币二十万元；决定执行有期徒刑二年九个月，缓刑三年，并处罚金人民币二十万元。宣判后无上诉、抗诉，判决已发生法律效力。

二、裁判理由

法院生效裁判认为，被告单位江阴市某机械制造有限公司在被告人徐某经营期间，违反增值税专用发票管理规定，让他人为自己虚开增值税专用发票，虚开税款数额较大，被告人徐某系被告单位江阴市某机械制造有限公司直接负责的主管人员，被告单位江阴市某机械制造有限公司、被告人徐某的行为均已构成虚开增值税专用发票罪，系单位犯罪；被告人徐某在经营江阴市某汽车工装设备厂期间，违反增值税专用发票管理规定，让他人为自己虚开增值税专用发票，虚开税款数额较大，其个人行为也构成虚开增值税专用发票罪。被告人徐某作为被告单位江阴市某机械制造有限公司直接负责的主管人员犯虚开增值税专用发票罪的同时，其个人又犯虚开增值税专用发票罪，应予数罪并罚。被告人徐某到案情形符合自首的法律规定，对被告单位江阴市某机械制造有限公司、被告人徐某均可认定为自首，自愿认罪认罚，涉案税款损失已挽回，对被告单位江阴市某机械制造有限公司予以从轻处罚，对被告人徐某予以减轻处罚。

三、裁判要旨

个人既是单位所犯虚开增值税专用发票罪的直接责任人员又实施虚开增值税专用发票犯罪的，应依法承担单位犯罪责任，分别认定为虚开增值税专用发票罪的单位犯罪和自然人犯罪，分别量刑，再根据数罪并罚的规定进行并罚，不能将单位犯罪和自然人犯罪的金额直接累加认定虚开犯罪数额。

关联索引

《刑法》第二百零五条，第三十条，第三十一条，第六十九条第一款、第三款。

一审：江苏省江阴市人民法院（2022）苏0281刑初664号刑事判决（2022年6月30日）。

刑事案例八　某信息技术（北京）有限公司等虚开增值税专用发票案（人民法院案例库）

——单位犯罪中已注销公司造成的税款损失能否向公司实际控制人、股东追缴

一、基本案情

2012年11月至2017年8月，被告人徐某作为被告单位某信息技术（北京）有限公司（以下简称“某信息公司”）等12家被告单位（详略）及北京某科技有限公司（以下简称“某科技公司”，已于2019年1月注销）的实际控制人，伙同被告单位财务负责人被告人张某甲、出纳被告人张某乙，在没有真实交易的情况下，通过制作虚假合同、制造虚假资金流水等手段，让某商贸公司等单位为自己控制的13家公司虚开增值税专用发票4517张，税款合计人民币8260余万元（以下币种均为人民币），其中，认证抵扣增值税专用发票4296张，税款合计7940余万元，造成国家税款实际损失7640余万元。某科技公司认证抵扣增值税专用发票71张，税款合计235万余元。被告人张某乙从2013年10月至2017年8月参与虚开增值税专用发票3635张，税款合计6880余万元，其中，认证抵扣增值税专用发票3452张，税款合计6620余万元。

2020年1月8日，被告人张某甲被公安机关抓获归案，被告人张某乙

被公安机关电话传唤到案。1 月 15 日，被告人徐某被公安机关电话传唤到案。

被告人徐某到案后以某医疗公司名义退缴 100 万元；张某甲到案后退缴 30 万元，经征求张某甲意见，作为某医疗公司的应缴税款退缴。法院审理期间，被告单位共退缴 1546 万元。

北京市第三中级人民法院于 2021 年 9 月 30 日作出（2021）京 03 刑初 23 号刑事判决：被告单位某信息公司等 12 家被告单位犯虚开增值税专用发票罪，判处五万元至二十万元不等的罚金；被告人徐某等 3 名被告人犯虚开增值税专用发票罪，判处有期徒刑三年至九年不等的刑罚，并对被告人张某乙适用缓刑；依法追缴被告单位某信息公司等 12 家被告单位的应缴税款，移交税务机关，上缴国库。宣判后，没有上诉、抗诉，判决已发生法律效力。

二、裁判理由

法院生效裁判认为，被告单位某信息公司等 12 家公司在没有实际货物购销或者没有提供或接受应税劳务的情况下，让他人为自己虚开增值税专用发票，其行为已构成虚开增值税专用发票罪，且数额巨大，依法应予以惩处。被告人徐某作为被告单位的实际控制人，属于直接负责的主管人员；被告人张某甲作为被告单位的财务负责人，被告人张某乙作为被告单位的出纳，均属于其他直接责任人员。关于某科技公司所涉税款的追缴问题，因某科技公司在立案侦查前已注销，根据《最高人民检察院关于涉嫌犯罪单位被撤销、注销、吊销营业执照或者宣告破产的应如何进行追诉问题的批复》中“涉嫌犯罪的单位被撤销、注销、吊销营业执照或宣告破产的，应当根据刑法关于单位犯罪的相关规定，对实施犯罪行为的该单位直接负责的主管人员和其他直接责任人员追究刑事责任，对该单位不再追诉”之规定，公诉机关撤销某科技公司的被告单位身份于法有据。本案系单位犯罪，某科技公司在审理阶段已不具有被告单位身份，不具备承担刑事责任的相关能力，其因虚开增值税专用发票造成的税款损失，无法通过刑事诉讼程序向其追缴。同时，公诉机关提供的证据无法证实某科技公司与实际控制人徐某或公司股东存在财产混同，或涉案赃款实际流向了实际控制人徐某，故亦无法通过刑事诉讼程序直接向被告人徐某追缴。

三、裁判要旨

在被告单位不具备承担刑事责任的相关能力，且在案证据不足以证实存在公司财产与个人财产混同或涉案赃款流向实际控制人的情况下，不宜在刑事判决中直接向公司实际控制人、股东追缴某科技公司所涉税款。

关联索引

《刑法》第三十一条、第六十四条、第二百零五条。

《刑事诉讼法》第十五条。

一审：北京市第三中级人民法院（2021）京03刑初23号刑事判决（2021年9月30日）。

刑事案例九　山东某防水材料公司、徐某某虚开增值税专用发票案（“两高”发布依法惩治危害税收征管典型刑事案例）

——人民检察院审查起诉阶段适用合规不起诉的条件

一、基本案情

2019 年 6 月至 2021 年 9 月，苟某某（另案处理）以他人名义注册了多家“空壳”公司，在无真实货物交易的情况下向江苏、河南、浙江、福建、山东等地多家企业虚开增值税专用发票，税额 739 万余元。其中，2019 年 9 月，山东某防水材料公司（以下简称“防水公司”）为了抵扣税款，在无真实货物交易的情况下，由公司实际控制人徐某某通过苟某某控制的“空壳”公司为其虚开增值税专用发票 22 张，税额 27 万余元。2019 年 8 月至 10 月，徐某某还通过苟某某控制的“空壳”公司向其担任高管的厦门某防水建材公司等 2 家公司虚开增值税专用发票 59 份，税额 75 万余元。上述所开具发票全部用于抵扣，案发后虚开发票已作进项税额转出。

2022 年 4 月，本案由山东省寿光市公安局移送山东省寿光市人民检察院审查起诉。案件移送审查起诉后，徐某某表示认罪认罚，主动申请对防水公司启动企业合规程序，自愿进行合规整改。经过实地走访调查，检察机关了解到防水公司自2015年注册成立以来一直正常经营，企业产品具有良好的发展前景与潜力，年产值在3000万~5000万元，对当地的经济发展有一定贡献，合规整改有利于企业长期经营发展。2022年11月，检察机关决定对防水公司适用涉案企业合规及第三方监督评估机制。

二、裁判理由

检察机关商请寿光市企业合规第三方监督评估机制管委会组建了由当地税务机关工作人员、律师等组成的第三方监督评估组织，指导督促防水公司制订合规整改计划，明确企业专项合规整改的重点内容，建立健全相关合规管理体系。防水公司外聘合规专业团队，针对法务、税务等领域按照合规计划进行合规整改，并对管理人员开展法治教育。企业合规整改后，徐某某及企业管理人员放下思想包袱，积极组织开展生产经营活动。同时，检察机关强化对涉案企业规范经营的引导，促使企业步入良性发展轨道。2023年4月，经第三方监督评估组织评估认为，防水公司已完成有效合规整改。

2023年10月，山东省寿光市人民检察院参考合规考察结论，决定对防水公司作不起诉处理；以徐某某涉嫌虚开增值税专用发票罪提起公诉，并对其提出宽缓的量刑建议。山东省寿光市人民法院以虚开增值税专用发票罪判处被告人徐某某有期徒刑二年，缓刑二年，并处罚金人民币两万元。一审宣判后无抗诉、上诉，判决已发生法律效力。经回访了解，目前防水公司正常经营，产值维持平稳，在岗员工稳定。

三、裁判要旨

在涉案企业合规改革过程中，检察机关要充分发挥作用，准确把握合规整改适用条件，依托第三方监督评估机制管委会，确保案件妥善处理、合规有效开展。要综合考虑案件涉嫌罪名及涉案企业类型、规模、经营范围、主营业务等因素，有针对性地组建第三方监督评估组织，重点围绕与企业涉嫌犯罪有密切联系的企业内部治理结构、规章制度、人员管理等方面存在的问题，督促企业制订专项合规整改计划，建设有效合规管理体系。在办理案件中，可以根据涉案企业、涉案人员的犯罪事实、情节及在合规整改中的表现，依法作出处理决定，对有效合规整改的单位作相对不起诉；对直接责任人不符合不起诉条件的，依法提起公诉，并提出宽缓量刑建议。

刑事案例十　杨某虚开发票案
（“两高”发布依法惩治危害税收征管典型刑事案例）
——虚开普通发票与虚开增值税专用发票，在主观目的、税款损失方面的要求不同

一、基本案情

2014年至2022年，被告人杨某以近亲属或他人名义，注册成立11家公司。在无实际经营业务的情况下，通过中间人刘某（另案处理）、傅某某（另案处理）等人介绍，采用虚假走账、资金回流等方式，利用11家公司对外虚开增值税普通发票，从中收取票面金额0.5%～1.5%的“好处费”，获利共计340万余元。经税务机关稽查，杨某通过上述11家公司对外虚开增值税普通发票14370份，累计票面金额12亿余元。

二、裁判理由

天津市滨海新区人民检察院以杨某涉嫌虚开发票罪提起公诉。天津市滨海新区人民法院认为，被告人杨某违反国家税收征管及发票管理规定，在没有实际经营活动的情况下，为他人虚开普通发票，已构成虚开发票罪，且情节特别严重。天津市滨海新区人民法院以虚开发票罪判处杨某有期徒刑六年，并处罚金人民币二十万元。一审宣判后无抗诉、上诉，判决

已发生法律效力。

三、裁判要旨

虽然普通发票与增值税专用发票相比，没有抵扣税款的功能，但其是会计核算的原始凭据，同时也是审计机关、税务机关执法检查的重要依据。发票的印制、领取、开具均有相关规定。不法分子为获取非法利益，从事虚开发票违法犯罪行为，为逃税、骗税、财务造假、贪污贿赂、挥霍公款、洗钱等违法犯罪提供了便利，严重扰乱了市场经济秩序，助长了腐败蔓延，败坏了社会风气，具有严重的社会危害性。2011 年，《刑法修正案（八）》将虚开发票行为新增入罪，没有要求特定目的，也没有要求造成税款损失的危害结果，顺应了社会治理的需要。

刑事案例十一　以虚开增值税专用发票抵扣税款即构成犯罪既遂（《人民司法》）

——虚开增值税专用发票罪的既遂标准判定问题

一、基本案情

公诉机关：某市人民检察院。

被告人：张某某。

法院经审理查明：2017 年下半年，被告人张某某得知某物贸公司有 8000 万元左右的发票留抵，可以向他人虚开增值税专用发票获利。2017 年 9 月，被告人张某某采用登报声明营业执照遗失的方式，将某物贸公司的住所从环保科技工业园变更至某经济技术开发区，私刻公司印章，重新申领了营业执照及税控盘，办理税务登记，领取空白增值税专用发票，并通过史某某的介绍，聘请季某负责某物贸公司的纳税申报、领票开票等工作。同年 9 月至 11 月，被告人张某某在无真实交易的情况下，为获取“开票费”等非法经济利益，以某物贸公司销售废铜的名义，让季某先后开具 765 份增值税专用发票，价税合计 8683. 5842 万元至某铜业有限公司，虚开税款合计 1261. 7173 万元。至同年 11 月底，某铜业有限公司将上述增值税专用发票向税务部门申报抵扣税款合计 1261. 7173 万元，张某某从中非法获利 659. 39 万元。2018 年 2 月，被告人张某某因上述虚开增值税专用发票被他人举报，害怕案发而将上述增值税专用发票红冲；同月，某铜业有限公司亦从进项税额中转出 1261.7173 万元。

二、裁判理由

一审人民法院经审理判处张某某有期徒刑十二年六个月，并处罚金三十万元；被告人张某某违法所得 659.39 万元予以没收，上缴国库。一审宣判后，张某某提出上诉。

江苏省无锡市中级人民法院经审理认为，张某某在得知某物贸公司有大额发票留抵时，为获取高额佣金，采用私刻公章、重新申领营业执照和税控盘、办理税务登记并领取空白增值税专用发票等形式，积极向无实际货物购销或者应税劳务的某铜业有限公司先后开具 765 份增值税专用发票，价税合计 8683.5842 万元，某铜业有限公司将该增值税专用发票全部向税务部门抵扣税款合计 1261.7173 万元。至此，张某某虚开增值税专用发票的犯罪行为已经既遂。相关发票是否红冲、税额是否转出，以及开票金额与某铜业有限公司其他交易金额是否相当等，均不影响本罪的成立。依法判决驳回上诉，维持原判。

三、裁判要旨

为骗取国家税款虚开增值税专用发票并成功抵扣后，本罪即已既遂，事后红冲发票及补缴税款的行为并不影响本罪的成立和既遂形态的认定。

关联索引

一审：江苏省宜兴市人民法院（2021）苏 0282 刑初 303 号。

二审：江苏省无锡市中级人民法院（2021）苏 02 刑终 400 号。

刑事案例十二　孙某虚开增值税发票案（《人民司法》）

——《刑法》第二百零五条规定的选择性罪名如何适用问题

一、基本案情

公诉机关：重庆市某区人民检察院。

被告人：孙某。

法院查明：2014 年 3 月至 4 月，被告人孙某与李某共谋，在某区成立公司，虚构收购中药材加工销售，为他人虚开增值税专用发票收取好处费；在某市某区成立公司，租下房屋作公司厂房，公司名称为“某天公司”。公司注册成立后，在税务部门办理了税务登记证，成为一般纳税人，公司经营范围为收购、加工、销售中药材产品。2014 年 8 月至 2015 年 9 月，公司在没有发生业务的情况下，被告人孙某以公司名义编造收购板蓝根、党参交易，共虚开重庆市收购业统一发票（2015 年 9 月后为重庆增值税普通发票）326 份，虚开金额 3100 万余元，向税务机关实际申报并认证抵扣税款 405 万余元。

2014 年 8 月至 2015 年 9 月，被告人孙某在无实际货物交易的情况下，以某天公司的名义分别向山东等地医药公司开具增值税专用发票 159 份，票面金额 15806347. 17 元，税额 2687078. 83 元，价税合计 18493426 元。受票单位在当地税务机关抵扣税款，共抵扣税款 2687078. 83 元。案发后，受票单位均将所抵扣税款全部退出。

二、裁判理由

法院认为，被告人孙某违反国家增值税发票管理规定，伙同他人共谋以虚开增值税专用发票从中获取非法利益为目的，为自己虚开用于抵扣税款发票，共虚开重庆市收购业统一发票 326 份，金额 3100 万余元，向税务机关申报并认证抵扣税款 405 万余元；为他人虚开增值税专用发票 159 份，虚开税额 260 万余元，数额巨大，其行为已构成虚开增值税专用发票、用于抵扣税款发票罪。某天公司缴纳了部分税款，案发后，接受虚开增值税专用发票的单位将抵扣的税款进行了补缴，国家损失已挽回，可对被告人孙某酌情从轻处罚，法院决定对被告人孙某减轻处罚。

三、裁判结果

判决被告人孙某犯虚开增值税专用发票、用于抵扣税款发票罪，判处有期徒刑八年，并处罚金二十万元，对违法所得十八万元继续予以追缴。

四、裁判要旨

《刑法》第二百零五条规定的罪名是选择性罪名，即“虚开增值税专用发票、用于骗取出口退税、抵扣税款发票罪”。在具体案件中，选择性罪名，应当结合案件行为的关联性进行确立。行为人同时实施其中两种以上行为的，并不实行数罪并罚。

关联索引

重庆市璧山区人民法院（原重庆市璧山县人民法院）（2017）渝 0120 刑初 270 号。

行政案例一　刘某与国家税务总局上海市税务局不予受理行政复议申请决定二审行政裁定书

案号：（2023）沪03行终605号

——针对他人之间的交易投诉举报存在虚开发票问题，投诉举报人与虚开行政处罚行为之间没有法律上的利害关系

一、裁判要旨

公民、法人或者其他组织为维护自身合法权益向行政机关投诉，具有处理投诉职责的行政机关作出或者未作出处理的，属于与行政行为有利害关系的范畴，有权提起行政诉讼。实名举报人不是为了维护自身合法权益，不具有提起行政诉讼的原告资格。

二、当事人

上诉人（原审原告）：刘某1。

被上诉人（原审被告）：国家税务总局上海市税务局（以下简称“市税务局”），住所地上海市徐汇区。

三、审理经过

上诉人刘某 1 诉市税务局不予受理行政复议申请决定一案，不服上海铁路运输法院（2023）沪 7101 行初 331 号行政裁定，向本院提起上诉。本院于 2023 年 9 月 11 日受理后，依法组成合议庭审理本案。现已审理终结。

法院查明：2018 年，刘某 1 向市税务局第二稽查局（以下简称“第二稽查局”）检举某某公司刘某 2 存在虚开增值税专用发票行为。2019 年 9 月 27 日，第二稽查局查结该检举事项并作出涉税举报答复，告知刘某 1，某某公司在 2016 年 1 月 1 日至 2018 年 9 月 30 日期间，在未有真实经营活动的情况下，让他人为自己开具增值税专用发票 60 份，为他人开具增值税专用发票 28 份，根据《发票管理办法》第二十二条规定，对该公司上述开具与实际经营业务情况不符的发票，认定为虚开。刘某 1 于 2019 年 10 月 10 日收到上述答复。同时，第二稽查局在市税务局网站纳税服务栏项下重大税收违法失信主体信息公布栏刊载，某某公司虚开增值税发票或者用于骗取出口退税、抵扣税款的其他发票，经第二稽查局检查，发现其在 2016 年 1 月 1 日至 2018 年 9 月 30 日期间，主要存在以下问题：对外虚开增值税发票 28 份，金额人民币（以下币种同）248.14 万元，税额 41.54 万元。依照《税收征收管理法》等相关法律法规的有关规定，已作出税务行政处理决定，并依法移送司法机关。2022 年 12 月 16 日，刘某 1 向第二稽查局提出履行法定职责申请，称犯罪嫌疑人刘某 2 系某某公司法定代表人。……经第二稽查局检查，发现其（刘某 2）在 2016 年 1 月 1 日至 2018 年 9 月 30 日期间，在未有真实经营活动的情况下，让他人为自己开具增值税专用发票 60 份，为他人开具增值税专用发票 28 份，认定为虚开，造成国家税款损失巨大，企业信用信息公开显示，认定金额 248.14 万元，税额

41.54万元。刘某2私自借用合法存续某某公司法定代表人名义……请求第二稽查局履行法定职责，对在2019年9月给刘某1作出涉税举报答复后至今的本案案件进展及结果依法以书面形式反馈给刘某1。2023年3月13日，刘某1以未收到第二稽查局答复为由，向市税务局提出行政复议申请，请求事项与向第二稽查局提出的履行法定职责申请内容一致。市税务局收到后于当月20日作出沪税复不受决〔2023〕3号行政复议申请不予受理决定（以下简称“被诉不予受理决定”），告知刘某1，经审查，市税务局认为刘某1向第二稽查局检举的事项已查结，第二稽查局已于2019年9月作出举报答复，其查处和答复行为对刘某1的权利义务不产生实际影响，刘某1与第二稽查局的具体行政行为不具有《中华人民共和国行政复议法实施条例》第二十八条第（二）项规定的利害关系，根据《中华人民共和国行政复议法》第十七条第一款、《税务行政复议规则》第四十五条第一款的规定，决定不予受理。次日，市税务局将被诉不予受理决定邮寄送达刘某1。刘某1不服，提起本案诉讼。请求撤销被诉不予受理决定，并责令市税务局依法立案受理。

审理中，市税务局提供第二稽查局的情况说明，称2019年，其举报中心工作人员先后通过电话、当面、书面告知方式答复查处结果，工作人员口头告知刘某1第二稽查局已按规定将相关情况移送公安部门。

一审法院依法裁定驳回起诉。刘某1不服，提出上诉。

二审法院认为，根据《行政诉讼法》《最高人民法院关于适用〈中华人民共和国行政诉讼法〉的解释》的有关规定，公民、法人或者其他组织为维护自身合法权益向行政机关投诉，具有处理投诉职责的行政机关作出或者未作出处理的，属于与行政行为有利害关系的范畴，有权提起行政诉讼。本案中，上诉人投诉的某某公司虚开增值税发票的行为，侵害的是国家税收利益，与上诉人个人权益没有关联。作为实名检举人，第二稽查局早在2019年就对其作了答复。上诉人要求税务部门作进一步答复并进而提起复议和诉讼没有法律上的根据，也不属于前述法律规定的为维护“自身合法权益”的情形。因此，上诉人与被诉不予受理决定不具有利害关系，其不具有提起本案诉讼的原告主体资格。综上所述，上诉人的上诉理由不能成立，原审裁定驳回其起诉合法有据，应予维持。

四、裁判结果

依照《行政诉讼法》第八十六条、第八十九条第一款第（一）项之规定驳回上诉，维持原裁定。

行政案例二　上海某贸易有限公司与国家税务总局淮安市淮安区税务局行政复议二审行政判决书 案号：（2019）苏08行终66号

——《已证实虚开通知单》属于行政机关作出的不产生外部法律效力的行为，不属于人民法院行政诉讼受案范围

一、裁判要旨

行政机关作出的不产生外部法律效力的行为，不属于人民法院行政诉讼受案范围。《已证实虚开通知单》属于异地税务机关之间的协查文件，仅供税务机关内部使用，并不直接送达行政相对人，对当事人的权益没有发生直接影响，故当事人不能对其提起诉讼。

二、当事人

上诉人：上海某贸易有限公司（以下简称“上海某公司”）。

被上诉人：国家税务总局淮安市淮安区税务局（以下简称“淮安区税务局”）。

三、审理经过

上诉人上海某公司与被上诉人淮安区税务局行政复议决定一案，不服淮安市淮安区人民法院行政判决，向本院提起上诉。

法院查明：原淮安市淮安区国家税务局稽查局（以下简称“原淮安区国税稽查局”）于2018年3月7日向上海市国家税务局第四稽查局（以下简称“上海国税第四稽查局”）发出《税收违法案件协查函》［淮安区国税（稽）协〔2018〕001号］和《已证实虚开通知单》（协查编号为×××）、277份发票明细等材料。其中，《税收违法案件协查函》主要是淮安某能源有限公司涉嫌虚开增值税专用发票实施犯罪行为请求开展协查取证工作。《已证实虚开通知单》内容为：“经查证，现将已证实虚开的发票277份、涉案发票金额241828623.28元告知你局，请按有关规定处理，并将有关情况及税务处理结果反馈我局。”另附发票清单。上海国税第四稽查局在税务内部系统收到上述材料后，即立案开展税务检查。2018年4月9日，上海国税第四稽查局向被告发出《关于淮安某能源有限公司一案案件的协查回复函》（沪国税四税稽协复〔2018〕061号）并附《税务稽查案件协查报告》。主要内容为：（1）基本情况，主要说明原告公司的基本情况。（2）调查取证情况及发现的问题。经核，原告公司2015年6—12月收受淮安某能源有限公司开具并已证实虚开的增值税专用发票共13份，金额9437104.11元，税额1604307.69元，具体有：①原告公司收受淮安某能源有限公司开具的“江苏增值税专用发票”13份；②原告公司原业务经理的陈述；③货物交付、资金支付情况；④发票抵扣情况。（3）协查结论为：上海某公司确实有真实的货物交易及资金流向，但企业无法提供资金流与货物流一致的物流凭证。截至本次检查之日未见上海某公司将上述已定性虚开的13份增值税专用发票相关税金转出，违反了《增值税暂行条例》第九条、《国家税务总局关于纳税人虚开增值税专用发票征补税问题的公告》之规定。（4）处理、处罚情况：追缴相应税款滞纳金；未发现公司有偷税情形，故未加处罚款。

在原上海国税第四稽查局检查期间，原告获知协查编号为×××的《已证实虚开通知单》，遂于2018年5月21日向被告申请行政复议，请求撤销上述《已证实虚开通知单》。被告淮安区税务局经审查，于2018年6月20日向原告发出变更被申请人的《行政复议告知书》，并于2018年6月28日作出《不予受理行政复议申请决定书》（淮安国税复不受〔2018〕2号）（以下简称“不予受理决定”），内容为：“被申请人向上海国税第四稽查局发出的《已证实虚开通知单》，系被申请人依据《税收违法案件发票协查管理办法（试行）》（税总发〔2013〕66号）第九条之规定向上海国税第四稽查局发出的系统内部协查信息。该协查信息不属于《中华人民共和国行政复议法》第六条、《税务行政复议规则》（国家税务总局令第39号）第十四条规定的复议受案范围。根据《中华人民共和国行政复议法》第十七条、《税务行政复议规则》第四十五条第一款之规定，本机关决定不予受理。”原告不服，向法院提起行政诉讼。

一审法院根据《行政诉讼法》第六十九条规定，判决驳回原告上海某公司的诉讼请求。

上海某公司上诉，本案争议焦点包括：（1）涉案《已证实虚开通知单》是否对外部产生法律效力，对上诉人是否产生实际影响；（2）被上诉人作出的不予受理决定是否合法。

二审法院认为，首先，根据《税收违法案件发票协查管理办法（试行）》（税总发〔2013〕66号）第九条规定：“已确定虚开发票案件的协查，委托方应当按照受托方一户一函的形式出具《已证实虚开通知单》及相关证据资料，并在所附发票清单上逐页加盖公章，随同《税收违法案件协查函》寄送受托方……”第十五条规定：“有下列情形之一的，受托方应当按照《税务稽查工作规程》有关规定立案检查：（一）委托方已开具《已证实虚开通知单》的……”《已证实虚开通知单》属于异地税务机关之间的协查文件，仅供税务机关内部使用，并不直接送达行政相对人。本案中，原上海国税第四稽查局收到涉案《已证实虚开通知单》及相关材料后，进行立案、实地调查取证，而并非直接凭据涉案《已证实虚开通知单》作出处理或处罚。故《已证实虚开通知单》仅被原上海国税第四稽查局作为线索和立案依据，并未产生外部法律效力，也未实际影响上诉人的权利义务。上诉人所称《已证实虚开通知单》造成上诉人经营行为和商业机会的减少及损失，但并未提供直接证据予以证明，本院不予支持。

其次，《最高人民法院关于适用〈中华人民共和国行政诉讼法〉的解释》第一条第二款规定：“下列行为不属于人民法院行政诉讼的受案范围：……（五）行政机关作出的不产生外部法律效力的行为……”《中华人民共和国行政复议法》第六条和《税务行政复议规则》第十四条对行政复议的受案范围作了明确规定。本案被上诉人淮安区税务局是原淮安区国税稽查局的复议机关，具有办理行政复议事项的职能。涉案《已证实虚开通知单》系税务机关内部协查的文书，对上诉人的权利义务不产生直接影响，不具有可诉性及可复议性。被上诉人以《已证实虚开通知单》不属于行政复议的受理范围为由，在法定期限内作出不予受理决定并无不当。

四、裁判结果

依据《行政诉讼法》第八十九条第一款第（一）项之规定，驳回上诉，维持原判。

五、本书说明

类案还有南宁铁路运输中级人民法院审理的河南省某公司、国家税务总局某局行政复议不予受理案，案号（2019）桂 71 行终 102 号。因为人民法院实行类案检索，统一裁判口径制度，所以该类问题已有明确结论。

行政案例三　大连某环保科技有限公司诉国家税务总局包头市税务局稽查局、国家税务总局包头市税务局及内蒙古某股份有限公司行政行为及行政复议一案

案号：（2023）内02行终104号

——《税务事项通知书》《行政复议决定书》针对受票方作出，开票方不具有提起诉讼的主体资格

一、裁判要旨

《税务事项通知书》和《行政复议决定书》有明确的行政相对人（受票方），该通知书及复议决定书亦未对开票方的合法权益产生影响。开票方既非案涉行政行为相对人也非利害关系人，不符合提起行政诉讼的主体资格，裁定驳回起诉。

二、当事人

上诉人（原审原告）：大连某环保科技有限公司。

被上诉人（原审被告）：国家税务总局包头市税务局稽查局。

被上诉人（原审被告）：国家税务总局包头市税务局。

被上诉人（原审第三人）：内蒙古某股份有限公司。

三、审理经过

（说明：因本案一审、二审均以裁定书结案，按照最高人民法院的裁判文书样式，裁定书原则上处理程序事项，不涉及实体问题，所以裁定书一般无须体现“经审理查明”，故本书依据各方的诉辩意见，概括案件事实。）

大连某环保科技有限公司向内蒙古某股份有限公司开具了50份增值税专用发票，国家税务总局大连市税务局第二稽查局经调查后，于2022年8月18日作出的《税务处理决定书》（大税二稽处〔2022〕195号），认定大连某环保科技有限公司利用园区返税政策让园区企业和控制的关联企业向大连某环保科技有限公司虚开发票，大连某环保科技有限公司再利用取得的虚开发票向下游利废企业虚开发票从中赚取利润，大连某环保科技有限公司的行为属于虚开发票行为，告知大连某环保科技有限公司可自收到该文书之日起六十日内依法向大连市税务局申请行政复议（从最高人民法院裁判文书网上未查询到大连某环保科技有限公司针对该《税务处理决定书》提出复议、行政诉讼）。大连市税务局第二稽查局于2022年8月29日向国家税务总局包头市税务局稽查局发来《已证实虚开通知单》，国家税务总局包头市税务局稽查局开展检查后，向第三人内蒙古某股份有限公司作出《税务事项通知书》（包税稽通〔2022〕35号），该通知就其2019年取得的大连某环保科技有限公司虚开的50份增值税专用发票及其他公司虚开的增值税专用发票，在2022年11月25日前进行进项税额转出补缴税款，转出进项税额5082634.61元。《税务事项通知书》（包税稽通〔2022〕35号）作出的依据是大连市税务局第二稽查局作出的《税务处理决定书》（大税二稽处〔2022〕195号），国家税务总局包头市税务局稽查局向第三人内蒙古某股份有限公司送达《税务事项通知书》（包税稽通〔2022〕35

号）后，第三人向国家税务总局包头市税务局申请行政复议。经审查，国家税务总局包头市税务局作出《行政复议决定书》（包税复决字〔2023〕1号），维持了国家税务总局包头市税务局稽查局的行政行为。第三人内蒙古某股份有限公司收到前述复议决定书之后，未就《税务事项通知书》（包税稽通〔2022〕35号）以及《行政复议决定书》（包税复决字〔2023〕1号）提起行政诉讼，故前述文书均已生效。大连某环保科技有限公司得知《税务事项通知书》（包税稽通〔2022〕35号）后，也向国家税务总局包头市税务局申请了行政复议。经审查，国家税务总局包头市税务局认为大连某环保科技有限公司与案涉具体行政行为没有利害关系，故作出《行政复议申请决定书》（包税复不受字〔2023〕2号），决定不予受理，并向大连某环保科技有限公司送达了复议文书。大连某环保科技有限公司不服，于2023年4月13日向包头市昆都仑区人民法院提起行政诉讼，要求撤销国家税务总局包头市税务局稽查局作出的《税务事项通知书》、撤销《行政复议决定书》（包税复决字〔2023〕1号）。同时，第三人内蒙古某股份有限公司也提出了民事诉讼，要求大连某环保科技有限公司赔偿损失5082634.61元等。

经审理，一审法院依法裁定驳回原告大连某环保科技有限公司的起诉。

二审法院认为，《行政诉讼法》第二十五条第一款规定，行政行为的相对人以及其他与行政行为有利害关系的公民、法人或者其他组织，有权提起诉讼。本案中，被上诉人国家税务总局包头市税务局稽查局作出的《税务事项通知书》（包税稽通〔2022〕35号）及国家税务总局包头市税务局作出的《行政复议决定书》（包税复决字〔2023〕1号）的行政相对人均为原审第三人内蒙古某股份有限公司，并非本案上诉人，该通知书及复议决定书亦未对上诉人的合法权益产生影响。综上所述，上诉人既非案涉行政行为相对人也非利害关系人，不符合提起行政诉讼的主体资格。一审裁定适用法律正确，应予维持。上诉人的上诉主张缺乏事实和法律依据，本院不予支持。

四、裁判结果

依照《行政诉讼法》第八十六条、第八十九条第一款第（一）项之规定，裁定如下：

驳回上诉，维持原裁定。

五、本书说明

上游企业虚开增值税专用发票，依法应由上游税务机关予以认定处理。上游税务机关作出处理之后，需按照国家税务总局的规定向受票企业所在地税务机关发出《已证实虚开通知单》并附相关证据材料等，下游税务机关接到《已证实虚开通知单》后需依法独立开展调查工作，发出《税务事项通知书》，要求下游企业先作进项税额转出。下游企业认为自己合法权益受到损害的，可以依法就《税务事项通知书》等提出复议、行政诉讼。也就是说，上、下游企业是各自与所在地的主管税务机关发生独立的税务行政管理法律关系，原则上不存在交叉管理、交叉管辖，各自对主管税务机关（包括稽查局）的行政行为不服的，应当各自申请行政复议、各自提起诉讼。同时，依据证据规则，上游税务机关作出的生效《税务处理决定书》《税务行政处罚决定书》中的“违法事实”具有证明力，并且，税务机关在行使税务管理职权范围内制作的文书属于公文书证，在书证当中具有较高证明力，非有充分反证，一般不能推翻。

行政案例四　山东省枣庄市国家税务局与枣庄××橡胶有限公司税务行政处罚纠纷上诉案

编号：行政审判指导性案例第 14 号

——税务机关移送涉嫌发票违法案件给公安机关后，又以偷税为由予以罚款处罚，程序违法，应予以撤销

一、裁判要旨

根据《行政执法机关移送涉嫌犯罪案件的规定》第三条、第五条、第八条、第十一条规定，行政执法机关在依法查处违法行为过程中，发现违法事实涉嫌构成犯罪，依法需要追究刑事责任的，必须依照规定向公安机关移送；税务机关在发现涉嫌犯罪并移送公安机关进行刑事侦查后，不再针对同一违法行为作出行为罚和申诫罚以外的行政处罚；行政执法机关将案件移送公安机关立案侦查后，又以当事人涉嫌偷税立案，并作出罚款的行政处罚决定，属行政程序违法，缺乏法律依据，依法应予撤销。

二、当事人

上诉人（原审被告）：山东省枣庄市国家税务局（以下简称“市国税局”）。

被上诉人（原审原告）：枣庄××橡胶有限公司（以下简称“橡胶公司”）。

市国税局于2005年7月22日作出《税务行政处罚决定书》（枣国税罚字〔2005〕第002号），认定橡胶公司偷税，根据《税收征收管理法》第六十三条第一款规定，决定对橡胶公司处以罚款5203425.33元。橡胶公司不服，向法院提起诉讼。

三、审理经过

2004年8月20日，市国税局向橡胶公司发出《调取账簿资料通知书》《税务检查通知书》，调取橡胶公司2002年1月1日至2003年12月31日的账簿、凭证及其他纳税资料，对橡胶公司该期间涉税情况进行检查。同年9月14日，市国税局将案件移送公安机关立案侦查。9月22日，被告将账册退还，同时公安机关调走账册。2004年10月28日，市国税局在将案件移送公安机关后，又以橡胶公司涉嫌偷税立案。2005年7月18日，市国税局作出“税务处理决定”，责令原告补缴税款5203425.33元；7月22日，市国税局又作出“税务处罚决定”，认定橡胶公司行为已构成偷税，依照《税收征收管理法》第六十三条第一款规定，决定处以罚款5203425.33元。橡胶公司对处罚不服，申请山东省国家税务局复议，山东省国家税务局经复议维持该处罚决定。

2004年9月15日，橡胶公司总经理宗某因涉嫌虚开增值税专用发票罪被枣庄市公安局刑事拘留，10月22日逮捕。12月31日，橡胶公司法定代表人孙某被逮捕。2005年10月19日，山东省人民检察院济南铁路运输分院决定对孙某不起诉。

2006年1月4日，济南铁路运输中级法院作出刑事判决，以虚开增值税专用发票罪，判处橡胶公司罚金150万元，判处公司总经理宗某有期徒刑十年。

一审法院认为，被告在将案件移送公安机关后又对原告作出行政处罚，违反前述规定，属程序违法、适用法律错误。依照《行政诉讼法》第五十四条第（二）项第2目、第3目规定，判决撤销被告市国税局于2005年7月22日作出的《税务行政处罚决定书》（枣国税罚字〔2005〕第002号)。原审被告市国税局不服一审法院判决上诉。

二审法院认为，本案的主要争议焦点在于一审法院判决认定市国税局在将案件移送公安机关后又对橡胶公司作出行政处罚属于程序违法、适用法律错误是否正确。根据《行政执法机关移送涉嫌犯罪案件规定》第三条、第五条、第八条、第十一条规定，行政执法机关在依法查处违法行为过程中，发现违法事实涉嫌构成犯罪，依法需要追究刑事责任的，必须依照规定向公安机关移送，行政执法机关对应当向公安机关移送的涉嫌犯罪案件，不得以行政处罚代替移送。只有依照《行政处罚法》的规定，行政执法机关向公安机关移送涉嫌犯罪案件前，已经依法给予当事人罚款的，人民法院判处罚金时，才依法折抵相应罚金。而本案中市国税局将案件移送公安机关立案侦查后，又以橡胶公司涉嫌偷税立案，并作出罚款的行政处罚决定，不符合上述法律规定。上诉人虽主张市国税局作出的行政处罚在前，刑事判决在后，应当在执行刑事判决时折抵，但本案中市国税局作出的行政处罚并非其向公安机关移送涉嫌犯罪案件前已经依法给予当事人罚款的行政处罚。因此，本案中市国税局在依法将案件移送公安机关立案侦查后，又对橡胶公司以涉嫌偷税立案并作出罚款的行政处罚决定，缺乏法律明确授权，一审法院判决认定其程序违法，适用法律错误并无不当，应予支持。

四、裁判结果

判决驳回上诉，维持原判。

行政案例五　上诉人宁波某某科光电有限公司诉国家税务总局某市税务局稽查局税务行政处罚一案

案号:（2018）浙02行终180号

——应当先听证再提请重大税务案件审理委员会审理，颠倒程序属于重大程序违法

一、裁判要旨

国家税务总局重大税务案件审理委员会先审理并作出《重大税务案件审理委员会审理意见书》，然后举行听证，故存在先集体讨论后进行听证行为，此举势必使听证流于形式，应认定为重大程序违法，相关行政处罚决定应当予以撤销。

二、当事人

上诉人（原审原告）：宁波某某科光电有限公司（以下简称“某某科公司”）。

被上诉人（原审被告）：国家税务总局某市税务局稽查局。

三、审理经过

2015 年 8 月 28 日，原告某某科公司与米某公司签订了买卖合同，由原告向米某公司购买冲床、模具及配件，合同总金额为 250 万元（含 17% 增值税）。合同签订后，原告向米某公司付清了款项，米某公司亦将该批货物送达给原告。因销售方米某公司无法开具冲床的增值税专用发票，只开具了 110 万元冲床的增值税普通发票，无法用于进项税额抵扣，原告遂要求提供增值税专用发票。后米某公司联系与其有铜带业务往来的某洲公司，由某洲公司向原告开具货物名称为“铜带”的增值税专用发票 26 份，价税合计 250 万元，其中，增值税进项税额 363247.89 元，原告已于同期向税务机关申报抵扣。后原告在没有与米某公司进行“铜带”交易的情况下，向米某公司开具了货物名称为“铜带”的宁波增值税专用发票 10 份，价税合计 250 万元。针对原告的上述行为，原国税稽查局于 2016 年 6 月 28 日经审查予以立案查处。2016 年 8 月 29 日，国税稽查局作出《税务检查通知书》，并于同年 8 月 30 日向原告送达。2017 年 8 月 21 日，国税稽查局作出《税务行政处罚事项告知书》，告知原告拟作出的处罚及其享有陈述、申辩和听证的权利，并于次日向原告送达。2017 年 8 月 22 日，原告向国税稽查局就本案申请听证。2017 年 9 月 5 日，国税稽查局根据原告的申请召开了听证会。2017 年 9 月 15 日，国税稽查局作出《税务行政处罚决定书》，并于同年 9 月 19 日向原告送达了该处罚决定书。原告不服，向法院提起行政诉讼。

原审法院判决确认原国税稽查局作出甬国税稽罚〔2017〕7 号税务行政处罚决定违法。

二审法院经审理查明的事实与一审判决认定的事实一致。另查明，2017 年 8 月 14 日，某国家税务局重大税务案件审理委员会作出《重大税务案件审理委员会审理意见书》，同意国税稽查局提出的追缴增值税、加收滞纳金、处以罚款，以及移送公安机关意见，并要求国税稽查局制作相应的法律文书并送达执行。因税务机构改革，原国税稽查局与某市地方税务局稽查局合并为国家税务总局某市税务局稽查局。

二审法院认为，根据《行政处罚法》第四十三条规定，听证结束后，行政机关依照本法第三十八条规定，作出决定。《行政处罚法》第三十八条第二款规定，对情节复杂或者重大违法行为给予较重的行政处罚，行政机关的负责人应当集体讨论决定。参照《重大税务案件审理办法》第十五条第一款规定，提请重大税务案件审理委员会审理需提交的材料中包含有听证材料。本案中，被告举行听证的时间是 2017 年 9 月 5 日，而原某市国税局重大税务案件审理委员会早在 2017 年 8 月 14 日就已作出《重大税务案件审理委员会审理意见书》，故存在先集体讨论后进行听证行为，此举势必使听证流于形式，应认定为重大程序违法。

根据《行政诉讼法》的相关规定，具体行政行为合法需要满足行政主体具有行政职权、行政行为作出程序合法、认定事实清楚、适用法律正确等四项条件。经审查，具体行政行为不能满足前一顺序条件的，即可予以撤销。被诉行政处罚决定由于欠缺作出程序合法条件，依法应予撤销，其认定事实是否清楚、适用的法律是否正确与本案裁判结果已无关联，本案不作评判。

四、裁判结果

依照《行政诉讼法》第八十九条第一款第（三）项规定，判决如下：

（一）撤销一审行政判决；

（二）撤销税务行政处罚决定。

行政案例六　上诉人沈阳某有限公司诉上诉人国家税务总局某市税务局第二稽查局、国家税务总局某省税务局税务行政处罚决定及复议决定一案

案号：（2021）辽01行终283号

——重大税务案件审理委员会所在局在行政诉讼程序中的主体身份问题

一、裁判要旨

经重大税务案件审理程序审理的案件，重大税务案件审理委员会所在机关即国家税务总局某市税务局，同时也是案涉行政复议决定的被申请人，应该作为本案第三人参加诉讼。原审未将国家税务总局某市税务局列为本案第三人属于遗漏当事人情形，依法撤销原判，发回重审。

二、当事人

上诉人（原审原告）：沈阳某有限公司。

上诉人（原审被告）：国家税务总局某市税务局第二稽查局（以下简称“第二稽查局”）。

上诉人（原审被告）：国家税务总局某省税务局。

三、审理经过

被告第二稽查局于2016年11月4日作出《税务检查通知书》，决定对原告沈阳某有限公司2014年1月1日至2016年6月30日涉税情况进行检查。后经检查发现，原告公司存在虚开逃税的违法事实。第二稽查局对原告作出罚款的税务行政处罚决定已达到国家税务局某市税务局重大税务案件审理标准（拟罚款300万元以上）。被告第二稽查局作出《重大税务案件审理提请书》，向国家税务总局市税务局审理委员会提请审理。

2019年1月24日，被告第二稽查局对沈阳某有限公司作出《税务行政处罚事项告知书》。同年4月30日，被告第二稽查局作出《税务行政处罚决定书》，决定罚款数额共计1748125.84元。同日，被告第二稽查局作出《税务处理决定书》，根据相关规定认定原告公司取得虚开的增值税专用发票，不得作为增值税合法有效的扣税凭证抵扣进项税额，不符合规定的发票不得作为税前扣除凭据，应补缴增值税滞纳金合计为308811.71元。补缴企业所得税2124906.45元，并从税款滞纳之日起至实际入库之日止，按日加征万分之五的滞纳金。上述两项文书于2019年5月7日送达原告。原告收到后对《税务行政处罚决定书》不服，于2019年7月4日向被告国家税务总局某省税务局申请行政复议，该局于同年9月30日作出《行政复议决定书》，认为第二稽查局作出的具体行政行为认定事实清楚、证据确凿，适用法律依据正确，程序合法、内容适当。沈阳某有限公司不服，提出诉讼。

原审认为，依照《行政诉讼法》第六十九条、第七十四条第一款第（二）项及第二款第（二）项规定，判决如下：（一）确认被告《税务行政处罚决定书》行政行为程序违法；（二）确认被告国家税务总局某省税务局《行政复议决定书》的行政行为违法。

二审法院认为，根据《行政诉讼法》第二十六条“公民、法人或者其他组织直接向人民法院提起诉讼的，作出行政行为的行政机关是被告。经复议的案件，复议机关决定维持原行政行为的，作出原行政行为的行政机关和复议机关是共同被告；复议机关改变原行政行为的，复议机关是被告”和《最高人民法院关于适用〈中华人民共和国行政诉讼法〉若干问题的解释》第十九条“当事人不服经上级行政机关批准的行政行为，向人民法院提起诉讼的，以在对外发生法律效力的文书上署名的机关为被告”的规定，原审将第二稽查局、国家税务总局某省税务局作为本案适格被告正确。但是，因本案系经重大税务案件审理程序审理，故重大税务案件审理委员会所在机关即国家税务总局某市税务局，同时其也是案涉行政复议决定的被申请人，应该作为本案第三人参加诉讼。原审未将国家税务总局某市税务局列为本案第三人属于遗漏当事人情形。

四、裁判结果

原审法院违反法定程序，依照《行政诉讼法》第八十九条第一款第（四）项规定，裁定如下：

撤销原判，发回重审。

五、本书说明

行政诉讼的被告，原则上以在对外发生法律效力的文书上署名的机关为被告。与此不同的是，《税务行政复议规则》（2018 年修正）第二十九条规定：“税务机关依照法律、法规和规章规定，经上级税务机关批准作出具体行政行为的，批准机关为被申请人。申请人对经重大税务案件审理程序作出的决定不服的，审理委员会所在税务机关为被申请人。”审理委员会所在税务机关并不在稽查处理文书上盖章，这就导致税务行政复议的被申请人确认规则与《行政诉讼法》及司法解释的被告确认规则相互冲突，引发多起争议。

行政案例七　某市国家税务局稽查局与金湖某铜业有限公司税务行政处理纠纷一案

案号：（2014）淮中行终字第0139号

——善意取得的虚开增值税专用发票的增值税不得抵扣，

而所得税可以税前列支

一、裁判要旨

善意取得的虚开增值税专用发票，税法明确规定不得作为增值税合法有效的扣税凭证抵扣其进项税额。但对27份增值税专用发票对应的企业产生的成本等是否可以作为企业所得税税前列支问题，税法没有作出明确规定。被告仅凭原告善意取得的27张虚开增值税专用发票调增原告的企业所得税，要求补缴企业所得税、加收滞纳金的处理决定，认定事实不清、法律依据不足，不予支持。

二、当事人

上诉人（原审被告）：某市国家税务局稽查局。

被上诉人（原审原告）：金湖某铜业有限公司。

三、审理经过

2011 年 9 月，原告从某金属有限公司购买废铜。2011 年 9 月至 11 月，取得某金属有限公司提供的 27 份增值税专用发票，税额合计 3095936.62 元，2011 年向国家税务机关认证通过，并申报抵扣税款 3095936.62 元。所购废铜已在 2011 年全部进入生产成本，2011 年结转主营业务成本 17880058.83 元，2012 年结转主营业务成本 331332.95 元。

2013 年 10 月 14 日，某市国家税务局稽查局确认 27 份增值税专用发票为虚开。

2014 年 1 月 22 日，被告作出《税务处理决定书》（某国税稽处〔2014〕9 号）：原告补缴增值税 3095936.62 元；补缴 2011 年企业所得税 3312940.63 元，补缴 2012 年企业所得税 145813.43 元。某市国家税务局稽查局作出处理决定后，原告不服申请行政复议。2014 年 5 月 9 日，某市国家税务局作出《税务行政复议决定书》（税复决字〔2014〕第1 号），维持了被告作出的《税务处理决定书》。2014 年 5 月 24 日，原告不服提起诉讼，请求依法撤销被告作出的《税务处理决定书》（某国税稽处〔2014〕9 号）。一审法院判决，支持原告诉讼请求。

二审法院认为，2011 年 9 月，被上诉人从某金属有限公司购买废铜，善意取得该公司虚开的 27 份增值税发票，税额 3095936.62 元，该款项电汇给案外人，并通过国家税务机关认证，抵扣税款，当年全部进入生产成本。该 27 份增值税发票为案外人虚开，依法不得作为增值税合法有效的扣税凭证抵扣进项税额，但对企业所产生的成本等是否可以作为所得税税前列支没有规定，上诉人处理决定要求被上诉人补缴企业所得税并加收滞纳金的法律依据不足，原审判决依法予以撤销并无不当。

四、裁判结果

原审判决认定事实清楚，适用法律正确，程序合法，应予维持。上诉人的上诉理由不能成立，其上诉请求不予支持，依据《行政诉讼法》第六十一条第（一）项规定，判决如下：

驳回上诉，维持原判。

行政案例八　申请执行人国家税务总局某市税务局第二稽查局申请强制执行该局作出行政处罚决定一案

案号：（2023）浙0205行审44号

——税务机关强制执行权不包括税务行政处罚，可以依法申请法院强制执行

一、裁判要旨

行政处罚决定可以申请强制执行，税务处理决定涉及的是税款与滞纳金，应由税务机关自行强制执行。

二、当事人

申请执行人：国家税务总局某市税务局第二稽查局。

被执行人：某有限公司。

法定代表人：于某恕（居民身份证号码××××××××××××××××××）。

三、审理经过

法院经审理查明，申请执行人国家税务总局某市税务局第二稽查局作

出行政处罚决定，认定事实如下：2017 年 1 月至 2018 年 12 月生产经营期间，被执行人在没有真实货物交易的情况下，通过中间人取得由某材料贸易有限公司开具的虚开增值税专用发票 14 份，共计金额 2815608.90 元，税额 473998.45 元，价税合计 3289607.35 元。上述发票对应的资金支付情况存在回流。上述 14 份虚开增值税专用发票进项税额 473998.45 元，已在同期向税务机关申报抵扣，导致少缴增值税 473998.45 元、城市维护建设税 23699.91 元、教育费附加 14219.95 元、地方教育附加 9479.95 元。上述取得的虚开增值税专用发票金额为 2815608.90 元，被执行人已入账计入成本并在税前扣除，应调增 2017 年度应纳税所得额 2098372.22 元，扣除城市维护建设税及教育费附加、地方教育附加等税费 35672.29 元后，查增应纳税所得额 2062699.93 元，被执行人当年度申报纳税调整后所得额 153773.47 元，检查调整后当年度应纳税所得额 2216473.40 元，应纳企业所得税 554118.35 元，已纳企业所得税 15377.35 元，少缴企业所得税 538741 元。应调增 2018 年度应纳税所得额 717236.68 元，扣除城市维护建设税及教育费附加、地方教育附加等税费 11727.52 元后，查增应纳税所得额 705509.16 元，被执行人当年度申报纳税调整后所得额 280024.41 元，检查调增后当年度应纳税所得额 985533.57 元，应纳企业所得税 98553.36 元，已纳企业所得税 28002.44 元，少缴企业所得税 70550.92 元，合计少缴企业所得税 609291.92 元。上述违法事实有增值税专用发票抵扣联、发票联及凭证复印件、询问（调查）笔录、资金回流明细表、银行账户交易流水查询、相关银行账户交易明细单、增值税纳税申报表及附列资料、原材料明细账、生产成本明细账、主营业务成本明细账和相关凭证及附件、企业所得税年度纳税申报表等证据证实。申请执行人根据《税收征收管理法》第六十三条第一款、《行政处罚法》第三十四条、《国家税务总局、上海市税务局、江苏省税务局、浙江省税务局、安徽省税务局、宁波市税务局关于发布〈长江三角洲区域登记账证征收检查类税务违法行为行政处罚裁量基准〉的公告》（2022年第5号）附件《长江三角洲区域登记账证征收检查类税务违法行为行政处罚裁量基准》第16项规定，决定依法给予行政处罚。具体处罚如下：①处以所偷增值税473998.45元的1.5倍罚款，计710997.68元；②处以所偷城市维护建设税23699.91元的1.5倍罚款，计35549.87元；③处以所偷企业所得税609291.92元的1.5倍罚款，计913937.88元。合计罚款为1660485.43元。申请执行人于2023年4月26日向被执行人送达了上述行政处罚决定书。被执行人未缴纳罚款，也未在法定期限内申请行政复议或者提起行政诉讼。申请执行人于2023年6月9日向被执行人送达了《催告书》，催告被执行人自收到《催告书》之日起十日内履行缴纳罚款1660485.43元及加处罚款的义务。被执行人至今仍未履行，申请执行人遂向本院申请强制执行。

法院认为，申请执行人作出的行政处罚决定，认定事实清楚，适用法律正确，程序合法。申请执行人在向本院申请强制执行前，已向被执行人进行了催告，申请执行人的申请符合法律规定，且不存在《中华人民共和国行政强制法》第五十八条不予执行的情形。因被执行人未自动履行，依照《行政诉讼法》第九十七条，《中华人民共和国行政强制法》第五十三条、第五十七条规定作出裁定。

四、裁判结果

对申请执行人国家税务总局某市税务局第二稽查局作出的行政处罚决定中罚款1660485.43元及加处罚款，准予强制执行。

行政案例九　某医药有限公司、国家税务总局某市税务局第三稽查局税务行政管理（税务）税收行政强制执行纠纷

案号：（2020）皖01行终548号

——针对税款、滞纳金的税务机关强制执行程序与税收征管刑事处理程序不发生冲突，可以同时存在

一、裁判要旨

税收强制执行决定系针对某医药有限公司未按照税务处理决定履行缴纳税款的义务而为的强制行为，强制执行的目的在于保障税款的追缴，不具有行政处罚的性质，并不符合《最高人民法院关于在司法机关对当事人虚开增值税专用发票罪立案侦查之后刑事判决之前，税务机关又以同一事实以偷税为由对同一当事人能否作出行政处罚问题的答复》中关于刑事案件终结以前，税务机关不宜进行财产处罚的规定。

二、当事人

上诉人（原审原告）：某医药有限公司。

被上诉人（原审被告）：国家税务总局某市税务局第三稽查局（以下简称“第三稽查局”）。

被上诉人（原审被告）：国家税务总局某市税务局（以下简称“市税务局”）。

三、审理经过

上诉人某医药有限公司因诉被上诉人第三稽查局作出的税收强制执行决定，以及被上诉人国家税务总局某市税务局复议决定，不服一审判决，提出上诉。

2019 年 5 月 5 日，第三稽查局对某医药有限公司作出《税务处理决定书》（合税三稽处〔2019〕42 号）。该处理决定的主要内容为：①确认某医药有限公司于 2014 年 5 月至 2016 年 9 月共取得虚开的增值税专用发票 2293 份，金额 219691780.71 元。②应补缴增值税 31333993.01 元，城市维护建设税 1566699.65 元，教育费附加 940019.79 元，地方教育附加 6266796 元，企业所得税 9008067.55 元；对上述违法事实中未缴纳税款按规定加收滞纳金 332751.76 元，并对上述违法事实查补的增值税、城市维护建设税、企业所得税，按规定加收滞纳金等。2019 年 5 月 8 日，第三稽查局采取直接送达方式向某医药有限公司法定代表人送达上述《税务处理决定书》。

2019 年 5 月 24 日，第三稽查局采取直接送达方式向某医药有限公司法定代表人送达《税务事项通知书》，催告某医药有限公司自收到本通知之日起十五日内将上述《税务处理决定书》应缴税费及滞纳金缴纳入库。2019 年 6 月 17 日，第三稽查局经审批作出税收强制执行决定，并依法送达。某医药有限公司不服向市税务局申请行政复议，要求依法撤销（或中止执行）本案税收强制执行决定。市税务局审查后，决定维持税收强制执行决定，驳回某医药有限公司的诉讼请求。

二审法院认为，税务处理决定一经作出就具有行政行为的公定力，在未经法定机关通过法定程序撤销或宣布无效之前，应推定其具有合法性。故某医药有限公司主张税收强制执行决定依据违法的主张不能成立。

关于本案是否应当在某医药有限公司所涉刑事案件判决生效后再行审理的问题。经审查，案涉税收强制执行决定系针对某医药有限公司未按照税务处理决定履行缴纳税款的义务而为的强制行为，强制执行的目的在于保障税款的追缴，不具有行政处罚的性质，并不符合《最高人民法院关于司法机关对当事人虚开增值税专用发票罪立案侦查之后刑事判决之前，税务机关又以同一事实以偷税为由对同一当事人能否作出行政处罚问题的答复》中关于刑事案件终结以前，税务机关不宜进行财产处罚的规定。上诉人据此认为税务处理决定的强制执行应当在刑事案件终结之后的理由不能成立，本院不予采信。

四、裁判结果

依据《行政诉讼法》第八十九条第一款第（一）项规定，判决如下：

驳回上诉，维持原判。

行政案例十　中国某冶集团有限公司与国家税务总局某市税务局稽查局、国家税务总局某省税务局税务行政处理纠纷一案

案号：（2018）冀02行终474号

——虚开发票对应的成本费用真实，可以税前扣除

一、裁判要旨

企业以接受虚开发票方式为职工发放工资145422763.12元的行为不属于偷税行为。税务机关决定不准在税前扣除并应调增应纳税所得额，不符合上述法律法规的规定，作出的税务处理决定理据不足，依法应予撤销。

二、当事人

上诉人（原审被告）：国家税务总局某市税务局稽查局（原某市国家税务局稽查局）。

上诉人（原审被告）：国家税务总局某省税务局（原某省国家税务局）。

被上诉人（原审原告）：中国某冶集团有限公司。

三、审理经过

上诉人国家税务总局某市税务局稽查局、国家税务总局某省税务局因税务处理决定一案，不服一审行政判决，向本院提起上诉。

法院查明：2008 年至 2013 年，原告从承德某劳务派遣有限公司等四家公司取得虚开发票合计 146226770.12 元，为取得虚开发票支付 3474276.37 元款项。虚开发票名目下支出情况：①为本公司员工发放并在企业所得税前扣除的工资性支出 145422763.12 元；②税前多列支业务招待费 46320 元；③未取得合法凭证税前列支业务招待费 274014 元；④发放给非本公司员工的工资性支出 483673 元。原某市国家税务局稽查局认定应调增原告 2008 年至 2013 年应纳税所得额 149701046.49 元，造成少缴所得税 37425261.63 元，构成偷税。2017 年 5 月 15 日，被告原某市国家税务局稽查局作出《税务行政处理决定书》(101 号)，决定追缴企业所得税 37425261.63 元。原告不服，向原某省国家税务局提起行政复议。2017 年 9 月 7 日，原某省国家税务局作出《行政复议决定书》（3 号），决定维持上述处理决定。

原审法院经审理后，判决如下：（一）撤销被告原某市国家税务局稽查局作出的《行政处理决定书》；（二）撤销被告原某省国家税务局作出的《行政复议决定书》；（三）责令被告原某市国家税务局稽查局在本判决生效后六十日内重新作出处理决定。税务机关不服，提出上诉。

二审法院认为，本案的争议焦点主要是，中国某冶集团有限公司接受虚开发票方式为职工发放工资 145422763.12 元的行为是否属于偷税行为。《税收征收管理法》第六十三条第一款规定：“纳税人伪造、变造、隐匿、擅自销毁账簿、记账凭证，或者在账簿上多列支出或者不列、少列收入，或者经税务机关通知申报而拒不申报或者进行虚假的纳税申报，不缴或者少缴应纳税款的，是偷税。对纳税人偷税的，由税务机关追缴其不缴或者少缴的税款、滞纳金，并处不缴或者少缴的税款百分之五十以上五倍以下的罚款；构成犯罪的，依法追究刑事责任。”根据该条规定，造成不缴或少缴应纳税款后果的是偷税，应予处罚。《企业所得税法》第八条规定：“企业实际发生的与取得收入有关的、合理的支出，包括成本、费用、税金、损失和其他支出，准予在计算应纳税所得额时扣除。”《企业所得税法实施条例》第二十七条规定：“企业所得税法第八条所称有关的支出，是指与取得收入直接相关的支出。企业所得税法第八条所称合理的支出，是指符合生产经营活动常规，应当计入当期损益或者有关资产成本的必要和正常的支出。”第三十四条规定：“企业发生的合理的工资薪金支出，准予扣除。前款所称工资薪金，是指企业每一纳税年度支付给在本企业任职或者受雇的员工的所有现金形式或者非现金形式的劳动报酬，包括基本工资、奖金、津贴。”上诉人及被上诉人对于该 145422763. 12 元属于给职工支付的工资并无异议，且上诉人国家税务总局某市税务局稽查局上诉称“行政处理的是被上诉人违反税务行政法律法规的违法行为，并未否定其职工取得工资的合法行为”。上诉人认定 145422763. 12 元工资性支出不准在税前扣除，为应调增应纳税所得额，不符合上述法律法规的规定，作出的税务处理决定理据不足，依法应予撤销。综上所述，上诉人国家税务总局某市税务局稽查局、国家税务总局某省税务局上诉理据均不足，本院不予支持。

四、裁判结果

驳回上诉，维持原判。

第四篇

相关政策文件汇编

1.《行政处罚法》新旧条文对照

2.《〈中华人民共和国行政处罚法〉解读》

3.《国务院关于进一步规范和监督罚款设定与实施的指导意见》（国发〔2024〕5号）

4.《国家税务总局关于发布〈税务行政处罚裁量权行使规则〉的公告》（国家税务总局公告2016年第78号）

5.《刑法》涉税犯罪条款

6.《最高人民法院关于对为他人代开增值税专用发票的行为如何定性问题的答复》（法函〔1996〕98号）

…………

1 《行政处罚法》新旧条文对照（见表4－1）

表4－1　《行政处罚法》新旧条文对照

修改前	修改后
行政处罚法（2017修正） （1996年3月17日第八届全国人民代表大会第四次会议通过。根据2009年8月27日第十一届全国人民代表大会常务委员会第十次会议《关于修改部分法律的决定》第一次修正。根据2017年9月1日第十二届全国人民代表大会常务委员会第二十九次会议《关于修改〈中华人民共和国法官法〉等八部法律的决定》第二次修正）	行政处罚法（2021修订） （1996年3月17日第八届全国人民代表大会第四次会议通过。根据2009年8月27日第十一届全国人民代表大会常务委员会第十次会议《关于修改部分法律的决定》第一次修正。根据2017年9月1日第十二届全国人民代表大会常务委员会第二十九次会议《关于修改〈中华人民共和国法官法〉等八部法律的决定》第二次修正。2021年1月22日第十三届全国人民代表大会常务委员会第二十五次会议修订）
第一章　总则	第一章　总则
第一条　为了规范行政处罚的设定和实施，保障和监督行政机关有效实施行政管理，维护公共利益和社会秩序，保护公民、法人或者其他组织的合法权益，根据宪法，制定本法	第一条　为了规范行政处罚的设定和实施，保障和监督行政机关有效实施行政管理，维护公共利益和社会秩序，保护公民、法人或者其他组织的合法权益，根据宪法，制定本法
	第二条　行政处罚是指行政机关依法对违反行政管理秩序的公民、法人或者其他组织，以减损权益或者增加义务的方式予以惩戒的行为
第二条　行政处罚的设定和实施，适用本法	第三条　行政处罚的设定和实施，适用本法
第三条　公民、法人或者其他组织违反行政管理秩序的行为，应当给予行政处罚的，依照本法由法律、法规或者规章规定，并由行政机关依照本法规定的程序实施。 没有法定依据或者不遵守法定程序的，行政处罚无效	第四条　公民、法人或者其他组织违反行政管理秩序的行为，应当给予行政处罚的，依照本法由法律、法规、规章规定，并由行政机关依照本法规定的程序实施

续表

修改前	修改后
第四条　行政处罚遵循公正、公开的原则。 设定和实施行政处罚必须以事实为依据，与违法行为的事实、性质、情节以及社会危害程度相当。 对违法行为给予行政处罚的规定必须公布；未经公布的，不得作为行政处罚的依据	第五条　行政处罚遵循公正、公开的原则。 设定和实施行政处罚必须以事实为依据，与违法行为的事实、性质、情节以及社会危害程度相当。 对违法行为给予行政处罚的规定必须公布；未经公布的，不得作为行政处罚的依据
第五条　实施行政处罚，纠正违法行为，应当坚持处罚与教育相结合，教育公民、法人或者其他组织自觉守法	第六条　实施行政处罚，纠正违法行为，应当坚持处罚与教育相结合，教育公民、法人或者其他组织自觉守法
第六条　公民、法人或者其他组织对行政机关所给予的行政处罚，享有陈述权、申辩权；对行政处罚不服的，有权依法申请行政复议或者提起行政诉讼。 公民、法人或者其他组织因行政机关违法给予行政处罚受到损害的，有权依法提出赔偿要求	第七条　公民、法人或者其他组织对行政机关所给予的行政处罚，享有陈述权、申辩权；对行政处罚不服的，有权依法申请行政复议或者提起行政诉讼。 公民、法人或者其他组织因行政机关违法给予行政处罚受到损害的，有权依法提出赔偿要求
第七条　公民、法人或者其他组织因违法受到行政处罚，其违法行为对他人造成损害的，应当依法承担民事责任。 违法行为构成犯罪，应当依法追究刑事责任，不得以行政处罚代替刑事处罚	第八条　公民、法人或者其他组织因违法行为受到行政处罚，其违法行为对他人造成损害的，应当依法承担民事责任。 违法行为构成犯罪，应当依法追究刑事责任的，不得以行政处罚代替刑事处罚
第二章　行政处罚的种类和设定	第二章　行政处罚的种类和设定
第八条　行政处罚的种类： （一）警告； （二）罚款； （三）没收违法所得、没收非法财物； （四）责令停产停业； （五）暂扣或者吊销许可证、暂扣或者吊销执照； （六）行政拘留； （七）法律、行政法规规定的其他行政处罚	第九条　行政处罚的种类： （一）警告、通报批评； （二）罚款、没收违法所得、没收非法财物； （三）暂扣许可证件、降低资质等级、吊销许可证件； （四）限制开展生产经营活动、责令停产停业、责令关闭、限制从业； （五）行政拘留； （六）法律、行政法规规定的其他行政处罚
第九条　法律可以设定各种行政处罚。 限制人身自由的行政处罚，只能由法律设定	第十条　法律可以设定各种行政处罚。 限制人身自由的行政处罚，只能由法律设定

续表

修改前	修改后
第十条　行政法规可以设定除限制人身自由以外的行政处罚。 法律对违法行为已经作出行政处罚规定，行政法规需要作出具体规定的，必须在法律规定的给予行政处罚的行为、种类和幅度的范围内规定	第十一条　行政法规可以设定除限制人身自由以外的行政处罚。 法律对违法行为已经作出行政处罚规定，行政法规需要作出具体规定的，必须在法律规定的给予行政处罚的行为、种类和幅度的范围内规定。 法律对违法行为未作出行政处罚规定，行政法规为实施法律，可以补充设定行政处罚。拟补充设定行政处罚的，应当通过听证会、论证会等形式广泛听取意见，并向制定机关作出书面说明。行政法规报送备案时，应当说明补充设定行政处罚的情况
第十一条　地方性法规可以设定除限制人身自由、吊销企业营业执照以外的行政处罚。 法律、行政法规对违法行为已经作出行政处罚规定，地方性法规需要作出具体规定的，必须在法律、行政法规规定的给予行政处罚的行为、种类和幅度的范围内规定	第十二条　地方性法规可以设定除限制人身自由、吊销营业执照以外的行政处罚。 法律、行政法规对违法行为已经作出行政处罚规定，地方性法规需要作出具体规定的，必须在法律、行政法规规定的给予行政处罚的行为、种类和幅度的范围内规定。 法律、行政法规对违法行为未作出行政处罚规定，地方性法规为实施法律、行政法规，可以补充设定行政处罚。拟补充设定行政处罚的，应当通过听证会、论证会等形式广泛听取意见，并向制定机关作出书面说明。地方性法规报送备案时，应当说明补充设定行政处罚的情况
第十二条　国务院部、委员会制定的规章可以在法律、行政法规规定的给予行政处罚的行为、种类和幅度的范围内作出具体规定。 尚未制定法律、行政法规的，前款规定的国务院部、委员会制定的规章对违反行政管理秩序的行为，可以设定警告或者一定数量罚款的行政处罚。罚款的限额由国务院规定。 国务院可以授权具有行政处罚权的直属机构依照本条第一款、第二款的规定，规定行政处罚	第十三条　国务院部门规章可以在法律、行政法规规定的给予行政处罚的行为、种类和幅度的范围内作出具体规定。 尚未制定法律、行政法规的，国务院部门规章对违反行政管理秩序的行为，可以设定警告、通报批评或者一定数额罚款的行政处罚。罚款的限额由国务院规定

续表

修改前	修改后
第十三条　省、自治区、直辖市人民政府和省、自治区人民政府所在地的市人民政府以及经国务院批准的较大的市人民政府制定的规章可以在法律、法规规定的给予行政处罚的行为、种类和幅度的范围内作出具体规定。 尚未制定法律、法规的，前款规定的人民政府制定的规章对违反行政管理秩序的行为，可以设定警告或者一定数量罚款的行政处罚。罚款的限额由省、自治区、直辖市人民代表大会常务委员会规定	第十四条　地方政府规章可以在法律、法规规定的给予行政处罚的行为、种类和幅度的范围内作出具体规定。 尚未制定法律、法规的，地方政府规章对违反行政管理秩序的行为，可以设定警告、通报批评或者一定数额罚款的行政处罚。罚款的限额由省、自治区、直辖市人民代表大会常务委员会规定
	第十五条　国务院部门和省、自治区、直辖市人民政府及其有关部门应当定期组织评估行政处罚的实施情况和必要性，对不适当的行政处罚事项及种类、罚款数额等，应当提出修改或者废止的建议
第十四条　除本法第九条、第十条、第十一条、第十二条以及第十三条的规定外，其他规范性文件不得设定行政处罚	第十六条　除法律、法规、规章外，其他规范性文件不得设定行政处罚
第三章　行政处罚的实施机关	第三章　行政处罚的实施机关
第十五条　行政处罚由具有行政处罚权的行政机关在法定职权范围内实施	第十七条　行政处罚由具有行政处罚权的行政机关在法定职权范围内实施
第十六条　国务院或者经国务院授权的省、自治区、直辖市人民政府可以决定一个行政机关行使有关行政机关的行政处罚权，但限制人身自由的行政处罚权只能由公安机关行使	第十八条　国家在城市管理、市场监管、生态环境、文化市场、交通运输、应急管理、农业等领域推行建立综合行政执法制度，相对集中行政处罚权。 国务院或者省、自治区、直辖市人民政府可以决定一个行政机关行使有关行政机关的行政处罚权。 限制人身自由的行政处罚权只能由公安机关和法律规定的其他机关行使
第十七条　法律、法规授权的具有管理公共事务职能的组织可以在法定授权范围内实施行政处罚	第十九条　法律、法规授权的具有管理公共事务职能的组织可以在法定授权范围内实施行政处罚

续表

修改前	修改后
第十八条　行政机关依照法律、法规或者规章的规定，可以在其法定权限内委托符合本法第十九条规定条件的组织实施行政处罚。行政机关不得委托其他组织或者个人实施行政处罚。 委托行政机关对受委托的组织实施行政处罚的行为应当负责监督，并对该行为的后果承担法律责任。 受委托组织在委托范围内，以委托行政机关名义实施行政处罚；不得再委托其他任何组织或者个人实施行政处罚	第二十条　行政机关依照法律、法规、规章的规定，可以在其法定权限内书面委托符合本法第二十一条规定条件的组织实施行政处罚。行政机关不得委托其他组织或者个人实施行政处罚。 委托书应当载明委托的具体事项、权限、期限等内容。委托行政机关和受委托组织应当将委托书向社会公布。 委托行政机关对受委托组织实施行政处罚的行为应当负责监督，并对该行为的后果承担法律责任。 受委托组织在委托范围内，以委托行政机关名义实施行政处罚；不得再委托其他组织或者个人实施行政处罚
第十九条　受委托组织必须符合以下条件： （一）依法成立的管理公共事务的事业组织； （二）具有熟悉有关法律、法规、规章和业务的工作人员； （三）对违法行为需要进行技术检查或者技术鉴定的，应当有条件组织进行相应的技术检查或者技术鉴定	第二十一条　受委托组织必须符合以下条件： （一）依法成立并具有管理公共事务职能； （二）有熟悉有关法律、法规、规章和业务并取得行政执法资格的工作人员； （三）需要进行技术检查或者技术鉴定的，应当有条件组织进行相应的技术检查或者技术鉴定
第四章　行政处罚的管辖和适用	第四章　行政处罚的管辖和适用
	第二十二条　行政处罚由违法行为发生地的行政机关管辖。法律、行政法规、部门规章另有规定的，从其规定
第二十条　行政处罚由违法行为发生地的县级以上地方人民政府具有行政处罚权的行政机关管辖。法律、行政法规另有规定的除外	第二十三条　行政处罚由县级以上地方人民政府具有行政处罚权的行政机关管辖。法律、行政法规另有规定的，从其规定
	第二十四条　省、自治区、直辖市根据当地实际情况，可以决定将基层管理迫切需要的县级人民政府部门的行政处罚权交由能够有效承接的乡镇人民政府、街道办事处行使，并定期组织评估。决定应当公布。 承接行政处罚权的乡镇人民政府、街道办事处应当加强执法能力建设，按照规定范围、依照法定程序实施行政处罚。 有关地方人民政府及其部门应当加强组织协调、业务指导、执法监督，建立健全行政处罚协调配合机制，完善评议、考核制度

续表

修改前	修改后
第二十一条　对管辖发生争议的，报请共同的上一级行政机关指定管辖	第二十五条　两个以上行政机关都有管辖权的，由最先立案的行政机关管辖。 对管辖发生争议的，应当协商解决，协商不成的，报请共同的上一级行政机关指定管辖；也可以直接由共同的上一级行政机关指定管辖
	第二十六条　行政机关因实施行政处罚的需要，可以向有关机关提出协助请求。协助事项属于被请求机关职权范围内的，应当依法予以协助
第二十二条　违法行为构成犯罪的，行政机关必须将案件移送司法机关，依法追究刑事责任	第二十七条　违法行为涉嫌犯罪的，行政机关应当及时将案件移送司法机关，依法追究刑事责任。对依法不需要追究刑事责任或者免予刑事处罚，但应当给予行政处罚的，司法机关应当及时将案件移送有关行政机关。 行政处罚实施机关与司法机关之间应当加强协调配合，建立健全案件移送制度，加强证据材料移交、接收衔接，完善案件处理信息通报机制
第二十三条　行政机关实施行政处罚时，应当责令当事人改正或者限期改正违法行为	第二十八条　行政机关实施行政处罚时，应当责令当事人改正或者限期改正违法行为。 当事人有违法所得，除依法应当退赔的外，应当予以没收。违法所得是指实施违法行为所取得的款项。法律、行政法规、部门规章对违法所得的计算另有规定的，从其规定
第二十四条　对当事人的同一个违法行为，不得给予两次以上罚款的行政处罚	第二十九条　对当事人的同一个违法行为，不得给予两次以上罚款的行政处罚。同一个违法行为违反多个法律规范应当给予罚款处罚的，按照罚款数额高的规定处罚
第二十五条　不满十四周岁的人有违法行为的，不予行政处罚，责令监护人加以管教；已满十四周岁不满十八周岁的人有违法行为的，从轻或者减轻行政处罚	第三十条　不满十四周岁的未成年人有违法行为的，不予行政处罚，责令监护人加以管教；已满十四周岁不满十八周岁的未成年人有违法行为的，应当从轻或者减轻行政处罚

续表

修改前	修改后
第二十六条　精神病人在不能辨认或者不能控制自己行为时有违法行为的，不予行政处罚，但应当责令其监护人严加看管和治疗。间歇性精神病人在精神正常时有违法行为的，应当给予行政处罚	第三十一条　精神病人、智力残疾人在不能辨认或者不能控制自己行为时有违法行为的，不予行政处罚，但应当责令其监护人严加看管和治疗。间歇性精神病人在精神正常时有违法行为的，应当给予行政处罚。尚未完全丧失辨认或者控制自己行为能力的精神病人、智力残疾人有违法行为的，可以从轻或者减轻行政处罚
第二十七条　当事人有下列情形之一的，应当依法从轻或者减轻行政处罚： （一）主动消除或者减轻违法行为危害后果的； （二）受他人胁迫有违法行为的； （三）配合行政机关查处违法行为有立功表现的； （四）其他依法从轻或者减轻行政处罚的。 违法行为轻微并及时纠正，没有造成危害后果的，不予行政处罚	第三十二条　当事人有下列情形之一，应当从轻或者减轻行政处罚： （一）主动消除或者减轻违法行为危害后果的； （二）受他人胁迫或者诱骗实施违法行为的； （三）主动供述行政机关尚未掌握的违法行为的； （四）配合行政机关查处违法行为有立功表现的； （五）法律、法规、规章规定其他应当从轻或者减轻行政处罚的
	第三十三条　违法行为轻微并及时改正，没有造成危害后果的，不予行政处罚。初次违法且危害后果轻微并及时改正的，可以不予行政处罚。 当事人有证据足以证明没有主观过错的，不予行政处罚。法律、行政法规另有规定的，从其规定。 对当事人的违法行为依法不予行政处罚的，行政机关应当对当事人进行教育
	第三十四条　行政机关可以依法制定行政处罚裁量基准，规范行使行政处罚裁量权。行政处罚裁量基准应当向社会公布
第二十八条　违法行为构成犯罪，人民法院判处拘役或者有期徒刑时，行政机关已经给予当事人行政拘留的，应当依法折抵相应刑期。 违法行为构成犯罪，人民法院判处罚金时，行政机关已经给予当事人罚款的，应当折抵相应罚金	第三十五条　违法行为构成犯罪，人民法院判处拘役或者有期徒刑时，行政机关已经给予当事人行政拘留的，应当依法折抵相应刑期。 违法行为构成犯罪，人民法院判处罚金时，行政机关已经给予当事人罚款的，应当折抵相应罚金；行政机关尚未给予当事人罚款的，不再给予罚款

续表

修改前	修改后
第二十九条　违法行为在二年内未被发现的，不再给予行政处罚。法律另有规定的除外。 前款规定的期限，从违法行为发生之日起计算；违法行为有连续或者继续状态的，从行为终了之日起计算	第三十六条　违法行为在二年内未被发现的，不再给予行政处罚；涉及公民生命健康安全、金融安全且有危害后果的，上述期限延长至五年。法律另有规定的除外。 前款规定的期限，从违法行为发生之日起计算；违法行为有连续或者继续状态的，从行为终了之日起计算
	第三十七条　实施行政处罚，适用违法行为发生时的法律、法规、规章的规定。但是，作出行政处罚决定时，法律、法规、规章已被修改或者废止，且新的规定处罚较轻或者不认为是违法的，适用新的规定
	第三十八条　行政处罚没有依据或者实施主体不具有行政主体资格的，行政处罚无效。 违反法定程序构成重大且明显违法的，行政处罚无效
第五章　行政处罚的决定	第五章　行政处罚的决定
	第一节　一般规定
	第三十九条　行政处罚的实施机关、立案依据、实施程序和救济渠道等信息应当公示
第三十条　公民、法人或者其他组织违反行政管理秩序的行为，依法应当给予行政处罚的，行政机关必须查明事实；违法事实不清的，不得给予行政处罚	第四十条　公民、法人或者其他组织违反行政管理秩序的行为，依法应当给予行政处罚的，行政机关必须查明事实；违法事实不清、证据不足的，不得给予行政处罚
	第四十一条　行政机关依照法律、行政法规规定利用电子技术监控设备收集、固定违法事实的，应当经过法制和技术审核，确保电子技术监控设备符合标准、设置合理、标志明显，设置地点应当向社会公布。 电子技术监控设备记录违法事实应当真实、清晰、完整、准确。行政机关应当审核记录内容是否符合要求；未经审核或者经审核不符合要求的，不得作为行政处罚的证据。 行政机关应当及时告知当事人违法事实，并采取信息化手段或者其他措施，为当事人查询、陈述和申辩提供便利。不得限制或者变相限制当事人享有的陈述权、申辩权

续表

修改前	修改后
	第四十二条　行政处罚应当由具有行政执法资格的执法人员实施。执法人员不得少于两人，法律另有规定的除外。 执法人员应当文明执法，尊重和保护当事人合法权益
	第四十三条　执法人员与案件有直接利害关系或者有其他关系可能影响公正执法的，应当回避。 当事人认为执法人员与案件有直接利害关系或者有其他关系可能影响公正执法的，有权申请回避。 当事人提出回避申请的，行政机关应当依法审查，由行政机关负责人决定。决定作出之前，不停止调查
第三十一条　行政机关在作出行政处罚决定之前，应当告知当事人作出行政处罚决定的事实、理由及依据，并告知当事人依法享有的权利	第四十四条　行政机关在作出行政处罚决定之前，应当告知当事人拟作出的行政处罚内容及事实、理由、依据，并告知当事人依法享有的陈述、申辩、要求听证等权利
第三十二条　当事人有权进行陈述和申辩。行政机关必须充分听取当事人的意见，对当事人提出的事实、理由和证据，应当进行复核；当事人提出的事实、理由或者证据成立的，行政机关应当采纳。 行政机关不得因当事人申辩而加重处罚	第四十五条　当事人有权进行陈述和申辩。行政机关必须充分听取当事人的意见，对当事人提出的事实、理由和证据，应当进行复核；当事人提出的事实、理由或者证据成立的，行政机关应当采纳。 行政机关不得因当事人陈述、申辩而给予更重的处罚
	第四十六条　证据包括： （一）书证； （二）物证； （三）视听资料； （四）电子数据； （五）证人证言； （六）当事人的陈述； （七）鉴定意见； （八）勘验笔录、现场笔录。 证据必须经查证属实，方可作为认定案件事实的根据。 以非法手段取得的证据，不得作为认定案件事实的根据

续表

修改前	修改后
	第四十七条　行政机关应当依法以文字、音像等形式，对行政处罚的启动、调查取证、审核、决定、送达、执行等进行全过程记录，归档保存
	第四十八条　具有一定社会影响的行政处罚决定应当依法公开。 公开的行政处罚决定被依法变更、撤销、确认违法或者确认无效的，行政机关应当在三日内撤回行政处罚决定信息并公开说明理由
	第四十九条　发生重大传染病疫情等突发事件，为了控制、减轻和消除突发事件引起的社会危害，行政机关对违反突发事件应对措施的行为，依法快速、从重处罚
	第五十条　行政机关及其工作人员对实施行政处罚过程中知悉的国家秘密、商业秘密或者个人隐私，应当依法予以保密
第一节　简易程序	第二节　简易程序
第三十三条　违法事实确凿并有法定依据，对公民处以五十元以下、对法人或者其他组织处以一千元以下罚款或者警告的行政处罚的，可以当场作出行政处罚决定。当事人应当依照本法第四十六条、第四十七条、第四十八条的规定履行行政处罚决定	第五十一条　违法事实确凿并有法定依据，对公民处以二百元以下、对法人或者其他组织处以三千元以下罚款或者警告的行政处罚的，可以当场作出行政处罚决定。法律另有规定的，从其规定
第三十四条　执法人员当场作出行政处罚决定的，应当向当事人出示执法身份证件，填写预定格式、编有号码的行政处罚决定书。行政处罚决定书应当当场交付当事人。 前款规定的行政处罚决定书应当载明当事人的违法行为、行政处罚依据、罚款数额、时间、地点以及行政机关名称，并由执法人员签名或者盖章。 执法人员当场作出的行政处罚决定，必须报所属行政机关备案	第五十二条　执法人员当场作出行政处罚决定的，应当向当事人出示执法证件，填写预定格式、编有号码的行政处罚决定书，并当场交付当事人。当事人拒绝签收的，应当在行政处罚决定书上注明。 前款规定的行政处罚决定书应当载明当事人的违法行为，行政处罚的种类和依据、罚款数额、时间、地点，申请行政复议、提起行政诉讼的途径和期限以及行政机关名称，并由执法人员签名或者盖章。 执法人员当场作出的行政处罚决定，应当报所属行政机关备案

续表

<table>
<tr><th>修改前</th><th>修改后</th></tr>
<tr><td>第三十五条　当事人对当场作出的行政处罚决定不服的，可以依法申请行政复议或者提起行政诉讼</td><td>第五十三条　对当场作出的行政处罚决定，当事人应当依照本法第六十七条至第六十九条的规定履行</td></tr>
<tr><td>第二节　一般程序</td><td>第三节　普通程序</td></tr>
<tr><td>第三十六条　除本法第三十三条规定的可以当场作出的行政处罚外，行政机关发现公民、法人或者其他组织有依法应当给予行政处罚的行为的，必须全面、客观、公正地调查，收集有关证据；必要时，依照法律、法规的规定，可以进行检查</td><td>第五十四条　除本法第五十一条规定的可以当场作出的行政处罚外，行政机关发现公民、法人或者其他组织有依法应当给予行政处罚的行为的，必须全面、客观、公正地调查，收集有关证据；必要时，依照法律、法规的规定，可以进行检查。
符合立案标准的，行政机关应当及时立案</td></tr>
<tr><td rowspan="2">第三十七条　行政机关在调查或者进行检查时，执法人员不得少于两人，并应当向当事人或者有关人员出示证件。当事人或者有关人员应当如实回答询问，并协助调查或者检查，不得阻挠。询问或者检查应当制作笔录。
行政机关在收集证据时，可以采取抽样取证的方法；在证据可能灭失或者以后难以取得的情况下，经行政机关负责人批准，可以先行登记保存，并应当在七日内及时作出处理决定，在此期间，当事人或者有关人员不得销毁或者转移证据。
执法人员与当事人有直接利害关系的，应当回避</td><td>第五十五条　执法人员在调查或者进行检查时，应当主动向当事人或者有关人员出示执法证件。当事人或者有关人员有权要求执法人员出示执法证件。执法人员不出示执法证件的，当事人或者有关人员有权拒绝接受调查或者检查。
当事人或者有关人员应当如实回答询问，并协助调查或者检查，不得拒绝或者阻挠。询问或者检查应当制作笔录</td></tr>
<tr><td>第五十六条　行政机关在收集证据时，可以采取抽样取证的方法；在证据可能灭失或者以后难以取得的情况下，经行政机关负责人批准，可以先行登记保存，并应当在七日内及时作出处理决定，在此期间，当事人或者有关人员不得销毁或者转移证据</td></tr>
</table>

续表

修改前	修改后
第三十八条　调查终结，行政机关负责人应当对调查结果进行审查，根据不同情况，分别作出如下决定： （一）确有应受行政处罚的违法行为的，根据情节轻重及具体情况，作出行政处罚决定； （二）违法行为轻微，依法可以不予行政处罚的，不予行政处罚； （三）违法事实不能成立的，不得给予行政处罚； （四）违法行为已构成犯罪的，移送司法机关。 对情节复杂或者重大违法行为给予较重的行政处罚，行政机关的负责人应当集体讨论决定。 在行政机关负责人作出决定之前，应当由从事行政处罚决定审核的人员进行审核。行政机关中初次从事行政处罚决定审核的人员，应当通过国家统一法律职业资格考试取得法律职业资格	第五十七条　调查终结，行政机关负责人应当对调查结果进行审查，根据不同情况，分别作出如下决定： （一）确有应受行政处罚的违法行为的，根据情节轻重及具体情况，作出行政处罚决定； （二）违法行为轻微，依法可以不予行政处罚的，不予行政处罚； （三）违法事实不能成立的，不予行政处罚； （四）违法行为涉嫌犯罪的，移送司法机关。 对情节复杂或者重大违法行为给予行政处罚，行政机关负责人应当集体讨论决定 第五十八条　有下列情形之一，在行政机关负责人作出行政处罚的决定之前，应当由从事行政处罚决定法制审核的人员进行法制审核；未经法制审核或者审核未通过的，不得作出决定： （一）涉及重大公共利益的； （二）直接关系当事人或者第三人重大权益，经过听证程序的； （三）案件情况疑难复杂、涉及多个法律关系的； （四）法律、法规规定应当进行法制审核的其他情形。 行政机关中初次从事行政处罚决定法制审核的人员，应当通过国家统一法律职业资格考试取得法律职业资格
第三十九条　行政机关依照本法第三十八条的规定给予行政处罚，应当制作行政处罚决定书。行政处罚决定书应当载明下列事项： （一）当事人的姓名或者名称、地址； （二）违反法律、法规或者规章的事实和证据； （三）行政处罚的种类和依据； （四）行政处罚的履行方式和期限； （五）不服行政处罚决定，申请行政复议或者提起行政诉讼的途径和期限； （六）作出行政处罚决定的行政机关名称和作出决定的日期。 行政处罚决定书必须盖有作出行政处罚决定的行政机关的印章	第五十九条　行政机关依照本法第五十七条的规定给予行政处罚，应当制作行政处罚决定书。行政处罚决定书应当载明下列事项： （一）当事人的姓名或者名称、地址； （二）违反法律、法规、规章的事实和证据； （三）行政处罚的种类和依据； （四）行政处罚的履行方式和期限； （五）申请行政复议、提起行政诉讼的途径和期限； （六）作出行政处罚决定的行政机关名称和作出决定的日期。 行政处罚决定书必须盖有作出行政处罚决定的行政机关的印章

续表

修改前	修改后
	第六十条　行政机关应当自行政处罚案件立案之日起九十日内作出行政处罚决定。法律、法规、规章另有规定的，从其规定
第四十条　行政处罚决定书应当在宣告后当场交付当事人；当事人不在场的，行政机关应当在七日内依照民事诉讼法的有关规定，将行政处罚决定书送达当事人	第六十一条　行政处罚决定书应当在宣告后当场交付当事人；当事人不在场的，行政机关应当在七日内依照《中华人民共和国民事诉讼法》的有关规定，将行政处罚决定书送达当事人。 当事人同意并签订确认书的，行政机关可以采用传真、电子邮件等方式，将行政处罚决定书等送达当事人
第四十一条　行政机关及其执法人员在作出行政处罚决定之前，不依照本法第三十一条、第三十二条的规定向当事人告知给予行政处罚的事实、理由和依据，或者拒绝听取当事人的陈述、申辩，行政处罚决定不能成立；当事人放弃陈述或者申辩权利的除外	第六十二条　行政机关及其执法人员在作出行政处罚决定之前，未依照本法第四十四条、第四十五条的规定向当事人告知拟作出的行政处罚内容及事实、理由、依据，或者拒绝听取当事人的陈述、申辩，不得作出行政处罚决定；当事人明确放弃陈述或者申辩权利的除外
第三节　听证程序	第四节　听证程序
第四十二条　行政机关作出责令停产停业、吊销许可证或者执照、较大数额罚款等行政处罚决定之前，应当告知当事人有要求举行听证的权利；当事人要求听证的，行政机关应当组织听证。当事人不承担行政机关组织听证的费用。听证依照以下程序组织： （一）当事人要求听证的，应当在行政机关告知后三日内提出； （二）行政机关应当在听证的七日前，通知当事人举行听证的时间、地点； （三）除涉及国家秘密、商业秘密或者个人隐私外，听证公开举行； （四）听证由行政机关指定的非本案调查人员主持；当事人认为主持人与本案有直接利害关系的，有权申请回避； （五）当事人可以亲自参加听证，也可以委托一至二人代理； （六）举行听证时，调查人员提出当事人违法的事实、证据和行政处罚建议；当事人进行申辩和质证； （七）听证应当制作笔录；笔录应当交当事人审核无误后签字或者盖章。 当事人对限制人身自由的行政处罚有异议的，依照治安管理处罚法有关规定执行	第六十三条　行政机关拟作出下列行政处罚决定，应当告知当事人有要求听证的权利，当事人要求听证的，行政机关应当组织听证： （一）较大数额罚款； （二）没收较大数额违法所得、没收较大价值非法财物； （三）降低资质等级、吊销许可证件； （四）责令停产停业、责令关闭、限制从业； （五）其他较重的行政处罚； （六）法律、法规、规章规定的其他情形。 当事人不承担行政机关组织听证的费用

续表

修改前	修改后
第四十二条　行政机关作出责令停产停业、吊销许可证或者执照、较大数额罚款等行政处罚决定之前，应当告知当事人有要求举行听证的权利；当事人要求听证的，行政机关应当组织听证。当事人不承担行政机关组织听证的费用。听证依照以下程序组织： （一）当事人要求听证的，应当在行政机关告知后三日内提出； （二）行政机关应当在听证的七日前，通知当事人举行听证的时间、地点； （三）除涉及国家秘密、商业秘密或者个人隐私外，听证公开举行； （四）听证由行政机关指定的非本案调查人员主持；当事人认为主持人与本案有直接利害关系的，有权申请回避； （五）当事人可以亲自参加听证，也可以委托一至二人代理； （六）举行听证时，调查人员提出当事人违法的事实、证据和行政处罚建议；当事人进行申辩和质证； （七）听证应当制作笔录；笔录应当交当事人审核无误后签字或者盖章。 当事人对限制人身自由的行政处罚有异议的，依照治安管理处罚法有关规定执行	第六十四条　听证应当依照以下程序组织： （一）当事人要求听证的，应当在行政机关告知后五日内提出； （二）行政机关应当在举行听证的七日前，通知当事人及有关人员听证的时间、地点； （三）除涉及国家秘密、商业秘密或者个人隐私依法予以保密外，听证公开举行； （四）听证由行政机关指定的非本案调查人员主持；当事人认为主持人与本案有直接利害关系的，有权申请回避； （五）当事人可以亲自参加听证，也可以委托一至二人代理； （六）当事人及其代理人无正当理由拒不出席听证或者未经许可中途退出听证的，视为放弃听证权利，行政机关终止听证； （七）举行听证时，调查人员提出当事人违法的事实、证据和行政处罚建议，当事人进行申辩和质证； （八）听证应当制作笔录。笔录应当交当事人或者其代理人核对无误后签字或者盖章。当事人或者其代理人拒绝签字或者盖章的，由听证主持人在笔录中注明
第四十三条　听证结束后，行政机关依照本法第三十八条的规定，作出决定	第六十五条　听证结束后，行政机关应当根据听证笔录，依照本法第五十七条的规定，作出决定
第六章　行政处罚的执行	第六章　行政处罚的执行
第四十四条　行政处罚决定依法作出后，当事人应当在行政处罚决定的期限内，予以履行	第六十六条　行政处罚决定依法作出后，当事人应当在行政处罚决定书载明的期限内，予以履行。 当事人确有经济困难，需要延期或者分期缴纳罚款的，经当事人申请和行政机关批准，可以暂缓或者分期缴纳

续表

修改前	修改后
第四十五条　当事人对行政处罚决定不服申请行政复议或者提起行政诉讼的，行政处罚不停止执行，法律另有规定的除外	
第四十六条　作出罚款决定的行政机关应当与收缴罚款的机构分离。 除依照本法第四十七条、第四十八条的规定当场收缴的罚款外，作出行政处罚决定的行政机关及其执法人员不得自行收缴罚款。 当事人应当自收到行政处罚决定书之日起十五日内，到指定的银行缴纳罚款。银行应当收受罚款，并将罚款直接上缴国库	第六十七条　作出罚款决定的行政机关应当与收缴罚款的机构分离。 除依照本法第六十八条、第六十九条的规定当场收缴的罚款外，作出行政处罚决定的行政机关及其执法人员不得自行收缴罚款。 当事人应当自收到行政处罚决定书之日起十五日内，到指定的银行或者通过电子支付系统缴纳罚款。银行应当收受罚款，并将罚款直接上缴国库
第四十七条　依照本法第三十三条的规定当场作出行政处罚决定，有下列情形之一的，执法人员可以当场收缴罚款： （一）依法给予二十元以下的罚款的； （二）不当场收缴事后难以执行的	第六十八条　依照本法第五十一条的规定当场作出行政处罚决定，有下列情形之一，执法人员可以当场收缴罚款： （一）依法给予一百元以下罚款的； （二）不当场收缴事后难以执行的
第四十八条　在边远、水上、交通不便地区，行政机关及其执法人员依照本法第三十三条、第三十八条的规定作出罚款决定后，当事人向指定的银行缴纳罚款确有困难，经当事人提出，行政机关及其执法人员可以当场收缴罚款	第六十九条　在边远、水上、交通不便地区，行政机关及其执法人员依照本法第五十一条、第五十七条的规定作出罚款决定后，当事人到指定的银行或者通过电子支付系统缴纳罚款确有困难，经当事人提出，行政机关及其执法人员可以当场收缴罚款
第四十九条　行政机关及其执法人员当场收缴罚款的，必须向当事人出具省、自治区、直辖市财政部门统一制发的罚款收据；不出具财政部门统一制发的罚款收据的，当事人有权拒绝缴纳罚款	第七十条　行政机关及其执法人员当场收缴罚款的，必须向当事人出具国务院财政部门或者省、自治区、直辖市人民政府财政部门统一制发的专用票据；不出具财政部门统一制发的专用票据的，当事人有权拒绝缴纳罚款
第五十条　执法人员当场收缴的罚款，应当自收缴罚款之日起二日内，交至行政机关；在水上当场收缴的罚款，应当自抵岸之日起二日内交至行政机关；行政机关应当在二日内将罚款缴付指定的银行	第七十一条　执法人员当场收缴的罚款，应当自收缴罚款之日起二日内，交至行政机关；在水上当场收缴的罚款，应当自抵岸之日起二日内交至行政机关；行政机关应当在二日内将罚款缴付指定的银行

续表

修改前	修改后
第五十一条　当事人逾期不履行行政处罚决定的，作出行政处罚决定的行政机关可以采取下列措施： （一）到期不缴纳罚款的，每日按罚款数额的百分之三加处罚款； （二）根据法律规定，将查封、扣押的财物拍卖或者将冻结的存款划拨抵缴罚款； （三）申请人民法院强制执行	第七十二条　当事人逾期不履行行政处罚决定的，作出行政处罚决定的行政机关可以采取下列措施： （一）到期不缴纳罚款的，每日按罚款数额的百分之三加处罚款，加处罚款的数额不得超出罚款的数额； （二）根据法律规定，将查封、扣押的财物拍卖、依法处理或者将冻结的存款、汇款划拨抵缴罚款； （三）根据法律规定，采取其他行政强制执行方式； （四）依照《中华人民共和国行政强制法》的规定申请人民法院强制执行。 行政机关批准延期、分期缴纳罚款的，申请人民法院强制执行的期限，自暂缓或者分期缴纳罚款期限结束之日起计算
	第七十三条　当事人对行政处罚决定不服，申请行政复议或者提起行政诉讼的，行政处罚不停止执行，法律另有规定的除外。 当事人对限制人身自由的行政处罚决定不服，申请行政复议或者提起行政诉讼的，可以向作出决定的机关提出暂缓执行申请。符合法律规定情形的，应当暂缓执行。 当事人申请行政复议或者提起行政诉讼的，加处罚款的数额在行政复议或者行政诉讼期间不予计算
第五十二条　当事人确有经济困难，需要延期或者分期缴纳罚款的，经当事人申请和行政机关批准，可以暂缓或者分期缴纳	

续表

修改前	修改后
第五十三条　除依法应当予以销毁的物品外，依法没收的非法财物必须按照国家规定公开拍卖或者按照国家有关规定处理。 罚款、没收违法所得或者没收非法财物拍卖的款项，必须全部上缴国库，任何行政机关或者个人不得以任何形式截留、私分或者变相私分；财政部门不得以任何形式向作出行政处罚决定的行政机关返还罚款、没收的违法所得或者返还没收非法财物的拍卖款项	第七十四条　除依法应当予以销毁的物品外，依法没收的非法财物必须按照国家规定公开拍卖或者按照国家有关规定处理。 罚款、没收的违法所得或者没收非法财物拍卖的款项，必须全部上缴国库，任何行政机关或者个人不得以任何形式截留、私分或者变相私分。 罚款、没收的违法所得或者没收非法财物拍卖的款项，不得同作出行政处罚决定的行政机关及其工作人员的考核、考评直接或者变相挂钩。除依法应当退还、退赔的外，财政部门不得以任何形式向作出行政处罚决定的行政机关返还罚款、没收的违法所得或者没收非法财物拍卖的款项
第五十四条　行政机关应当建立健全对行政处罚的监督制度。县级以上人民政府应当加强对行政处罚的监督检查。 公民、法人或者其他组织对行政机关作出的行政处罚，有权申诉或者检举；行政机关应当认真审查，发现行政处罚有错误的，应当主动改正	第七十五条　行政机关应当建立健全对行政处罚的监督制度。县级以上人民政府应当定期组织开展行政执法评议、考核，加强对行政处罚的监督检查，规范和保障行政处罚的实施。 行政机关实施行政处罚应当接受社会监督。公民、法人或者其他组织对行政机关实施行政处罚的行为，有权申诉或者检举；行政机关应当认真审查，发现有错误的，应当主动改正
第七章　法律责任	第七章　法律责任
第五十五条　行政机关实施行政处罚，有下列情形之一的，由上级行政机关或者有关部门责令改正，可以对直接负责的主管人员和其他直接责任人员依法给予行政处分： （一）没有法定的行政处罚依据的； （二）擅自改变行政处罚种类、幅度的； （三）违反法定的行政处罚程序的； （四）违反本法第十八条关于委托处罚的规定的	第七十六条　行政机关实施行政处罚，有下列情形之一，由上级行政机关或者有关机关责令改正，对直接负责的主管人员和其他直接责任人员依法给予处分： （一）没有法定的行政处罚依据的； （二）擅自改变行政处罚种类、幅度的； （三）违反法定的行政处罚程序的； （四）违反本法第二十条关于委托处罚的规定的； （五）执法人员未取得执法证件的。 行政机关对符合立案标准的案件不及时立案的，依照前款规定予以处理

续表

修改前	修改后
第五十六条　行政机关对当事人进行处罚不使用罚款、没收财物单据或者使用非法定部门制发的罚款、没收财物单据的，当事人有权拒绝处罚，并有权予以检举。上级行政机关或者有关部门对使用的非法单据予以收缴销毁，对直接负责的主管人员和其他直接责任人员依法给予行政处分	第七十七条　行政机关对当事人进行处罚不使用罚款、没收财物单据或者使用非法定部门制发的罚款、没收财物单据的，当事人有权拒绝，并有权予以检举，由上级行政机关或者有关机关对使用的非法单据予以收缴销毁，对直接负责的主管人员和其他直接责任人员依法给予处分
第五十七条　行政机关违反本法第四十六条的规定自行收缴罚款的，财政部门违反本法第五十三条的规定向行政机关返还罚款或者拍卖款项的，由上级行政机关或者有关部门责令改正，对直接负责的主管人员和其他直接责任人员依法给予行政处分	第七十八条　行政机关违反本法第六十七条的规定自行收缴罚款的，财政部门违反本法第七十四条的规定向行政机关返还罚款、没收的违法所得或者拍卖款项的，由上级行政机关或者有关机关责令改正，对直接负责的主管人员和其他直接责任人员依法给予处分
第五十八条　行政机关将罚款、没收的违法所得或者财物截留、私分或者变相私分的，由财政部门或者有关部门予以追缴，对直接负责的主管人员和其他直接责任人员依法给予行政处分；情节严重构成犯罪的，依法追究刑事责任。 执法人员利用职务上的便利，索取或者收受他人财物、收缴罚款据为己有，构成犯罪的，依法追究刑事责任；情节轻微不构成犯罪的，依法给予行政处分	第七十九条　行政机关截留、私分或者变相私分罚款、没收的违法所得或者财物的，由财政部门或者有关机关予以追缴，对直接负责的主管人员和其他直接责任人员依法给予处分；情节严重构成犯罪的，依法追究刑事责任。 执法人员利用职务上的便利，索取或者收受他人财物、将收缴罚款据为己有，构成犯罪的，依法追究刑事责任；情节轻微不构成犯罪的，依法给予处分
第五十九条　行政机关使用或者损毁扣押的财物，对当事人造成损失的，应当依法予以赔偿，对直接负责的主管人员和其他直接责任人员依法给予行政处分	第八十条　行政机关使用或者损毁查封、扣押的财物，对当事人造成损失的，应当依法予以赔偿，对直接负责的主管人员和其他直接责任人员依法给予处分
第六十条　行政机关违法实行检查措施或者执行措施，给公民人身或者财产造成损害、给法人或者其他组织造成损失的，应当依法予以赔偿，对直接负责的主管人员和其他直接责任人员依法给予行政处分；情节严重构成犯罪的，依法追究刑事责任	第八十一条　行政机关违法实施检查措施或者执行措施，给公民人身或者财产造成损害、给法人或者其他组织造成损失的，应当依法予以赔偿，对直接负责的主管人员和其他直接责任人员依法给予处分；情节严重构成犯罪的，依法追究刑事责任

续表

修改前	修改后
第六十一条　行政机关为牟取本单位私利，对应当依法移交司法机关追究刑事责任的不移交，以行政处罚代替刑罚，由上级行政机关或者有关部门责令纠正；拒不纠正的，对直接负责的主管人员给予行政处分；徇私舞弊、包庇纵容违法行为的，依照刑法有关规定追究刑事责任	第八十二条　行政机关对应当依法移交司法机关追究刑事责任的案件不移交，以行政处罚代替刑事处罚，由上级行政机关或者有关机关责令改正，对直接负责的主管人员和其他直接责任人员依法给予处分；情节严重构成犯罪的，依法追究刑事责任
第六十二条　执法人员玩忽职守，对应当予以制止和处罚的违法行为不予制止、处罚，致使公民、法人或者其他组织的合法权益、公共利益和社会秩序遭受损害的，对直接负责的主管人员和其他直接责任人员依法给予行政处分；情节严重构成犯罪的，依法追究刑事责任	第八十三条　行政机关对应当予以制止和处罚的违法行为不予制止、处罚，致使公民、法人或者其他组织的合法权益、公共利益和社会秩序遭受损害的，对直接负责的主管人员和其他直接责任人员依法给予处分；情节严重构成犯罪的，依法追究刑事责任
第八章　附则	第八章　附则
	第八十四条　外国人、无国籍人、外国组织在中华人民共和国领域内有违法行为，应当给予行政处罚的，适用本法，法律另有规定的除外
	第八十五条　本法中“二日”“三日”“五日”“七日”的规定是指工作日，不含法定节假日
第六十三条　本法第四十六条罚款决定与罚款收缴分离的规定，由国务院制定具体实施办法	
第六十四条　本法自1996年10月1日起施行。本法公布前制定的法规和规章关于行政处罚的规定与本法不符合的，应当自本法公布之日起，依照本法规定予以修订，在1997年12月31日前修订完毕	第八十六条　本法自2021年7月15日起施行

2 《〈中华人民共和国行政处罚法〉解读》

全国人大常委会法制工作委员会副主任许安标在第十三届全国人民代表大会常务委员会第二十次会议上作出了关于《中华人民共和国行政处罚法》的说明。

一、修改的必要性和起草过程

行政处罚是行政机关有效实施行政管理，保障法律、法规贯彻施行的重要手段。现行行政处罚法于1996年由第八届全国人大第四次会议通过，2009年和2017年先后两次作了个别条文修改，对行政处罚的种类、设定和实施作了基本规定。该法颁布施行以来，对增强行政机关及其工作人员依法行政理念，依法惩处各类行政违法行为，推动解决乱处罚问题，保护公民、法人和其他组织合法权益发挥了重要作用，积累了宝贵经验，同时，执法实践中也提出了一些新问题。党的十八大以来，以习近平同志为核心的党中央推进全面依法治国，深化行政执法体制改革，建立权责统一、权威高效的行政执法体制；完善行政执法程序，坚持严格规范公正文明执法。为贯彻落实党中央重大改革决策部署，推进国家治理体系和治理能力现代化，加强法治政府建设，完善行政处罚制度，解决执法实践中遇到的突出问题，有必要修改行政处罚法。

党的十八大以来，先后有近两百名全国人大代表、政协委员提出修改行政处罚法的议案、建议和提案，有关方面也陆续提出修改行政处罚法的意见和建议。行政处罚法修改被列入十三届全国人大常委会立法规划。人大常委会法制工作委员会于2018年启动行政处罚法的修改工作，先后到北京、江西、广东、内蒙古、天津、河南等地进行调研，多次召开国务院部门、地方人大、政府法制机构、专家学者、律师和企业座谈会，听取各方面的意见和建议。通过上海虹桥街道基层立法联系点走访基层执法部门了解实际情况，委托部分国务院部门、地方人大、基层立法联系点收集法律实施过程中存在的突出问题。通过课题委托、专题研究等方式，认真研究相关问题。在广泛征求意见和深入研究的基础上，2019 年 10 月形成修改草案征求意见稿，书面征求国务院部门、31 个省（区、市）和部分设区的市人大常委会法制工作机构，以及基层立法联系点、部分高等院校、科研单位的意见。召开座谈会，专门听取部分省、直辖市人大常委会法制工作机构主要负责同志意见。2020 年 1 月，分别召开中央政法委、中央改革办、中央依法治国办、中央编办以及部分国务院部门、法院系统同志参加的座谈会，再次征求意见。根据各方面意见，对征求意见稿进一步修改完善，形成了行政处罚法修订草案。

二、修改的指导思想和主要考虑

修改工作坚持以习近平新时代中国特色社会主义思想为指导，深入贯彻党的十九大和十九届二中、三中、四中全会精神，全面贯彻习近平总书记全面依法治国新理念新思想新战略，适应推进全面依法治国的需要，落实完善行政执法体制，严格规范公正文明执法的改革要求，推进国家治理体系和治理能力现代化。

根据各方面意见，修改工作把握以下几点：一是贯彻落实党中央重大决策部署，立法主动适应改革需要，体现和巩固行政执法领域中取得的重大改革成果。二是坚持问题导向，适应实践需要，扩大地方的行政处罚设定权限，加大重点领域行政处罚力度。三是坚持权由法定的法治原则，增加综合行政执法，赋予乡镇街道行政处罚权，完善行政处罚程序，严格行政执法责任，更好地保障严格规范公正文明执法。四是把握通用性，从行政处罚法是行政处罚领域的通用规范出发，认真总结实践经验，发展和完善行政处罚的实体和程序规则，为单行法律、法规设定行政处罚和行政机关实施行政处罚提供基本遵循。

三、修改的主要内容

（一）关于行政处罚的定义和种类

现行行政处罚法第八条列举了七项行政处罚种类。一些意见反映，行政处罚法未对行政处罚进行界定，所列举的处罚种类较少，不利于行政执法实践和法律的实施。据此，作以下修改：一是增加行政处罚的定义，明确行政处罚是指行政机关在行政管理过程中，对违反行政管理秩序的公民、法人或者其他组织，以依法减损权利或者增加义务的方式予以惩戒的行为。二是将现行单行法律、法规中已经明确规定，行政执法实践中常用的行政处罚种类纳入本法，增加规定通报批评、降低资质等级、不得申请行政许可、限制开展生产经营活动、限制从业、责令停止行为、责令作出行为等行政处罚种类。

（二）关于地方性法规设定行政处罚的权限

现行行政处罚法第十一条规定："地方性法规可以设定除限制人身自由、吊销企业营业执照以外的行政处罚。""法律、行政法规对违法行为已经作出行政处罚规定，地方性法规需要作出具体规定的，必须在法律、行政法规规定的给予行政处罚的行为、种类和幅度的范围内规定。"多年来，一些地方人大同志反映，现行行政处罚法中有关地方性法规设定行政处罚的规定限制过严，地方保障法律法规实施的手段受限，建议扩大地方性法规的行政处罚设定权限。为充分发挥地方性法规在地方治理中的作用，增加规定：地方性法规为实施法律、行政法规，对法律、行政法规未规定的违法行为可以补充设定行政处罚。地方性法规拟补充设定行政处罚的，应当通过听证会、论证会等形式听取意见，并向制定机关作出说明。

（三）关于行政处罚实施主体

根据党和国家机构改革和行政执法体制改革要求，明确综合行政执法的法律地位，增加规定：国家在城市管理、市场监管、生态环境、文化市场、交通运输、农业等领域实行综合行政执法，相对集中行政处罚权，由一个行政机关统一实施相关领域的行政处罚。同时，根据基层整合审批服务执法力量改革要求，推进行政执法权限和力量向基层延伸和下沉，增加规定：省、自治区、直辖市根据当地实际情况，可以决定符合条件的乡镇人民政府、街道办事处对其管辖区域内的违法行为行使有关县级人民政府部门的部分行政处罚权。

（四）关于行政处罚的适用

经过多年的执法实践，行政处罚的适用规则不断发展完善，在总结实践经验基础上，作以下补充完善：一是明确行政机关实施行政处罚时，有违法所得的，应当予以没收。二是规范行政处罚自由裁量权行使，完善从轻、减轻的法定情形，增加规定当事人有证据证明没有主观过错的，不予行政处罚，法律、行政法规有特别规定的，依照其规定；行政机关可以依法制定行政处罚裁量基准。三是加大重点领域执法力度，涉及公民生命健康安全的违法行为的追责期限由两年延长至五年。四是增加“从旧兼从轻”适用规则，行政处罚的依据适用违法行为发生时的法律、法规和规章的规定，但是新的法律、法规和规章的规定更有利于当事人的，适用新的法律、法规和规章的规定。五是完善行政处罚决定无效制度，行政处罚没有法定依据或者实施主体不具有行政主体资格的，行政处罚无效；不遵守法定程序构成重大且明显违法的，行政处罚无效。六是明确行政处罚证据种类和适用规则，规定证据必须经查证属实，方可作为认定案件事实的根据；以非法手段取得的证据，不得作为认定案件事实的根据。七是进一步明确适用范围，外国人、无国籍人、外国组织在中华人民共和国领域内有违法行为，应当给予行政处罚的，适用本法，法律另有规定的除外。

（五）关于行政处罚的程序

为推进严格规范公正文明执法，巩固行政执法公示制度、行政执法全过程记录制度、重大执法决定法制审核制度“三项制度”改革成果，进一步完善行政处罚程序，作以下修改：一是明确公示要求，增加规定行政处罚的实施机关、立案依据、实施程序和救济渠道等信息应当公示；行政处罚决定应当依法公开。二是体现全程记录，增加规定行政机关应当依法以文字、音像等形式，对行政处罚的启动、调查取证、审核、决定、送达、执行等进行全过程记录，归档保存。三是细化法制审核程序，列明适用情形，明确未经法制审核或者审核未通过的不得作出行政处罚决定。四是规范非现场执法，增加规定行政机关依照法律、行政法规规定利用电子技术监控设备收集、固定违法事实的，应当经过法制和技术审核，确保设置合理、标准合格、标志明显，设置地点应当向社会公布，并对记录内容和方便当事人查询作出相应规定。五是进一步完善回避制度，细化回避情形，明确对回避申请应当依法审查，但不停止调查或者实施行政处罚。六是增加规定发生重大传染病疫情等突发事件，为了控制、减轻和消除突发事件引起的社会危害，行政机关对违反突发事件应对措施的行为，依法从重处罚，并可以简化程序。七是适应行政执法实际需要，将适用简易程序的罚款数额由五十元以下和一千元以下，分别提高至二百元以下和三千元以下。八是增加立案程序，除当场作出的行政处罚外，行政机关认为符合立案标准的，应当立案。九是完善听证程序，扩大适用范围，适当延长申请期限，明确行政机关应当结合听证笔录作出决定。

（六）关于行政处罚的执行

为保障行政处罚决定的依法履行，补充完善执行制度，作以下修改：一是适应行政执法实际需要，将行政机关当场收缴的罚款数额由二十元以下提高至一百元以下。二是与行政强制法相衔接，完善行政处罚的强制执行程序，规定当事人逾期不履行行政处罚决定的，行政机关可以根据法律规定实施行政强制执行。三是明确行政机关批准延期、分期缴纳罚款的，申请人民法院强制执行的期限，自暂缓或者分期缴纳罚款期限结束之日起计算。四是明确当事人申请行政复议或者提起行政诉讼的，加处罚款的数额在行政复议或者行政诉讼期间不予计算。

（七）关于执法监督

为贯彻落实行政执法责任制和责任追究制度，强化对行政处罚行为的监督，作以下修改：一是增加规定罚款、没收违法所得或者没收非法财物拍卖的款项，不得同作出行政处罚决定的行政机关及其工作人员的考核、考评直接或者变相挂钩。二是增加规定县级以上人民政府应当定期组织开展行政执法评议、考核，加强对行政处罚的监督检查，规范和保障行政处罚的实施。

3 《国务院关于进一步规范和监督罚款设定与实施的指导意见》（国发〔2024〕5号）

各省、自治区、直辖市人民政府，国务院各部委、各直属机构：

行政执法是行政机关履行政府职能、管理经济社会事务的重要方式。行政执法工作面广量大，一头连着政府，一头连着群众，直接关系群众对党和政府的信任、对法治的信心。罚款是较为常见的行政执法行为。为进一步提高罚款规定的立法、执法质量，规范和监督罚款设定与实施，现就行政法规、规章中罚款设定与实施提出以下意见。

一、总体要求

（一）指导思想。以习近平新时代中国特色社会主义思想为指导，深入学习贯彻习近平法治思想，全面贯彻落实党的二十大精神，立足新发展阶段，完整、准确、全面贯彻新发展理念，加快构建新发展格局，严格规范和有力监督罚款设定与实施，强化对违法行为的预防和惩戒作用，提升政府治理能力，维护经济社会秩序，切实保护企业和群众合法权益，优化法治化营商环境，推进国家治理体系和治理能力现代化。

（二）基本原则。坚持党的领导，把坚持和加强党的领导贯穿于规范和监督罚款设定与实施工作的全过程和各方面。坚持以人民为中心，努力让企业和群众在每一个执法行为中都能看到风清气正、从每一项执法决定中都能感受到公平正义。坚持依法行政，按照处罚法定、公正公开、过罚相当、处罚与教育相结合的要求，依法行使权力、履行职责、承担责任。坚持问题导向，着力破解企业和群众反映强烈的乱罚款等突出问题。

（三）主要目标。罚款设定更加科学，罚款实施更加规范，罚款监督更加有力，全面推进严格规范公正文明执法，企业和群众的满意度显著提升。

二、依法科学设定罚款

（四）严守罚款设定权限。法律、法规对违法行为已经作出行政处罚规定但未设定罚款的，规章不得增设罚款。法律、法规已经设定罚款但未规定罚款数额的，或者尚未制定法律、法规，因行政管理迫切需要依法先以规章设定罚款的，规章要在规定的罚款限额内作出具体规定。规章设定的罚款数额不得超过法律、法规对相似违法行为规定的罚款数额，并要根据经济社会发展情况适时调整。鼓励跨行政区域按规定联合制定统一监管制度及标准规范，协同推动罚款数额、裁量基准等相对统一。

（五）科学适用过罚相当原则。行政法规、规章新设罚款和确定罚款数额时，要坚持过罚相当，做到该宽则宽、当严则严，避免失衡。要综合运用各种管理手段，能够通过教育劝导、责令改正、信息披露等方式管理的，一般不设定罚款。实施罚款处罚无法有效进行行政管理时，要依法确定更加适当的处罚种类。设定罚款要结合违法行为的事实、性质、情节以及社会危害程度，统筹考虑经济社会发展水平、行业特点、地方实际、主观过错、获利情况、相似违法行为罚款规定等因素，区分情况、分类处理，确保有效遏制违法、激励守法。制定行政法规、规章时，可以根据行政处罚法第三十二条等规定，对当事人为盲人、又聋又哑的人或者已满 75 周岁的人等，结合具体情况明确罚款的从轻、减轻情形；根据行政处罚法第三十三条等规定，细化不予、可以不予罚款情形；参考相关法律规范对教唆未成年人等的从重处罚规定，明确罚款的从重情形。

（六）合理确定罚款数额。设定罚款要符合行政处罚法和相关法律规范的立法目的，一般要明确罚款数额，科学采用数额罚、倍数（比例）罚等方法。规定处以一定幅度的罚款时，除涉及公民生命健康安全、金融安全等情形外，罚款的最低数额与最高数额之间一般不超过 10 倍。各地区、各部门要根据地域、领域等因素，适时调整本地区、本部门规定的适用听证程序的"较大数额罚款"标准。同一行政法规、规章对不同违法行为设定罚款的要相互协调，不同行政法规、规章对同一个违法行为设定罚款的要相互衔接，避免畸高畸低。拟规定较高起罚数额的，要充分听取专家学者等各方面意见，参考不同领域的相似违法行为或者同一领域的不同违法行为的罚款数额。起草法律、行政法规、地方性法规时，需要制定涉及罚款的配套规定的，有关部门要统筹考虑、同步研究。

（七）定期评估清理罚款规定。国务院部门和省、自治区、直辖市人民政府及其有关部门在落实行政处罚定期评估制度、每 5 年分类分批组织行政处罚评估时，要重点评估设定时间较早、罚款数额较大、社会关注度较高、与企业和群众关系密切的罚款规定。对评估发现有不符合上位法规定、不适应经济社会发展需要、明显过罚不当、缺乏针对性和实用性等情形的罚款规定，要及时按照立法权限和程序自行或者建议有权机关予以修改或者废止。各地区、各部门以行政规范性文件形式对违法所得计算方式作出例外规定的，要及时清理；确有必要保留的，要依法及时通过法律、行政法规、部门规章予以明确。

（八）及时修改废止罚款规定。国务院决定取消行政法规、部门规章中设定的罚款事项的，自决定印发之日起暂时停止适用相关行政法规、部门规章中的有关罚款规定。国务院决定调整行政法规、部门规章中设定的罚款事项的，按照修改后的相关行政法规、部门规章中的有关罚款规定执行。国务院有关部门要自决定印发之日起60日内向国务院报送相关行政法规修改方案，并完成相关部门规章修改或者废止工作，部门规章需要根据修改后的行政法规调整的，要自相关行政法规公布之日起60日内完成修改或者废止工作。因特殊原因无法在上述期限内完成部门规章修改或者废止工作的，可以适当延长，但延长期限最多不得超过30日。罚款事项取消后，有关部门要依法认真研究，严格落实监管责任，着力加强事中事后监管，完善监管方法，规范监管程序，提高监管的科学性、简约性和精准性，进一步提升监管效能。

三、严格规范罚款实施

（九）坚持严格规范执法。要严格按照法律规定和违法事实实施罚款，不得随意给予顶格罚款或者高额罚款，不得随意降低对违法行为的认定门槛，不得随意扩大违法行为的范围。对违法行为的事实、性质、情节以及社会危害程度基本相似的案件，要确保罚款裁量尺度符合法定要求，避免类案不同罚。严禁逐利罚款，严禁对已超过法定追责期限的违法行为给予罚款。加大对重点领域的执法力度，对严重违法行为，要依法落实“处罚到人”要求，坚决维护企业和群众合法权益。行政机关实施处罚时应当责令当事人改正或者限期改正违法行为，不得只罚款而不纠正违法行为。

（十）坚持公正文明执法。国务院部门和省、自治区、直辖市人民政府及其有关部门要根据不同地域、领域等实际情况，科学细化行政处罚法第三十二条、第三十三条规定的适用情形。行政机关实施罚款等处罚时，要统筹考虑相关法律规范与行政处罚法的适用关系，符合行政处罚法第三十二条规定的从轻、减轻处罚或者第三十三条等规定的不予、可以不予处罚情形的，要适用行政处罚法依法作出相应处理。鼓励行政机关制定不予、可以不予、减轻、从轻、从重罚款等处罚清单，依据行政处罚法、相关法律规范定期梳理、发布典型案例，加强指导、培训。制定罚款等处罚清单或者实施罚款时，要统筹考虑法律制度与客观实际、合法性与合理性、具体条款与原则规定，确保过罚相当、法理相融。行政执法人员要文明执法，尊重和保护当事人合法权益，准确使用文明执法用语，注重提升行政执法形象，依法文明应对突发情况。行政机关要根据实际情况，细化对行政执法人员的追责免责相关办法。

（十一）坚持处罚与教育相结合。认真落实“谁执法谁普法”普法责任制，将普法教育贯穿于行政处罚全过程，引导企业和群众依法经营、自觉守法，努力预防和化解违法风险。要充分考虑社会公众的切身感受，确保罚款决定符合法理，并考虑相关事理和情理，优化罚款决定延期、分期履行制度。要依法广泛综合运用说服教育、劝导示范、指导约谈等方式，让执法既有力度又有温度。总结证券等领域经验做法，在部分领域研究、探索运用行政和解等非强制行政手段。鼓励行政机关建立与企业和群众常态化沟通机制，加强跟进帮扶指导，探索构建“预防为主、轻微免罚、重违严惩、过罚相当、事后回访”等执法模式。

（十二）持续规范非现场执法。县级以上地方人民政府有关部门、乡镇人民政府（街道办事处）要在 2024 年 12 月底前完成执法类电子技术监控设备（以下简称监控设备）清理、规范工作，及时停止使用不合法、不合规、不必要的监控设备，清理结果分别报本级人民政府、上级人民政府；每年年底前，县级以上地方人民政府有关部门、乡镇人民政府（街道办事处）要分别向本级人民政府、上级人民政府报告监控设备新增情况，司法行政部门加强执法监督。利用监控设备收集、固定违法事实的，应当经过法制和技术审核，根据监管需要确定监控设备的设置地点、间距和数量等，设置地点要有明显可见的标识，投入使用前要及时向社会公布，严禁为增加罚款收入脱离实际监管需要随意设置。要确保计量准确，未经依法检定、逾期未检定或者检定不合格的，不得使用。要充分运用大数据分析研判，对违法事实采集量、罚款数额畸高的监控设备开展重点监督，违法违规设置或者滥用监控设备的立即停用，限期核查评估整改。

四、全面强化罚款监督

（十三）深入开展源头治理。坚决防止以罚增收、以罚代管、逐利罚款等行为，严格规范罚款，推进事中事后监管法治化、制度化、规范化。对社会关注度较高、投诉举报集中、违法行为频繁发生等罚款事项，要综合分析研判，优化管理措施，不能只罚不管；行政机关不作为的，上级行政机关要加强监督，符合问责规定的，严肃问责。要坚持系统观念，对涉及公共安全和群众生命健康等行业、领域中的普遍性问题，要推动从个案办理到类案管理再到系统治理，实现“办理一案、治理一类、影响一域”。

（十四）持续加强财会审计监督。行政机关要将应当上缴的罚款收入，按照规定缴入国库，任何部门、单位和个人不得截留、私分、占用、挪用或者拖欠。对当事人不及时足额缴纳罚款的，行政机关要及时启动追缴程序，履行追缴职责。坚决防止罚款收入不合理增长，严肃查处罚款收入不真实、违规处置罚款收入等问题。财政部门要加强对罚缴分离、收支两条线等制度实施情况的监督，会同有关部门按规定开展专项监督检查。要依法加强对罚款收入的规范化管理，强化对罚款收入异常变化的监督，同一地区、同一部门罚款收入同比异常上升的，必要时开展实地核查。强化中央与地方监督上下联动，压实财政、审计等部门的监督责任。

（十五）充分发挥监督合力。各地区、各部门要健全和完善重大行政处罚备案制度和行政执法统计年报制度。县级以上地方人民政府司法行政部门要加强案卷评查等行政执法监督工作，对违法或者明显过罚不当的，要督促有关行政机关予以改正；对不及时改正的，要报请本级人民政府责令改正。拓宽监督渠道，建立行政执法监督与12345政务服务便民热线等监督渠道的信息共享工作机制。充分发挥行政复议化解行政争议的主渠道作用，促进行政复议案件繁简分流，依法纠正违法或者不当的罚款决定。对罚款决定被依法变更、撤销、确认违法或者确认无效的，有关行政机关和财政部门要及时办理罚款退还等手续。加大规章备案审查力度，审查发现规章违法变更法律、行政法规、地方性法规规定的罚款实施主体、对象范围、行为种类或者数额幅度的，要及时予以纠正，切实维护国家法制统一。要加强分析研判和指导监督，收集梳理高频投诉事项和网络舆情，对设定或者实施罚款中的典型违法问题予以及时通报和点名曝光，依法依规对相关人员给予处分。

各地区、各部门要将规范和监督罚款设定与实施，作为提升政府治理能力、维护公共利益和社会秩序、优化营商环境的重要抓手，认真贯彻实施行政处罚法和《国务院关于进一步贯彻实施〈中华人民共和国行政处罚法〉的通知》（国发〔2021〕26号）等，系统梳理涉及罚款事项的行政法规、规章，加快修改完善相关制度。司法部要加强统筹协调监督，组织推动完善行政处罚制度、做好有关解释答复工作，指导监督各地区、各部门抓好贯彻实施，重要情况和问题及时报国务院。

国务院

2024年2月9日

4 《国家税务总局关于发布〈税务行政处罚裁量权行使规则〉的公告》（国家税务总局公告2016年第78号）

为全面贯彻《中华人民共和国行政处罚法》《中华人民共和国税收征收管理法》及其实施细则等有关法律法规及《法治政府建设实施纲要（2015—2020年）》精神，按照《国家税务总局关于规范税务行政裁量权工作的指导意见》（国税发〔2012〕65号）要求，国家税务总局制定了《税务行政处罚裁量权行使规则》，现予以发布，自2017年1月1日起施行。

特此公告。

国家税务总局

2016年11月30日

税务行政处罚裁量权行使规则

第一章　总则

第一条　为了规范税务行政处罚裁量权行使，保护纳税人、扣缴义务人及其他涉税当事人（以下简称“当事人”）合法权益，根据《中华人民共和国行政处罚法》《中华人民共和国税收征收管理法》及其实施细则等法律、法规有关规定，以及《法治政府建设实施纲要（2015—2020年）》《国家税务总局关于规范税务行政裁量权工作的指导意见》要求，制定本规则。

第二条　税务机关行使行政处罚裁量权，适用本规则。

第三条　本规则所称税务行政处罚裁量权，是指税务机关根据法律、法规和规章的规定，综合考虑税收违法行为的事实、性质、情节及社会危害程度，选择处罚种类和幅度并作出处罚决定的权力。

第四条 税务行政处罚的种类包括：

（一）罚款；

（二）没收违法所得、没收非法财物；

（三）停止出口退税权；

（四）法律、法规和规章规定的其他行政处罚。

第五条 行使税务行政处罚裁量权，应当遵循以下原则：

（一）合法原则。在法律、法规、规章规定的种类和幅度内，依照法定权限，遵守法定程序，保障当事人合法权益。

（二）合理原则。符合立法目的，考虑相关事实因素和法律因素，作出的行政处罚决定与违法行为的事实、性质、情节、社会危害程度相当，与本地的经济社会发展水平相适应。

（三）公平公正原则。对事实、性质、情节及社会危害程度等因素基本相同的税收违法行为，所适用的行政处罚种类和幅度应当基本相同。

（四）公开原则。按规定公开行政处罚依据和行政处罚信息。

（五）程序正当原则。依法保障当事人的知情权、参与权和救济权等各项法定权利。

（六）信赖保护原则。非因法定事由并经法定程序，不得随意改变已经生效的行政行为。

（七）处罚与教育相结合原则。预防和纠正涉税违法行为，引导当事人自觉守法。

第二章 行政处罚裁量基准制定

第六条 税务行政处罚裁量基准，是税务机关为规范行使行政处罚裁量权而制定的细化量化标准。

税务行政处罚裁量基准，应当包括违法行为、处罚依据、裁量阶次、适用条件和具体标准等内容。

第七条　税务行政处罚裁量基准应当在法定范围内制定，并符合以下要求：

（一）法律、法规、规章规定可予以行政处罚的，应当明确是否予以行政处罚的适用条件和具体标准；

（二）法律、法规、规章规定可以选择行政处罚种类的，应当明确不同种类行政处罚的适用条件和具体标准；

（三）法律、法规、规章规定行政处罚幅度的，应当根据违法事实、性质、情节、社会危害程度等因素确定适用条件和具体标准；

（四）法律、法规、规章规定可以单处也可以并处行政处罚的，应当明确单处或者并处行政处罚的适用条件和具体标准。

第八条　制定税务行政处罚裁量基准，参照下列程序进行：

（一）确认行政处罚裁量依据；

（二）整理、分析行政处罚典型案例，为细化量化税务行政处罚裁量权提供参考；

（三）细化量化税务行政处罚裁量权，拟定税务行政处罚裁量基准。

税务行政处罚裁量基准应当以规范性文件形式发布，并结合税收行政执法实际及时修订。

第九条　省国税局、地税局应当联合制定本地区统一适用的税务行政处罚裁量基准。

第十条　税务机关在实施行政处罚时，应当以法律、法规、规章为依据，并在裁量基准范围内作出相应的行政处罚决定，不得单独引用税务行政处罚裁量基准作为依据。

第三章　行政处罚裁量规则适用

第十一条　法律、法规、规章规定可以给予行政处罚，当事人首次违反且情节轻微，并在税务机关发现前主动改正的或者在税务机关责令限期改正的期限内改正的，不予行政处罚。

第十二条　税务机关应当责令当事人改正或者限期改正违法行为的，除法律、法规、规章另有规定外，责令限期改正的期限一般不超过三十日。

第十三条　对当事人的同一个税收违法行为不得给予两次以上罚款的行政处罚。

当事人同一个税收违法行为违反不同行政处罚规定且均应处以罚款的，应当选择适用处罚较重的条款。

第十四条　当事人有下列情形之一的，不予行政处罚：

（一）违法行为轻微并及时纠正，没有造成危害后果的；

（二）不满十四周岁的人有违法行为的；

（三）精神病人在不能辨认或者不能控制自己行为时有违法行为的；

（四）其他法律规定不予行政处罚的。

第十五条　当事人有下列情形之一的，应当依法从轻或者减轻行政处罚：

（一）主动消除或者减轻违法行为危害后果的；

（二）受他人胁迫有违法行为的；

（三）配合税务机关查处违法行为有立功表现的；

（四）其他依法应当从轻或者减轻行政处罚的。

第十六条　违反税收法律、行政法规应当给予行政处罚的行为在五年内未被发现的，不再给予行政处罚。

第十七条　行使税务行政处罚裁量权应当依法履行告知义务。在作出行政处罚决定前，应当告知当事人作出行政处罚决定的事实、理由、依据及拟处理结果，并告知当事人依法享有的权利。

第十八条　税务机关行使税务行政处罚裁量权涉及法定回避情形的，应当依法告知当事人享有申请回避的权利。税务人员存在法定回避情形的，应当自行回避或者由税务机关决定回避。

第十九条　当事人有权进行陈述和申辩。税务机关应当充分听取当事人的意见，对其提出的事实、理由或者证据进行复核，陈述申辩事由成立的，税务机关应当采纳；不采纳的，应予说明理由。

税务机关不得因当事人的申辩而加重处罚。

第二十条　税务机关对公民作出2000元以上罚款或者对法人或者其他组织作出1万元以上罚款的行政处罚决定之前，应当告知当事人有要求举行听证的权利；当事人要求听证的，税务机关应当组织听证。

第二十一条　对情节复杂、争议较大、处罚较重、影响较广或者拟减轻处罚等税务行政处罚案件，应当经过集体审议决定。

第二十二条　税务机关按照一般程序实施行政处罚，应当在执法文书中对事实认定、法律适用、基准适用等说明理由。

第二十三条　省税务机关应当积极探索建立案例指导制度，通过案例指导规范税务行政处罚裁量权。

第四章　附则

第二十四条　各级税务机关依法行政工作领导小组应当加强规范税务行政处罚裁量权工作的组织领导。

第二十五条　国税机关，地税机关应当强化执法协作，健全信息交换和执法合作机制，保证同一地区对基本相同的税收违法行为的行政处罚基本一致。

第二十六条　各级税务机关应当积极运用信息化手段加强税务行政处罚裁量权的管理，实现流程控制，规范裁量行为。

第二十七条　各级税务机关应当通过执法督察、案卷评查等方式，对规范行政处罚裁量权工作进行监督。

第二十八条　本规则自2017年1月1日起施行。

5 《刑法》涉税犯罪条款

第六节 危害税收征管罪

第二百零一条 【逃税罪】纳税人采取欺骗、隐瞒手段进行虚假纳税申报或者不申报，逃避缴纳税款数额较大并且占应纳税额百分之十以上的，处三年以下有期徒刑或者拘役，并处罚金；数额巨大并且占应纳税额百分之三十以上的，处三年以上七年以下有期徒刑，并处罚金。

扣缴义务人采取前款所列手段，不缴或者少缴已扣、已收税款，数额较大的，依照前款的规定处罚。

对多次实施前两款行为，未经处理的，按照累计数额计算。

有第一款行为，经税务机关依法下达追缴通知后，补缴应纳税款，缴纳滞纳金，已受行政处罚的，不予追究刑事责任；但是，五年内因逃避缴纳税款受过刑事处罚或者被税务机关给予二次以上行政处罚的除外。

第二百零二条 【抗税罪】以暴力、威胁方法拒不缴纳税款的，处三年以下有期徒刑或者拘役，并处拒缴税款一倍以上五倍以下罚金；情节严重的，处三年以上七年以下有期徒刑，并处拒缴税款一倍以上五倍以下罚金。

第二百零三条 【逃避追缴欠税罪】纳税人欠缴应纳税款，采取转移或者隐匿财产的手段，致使税务机关无法追缴欠缴的税款，数额在一万元以上不满十万元的，处三年以下有期徒刑或者拘役，并处或者单处欠缴税款一倍以上五倍以下罚金；数额在十万元以上的，处三年以上七年以下有期徒刑，并处欠缴税款一倍以上五倍以下罚金。

二百零四条 【骗取出口退税罪】【逃税罪】以假报出口或者其他欺骗手段，骗取国家出口退税款，数额较大的，处五年以下有期徒刑或者拘役，并处骗取税款一倍以上五倍以下罚金；数额巨大或者有其他严重情节的，处五年以上十年以下有期徒刑，并处骗取税款一倍以上五倍以下罚金；数额特别巨大或者有其他特别严重情节的，处十年以上有期徒刑或者无期徒刑，并处骗取税款一倍以上五倍以下罚金或者没收财产。

纳税人缴纳税款后，采取前款规定的欺骗方法，骗取所缴纳的税款的，依照本法第二百零一条的规定定罪处罚；骗取税款超过所缴纳的税款部分，依照前款的规定处罚。

第二百零五条 【虚开增值税专用发票、用于骗取出口退税、抵扣税款发票罪】虚开增值税专用发票或者虚开用于骗取出口退税、抵扣税款的其他发票的，处三年以下有期徒刑或者拘役，并处二万元以上二十万元以下罚金；虚开的税款数额较大或者有其他严重情节的，处三年以上十年以下有期徒刑，并处五万元以上五十万元以下罚金；虚开的税款数额巨大或者有其他特别严重情节的，处十年以上有期徒刑或者无期徒刑，并处五万元以上五十万元以下罚金或者没收财产。

单位犯本条规定之罪的，对单位判处罚金，并对其直接负责的主管人员和其他直接责任人员，处三年以下有期徒刑或者拘役；虚开的税款数额较大或者有其他严重情节的，处三年以上十年以下有期徒刑；虚开的税款数额巨大或者有其他特别严重情节的，处十年以上有期徒刑或者无期徒刑。

虚开增值税专用发票或者虚开用于骗取出口退税、抵扣税款的其他发票，是指有为他人虚开、为自己虚开、让他人为自己虚开、介绍他人虚开发票行为之一的。

第二百零五条之一 【虚开发票罪】虚开本法第二百零五条规定以外的其他发票，情节严重的，处二年以下有期徒刑、拘役或者管制，并处罚金；情节特别严重的，处二年以上七年以下有期徒刑，并处罚金。

单位犯前款罪的，对单位判处罚金，并对其直接负责的主管人员和其他直接责任人员，依照前款的规定处罚。

第二百零六条 【伪造、出售伪造的增值税专用发票罪】伪造或者出售伪造的增值税专用发票的，处三年以下有期徒刑、拘役或者管制，并处二万元以上二十万元以下罚金；数量较大或者有其他严重情节的，处三年以上十年以下有期徒刑，并处五万元以上五十万元以下罚金；数量巨大或者有其他特别严重情节的，处十年以上有期徒刑或者无期徒刑，并处五万元以上五十万元以下罚金或者没收财产。

单位犯本条规定之罪的，对单位判处罚金，并对其直接负责的主管人员和其他直接责任人员，处三年以下有期徒刑、拘役或者管制；数量较大或者有其他严重情节的，处三年以上十年以下有期徒刑；数量巨大或者有其他特别严重情节的，处十年以上有期徒刑或者无期徒刑。

第二百零七条 【非法出售增值税专用发票罪】非法出售增值税专用发票的，处三年以下有期徒刑、拘役或者管制，并处二万元以上二十万元以下罚金；数量较大的，处三年以上十年以下有期徒刑，并处五万元以上五十万元以下罚金；数量巨大的，处十年以上有期徒刑或者无期徒刑，并处五万元以上五十万元以下罚金或者没收财产。

第二百零八条 【非法购买增值税专用发票、购买伪造的增值税专用发票罪】非法购买增值税专用发票或者购买伪造的增值税专用发票的，处五年以下有期徒刑或者拘役，并处或者单处二万元以上二十万元以下罚金。

【虚开增值税专用发票、用于骗取出口退税、抵扣税款发票罪】【伪造、出售伪造的增值税专用发票罪】【非法出售增值税专用发票罪】非法购买增值税专用发票或者购买伪造的增值税专用发票又虚开或者出售的，分别依照本法第二百零五条、第二百零六条、第二百零七条的规定定罪处罚。

第二百零九条 【非法制造、出售非法制造的用于骗取出口退税、抵扣税款发票罪】伪造、擅自制造或者出售伪造、擅自制造的可以用于骗取出口退税、抵扣税款的其他发票的，处三年以下有期徒刑、拘役或者管制，并处二万元以上二十万元以下罚金；数量巨大的，处三年以上七年以下有期徒刑，并处五万元以上五十万元以下罚金；数量特别巨大的，处七年以上有期徒刑，并处五万元以上五十万元以下罚金或者没收财产。

【非法制造、出售非法制造的发票罪】伪造、擅自制造或者出售伪造、擅自制造的前款规定以外的其他发票的，处二年以下有期徒刑、拘役或者管制，并处或者单处一万元以上五万元以下罚金；情节严重的，处二年以上七年以下有期徒刑，并处五万元以上五十万元以下罚金。

【非法出售用于骗取出口退税、抵扣税款发票罪】非法出售可以用于骗取出口退税、抵扣税款的其他发票的，依照第一款的规定处罚。

【非法出售发票罪】非法出售第三款规定以外的其他发票的，依照第二款的规定处罚。

第二百一十条 【盗窃罪】盗窃增值税专用发票或者可以用于骗取出口退税、抵扣税款的其他发票的，依照本法第二百六十四条的规定定罪处罚。

【诈骗罪】使用欺骗手段骗取增值税专用发票或者可以用于骗取出口退税、抵扣税款的其他发票的，依照本法第二百六十六条的规定定罪处罚。

第二百一十条之一 【持有伪造的发票罪】明知是伪造的发票而持有，数量较大的，处二年以下有期徒刑、拘役或者管制，并处罚金；数量巨大的，处二年以上七年以下有期徒刑，并处罚金。

单位犯前款罪的，对单位判处罚金，并对其直接负责的主管人员和其他直接责任人员，依照前款的规定处罚。

第二百一十一条 【单位犯危害税收征管罪的处罚规定】单位犯本节第二百零一条、第二百零三条、第二百零四条、第二百零七条、第二百零八条、第二百零九条规定之罪的，对单位判处罚金，并对其直接负责的主管人员和其他直接责任人员，依照各该条的规定处罚。

第二百一十二条 【税收征缴优先原则】犯本节第二百零一条至第二百零五条规定之罪，被判处罚金、没收财产的，在执行前，应当先由税务机关追缴税款和所骗取的出口退税款。

6 《最高人民检察院、全国整顿和规范市场经济秩序领导小组办公室、公安部、监察部关于在行政执法中及时移送涉嫌犯罪案件的意见》（高检会〔2006〕2号）

各省、自治区、直辖市人民检察院、整顿和规范市场经济秩序领导小组办公室、公安厅（局）、监察厅（局），新疆生产建设兵团人民检察院、整顿和规范市场经济秩序领导小组办公室、公安局、监察局：

为了完善行政执法与刑事司法相衔接工作机制，加大对破坏社会主义市场经济秩序犯罪、妨害社会管理秩序犯罪以及其他犯罪的打击力度，根据《中华人民共和国刑事诉讼法》、国务院《行政执法机关移送涉嫌犯罪案件的规定》等有关规定，现就在行政执法中及时移送涉嫌犯罪案件提出如下意见：

一、行政执法机关在查办案件过程中，对符合刑事追诉标准、涉嫌犯罪的案件，应当制作《涉嫌犯罪案件移送书》，及时将案件向同级公安机关移送，并抄送同级人民检察院。对未能及时移送并已作出行政处罚的涉嫌犯罪案件，行政执法机关应当于作出行政处罚十日以内向同级公安机关、人民检察院抄送《行政处罚决定书》副本，并书面告知相关权利人。

现场查获的涉案货值或者案件其他情节明显达到刑事追诉标准、涉嫌犯罪的，应当立即移送公安机关查处。

二、任何单位和个人发现行政执法机关不按规定向公安机关移送涉嫌犯罪案件，向公安机关、人民检察院、监察机关或者上级行政执法机关举报的，公安机关、人民检察院、监察机关或者上级行政执法机关应当根据有关规定及时处理，并向举报人反馈处理结果。

三、人民检察院接到控告、举报或者发现行政执法机关不移送涉嫌犯罪案件，经审查或者调查后认为情况基本属实的，可以向行政执法机关查询案件情况、要求行政执法机关提供有关案件材料或者派员查阅案卷材料，行政执法机关应当配合。确属应当移送公安机关而不移送的，人民检察院应当向行政执法机关提出移送的书面意见，行政执法机关应当移送。

四、行政执法机关在查办案件过程中，应当妥善保存案件的相关证据。对易腐烂、变质、灭失等不宜或者不易保管的涉案物品，应当采取必要措施固定证据；对需要进行检验、鉴定的涉案物品，应当由有关部门或者机构依法检验、鉴定，并出具检验报告或者鉴定结论。

行政执法机关向公安机关移送涉嫌犯罪的案件，应当附涉嫌犯罪案件的调查报告、涉案物品清单、有关检验报告或者鉴定结论及其他有关涉嫌犯罪的材料。

五、对行政执法机关移送的涉嫌犯罪案件，公安机关应当及时审查，自受理之日起十日以内作出立案或者不立案的决定；案情重大、复杂的，可以在受理之日起三十日以内作出立案或者不立案的决定。公安机关作出立案或者不立案决定，应当书面告知移送案件的行政执法机关、同级人民检察院及相关权利人。

公安机关对不属于本机关管辖的案件，应当在二十四小时以内转送有管辖权的机关，并书面告知移送案件的行政执法机关、同级人民检察院及相关权利人。

六、行政执法机关对公安机关决定立案的案件，应当自接到立案通知书之日起三日以内将涉案物品以及与案件有关的其他材料移送公安机关，并办理交接手续；法律、行政法规另有规定的，依照其规定办理。

七、行政执法机关对公安机关不立案决定有异议的，在接到不立案通知书后的三日以内，可以向作出不立案决定的公安机关提请复议，也可以建议人民检察院依法进行立案监督。

公安机关接到行政执法机关提请复议书后，应当在三日以内作出复议决定，并书面告知提请复议的行政执法机关。行政执法机关对公安机关不立案的复议决定仍有异议的，可以在接到复议决定书后的三日以内，建议人民检察院依法进行立案监督。

八、人民检察院接到行政执法机关提出的对涉嫌犯罪案件进行立案监督的建议后，应当要求公安机关说明不立案理由，公安机关应当在七日以内向人民检察院作出书面说明。对公安机关的说明，人民检察院应当进行审查，必要时可以进行调查，认为公安机关不立案理由成立的，应当将审查结论书面告知提出立案监督建议的行政执法机关；认为公安机关不立案理由不能成立的，应当通知公安机关立案。公安机关接到立案通知书后应当在十五日以内立案，同时将立案决定书送达人民检察院，并书面告知行政执法机关。

九、公安机关对发现的违法行为，经审查，没有犯罪事实，或者立案侦查后认为犯罪情节显著轻微，不需要追究刑事责任，但依法应当追究行政责任的，应当及时将案件移送行政执法机关，有关行政执法机关应当依法作出处理，并将处理结果书面告知公安机关和人民检察院。

十、行政执法机关对案情复杂、疑难，性质难以认定的案件，可以向公安机关、人民检察院咨询，公安机关、人民检察院应当认真研究，在七日以内回复意见。对有证据表明可能涉嫌犯罪的行为人可能逃匿或者销毁证据，需要公安机关参与、配合的，行政执法机关可以商请公安机关提前介入，公安机关可以派员介入。对涉嫌犯罪的，公安机关应当及时依法立案侦查。

十一、对重大、有影响的涉嫌犯罪案件，人民检察院可以根据公安机关的请求派员介入公安机关的侦查，参加案件讨论，审查相关案件材料，提出取证建议，并对侦查活动实施法律监督。

十二、行政执法机关在依法查处违法行为过程中，发现国家工作人员贪污贿赂或者国家机关工作人员渎职等违纪、犯罪线索的，应当根据案件的性质，及时向监察机关或者人民检察院移送。监察机关、人民检察院应当认真审查，依纪、依法处理，并将处理结果书面告知移送案件线索的行政执法机关。

十三、监察机关依法对行政执法机关查处违法案件和移送涉嫌犯罪案件工作进行监督，发现违纪、违法问题的，依照有关规定进行处理。发现涉嫌职务犯罪的，应当及时移送人民检察院。

十四、人民检察院依法对行政执法机关移送涉嫌犯罪案件情况实施监督，发现行政执法人员徇私舞弊，对依法应当移送的涉嫌犯罪案件不移送，情节严重，构成犯罪的，应当依照刑法有关的规定追究其刑事责任。

十五、国家机关工作人员以及在依照法律、法规规定行使国家行政管理职权的组织中从事公务的人员，或者在受国家机关委托代表国家机关行使职权的组织中从事公务的人员，或者虽未列入国家机关人员编制但在国家机关中从事公务的人员，利用职权干预行政执法机关和公安机关执法，阻挠案件移送和刑事追诉，构成犯罪的，人民检察院应当依照刑法关于渎职罪的规定追究其刑事责任。国家行政机关和法律、法规授权的具有管理公共事务职能的组织以及国家行政机关依法委托的组织及其工勤人员以外的工作人员，利用职权干预行政执法机关和公安机关执法，阻挠案件移送和刑事追诉，构成违纪的，监察机关应当依法追究其纪律责任。

十六、在查办违法犯罪案件工作中，公安机关、监察机关、行政执法机关和人民检察院应当建立联席会议、情况通报、信息共享等机制，加强联系，密切配合，各司其职，相互制约，保证准确有效地执行法律。

十七、本意见所称行政执法机关，是指依照法律、法规或者规章的规定，对破坏社会主义市场经济秩序、妨害社会管理秩序以及其他违法行为具有行政处罚权的行政机关，以及法律、法规授权的具有管理公共事务职能、在法定授权范围内实施行政处罚的组织，不包括公安机关、监察机关。

7 《最高人民法院关于在司法机关对当事人虚开增值税专用发票罪立案侦查之后刑事判决之前，税务机关又以同一事实以偷税为由对同一当事人能否作出行政处罚问题的答复》（〔2008〕行他字第1号）

山东省高级人民法院：

你院《关于枣庄永帮橡胶有限公司诉山东省枣庄市国家税务局税务行政处罚一案的请示》收悉。经研究，答复如下：

根据《行政执法机关移送涉嫌犯罪案件的规定》第三条、第五条、第八条、第十一条的规定，税务机关在移送公安机关之前已经给予当事人罚款处罚的，法院在判处罚金时应当折抵罚金。

税务机关在发现涉嫌犯罪并移送公安机关进行刑事侦查后，不再针对同一违法行为作出行为罚和申诫罚以外的行政处罚；刑事被告人构成涉税犯罪并被处以人身和财产的刑罚后，税务机关不应再作出罚款的行政处罚。

如当事人行为不构成犯罪，则公安机关应将案件退回税务机关，税务机关可依法追究当事人的行政违法责任。

此复。

最高人民法院

2008年9月19日

8 《最高人民法院研究室〈关于如何认定以“挂靠”有关公司名义实施经营活动并让有关公司为自己虚开增值税专用发票行为的性质〉征求意见的复函》（法研〔2015〕58号）

公安部经济犯罪侦查局：

贵局《关于如何认定以“挂靠”有关公司名义实施经营活动并让有关公司为自己虚开增值税专用发票行为的性质的函》（公经财税〔2015〕40号）收悉，经研究，现提出如下意见：

一、挂靠方以挂靠形式向受票方实际销售货物，被挂靠方向受票方开具增值税专用发票的，不属于刑法第二百零五条规定的“虚开增值税专用发票”。

主要考虑：

（1）由挂靠方适用被挂靠方的经营资格进行经营活动，并向挂靠方支付挂靠费的经营方式在实践中客观存在，且带有一定普遍性。相关法律并未明确禁止以挂靠形式从事经营活动。

（2）虚开增值税专用发票罪是行政犯，对相关入罪要件的判断，应当依据、参照相关行政法规、部门规章等，而根据《国家税务总局关于纳税人对外开具增值税专用发票有关问题的公告》（国家税务总局公告2014年第39号），挂靠方以挂靠形式向受票方实际销售货物，被挂靠方向受票方开具增值税专用发票的，不属于虚开。

二、行为人利用他人的名义从事经营活动，并以他人名义开具增值税专用发票的，即便行为人与该他人之间不存在挂靠关系，但如行为人进行了实际的经营活动，主观上并无骗取扣税款的故意，客观上也未造成国家增值税款损失的，不宜认定为刑法第二百零五条规定的“虚开增值税专用发票”；符合逃税罪等其他犯罪构成条件的，可以其他犯罪论处。

主要考虑：

（1）虚开增值税发票罪的危害实质在于通过虚开发票行为骗取抵扣税款，对于有实际交易存在的代开行为，如行为人主观上并无骗取抵扣税款的故意，客观上未造成国家增值税款损失的，不宜以虚开增值税专用发票罪论处。虚开增值税专用发票罪的法定最高刑为无期徒刑，系严重犯罪，如将该罪理解为行为犯，只要虚开增值税专用发票，侵犯增值税专用发票管理秩序的，即构成犯罪并要判处重刑，也不符合罪刑责相适应原则。

（2）1996年10月17日《关于适用〈全国人民代表大会常务委员会关于惩治虚开、伪造和非法出售增值税专用发票犯罪的决定〉的若干问题的解释》虽然未被废止，但该解释制定于1997年刑法施行前，根据我院《关于认真学习宣传贯彻修订的〈中华人民共和国刑法〉的通知》（法发〔1997〕3号）第五条“修订的刑法实施后，对已明令废止的全国人大常委会有关决定和补充规定，最高人民法院原作出的有关司法解释不再适用，但是如果修订的刑法有关条文实质内容没有变化的，人民法院在刑事审判工作中，在没有新的司法解释前，可参照执行。其他对于与修订的刑法规定相抵触的司法解释，不再适用”的规定，应当根据现行刑法第二百零五条关于虚开增值税专用发票罪的规定，合理选择该解释中可以继续参照适用的条文。其中，该解释中关于“进行了实际经营活动，但让他人为自己代开增值税专用发票”也属于虚开的规定，与虚开增值税专用发票罪的规定不符，不应继续适用；如继续适用该解释的上述规定，则对于挂靠代开案件也要以犯罪论处，显然有失妥当。

（3）《刑事审判参考》曾刊登“芦才兴虚开抵扣税款发票案”。该案例提出，虚开可以用于抵扣税款的发票冲减营业额偷逃税款的行为。主观上明知所虚开的运输发票均不用于抵扣税款，客观上使用虚开发票冲减营业额的方法偷逃应纳税款，其行为不符合虚开用于抵扣税款发票罪的构成要件，属于偷税行为。2001 年福建高院请示的泉州市松苑绵涤实业有限公司等虚开增值税专用发票案，被告单位不以抵扣税款为目的，而是为了显示公司实力以达到在与外商谈判中处于有利地位的目的而虚开增值税发票。我院答复认为该公司的行为不构成犯罪。

以上意见供参考。

最高人民法院研究室

2015 年 6 月 11 日

9 《最高人民检察院、公安部关于公安机关管辖的刑事案件立案追诉标准的规定（二）》涉税相关条款

第五十二条 【逃税案（刑法第二百零一条）】逃避缴纳税款，涉嫌下列情形之一的，应予立案追诉：

（一）纳税人采取欺骗、隐瞒手段进行虚假纳税申报或者不申报，逃避缴纳税款，数额在十万元以上并且占各税种应纳税总额百分之十以上，经税务机关依法下达追缴通知后，不补缴应纳税款、不缴纳滞纳金或者不接受行政处罚的；

（二）纳税人五年内因逃避缴纳税款受过刑事处罚或者被税务机关给予二次以上行政处罚，又逃避缴纳税款，数额在十万元以上并且占各税种应纳税总额百分之十以上的；

（三）扣缴义务人采取欺骗、隐瞒手段，不缴或者少缴已扣、已收税款，数额在十万元以上的。

纳税人在公安机关立案后再补缴应纳税款、缴纳滞纳金或者接受行政处罚的，不影响刑事责任的追究。

第五十五条 【骗取出口退税案（刑法第二百零四条）】以假报出口或者其他欺骗手段，骗取国家出口退税款，数额在十万元以上的，应予立

案追诉。

第五十六条 【虚开增值税专用发票、用于骗取出口退税、抵扣税款发票案（刑法第二百零五条）】虚开增值税专用发票或者虚开用于骗取出口退税、抵扣税款的其他发票，虚开的税款数额在十万元以上或者造成国家税款损失数额在五万元以上的，应予立案追诉。

第五十七条 【虚开发票案（刑法第二百零五条之一）】虚开刑法第二百零五条规定以外的其他发票，涉嫌下列情形之一的，应予立案追诉：

（一）虚开发票金额累计在五十万元以上的；

（二）虚开发票一百份以上且票面金额在三十万元以上的；

（三）五年内因虚开发票受过刑事处罚或者二次以上行政处罚，又虚开发票，数额达到第（一）、（二）项标准百分之六十以上的。

第五十八条 【伪造、出售伪造的增值税专用发票案（刑法第二百零六条）】伪造或者出售伪造的增值税专用发票，涉嫌下列情形之一的，应予立案追诉：

（一）票面税额累计在十万元以上的；

（二）伪造或者出售伪造的增值税专用发票十份以上且票面税额在六万元以上的；

（三）非法获利数额在一万元以上的。

第五十九条 【非法出售增值税专用发票案（刑法第二百零七条）】非法出售增值税专用发票，涉嫌下列情形之一的，应予立案追诉：

（一）票面税额累计在十万元以上的；

（二）非法出售增值税专用发票十份以上且票面税额在六万元以上的；

（三）非法获利数额在一万元以上的。

第六十条 【非法购买增值税专用发票、购买伪造的增值税专用发票案（刑法第二百零八条第一款）】非法购买增值税专用发票或者购买伪造的增值税专用发票，涉嫌下列情形之一的，应予立案追诉：

（一）非法购买增值税专用发票或者购买伪造的增值税专用发票二十份以上且票面税额在十万元以上的；

（二）票面税额累计在二十万元以上的。

第六十一条 【非法制造、出售非法制造的用于骗取出口退税、抵扣税款发票案（刑法第二百零九条第一款）】伪造、擅自制造或者出售伪造、擅自制造的用于骗取出口退税、抵扣税款的其他发票，涉嫌下列情形之一的，应予立案追诉：

（一）票面可以退税、抵扣税额累计在十万元以上的；

（二）伪造、擅自制造或者出售伪造、擅自制造的发票十份以上且票面可以退税、抵扣税额在六万元以上的；

（三）非法获利数额在一万元以上的。

第六十二条 【非法制造、出售非法制造的发票案（刑法第二百零九条第二款）】伪造、擅自制造或者出售伪造、擅自制造的不具有骗取出口退税、抵扣税款功能的其他发票，涉嫌下列情形之一的，应予立案追诉：

（一）伪造、擅自制造或者出售伪造、擅自制造的不具有骗取出口退税、抵扣税款功能的其他发票一百份以上且票面金额累计在三十万元以上的；

（二）票面金额累计在五十万元以上的；

（三）非法获利数额在一万元以上的。

第六十三条 【非法出售用于骗取出口退税、抵扣税款发票案（刑法第二百零九条第三款）】非法出售可以用于骗取出口退税、抵扣税款的其他发票，涉嫌下列情形之一的，应予立案追诉：

（一）票面可以退税、抵扣税额累计在十万元以上的；

（二）非法出售用于骗取出口退税、抵扣税款的其他发票十份以上且票面可以退税、抵扣税额在六万元以上的；

（三）非法获利数额在一万元以上的。

第六十四条 【非法出售发票案（刑法第二百零九条第四款）】非法出售增值税专用发票、用于骗取出口退税、抵扣税款的其他发票以外的发票，涉嫌下列情形之一的，应予立案追诉：

（一）非法出售增值税专用发票、用于骗取出口退税、抵扣税款的其他发票以外的发票一百份以上且票面金额累计在三十万元以上的；

（二）票面金额累计在五十万元以上的；

（三）非法获利数额在一万元以上的。

第六十五条 【持有伪造的发票案（刑法第二百一十条之一）】明知是伪造的发票而持有，涉嫌下列情形之一的，应予立案追诉：

（一）持有伪造的增值税专用发票或者可以用于骗取出口退税、抵扣税款的其他发票五十份以上且票面税额累计在二十五万元以上的；

（二）持有伪造的增值税专用发票或者可以用于骗取出口退税、抵扣税款的其他发票票面税额累计在五十万元以上的；

（三）持有伪造的第一项规定以外的其他发票一百份以上且票面金额在五十万元以上的；

（四）持有伪造的第一项规定以外的其他发票票面金额累计在一百万元以上的。

10 《行政执法机关移送涉嫌犯罪案件的规定》［2001年7月9日中华人民共和国国务院令第310号公布，根据2020年8月7日《国务院关于修改〈行政执法机关移送涉嫌犯罪案件的规定〉的决定》（国务院令第730号）修订］

第一条 为了保证行政执法机关向公安机关及时移送涉嫌犯罪案件，依法惩罚破坏社会主义市场经济秩序罪、妨害社会管理秩序罪以及其他罪，保障社会主义建设事业顺利进行，制定本规定。

第二条 本规定所称行政执法机关，是指依照法律、法规或者规章的规定，对破坏社会主义市场经济秩序、妨害社会管理秩序以及其他违法行为具有行政处罚权的行政机关，以及法律、法规授权的具有管理公共事务职能、在法定授权范围内实施行政处罚的组织。

第三条 行政执法机关在依法查处违法行为过程中，发现违法事实涉及的金额、违法事实的情节、违法事实造成的后果等，根据刑法关于破坏社会主义市场经济秩序罪、妨害社会管理秩序罪等罪的规定和最高人民法院、最高人民检察院关于破坏社会主义市场经济秩序罪、妨害社会管理秩序罪等罪的司法解释以及最高人民检察院、公安部关于经济犯罪案件的追诉标准等规定，涉嫌构成犯罪，依法需要追究刑事责任的，必须依照本规定向公安机关移送。

知识产权领域的违法案件，行政执法机关根据调查收集的证据和查明的案件事实，认为存在犯罪的合理嫌疑，需要公安机关采取措施进一步获取证据以判断是否达到刑事案件立案追诉标准的，应当向公安机关移送。

第四条 行政执法机关在查处违法行为过程中，必须妥善保存所收集的与违法行为有关的证据。

行政执法机关对查获的涉案物品，应当如实填写涉案物品清单，并按照国家有关规定予以处理。对易腐烂、变质等不宜或者不易保管的涉案物品，应当采取必要措施，留取证据；对需要进行检验、鉴定的涉案物品，应当由法定检验、鉴定机构进行检验、鉴定，并出具检验报告或者鉴定结论。

第五条 行政执法机关对应当向公安机关移送的涉嫌犯罪案件，应当立即指定 2 名或者 2 名以上行政执法人员组成专案组专门负责，核实情况后提出移送涉嫌犯罪案件的书面报告，报经本机关正职负责人或者主持工作的负责人审批。

行政执法机关正职负责人或者主持工作的负责人应当自接到报告之日起3日内作出批准移送或者不批准移送的决定。决定批准的，应当在24小时内向同级公安机关移送；决定不批准的，应当将不予批准的理由记录在案。

第六条 行政执法机关向公安机关移送涉嫌犯罪案件，应当附有下列材料：

（一）涉嫌犯罪案件移送书；

（二）涉嫌犯罪案件情况的调查报告；

（三）涉案物品清单；

（四）有关检验报告或者鉴定结论；

（五）其他有关涉嫌犯罪的材料。

第七条 公安机关对行政执法机关移送的涉嫌犯罪案件，应当在涉嫌犯罪案件移送书的回执上签字；其中，不属于本机关管辖的，应当在24小时内转送有管辖权的机关，并书面告知移送案件的行政执法机关。

第八条 公安机关应当自接受行政执法机关移送的涉嫌犯罪案件之日起3日内，依照刑法、刑事诉讼法以及最高人民法院、最高人民检察院关于立案标准和公安部关于公安机关办理刑事案件程序的规定，对所移送的案件进行审查。认为有犯罪事实，需要追究刑事责任，依法决定立案的，应当书面通知移送案件的行政执法机关；认为没有犯罪事实，或者犯罪事实显著轻微，不需要追究刑事责任，依法不予立案的，应当说明理由，并书面通知移送案件的行政执法机关，相应退回案卷材料。

第九条 行政执法机关接到公安机关不予立案的通知书后，认为依法应当由公安机关决定立案的，可以自接到不予立案通知书之日起3日内，提请作出不予立案决定的公安机关复议，也可以建议人民检察院依法进行立案监督。

作出不予立案决定的公安机关应当自收到行政执法机关提请复议的文

件之日起3日内作出立案或者不予立案的决定，并书面通知移送案件的行政执法机关。移送案件的行政执法机关对公安机关不予立案的复议决定仍有异议的，应当自收到复议决定通知书之日起3日内建议人民检察院依法进行立案监督。

公安机关应当接受人民检察院依法进行的立案监督。

第十条 行政执法机关对公安机关决定不予立案的案件，应当依法作出处理；其中，依照有关法律、法规或者规章的规定应当给予行政处罚的，应当依法实施行政处罚。

第十一条 行政执法机关对应当向公安机关移送的涉嫌犯罪案件，不得以行政处罚代替移送。

行政执法机关向公安机关移送涉嫌犯罪案件前已经作出的警告，责令停产停业，暂扣或者吊销许可证、暂扣或者吊销执照的行政处罚决定，不停止执行。

依照行政处罚法的规定，行政执法机关向公安机关移送涉嫌犯罪案件前，已经依法给予当事人罚款的，人民法院判处罚金时，依法折抵相应罚金。

第十二条 行政执法机关对公安机关决定立案的案件，应当自接到立案通知书之日起3日内将涉案物品以及与案件有关的其他材料移交公安机关，并办结交接手续；法律、行政法规另有规定的，依照其规定。

第十三条 公安机关对发现的违法行为，经审查，没有犯罪事实，或者立案侦查后认为犯罪事实显著轻微，不需要追究刑事责任，但依法应当追究行政责任的，应当及时将案件移送同级行政执法机关，有关行政执法机关应当依法作出处理。

第十四条 行政执法机关移送涉嫌犯罪案件，应当接受人民检察院和监察机关依法实施的监督。

任何单位和个人对行政执法机关违反本规定，应当向公安机关移送涉嫌犯罪案件而不移送的，有权向人民检察院、监察机关或者上级行政执法机关举报。

第十五条 行政执法机关违反本规定，隐匿、私分、销毁涉案物品的，由本级或者上级人民政府，或者实行垂直管理的上级行政执法机关，对其正职负责人根据情节轻重，给予降级以上的处分；构成犯罪的，依法追究刑事责任。

对前款所列行为直接负责的主管人员和其他直接责任人员，比照前款的规定给予处分；构成犯罪的，依法追究刑事责任。

第十六条 行政执法机关违反本规定，逾期不将案件移送公安机关的，由本级或者上级人民政府，或者实行垂直管理的上级行政执法机关，责令限期移送，并对其正职负责人或者主持工作的负责人根据情节轻重，给予记过以上的行政处分；构成犯罪的，依法追究刑事责任。

行政执法机关违反本规定，对应当向公安机关移送的案件不移送，或者以行政处罚代替移送的，由本级或者上级人民政府，或者实行垂直管理的上级行政执法机关，责令改正，给予通报；拒不改正的，对其正职负责人或者主持工作的负责人给予记过以上的处分；构成犯罪的，依法追究刑事责任。

对本条第一款、第二款所列行为直接负责的主管人员和其他直接责任人员，分别比照前两款的规定给予行政处分；构成犯罪的，依法追究刑事责任。

第十七条 公安机关违反本规定，不接受行政执法机关移送的涉嫌犯罪案件，或者逾期不作出立案或者不予立案的决定的，除由人民检察院依法实施立案监督外，由本级或者上级人民政府责令改正，对其正职负责人根据情节轻重，给予记过以上的行政处分；构成犯罪的，依法追究刑事责任。

对前款所列行为直接负责的主管人员和其他直接责任人员，比照前款的规定给予处分；构成犯罪的，依法追究刑事责任。

第十八条 有关机关存在本规定第十五条、第十六条、第十七条所列违法行为，需要由监察机关依法给予违法的公职人员政务处分的，该机关及其上级主管机关或者有关人民政府应当依照有关规定将相关案件线索移送监察机关处理。

第十九条 行政执法机关在依法查处违法行为过程中，发现公职人员有贪污贿赂、失职渎职或者利用职权侵犯公民人身权利和民主权利等违法行为，涉嫌构成职务犯罪的，应当依照刑法、刑事诉讼法、监察法等法律规定及时将案件线索移送监察机关或者人民检察院处理。

第二十条 本规定自公布之日起施行。

11 《最高人民检察院关于充分发挥检察职能服务保障“六稳”“六保”的意见》相关条款

6. 依法维护有利于对外开放的法治化营商环境。充分认识“稳外贸”“稳外资”“稳投资”对稳定宏观经济、扩大对外开放的重大意义，有效维护相关领域的市场秩序。一是围绕自贸试验区、海南自由贸易港、粤港澳大湾区建设等重大战略，依法惩治侵害外国投资者和外商投资企业合法权益，以及扰乱投资秩序、妨害项目推进的各类犯罪，保障外商投资法顺利施行，营造安全、透明的投资环境。二是聚焦当前对外贸易、外商投资领域的新形势，依法惩治利用外贸合同诈骗，虚开出口退税、抵扣税款发票，骗取出口退税以及对外贸易经营活动中的走私、逃汇骗汇等犯罪，促进稳住外贸基本盘，保障外贸产业链、供应链、资金流畅通运转。三是依法慎重处理企业涉税案件。注意把握一般涉税违法行为与以骗取国家税款为目的的涉税犯罪的界限，对于有实际生产经营活动的企业为虚增业绩、融资、贷款等非骗税目的且没有造成税款损失的虚开增值税专用发票行为，不以虚开增值税专用发票罪定性处理，依法作出不起诉决定的，移送税务机关给予行政处罚。

12 最高人民法院、最高人民检察院发布的保护产权和企业家合法权益典型案例

1. 2018 年 12 月 4 日，最高人民法院发布《人民法院充分发挥审判职能作用保护产权和企业家合法权益典型案例（第二批）》，其中第一个典型案例就是张某强虚开增值税专用发票案。

◎**典型意义**

本案张某强借用其他企业名义为自己企业开具增值税专用发票，虽不符合当时的税收法律规定，但张某强并不具有偷逃税收的目的，其行为未对国家造成税收损失，不具有社会危害性。一审法院在法定刑之下判决其承担刑事责任，并报最高人民法院核准。虽然对于本案判决结果，被告人并未上诉，但是最高人民法院基于刑法的谦抑性要求认为，本案不应定罪处罚，故未核准一审判决，并撤销一审判决，将本案发回重审。最终，本案一审法院宣告张某强无罪，切实保护了民营企业家的合法权益。本典型案例对于指导全国法院在司法审判中按照罪刑法定、疑罪从无原则以发展的眼光看待民营企业发展中的不规范问题，具有重要的指导意义。

◎**基本案情**

2004 年，被告人张某强与他人合伙成立个体企业某龙骨厂，张某强负责生产经营活动。因某龙骨厂系小规模纳税人，无法为购货单位开具增值税专用发票，张某强遂以他人开办的鑫源公司名义对外签订销售合同。2006 年至 2007 年，张某强先后与六家公司签订轻钢龙骨销售合同，购货单位均将货款汇入鑫源公司账户，鑫源公司并为上述六家公司开具增值税专用发票共计 53 张，价税合计 4457701. 36 元，税额 647700. 18 元。基于

以上事实，某州市人民检察院指控被告人张某强犯虚开增值税专用发票罪。

◎**裁判结果**

某州市人民法院一审认定被告人张某强构成虚开增值税专用发票罪，在法定刑以下判处张某强有期徒刑三年，缓刑五年，并处罚金人民币五万元。张某强在法定期限内没有上诉，检察院未抗诉。某州市人民法院依法逐级报请最高人民法院核准。

最高人民法院经复核认为，被告人张某强以其他单位名义对外签订销售合同，由该单位收取货款、开具增值税专用发票，不具有骗取国家税款的目的，未造成国家税款损失，其行为不构成虚开增值税专用发票罪，某州市人民法院认定张某强构成虚开增值税专用发票罪属适用法律错误。据此，最高人民法院裁定：不核准并撤销某州市人民法院一审刑事判决，将本案发回重审。该案经某州市人民法院重审后，依法宣告张某强无罪。

（案例出处：中华人民共和国最高人民法院（2016）最高法刑核51732773号刑事裁定书）

2. 2019年1月17日最高人民检察院发布《首批涉民营企业司法保护典型案例》，四个典型案例中两个涉及虚开犯罪行为。

（1）吴某、黄某、廖某虚开增值税专用发票案——依法及时变更强制措施，帮助民营企业恢复生产经营。

◎**基本案情**

被告人吴某系广州市A机械设备有限公司（以下简称“A公司”）法定代表人，被告人黄某、廖某系A公司股东，三人另系B机械设备有限公司（以下简称“B公司”）实际控制人。因涉嫌虚开增值税专用发票罪，三人在侦查阶段均被采取逮捕措施。

2011年至2016年期间，被告人吴某伙同黄某、廖某经过密谋，在没有货物实际交易的情况下，由吴某联系并指使张某等人（均另案处理），为A公司虚开广州C贸易有限公司等17家公司的增值税专用发票用于抵扣税款，获取的不当利益用于A公司的日常运营以及被告人吴某、黄某、廖某三个股东的利润分配。经鉴定，A公司接受上述17家公司虚开的增值税专用发票271张，金额人民币1977万余元，税额人民币336万余元，价税合计人民币2314万余元。案发后，吴某作为A公司负责人自动投案，如实交代犯罪事实，黄某、廖某到案后如实交代自己知道的犯罪事实。

◎**处理意见**

经综合评估，广州市越秀区人民检察院决定对已经逮捕的两名从犯黄某、廖某变更为取保候审。最终，黄某、廖某向税务机关全额补缴了税款。经到B公司实地考察，该企业恢复了正常经营，员工普遍反映良好。鉴于吴某、黄某、廖某三人有自首、坦白、案发后积极补缴税款、认罪认罚等情节，提出了从宽处理的量刑建议。

◎**指导意义**

办理涉民营企业案件要全面综合考虑办案效果，既要保证依法惩治犯罪，尽可能地挽回国家损失，又要积极采取措施，帮助企业恢复生产经营，做到法律效果和社会效果的有机统一。

（2）江苏A建设有限公司等七家公司及其经营者虚开发票系列案——对处于从属地位，被动实施共同犯罪的民营企业，依法从宽处理。

◎**基本案情**

涉案单位江苏A建设有限公司（以下简称“A公司”）等7家公司均为民营企业，经营建筑工程相关业务。许某等7人分别是以上7家公司负责人，分别于2018年4月25日至5月2日被取保候审。

在无真实经营业务的情况下，7家工程承揽企业以收取6%～11%开票费的方式，为房地产开发商虚开建筑业统一发票、增值税普通发票，虚开金额共计3亿余元。许某等7人在公安机关立案前投案自首，主动上缴违法所得、缴纳罚款。

◎**处理意见**

具有自首、坦白等法定从轻或减轻处罚情节，没有在虚开发票过程中偷逃税款，案发后均积极上缴违法所得、缴纳罚款，在犯罪中处于从属地位，系开发商利用项目发包、资金结算形成的优势地位要求其实施共同犯罪，具有被动性。依据《刑事诉讼法》第一百七十七条第二款规定，昆山市人民检察院于2018年12月19日对A公司等7家公司及许某等7人作出不起诉决定。

◎**指导意义**

检察机关办理涉民营企业经济犯罪案件，要注意保护和促进市场经济秩序良性发展。对于偷逃税款、虚开发票等严重破坏合法、健康的市场经济秩序，破坏公开、公平、公正的市场竞争秩序的犯罪行为，应当依法追究刑事责任，维护合法经营、公平竞争的市场环境。

13 《最高人民法院　最高人民检察院关于办理危害税收征管刑事案件适用法律若干问题的解释》（法释〔2024〕4号）

《最高人民法院　最高人民检察院关于办理危害税收征管刑事案件适用法律若干问题的解释》已于2024年1月8日由最高人民法院审判委员会第1911次会议、2024年2月22日由最高人民检察院第十四届检察委员会第二十五次会议通过，现予公布，自2024年3月20日起施行。

最高人民法院

最高人民检察院

2024年3月15日

最高人民法院　最高人民检察院
关于办理危害税收征管刑事案件适用法律若干问题的解释

法释〔2024〕4号

（2024年1月8日最高人民法院审判委员会第1911次会议、2024年2月22日最高人民检察院第十四届检察委员会第二十五次会议通过，自2024年3月20日起施行）

为依法惩治危害税收征管犯罪，根据《中华人民共和国刑法》《中华人民共和国刑事诉讼法》的有关规定，现就办理此类刑事案件适用法律的若干问题解释如下：

第一条　纳税人进行虚假纳税申报，具有下列情形之一的，应当认定为刑法第二百零一条第一款规定的“欺骗、隐瞒手段”：

（一）伪造、变造、转移、隐匿、擅自销毁账簿、记账凭证或者其他涉税资料的；

（二）以签订“阴阳合同”等形式隐匿或者以他人名义分解收入、财产的；

（三）虚列支出、虚抵进项税额或者虚报专项附加扣除的；

（四）提供虚假材料，骗取税收优惠的；

（五）编造虚假计税依据的；

（六）为不缴、少缴税款而采取的其他欺骗、隐瞒手段。

具有下列情形之一的，应当认定为刑法第二百零一条第一款规定的“不申报”：

（一）依法在登记机关办理设立登记的纳税人，发生应税行为而不申报纳税的；

（二）依法不需要在登记机关办理设立登记或者未依法办理设立登记

的纳税人，发生应税行为，经税务机关依法通知其申报而不申报纳税的；

（三）其他明知应当依法申报纳税而不申报纳税的。

扣缴义务人采取第一、二款所列手段，不缴或者少缴已扣、已收税款，数额较大的，依照刑法第二百零一条第一款的规定定罪处罚。扣缴义务人承诺为纳税人代付税款，在其向纳税人支付税后所得时，应当认定扣缴义务人“已扣、已收税款”。

第二条 纳税人逃避缴纳税款十万元以上、五十万元以上的，应当分别认定为刑法第二百零一条第一款规定的“数额较大”“数额巨大”。

扣缴义务人不缴或者少缴已扣、已收税款“数额较大”“数额巨大”的认定标准，依照前款规定。

第三条 纳税人有刑法第二百零一条第一款规定的逃避缴纳税款行为，在公安机关立案前，经税务机关依法下达追缴通知后，在规定的期限或者批准延缓、分期缴纳的期限内足额补缴应纳税款，缴纳滞纳金，并全部履行税务机关作出的行政处罚决定的，不予追究刑事责任。但是，五年内因逃避缴纳税款受过刑事处罚或者被税务机关给予二次以上行政处罚的除外。

纳税人有逃避缴纳税款行为，税务机关没有依法下达追缴通知的，依法不予追究刑事责任。

第四条 刑法第二百零一条第一款规定的“逃避缴纳税款数额”，是指在确定的纳税期间，不缴或者少缴税务机关负责征收的各税种税款的总额。

刑法第二百零一条第一款规定的“应纳税额”，是指应税行为发生年度内依照税收法律、行政法规规定应当缴纳的税额，不包括海关代征的增值税、关税等及纳税人依法预缴的税额。

刑法第二百零一条第一款规定的“逃避缴纳税款数额占应纳税额的百分比”，是指行为人在一个纳税年度中的各税种逃税总额与该纳税年度应纳税总额的比例；不按纳税年度确定纳税期的，按照最后一次逃税行为发生之日前一年中各税种逃税总额与该年应纳税总额的比例确定。纳税义务存续期间不足一个纳税年度的，按照各税种逃税总额与实际发生纳税义务期间应纳税总额的比例确定。

逃税行为跨越若干个纳税年度，只要其中一个纳税年度的逃税数额及百分比达到刑法第二百零一条第一款规定的标准，即构成逃税罪。各纳税年度的逃税数额应当累计计算，逃税额占应纳税额百分比应当按照各逃税年度百分比的最高值确定。

刑法第二百零一条第三款规定的“未经处理”，包括未经行政处理和刑事处理。

第五条 以暴力、威胁方法拒不缴纳税款，具有下列情形之一的，应当认定为刑法第二百零二条规定的“情节严重”：

（一）聚众抗税的首要分子；

（二）故意伤害致人轻伤的；

（三）其他情节严重的情形。

实施抗税行为致人重伤、死亡，符合刑法第二百三十四条或者第二百三十二条规定的，以故意伤害罪或者故意杀人罪定罪处罚。

第六条 纳税人欠缴应纳税款，为逃避税务机关追缴，具有下列情形之一的，应当认定为刑法第二百零三条规定的“采取转移或者隐匿财产的手段”：

（一）放弃到期债权的；

（二）无偿转让财产的；

（三）以明显不合理的价格进行交易的；

（四）隐匿财产的；

（五）不履行税收义务并脱离税务机关监管的；

（六）以其他手段转移或者隐匿财产的。

第七条 具有下列情形之一的，应当认定为刑法第二百零四条第一款规定的“假报出口或者其他欺骗手段”：

（一）使用虚开、非法购买或者以其他非法手段取得的增值税专用发票或者其他可以用于出口退税的发票申报出口退税的；

（二）将未负税或者免税的出口业务申报为已税的出口业务的；

（三）冒用他人出口业务申报出口退税的；

（四）虽有出口，但虚构应退税出口业务的品名、数量、单价等要素，以虚增出口退税额申报出口退税的；

（五）伪造、签订虚假的销售合同，或者以伪造、变造等非法手段取得出口报关单、运输单据等出口业务相关单据、凭证，虚构出口事实申报出口退税的；

（六）在货物出口后，又转入境内或者将境外同种货物转入境内循环进出口并申报出口退税的；

（七）虚报出口产品的功能、用途等，将不享受退税政策的产品申报为退税产品的；

（八）以其他欺骗手段骗取出口退税款的。

第八条 骗取国家出口退税款数额十万元以上、五十万元以上、五百万元以上的，应当分别认定为刑法第二百零四条第一款规定的“数额较大”“数额巨大”“数额特别巨大”。

具有下列情形之一的，应当认定为刑法第二百零四条第一款规定的“其他严重情节”：

（一）两年内实施虚假申报出口退税行为三次以上，且骗取国家税款三十万元以上的；

（二）五年内因骗取国家出口退税受过刑事处罚或者二次以上行政处罚，又实施骗取国家出口退税行为，数额在三十万元以上的；

（三）致使国家税款被骗取三十万元以上并且在提起公诉前无法追

回的；

（四）其他情节严重的情形。

具有下列情形之一的，应当认定为刑法第二百零四条第一款规定的“其他特别严重情节”：

（一）两年内实施虚假申报出口退税行为五次以上，或者以骗取出口退税为主要业务，且骗取国家税款三百万元以上的；

（二）五年内因骗取国家出口退税受过刑事处罚或者二次以上行政处罚，又实施骗取国家出口退税行为，数额在三百万元以上的；

（三）致使国家税款被骗取三百万元以上并且在提起公诉前无法追回的；

（四）其他情节特别严重的情形。

第九条 实施骗取国家出口退税行为，没有实际取得出口退税款的，可以比照既遂犯从轻或者减轻处罚。

从事货物运输代理、报关、会计、税务、外贸综合服务等中介组织及其人员违反国家有关进出口经营规定，为他人提供虚假证明文件，致使他人骗取国家出口退税款，情节严重的，依照刑法第二百二十九条的规定追究刑事责任。

第十条 具有下列情形之一的，应当认定为刑法第二百零五条第一款规定的“虚开增值税专用发票或者虚开用于骗取出口退税、抵扣税款的其他发票”：

（一）没有实际业务，开具增值税专用发票、用于骗取出口退税、抵扣税款的其他发票的；

（二）有实际应抵扣业务，但开具超过实际应抵扣业务对应税款的增值税专用发票、用于骗取出口退税、抵扣税款的其他发票的；

（三）对依法不能抵扣税款的业务，通过虚构交易主体开具增值税专用发票、用于骗取出口退税、抵扣税款的其他发票的；

（四）非法篡改增值税专用发票或者用于骗取出口退税、抵扣税款的其他发票相关电子信息的；

（五）违反规定以其他手段虚开的。

为虚增业绩、融资、贷款等不以骗抵税款为目的，没有因抵扣造成税款被骗损失的，不以本罪论处，构成其他犯罪的，依法以其他犯罪追究刑事责任。

第十一条 虚开增值税专用发票、用于骗取出口退税、抵扣税款的其他发票，税款数额在十万元以上的，应当依照刑法第二百零五条的规定定罪处罚；虚开税款数额在五十万元以上、五百万元以上的，应当分别认定为刑法第二百零五条第一款规定的“数额较大”“数额巨大”。

具有下列情形之一的，应当认定为刑法第二百零五条第一款规定的“其他严重情节”：

（一）在提起公诉前，无法追回的税款数额达到三十万元以上的；

（二）五年内因虚开发票受过刑事处罚或者二次以上行政处罚，又虚开增值税专用发票或者虚开用于骗取出口退税、抵扣税款的其他发票，虚开税款数额在三十万元以上的；

（三）其他情节严重的情形。

具有下列情形之一的，应当认定为刑法第二百零五条第一款规定的“其他特别严重情节”：

（一）在提起公诉前，无法追回的税款数额达到三百万元以上的；

（二）五年内因虚开发票受过刑事处罚或者二次以上行政处罚，又虚开增值税专用发票或者虚开用于骗取出口退税、抵扣税款的其他发票，虚开税款数额在三百万元以上的；

（三）其他情节特别严重的情形。

以同一购销业务名义，既虚开进项增值税专用发票、用于骗取出口退税、抵扣税款的其他发票，又虚开销项的，以其中较大的数额计算。

以伪造的增值税专用发票进行虚开，达到本条规定标准的，应当以虚开增值税专用发票罪追究刑事责任。

第十二条 具有下列情形之一的，应当认定为刑法第二百零五条之一第一款规定的“虚开刑法第二百零五条规定以外的其他发票”：

（一）没有实际业务而为他人、为自己、让他人为自己、介绍他人开具发票的；

（二）有实际业务，但为他人、为自己、让他人为自己、介绍他人开具与实际业务的货物品名、服务名称、货物数量、金额等不符的发票的；

（三）非法篡改发票相关电子信息的；

（四）违反规定以其他手段虚开的。

第十三条 具有下列情形之一的，应当认定为刑法第二百零五条之一第一款规定的“情节严重”：

（一）虚开发票票面金额五十万元以上的；

（二）虚开发票一百份以上且票面金额三十万元以上的；

（三）五年内因虚开发票受过刑事处罚或者二次以上行政处罚，又虚开发票，票面金额达到第一、二项规定的标准60%以上的。

具有下列情形之一的，应当认定为刑法第二百零五条之一第一款规定的“情节特别严重”：

（一）虚开发票票面金额二百五十万元以上的；

（二）虚开发票五百份以上且票面金额一百五十万元以上的；

（三）五年内因虚开发票受过刑事处罚或者二次以上行政处罚，又虚开发票，票面金额达到第一、二项规定的标准60%以上的。

以伪造的发票进行虚开，达到本条第一款规定的标准的，应当以虚开发票罪追究刑事责任。

第十四条 伪造或者出售伪造的增值税专用发票，具有下列情形之一的，应当依照刑法第二百零六条的规定定罪处罚：

（一）票面税额十万元以上的；

（二）伪造或者出售伪造的增值税专用发票十份以上且票面税额六万元以上的；

（三）违法所得一万元以上的。

伪造或者出售伪造的增值税专用发票票面税额五十万元以上的，或者五十份以上且票面税额三十万元以上的，应当认定为刑法第二百零六条第一款规定的“数量较大”。

五年内因伪造或者出售伪造的增值税专用发票受过刑事处罚或者二次以上行政处罚，又实施伪造或者出售伪造的增值税专用发票行为，票面税额达到本条第二款规定的标准60%以上的，或者违法所得五万元以上的，应当认定为刑法第二百零六条第一款规定的“其他严重情节”。

伪造或者出售伪造的增值税专用发票票面税额五百万元以上的，或者五百份以上且票面税额三百万元以上的，应当认定为刑法第二百零六条第一款规定的“数量巨大”。

五年内因伪造或者出售伪造的增值税专用发票受过刑事处罚或者二次以上行政处罚，又实施伪造或者出售伪造的增值税专用发票行为，票面税额达到本条第四款规定的标准60%以上的，或者违法所得五十万元以上的，应当认定为刑法第二百零六条第一款规定的“其他特别严重情节”。

伪造并出售同一增值税专用发票的，以伪造、出售伪造的增值税专用发票罪论处，数量不重复计算。

变造增值税专用发票的，按照伪造增值税专用发票论处。

第十五条 非法出售增值税专用发票的，依照本解释第十四条的定罪量刑标准定罪处罚。

第十六条 非法购买增值税专用发票或者购买伪造的增值税专用发票票面税额二十万元以上的，或者二十份以上且票面税额十万元以上的，应当依照刑法第二百零八条第一款的规定定罪处罚。

非法购买真、伪两种增值税专用发票的，数额累计计算，不实行数罪并罚。

购买伪造的增值税专用发票又出售的，以出售伪造的增值税专用发票罪定罪处罚；非法购买增值税专用发票用于骗取抵扣税款或者骗取出口退税款，同时构成非法购买增值税专用发票罪与虚开增值税专用发票罪、骗取出口退税罪的，依照处罚较重的规定定罪处罚。

第十七条 伪造、擅自制造或者出售伪造、擅自制造的用于骗取出口退税、抵扣税款的其他发票，具有下列情形之一的，应当依照刑法第二百零九条第一款的规定定罪处罚：

（一）票面可以退税、抵扣税额十万元以上的；

（二）伪造、擅自制造或者出售伪造、擅自制造的发票十份以上且票面可以退税、抵扣税额六万元以上的；

（三）违法所得一万元以上的。

伪造、擅自制造或者出售伪造、擅自制造的可以用于骗取出口退税、抵扣税款的其他发票票面可以退税、抵扣税额五十万元以上的，或者五十份以上且票面可以退税、抵扣税额三十万元以上的，应当认定为刑法第二百零九条第一款规定的“数量巨大”；伪造、擅自制造或者出售伪造、擅自制造的可以用于骗取出口退税、抵扣税款的其他发票票面可以退税、抵扣税额五百万元以上的，或者五百份以上且票面可以退税、抵扣税额三百万元以上的，应当认定为刑法第二百零九条第一款规定的“数量特别巨大”。

伪造、擅自制造或者出售伪造、擅自制造刑法第二百零九条第二款规定的发票，具有下列情形之一的，应当依照该款的规定定罪处罚：

（一）票面金额五十万元以上的；

（二）伪造、擅自制造或者出售伪造、擅自制造发票一百份以上且票面金额三十万元以上的；

（三）违法所得一万元以上的。

伪造、擅自制造或者出售伪造、擅自制造刑法第二百零九条第二款规定的发票，具有下列情形之一的，应当认定为“情节严重”：

（一）票面金额二百五十万元以上的；

（二）伪造、擅自制造或者出售伪造、擅自制造发票五百份以上且票面金额一百五十万元以上的；

（三）违法所得五万元以上的。

非法出售用于骗取出口退税、抵扣税款的其他发票的，定罪量刑标准依照本条第一、二款的规定执行。

非法出售增值税专用发票、用于骗取出口退税、抵扣税款的其他发票以外的发票的，定罪量刑标准依照本条第三、四款的规定执行。

第十八条 具有下列情形之一的，应当认定为刑法第二百一十条之一第一款规定的“数量较大”：

（一）持有伪造的增值税专用发票或者可以用于骗取出口退税、抵扣税款的其他发票票面税额五十万元以上的；或者五十份以上且票面税额二十五万元以上的；

（二）持有伪造的前项规定以外的其他发票票面金额一百万元以上的，或者一百份以上且票面金额五十万元以上的。

持有的伪造发票数量、票面税额或者票面金额达到前款规定的标准五倍以上的，应当认定为刑法第二百一十条之一第一款规定的“数量巨大”。

第十九条 明知他人实施危害税收征管犯罪而仍为其提供账号、资信证明或者其他帮助的，以相应犯罪的共犯论处。

第二十条 单位实施危害税收征管犯罪的定罪量刑标准，依照本解释规定的标准执行。

第二十一条 实施危害税收征管犯罪，造成国家税款损失，行为人补缴税款、挽回税收损失，有效合规整改的，可以从宽处罚；犯罪情节轻微不需要判处刑罚的，可以不起诉或者免予刑事处罚；情节显著轻微危害不大的，不作为犯罪处理。

对于实施本解释规定的相关行为被不起诉或者免予刑事处罚，需要给予行政处罚、政务处分或者其他处分的，依法移送有关主管机关处理。有关主管机关应当将处理结果及时通知人民检察院、人民法院。

第二十二条 本解释自2024年3月20日起施行。《最高人民法院关于适用〈全国人民代表大会常务委员会关于惩治虚开、伪造和非法出售增值税专用发票犯罪的决定〉的若干问题的解释》（法发〔1996〕30号）、《最高人民法院关于审理骗取出口退税刑事案件具体应用法律若干问题的解释》（法释〔2002〕30号）、《最高人民法院关于审理偷税、抗税刑事案件具体应用法律若干问题的解释》（法释〔2002〕33号）同时废止；最高人民法院、最高人民检察院以前发布的司法解释与本解释不一致的，以本解释为准。

14 《关于印发〈关于建立涉案企业合规第三方监督评估机制的指导意见（试行）〉的通知》

为深入学习贯彻党的十九大和十九届二中、三中、四中、五中全会精神，全面贯彻习近平法治思想，在依法推进企业合规改革试点工作中建立健全涉案企业合规第三方监督评估机制，有效惩治预防企业违法犯罪，服务保障经济社会高质量发展，助力推进国家治理体系和治理能力现代化，最高人民检察院、司法部、财政部、生态环境部、国务院国有资产监督管理委员会、国家税务总局、国家市场监督管理总局、全国工商联、中国国际贸易促进委员会研究制定了《关于建立涉案企业合规第三方监督评估机制的指导意见（试行）》，现印发你们，请结合实际认真贯彻落实。贯彻落实中遇到的重要情况和问题，请及时层报最高人民检察院、司法部、财政部、生态环境部、国务院国有资产监督管理委员会、国家税务总局、国家市场监督管理总局、全国工商联、中国国际贸易促进委员会。

最高人民检察院　司法部　财政部　生态环境部

国务院国有资产监督管理委员会　国家税务总局

国家市场监督管理总局　中华全国工商业联合会

中国国际贸易促进委员会

2021 年 6 月 3 日

关于建立涉案企业合规第三方监督评估机制的指导意见（试行）

为贯彻落实习近平总书记重要讲话精神和党中央重大决策部署，在依法推进企业合规改革试点工作中建立健全涉案企业合规第三方监督评估机制，有效惩治预防企业违法犯罪，服务保障经济社会高质量发展，助力推进国家治理体系和治理能力现代化，根据刑法、刑事诉讼法等法律法规及相关政策精神，制定本指导意见。

第一章　总 则

第一条　涉案企业合规第三方监督评估机制（以下简称第三方机制），是指人民检察院在办理涉企犯罪案件时，对符合企业合规改革试点适用条件的，交由第三方监督评估机制管理委员会（以下简称第三方机制管委会）选任组成的第三方监督评估组织（以下简称第三方组织），对涉案企业的合规承诺进行调查、评估、监督和考察。考察结果作为人民检察院依法处理案件的重要参考。

第二条　第三方机制的建立和运行，应当遵循依法有序、公开公正、平等保护、标本兼治的原则。

第三条　第三方机制适用于公司、企业等市场主体在生产经营活动中涉及的经济犯罪、职务犯罪等案件，既包括公司、企业等实施的单位犯罪案件，也包括公司、企业实际控制人、经营管理人员、关键技术人员等实施的与生产经营活动密切相关的犯罪案件。

第四条 对于同时符合下列条件的涉企犯罪案件，试点地区人民检察院可以根据案件情况适用本指导意见：

（一）涉案企业、个人认罪认罚；

（二）涉案企业能够正常生产经营，承诺建立或者完善企业合规制度，具备启动第三方机制的基本条件；

（三）涉案企业自愿适用第三方机制。

第五条 对于具有下列情形之一的涉企犯罪案件，不适用企业合规试点以及第三方机制：

（一）个人为进行违法犯罪活动而设立公司、企业的；

（二）公司、企业设立后以实施犯罪为主要活动的；

（三）公司、企业人员盗用单位名义实施犯罪的；

（四）涉嫌危害国家安全犯罪、恐怖活动犯罪的；

（五）其他不宜适用的情形。

第二章 第三方机制管委会的组成和职责

第六条 最高人民检察院、国务院国有资产监督管理委员会、财政部、全国工商联会同司法部、生态环境部、国家税务总局、国家市场监督管理总局、中国国际贸易促进委员会等部门组建第三方机制管委会，全国工商联负责承担管委会的日常工作，国务院国有资产监督管理委员会、财政部负责承担管委会中涉及国有企业的日常工作。

第三方机制管委会履行下列职责：

（一）研究制定涉及第三方机制的规范性文件；

（二）研究论证第三方机制涉及的重大法律政策问题；

（三）研究制定第三方机制专业人员名录库的入库条件和管理办法；

（四）研究制定第三方组织及其人员的工作保障和激励制度；

（五）对试点地方第三方机制管委会和第三方组织开展日常监督和巡

回检查；

（六）协调相关成员单位对所属或者主管的中华全国律师协会、中国注册会计师协会、中国企业联合会、中国注册税务师协会、中国贸促会全国企业合规委员会（中国贸促会商事法律服务中心）以及其他行业协会、商会、机构等在企业合规领域的业务指导，研究制定涉企犯罪的合规考察标准；

（七）统筹协调全国范围内第三方机制的其他工作。

第七条 第三方机制管委会各成员单位建立联席会议机制，由最高人民检察院、国务院国有资产监督管理委员会、财政部、全国工商联负责同志担任召集人，根据工作需要定期或者不定期召开会议，研究有关重大事项和规范性文件，确定阶段性工作重点和措施。

各成员单位应当按照职责分工，认真落实联席会议确定的工作任务和议定事项，建立健全日常联系、联合调研、信息共享、宣传培训等机制，推动企业合规改革试点和第三方机制相关工作的顺利进行。

第八条 试点地方的人民检察院和国资委、财政部门、工商联应当结合本地实际，参照本指导意见第六条、第七条规定组建本地区的第三方机制管委会并建立联席会议机制。

试点地方第三方机制管委会履行下列职责：

（一）建立本地区第三方机制专业人员名录库，并根据各方意见建议和工作实际进行动态管理；

（二）负责本地区第三方组织及其成员的日常选任、培训、考核工作，确保其依法依规履行职责；

（三）对选任组成的第三方组织及其成员开展日常监督和巡回检查；

（四）对第三方组织的成员违反本指导意见的规定，或者实施其他违反社会公德、职业伦理的行为，严重损害第三方组织形象或公信力的，及时向有关主管机关、协会等提出惩戒建议，涉嫌违法犯罪的，及时向公安司法机关报案或者举报，并将其列入第三方机制专业人员名录库黑名单；

（五）统筹协调本地区第三方机制的其他工作。

第九条 第三方机制管委会应当组建巡回检查小组，按照本指导意见第六条第五项、第八条第三项的规定，对相关组织和人员在第三方机制相关工作中的履职情况开展不预先告知的现场抽查和跟踪监督。

巡回检查小组成员可以由人大代表、政协委员、人民监督员、退休法官、检察官以及会计审计等相关领域的专家学者担任。

第三章 第三方机制的启动和运行

第十条 人民检察院在办理涉企犯罪案件时，应当注意审查是否符合企业合规试点以及第三方机制的适用条件，并及时征询涉案企业、个人的意见。涉案企业、个人及其辩护人、诉讼代理人或者其他相关单位、人员提出适用企业合规试点以及第三方机制申请的，人民检察院应当依法受理并进行审查。

人民检察院经审查认为涉企犯罪案件符合第三方机制适用条件的，可以商请本地区第三方机制管委会启动第三方机制。第三方机制管委会应当根据案件具体情况以及涉案企业类型，从专业人员名录库中分类随机抽取人员组成第三方组织，并向社会公示。

第三方组织组成人员名单应当报送负责办理案件的人民检察院备案。人民检察院或者涉案企业、个人、其他相关单位、人员对选任的第三方组织组成人员提出异议的，第三方机制管委会应当调查核实并视情况做出调整。

第十一条 第三方组织应当要求涉案企业提交专项或者多项合规计划，并明确合规计划的承诺完成时限。

涉案企业提交的合规计划，主要围绕与企业涉嫌犯罪有密切联系的企业内部治理结构、规章制度、人员管理等方面存在的问题，制定可行的合规管理规范，构建有效的合规组织体系，健全合规风险防范报告机制，弥补企业制度建设和监督管理漏洞，防止再次发生相同或者类似的违法犯罪。

第十二条 第三方组织应当对涉案企业合规计划的可行性、有效性与全面性进行审查，提出修改完善的意见建议，并根据案件具体情况和涉案企业承诺履行的期限，确定合规考察期限。

在合规考察期内，第三方组织可以定期或者不定期对涉案企业合规计划履行情况进行检查和评估，可以要求涉案企业定期书面报告合规计划的执行情况，同时抄送负责办理案件的人民检察院。第三方组织发现涉案企业或其人员尚未被办案机关掌握的犯罪事实或者新实施的犯罪行为，应当中止第三方监督评估程序，并向负责办理案件的人民检察院报告。

第十三条 第三方组织在合规考察期届满后，应当对涉案企业的合规计划完成情况进行全面检查、评估和考核，并制作合规考察书面报告，报送负责选任第三方组织的第三方机制管委会和负责办理案件的人民检察院。

第十四条 人民检察院在办理涉企犯罪案件过程中，应当将第三方组织合规考察书面报告、涉案企业合规计划、定期书面报告等合规材料，作为依法作出批准或者不批准逮捕、起诉或者不起诉以及是否变更强制措施等决定，提出量刑建议或者检察建议、检察意见的重要参考。

人民检察院发现涉案企业在预防违法犯罪方面制度不健全、不落实，管理不完善，存在违法犯罪隐患，需要及时消除的，可以结合合规材料，向涉案企业提出检察建议。

人民检察院对涉案企业作出不起诉决定，认为需要给予行政处罚、处分或者没收其违法所得的，应当结合合规材料，依法向有关主管机关提出检察意见。

人民检察院通过第三方机制，发现涉案企业或其人员存在其他违法违规情形的，应当依法将案件线索移送有关主管机关、公安机关或者纪检监察机关处理。

第十五条 人民检察院对于拟作不批准逮捕、不起诉、变更强制措施等决定的涉企犯罪案件，可以根据《人民检察院审查案件听证工作规定》召开听证会，并邀请第三方组织组成人员到会发表意见。

第十六条 负责办理案件的人民检察院应当履行下列职责：

（一）对第三方组织组成人员名单进行备案审查，发现组成人员存在明显不适当情形的，及时向第三方机制管委会提出意见建议；

（二）对涉案企业合规计划、定期书面报告进行审查，向第三方组织提出意见建议；

（三）对第三方组织合规考察书面报告进行审查，向第三方机制管委会提出意见建议，必要时开展调查核实工作；

（四）依法办理涉案企业、个人及其辩护人、诉讼代理人或者其他相关单位、人员在第三方机制运行期间提出的申诉、控告或者有关申请、要求；

（五）刑事诉讼法、人民检察院刑事诉讼规则等法律、司法解释规定的其他法定职责。

第十七条 第三方组织及其组成人员在合规考察期内，可以针对涉案企业合规计划、定期书面报告开展必要的检查、评估，涉案企业应当予以配合。

第三方组织及其组成人员应当履行下列义务：

（一）遵纪守法，勤勉尽责，客观中立；

（二）不得泄露履职过程中知悉的国家秘密、商业秘密和个人隐私；

（三）不得利用履职便利，索取、收受贿赂或者非法侵占涉案企业、个人的财物；

（四）不得利用履职便利，干扰涉案企业正常生产经营活动。

第三方组织组成人员系律师、注册会计师、税务师（注册税务师）等中介组织人员的，在履行第三方监督评估职责期间不得违反规定接受可能有利益关系的业务；在履行第三方监督评估职责结束后一年以内，上述人员及其所在中介组织不得接受涉案企业、个人或者其他有利益关系的单位、人员的业务。

第十八条 涉案企业或其人员在第三方机制运行期间，认为第三方组织或其组成人员存在行为不当或者涉嫌违法犯罪的，可以向负责选任第三方组织的第三方机制管委会反映或者提出异议，或者向负责办理案件的人民检察院提出申诉、控告。

涉案企业及其人员应当按照时限要求认真履行合规计划，不得拒绝履行或者变相不履行合规计划、拒不配合第三方组织合规考察或者实施其他严重违反合规计划的行为。

第四章 附 则

第十九条 纪检监察机关认为涉嫌行贿的企业符合企业合规试点以及第三方机制适用条件，向人民检察院提出建议的，人民检察院可以参照适用本指导意见。

第二十条 试点地方人民检察院、国资委、财政部门、工商联可以结合本地实际，参照本指导意见会同有关部门制定具体实施办法，并按照试点工作要求报送备案。

本指导意见由最高人民检察院、国务院国有资产监督管理委员会、财政部、全国工商联会同司法部、生态环境部、国家税务总局、国家市场监督管理总局、中国国际贸易促进委员会负责解释，自印发之日起施行。

15 《涉案企业合规建设、评估和审查办法（试行）》（2022年4月19日发布）

为深入学习贯彻习近平新时代中国特色社会主义思想，全面贯彻习近平法治思想，完整、准确、全面贯彻新发展理念，认真落实最高人民检察院、司法部、财政部、生态环境部、国务院国资委、税务总局、市场监管总局、全国工商联、中国贸促会《关于建立涉案企业合规第三方监督评估机制的指导意见（试行）》（以下简称《指导意见》）及其实施细节，依法推进企业合规改革试点工作，规范第三方监督评估机制（以下简称第三方机制）相关工作有序开展，结合工作实际，制定本办法。

第一章 总则

第一条 涉案企业合规建设，是指涉案企业针对与涉嫌犯罪有密切联系的合规风险，制定专项合规整改计划，完善企业治理结构，健全内部规章制度，形成有效合规管理体系的活动。涉案企业合规评估，是指第三方监督评估组织（以下简称第三方组织）对涉案企业专项合规整改计划和相关合规管理体系有效性进行了解、评价、监督和考察的活动。

涉案企业合规审查，是指负责办理案件的人民检察院对第三方组织的评估过程和结论进行审核。

针对未启动第三方机制的小微企业合规，可以由人民检察院对其提交的合规计划和整改报告进行审查。

第二条 对于涉案企业合规建设经评估符合有效性标准的，人民检察院可以参考评估结论依法作出不批准逮捕、变更强制措施、不起诉的决定，提出从宽处罚的量刑建议，或者向有关主管机关提出从宽处罚、处分的检察意见。

对于涉案企业合规建设经评估未达到有效性标准或者采用弄虚作假手段骗取评估结论的，人民检察院可以依法作出批准逮捕、起诉的决定，提出从严处罚的量刑建议，或者向有关主管机关提出从严处罚、处分的检察意见。

第二章 涉案企业合规建设

第三条 涉案企业应当全面停止涉罪违规违法行为，退缴违规违法所得，补缴税款和滞纳金并缴纳相关罚款，全力配合有关主管机关、公安机关、检察机关及第三方组织的相关工作。

第四条 涉案企业一般应当成立合规建设领导小组，由其实际控制人、主要负责人和直接负责的主管人员等组成，必要时可以聘请外部专业机构或者专业人员参与或者协助。合规建设领导小组应当在全面分析研判企业合规风险的基础上，结合本行业合规建设指引，研究制定专项合规计划和内部规章制度。

第五条 涉案企业制定的专项合规计划，应当能够有效防止再次发生相同或者类似的违法犯罪行为。

第六条 涉案企业实际控制人、主要负责人应当在专项合规计划中作出合规承诺并明确宣示，合规是企业的优先价值，对违规违法行为采取零容忍的态度，确保合规融入企业的发展目标、发展战略和管理体系。

第七条 涉案企业应当设置与企业类型、规模、业务范围、行业特点等相适应的合规管理机构或者管理人员。

合规管理机构或者管理人员可以专设或者兼理，合规管理的职责必须明确、具体、可考核。

第八条 涉案企业应当针对合规风险防控和合规管理机构履职的需要，通过制定合规管理规范、弥补监督管理漏洞等方式，建立健全合规管理的制度机制。

涉案企业的合规管理机构和各层级管理经营组织均应当根据其职能特点设立合规目标，细化合规措施。

合规管理制度机制应当确保合规管理机构或者管理人员独立履行职责，对于涉及重大合规风险的决策具有充分发表意见并参与决策的权利。

第九条 涉案企业应当为合规管理制度机制的有效运行提供必要的人员、培训、宣传、场所、设备和经费等人力物力保障。

第十条 涉案企业应当建立监测、举报、调查、处理机制，保证及时发现和监控合规风险，纠正和处理违规行为。

第十一条 涉案企业应当建立合规绩效评价机制，引入合规指标对企业主要负责人、经营管理人员、关键技术人员等进行考核。

第十二条 涉案企业应当建立持续整改、定期报告等机制，保证合规管理制度机制根据企业经营发展实际不断调整和完善。

第三章 涉案企业合规评估

第十三条 第三方组织可以根据涉案企业情况和工作需要，制定具体细化、可操作的合规评估工作方案。

第十四条 第三方组织对涉案企业专项合规整改计划和相关合规管理体系有效性的评估，重点包括以下内容：

（一）对涉案合规风险的有效识别、控制；

（二）对违规违法行为的及时处置；

（三）合规管理机构或者管理人员的合理配置；

（四）合规管理制度机制建立以及人力物力的充分保障；

（五）监测、举报、调查、处理机制及合规绩效评价机制的正常运行；

（六）持续整改机制和合规文化已经基本形成。

第十五条 第三方组织应当以涉案合规风险整改防控为重点，结合特定行业合规评估指标，制定符合涉案企业实际的评估指标体系。

评估指标的权重可以根据涉案企业类型、规模、业务范围、行业特点以及涉罪行为等因素设置，并适当提高合规管理的重点领域、薄弱环节和重要岗位等方面指标的权重。

第四章 涉案企业合规审查

第十六条 第三方机制管委会和人民检察院收到第三方组织报送的合规考察书面报告后，应当及时进行审查，重点审查以下内容：

（一）第三方组织制定和执行的评估方案是否适当；

（二）评估材料是否全面、客观、专业，足以支持考察报告的结论；

（三）第三方组织或其组成人员是否存在可能影响公正履职的不当行为或者涉嫌违法犯罪行为。

经第三方机制管委会和人民检察院审查，认为第三方组织已经完成监督评估工作的，由第三方机制管委会宣告第三方组织解散。对于审查中发现的疑点和重点问题，人民检察院可以要求第三方组织或其组成人员说明情况，也可以直接进行调查核实。

第十七条 人民检察院对小微企业提交合规计划和整改报告的审查，重点包括合规承诺的履行、合规计划的执行、合规整改的实效等内容。

第十八条 第三方机制管委会收到关于第三方组织或其组成人员存在行为不当或者涉嫌违法犯罪的反映、异议，或者人民检察院收到上述内容的申诉、控告的，双方应当及时互相通报情况并会商提出处理建议。

第十九条 第三方机制管委会或者人民检察院经审查合规考察书面报告等材料发现，或者经对收到的反映、异议或者申诉、控告调查核实确认，第三方组织或其组成人员存在违反《指导意见》及其实施细则规定的禁止性行为，足以影响评估结论真实性、有效性的，第三方机制管委会应当重新组建第三方组织进行评估。

第五章 附则

第二十条 本办法所称涉案企业，是指涉嫌单位犯罪的企业，或者实际控制人、经营管理人员、关键技术人员等涉嫌实施与生产经营活动密切相关犯罪的企业。

对与涉案企业存在关联合规风险或者由类案暴露出合规风险的企业，负责办理案件的人民检察院可以对其提出合规整改的检察建议。

第二十一条 涉案企业应当以全面合规为目标、专项合规为重点，并根据规模、业务范围、行业特点等因素变化，逐步增设必要的专项合规计划，推动实现全面合规。

第二十二条 大中小微企业的划分，根据国家相关标准执行。

第二十三条 本办法由国家层面第三方机制管委会负责解释。自印发之日起施行。

16 《国家税务总局关于加强增值税征收管理若干问题的通知》（国税发〔1995〕192号）

各省、自治区、直辖市和计划单列市国家税务局：

为了保证增值税顺利实施，经全国加强增值税管理经验交流会议讨论，现就加强增值税征收管理有关问题通知如下：

一、关于增值税一般纳税人进项税额的抵扣问题

…………

（三）购进货物或应税劳务支付货款、劳务费用的对象。

纳税人购进货物或应税劳务，支付运输费用，所支付款项的单位，必须与开具抵扣凭证的销货单位、提供劳务的单位一致，才能够申报抵扣进项税额，否则不予抵扣。

［总局答复］

2016年10月14日，《国家税务总局货物和劳务税司就旅行社业“营改增”反映集中的问题所进行的答复》中有关“三流合一”的解释——

纳税人遵从成本有所增加，征管设计有改进的空间。

一方面，增值税对企业的发票管理、业务核算、纳税管理等都提出了更高的要求，纳税人遵从成本有所增加。另一方面，部分征管制度设计尚不尽如人意。增值税发票管理“三流合一”的要求对部分业务产生影响。例如部分地方规定，旅行社向酒店付款，那么酒店发票只能开给旅行社而不能以客户单位为开票抬头；许多旅客以个人名义报团，发票又需要开具公司抬头，旅行社极易不符合“三流合一”的规定。

国家税务总局货劳司：纳税人遵从成本有所增加是正常的，因为现在增值税管理比营业税要严格，从总局了解的情况，国税局的管理比地税局要严格规范一些，政策制定比较统一。地税局各地之间差异比较大，地方性的政策也比较多。

“三流合一”是1995年国税发192号文件，那个文件的其他条款全都废止了，就留了这一条。到现在已有二十多年，现在形势的发展无论是支付手段，还是发票监管，都是电子抵账，已经很强大了。当时都是手开票，拿手写的专用发票，那个情况下税务局需要看是否“三流合一”，但是现在该条款管的范围还仅限于货物和运输服务。营改增的服务领域不适用该条规定。关于该条款总局会再评估一下，如果觉得它存在已经没有意义的话，今后有可能会取消。

17 《国家税务总局关于纳税人取得虚开的增值税专用发票处理问题的通知》（国税发〔1997〕134号）

最近，一些地区国家税务局询问，对纳税人取得虚开的增值税专用发票（以下简称专用发票）如何处理。经研究，现明确如下：

一、受票方利用他人虚开的专用发票，向税务机关申报抵扣税款进行偷税的，应当依照《中华人民共和国税收征收管理法》及有关法规追缴税款，处以偷税数额五倍以下的罚款；进项税金大于销项税金的，还应当调减其留抵的进项税额。利用虚开的专用发票进行骗取出口退税的，应当依法追缴税款，处以骗税数额五倍以下的罚款。

二、在货物交易中，购货方从销售方取得第三方开具的专用发票，或者从销货地以外的地区取得专用发票，向税务机关申报抵扣税款或者申请出口退税的，应当按偷税、骗取出口退税处理，依照《中华人民共和国税收征收管理法》及有关法规追缴税款，处以偷税、骗税数额五倍以下的罚款。

三、纳税人以上述第一条、第二条所列的方式取得专用发票未申报抵扣税款，或者未申请出口退税的，应当依照《中华人民共和国发票管理办法》及有关法规，按所取得专用发票的份数，分别处以一万元以下的罚款；但知道或者应当知道取得的是虚开的专用发票，或者让他人为自己提供虚开的专用发票的，应当从重处罚。

四、利用虚开的专用发票进行偷税、骗税，构成犯罪的，税务机关依法进行追缴税款等行政处理，并移送司法机关追究刑事责任。

18 《国家税务总局关于〈国家税务总局关于纳税人取得虚开的增值税专用发票处理问题的通知〉的补充通知》(国税发〔2000〕182号)

各省、自治区、直辖市和计划单列市国家税务局、地方税务局：

为了严格贯彻执行《国家税务总局关于纳税人取得虚开的增值税专用发票处理问题的通知》（国税发〔1997〕134号，以下简称134号文件），严厉打击虚开增值税专用发票活动，保护纳税人的合法权益，现对有关问题进一步明确如下：

有下列情形之一的，无论购货方（受票方）与销售方是否进行了实际的交易，增值税专用发票所注明的数量、金额与实际交易是否相符，购货方向税务机关申请抵扣进项税款或者出口退税的，对其均应按偷税或者骗取出口退税处理。

一、购货方取得的增值税专用发票所注明的销售方名称、印章与其进行实际交易的销售方不符的，即134号文件第二条法规的“购货方从销售方取得第三方开具的专用发票”的情况。

二、购货方取得的增值税专用发票为销售方所在省（自治区、直辖市和计划单列市）以外地区的，即134号文件第二条法规的“从销货地以外的地区取得专用发票”的情况。

三、其他有证据表明购货方明知取得的增值税专用发票系销售方以非法手段获得的，即134号文件第一条法规的“受票方利用他人虚开的专用发票，向税务机关申报抵扣税款进行偷税”的情况。

国家税务总局

2000年11月6日

19 《国家税务总局关于纳税人善意取得虚开的增值税专用发票处理问题的通知》（国税发〔2000〕187号）

近接一些地区反映，在购货方（受票方）不知道取得的增值税专用发票（以下简称专用发票）是销售方虚开的情况下，对购货方应当如何处理的问题不够明确。经研究，现明确如下：

购货方与销售方存在真实的交易，销售方使用的是其所在省（自治区、直辖市和计划单列市）的专用发票，专用发票注明的销售方名称、印章、货物数量、金额及税额等全部内容与实际相符，且没有证据表明购货方知道销售方提供的专用发票是以非法手段获得的，对购货方不以偷税或者骗取出口退税论处。但应按有关法规不予抵扣进项税款或者不予出口退税；购货方已经抵扣的进项税款或者取得的出口退税，应依法追缴。

购货方能够重新从销售方取得防伪税控系统开出的合法、有效专用发票的，或者取得手工开出的合法、有效专用发票且取得了销售方所在地税务机关已经或者正在依法对销售方虚开专用发票行为进行查处证明的，购货方所在地税务机关应依法准予抵扣进项税款或者出口退税。

如有证据表明购货方在进项税款得到抵扣，或者获得出口退税前知道该专用发票是销售方以非法手段获得的，对购货方应按《国家税务总局关于纳税人取得虚开的增值税专用发票处理问题的通知》（国税发〔1997〕

134号）和《国家税务总局关于〈国家税务总局关于纳税人取得虚开的增值税专用发票处理问题的通知〉的补充通知》（国税发〔2000〕182号）的法规处理。

本通知自印发之日起执行。

20 《国家税务总局关于诺基亚公司实行统一结算方式增值税进项税额抵扣问题的批复》（国税函〔2006〕1211号）

北京市国家税务局：

你局《关于诺基亚公司采用总公司对北京、江苏和东莞三个地区分公司的购销业务实行统一结算方式涉及增值税进项税额抵扣问题的请示》（京国税发〔2004〕379号）收悉。经研究，批复如下：

对诺基亚各分公司购买货物从供应商取得的增值税专用发票，由总公司统一支付货款，造成购进货物的实际付款单位与发票上注明的购货单位名称不一致的，不属于《国家税务总局关于加强增值税征收管理若干问题的通知》（国税发〔1995〕192号）第一条第（三）款有关规定的情形，允许其抵扣增值税进项税额。

国家税务总局

2006年12月15日

21 《国家税务总局关于纳税人善意取得虚开增值税专用发票已抵扣税款加收滞纳金问题的批复》（国税函〔2007〕1240号）

广东省国家税务局：

你局《关于纳税人善意取得增值税专用发票和其他抵扣凭证追缴税款

是否加收滞纳金的请示》（粤国税发〔2007〕188 号）收悉。经研究，批复如下：

根据《国家税务总局关于纳税人善意取得虚开的增值税专用发票处理问题的通知》（国税发〔2000〕187 号）规定，纳税人善意取得虚开的增值税专用发票指购货方与销售方存在真实交易，且购货方不知取得的增值税专用发票是以非法手段获得的。纳税人善意取得虚开的增值税专用发票，如能重新取得合法、有效的专用发票，准许其抵扣进项税款；如不能重新取得合法、有效的专用发票，不准其抵扣进项税款或追缴其已抵扣的进项税款。

纳税人善意取得虚开的增值税专用发票被依法追缴已抵扣税款的，不属于税收征收管理法第三十二条“纳税人未按照规定期限缴纳税款”的情形，不适用该条“税务机关除责令限期缴纳外，从滞纳税款之日起，按日加收滞纳税款万分之五的滞纳金”的规定。

国家税务总局

2007 年 12 月 12 日

22 《国家税务总局关于纳税人虚开增值税专用发票征补税款问题的公告》（国家税务总局公告 2012 年第 33 号）

国家税务总局关于纳税人虚开增值税专用发票征补税款问题的公告

（国家税务总局公告 2012 年第 33 号）

现将纳税人虚开增值税专用发票征补税款问题公告如下：

纳税人虚开增值税专用发票，未就其虚开金额申报并缴纳增值税的，应按照其虚开金额补缴增值税；已就其虚开金额申报并缴纳增值税的，不再按照其虚开金额补缴增值税。税务机关对纳税人虚开增值税专用发票的行为，应按《中华人民共和国税收征收管理法》及《中华人民共和国发票管理办法》的有关规定给予处罚。纳税人取得虚开的增值税专用发票，不得作为增值税合法有效的扣税凭证抵扣其进项税额。

本公告自2012年8月1日起施行。纳税人发生本公告规定事项，此前已处理的不再调整；此前未处理的按本公告规定执行。《国家税务总局关于加强增值税征收管理若干问题的通知》（国税发〔1995〕192号）第二条和《国家税务总局对代开、虚开增值税专用发票征补税款问题的批复》（国税函发〔1995〕415号）同时废止。

特此公告。

国家税务总局

2012年7月9日

国家税务总局办公厅《关于〈纳税人虚开增值税专用发票征补税款问题的公告〉的解读》

一、请介绍该公告出台的背景？

近期，我们接到部分地方税务机关报来的请示，《国家税务总局关于加强增值税征收管理若干问题的通知》（国税发〔1995〕192号，以下简称192号文件）和《国家税务总局对代开、虚开增值税专用发票征补税款问题的批复》（国税函发〔1995〕415号，以下简称415号文件）规定，对纳税人代开、虚开专用发票的，一律按票面所列货物的适用税率全额征补税款。那么就开票方而言，虚开发票的销售收入如果已在当期全额进行了抄报税，并申报缴纳了税款，192号文件和415号文件所述的“全额征补税款”是否意味对其虚开的税额进行二次征收的问题，请总局予以明确。

二、对虚开增值税专用发票的开票方应如何进行处理？

192号文件和415号文件的下发有其历史背景，当时使用的是手写版增值税专用发票，存在开具“大头小尾”发票和单联填开发票的行为，造成开票方的开票收入不申报或少申报缴税而受票方虚抵、多抵增值税的情况发生，因此，192号文件和415号文件中对虚开增值税专用发票征补税款的处理规定符合当时的实际征管情况。在增值税防伪税控系统全面推行后，如果开票方对虚开的增值税专用发票在当期全额进行了抄报税、纳税申报及税款缴纳，对其已缴纳的税款再次进行补征，则会造成重复征税问题。因此，从目前增值税征管实际出发，同时为避免192号文件和415号文件现有表述可能造成的歧义，我们在公告中对该问题予以进一步明确，即纳税人虚开增值税专用发票，未就其虚开金额申报并缴纳增值税的，应按照其虚开金额补缴增值税；已就其虚开金额申报并缴纳增值税的，不再按照其虚开金额补缴增值税。同时，将192号文件和415号文件的相关规定废止。

国家税务总局办公厅

2012年7月19日

23 《国家税务总局关于纳税人对外开具增值税专用发票有关问题的公告》（国家税务总局公告2014年第39号）

国家税务总局关于纳税人对外开具增值税专用发票有关问题的公告

（国家税务总局公告2014年第39号）

现将纳税人对外开具增值税专用发票有关问题公告如下：

纳税人通过虚增增值税进项税额偷逃税款，但对外开具增值税专用发票同时符合以下情形的，不属于对外虚开增值税专用发票：

一、纳税人向受票方纳税人销售了货物，或者提供了增值税应税劳务、应税服务；

二、纳税人向受票方纳税人收取了所销售货物、所提供应税劳务或者应税服务的款项，或者取得了索取销售款项的凭据；

三、纳税人按规定向受票方纳税人开具的增值税专用发票相关内容，与所销售货物、所提供应税劳务或者应税服务相符，且该增值税专用发票是纳税人合法取得，并以自己名义开具的。

受票方纳税人取得的符合上述情形的增值税专用发票，可以作为增值税扣税凭证抵扣进项税额。

本公告自2014年8月1日起施行。此前未处理的事项，按照本公告规定执行。

特此公告。

国家税务总局

2014年7月2日

国家税务总局办公厅《关于〈国家税务总局关于纳税人对外开具增值税专用发票有关问题的公告〉的解读》

虚开增值税专用发票，以危害税收征管罪入刑，属于比较严重的刑事犯罪。纳税人对外开具增值税专用发票，是否属于虚开增值税专用发票，需要以事实为依据，准确进行界定。

为此，税务总局制定发布了《国家税务总局关于纳税人对外开具增值税专用发票有关问题的公告》。公告列举了三种情形，纳税人对外开具增值税专用发票，同时符合的，则不属于虚开增值税专用发票，受票方可以抵扣进项税额。

理解本公告，需要把握以下几点：

一、纳税人对外开具的销售货物的增值税专用发票，纳税人应当拥有货物的所有权，包括以直接购买方式取得货物的所有权，也包括“先卖后买”方式取得货物的所有权。所谓“先卖后买”，是指纳税人将货物销售给下家在前，从上家购买货物在后。

二、以挂靠方式开展经营活动在社会经济生活中普遍存在，挂靠行为如何适用本公告，需要视不同情况分别确定。

第一，如果挂靠方以被挂靠方名义，向受票方纳税人销售货物、提供增值税应税劳务或者应税服务，应以被挂靠方为纳税人。被挂靠方作为货物的销售方或者应税劳务、应税服务的提供方，按照相关规定向受票方开具增值税专用发票，属于本公告规定的情形。

第二，如果挂靠方以自己名义向受票方纳税人销售货物、提供增值税应税劳务或者应税服务，被挂靠方与此项业务无关，则应以挂靠方为纳税人。这种情况下，被挂靠方向受票方纳税人就该项业务开具增值税专用发票，不在本公告规定之列。

三、本公告是对纳税人的某一种行为不属于虚开增值税专用发票所做的明确，目的在于既保护好国家税款安全，又维护好纳税人的合法权益。换一个角度说，本公告仅仅界定了纳税人的某一行为不属于虚开增值税专用发票，并不意味着非此即彼，从本公告并不能反推出不符合三种情形的行为就是虚开。

比如，某一正常经营的研发企业，与客户签订了研发合同，收取了研发费用，开具了专用发票，但研发服务还没有发生或者还没有完成。这种情况下不能因为本公告列举了“向受票方纳税人销售了货物，或者提供了增值税应税劳务、应税服务”，就判定研发企业虚开增值税专用发票。

2014 年 7 月 8 日

24 《国家税务总局关于走逃（失联）企业开具增值税专用发票认定处理有关问题的公告》（国家税务总局公告2016年第76号）

国家税务总局
关于走逃（失联）企业开具增值税专用发票认定处理有关问题的公告

国家税务总局公告2016年第76号

为进一步加强增值税专用发票管理，有效防范税收风险，根据《中华人民共和国增值税暂行条例》有关规定，现将走逃（失联）企业开具增值税专用发票认定处理的有关问题公告如下：

一、走逃（失联）企业的判定

走逃（失联）企业，是指不履行税收义务并脱离税务机关监管的企业。

根据税务登记管理有关规定，税务机关通过实地调查、电话查询、涉税事项办理核查以及其他征管手段，仍对企业和企业相关人员查无下落的，或虽然可以联系到企业代理记账、报税人员等，但其并不知情也不能联系到企业实际控制人的，可以判定该企业为走逃（失联）企业。

二、走逃（失联）企业开具增值税专用发票的处理

（一）走逃（失联）企业存续经营期间发生下列情形之一的，所对应属期开具的增值税专用发票列入异常增值税扣税凭证（以下简称“异常凭证”）范围。

1. 商贸企业购进、销售货物名称严重背离的；生产企业无实际生产加工能力且无委托加工，或生产能耗与销售情况严重不符，或购进货物并不能直接生产其销售的货物且无委托加工的。

2. 直接走逃失踪不纳税申报，或虽然申报但通过填列增值税纳税申报

表相关栏次，规避税务机关审核比对，进行虚假申报的。

（二）增值税一般纳税人取得异常凭证，尚未申报抵扣或申报出口退税的，暂不允许抵扣或办理退税；已经申报抵扣的，一律先作进项税额转出；已经办理出口退税的，税务机关可按照异常凭证所涉及的退税额对该企业其他已审核通过的应退税款暂缓办理出口退税，无其他应退税款或应退税款小于涉及退税额的，可由出口企业提供差额部分的担保。经核实，符合现行增值税进项税额抵扣或出口退税相关规定的，企业可继续申报抵扣，或解除担保并继续办理出口退税。

（三）异常凭证由开具方主管税务机关推送至接受方所在地税务机关进行处理，具体操作规程另行明确。

本公告自发布之日起施行。

特此公告

国家税务总局

2016 年 12 月 1 日

国家税务总局办公厅
《关于〈国家税务总局关于走逃（失联）企业开具增值税专用发票认定处理有关问题的公告〉的解读》

为便于纳税人和税务机关理解并执行，现对《国家税务总局关于走逃（失联）企业开具增值税专用发票认定处理有关问题的公告》（以下简称《公告》）解读如下：

一、《公告》的出台背景

近年来，少数违法分子开具增值税专用发票后走逃（失联），致使国家税款严重流失，税收经济秩序遭到破坏，也侵害了守法经营纳税人的合法权益。为加强对增值税一般纳税人开具增值税专用发票行为的监管，保护公平竞争的市场环境，维护国家利益，特制定本公告。

二、《公告》的主要内容

（一）对如何判定走逃（失联）企业作出了规定。

（二）将符合规定情形的走逃（失联）企业开具的增值税专用发票列入异常增值税扣税凭证。对增值税一般纳税人取得的异常增值税扣税凭证按不同情形区分处理。

三、公告生效时间

《公告》自发布之日起施行。

25 《国家税务总局关于异常增值税扣税凭证管理等有关事项的公告》（国家税务总局公告2019年第38号）

现将异常增值税扣税凭证（以下简称“异常凭证”）管理等有关事项公告如下：

一、符合下列情形之一的增值税专用发票，列入异常凭证范围：

（一）纳税人丢失、被盗税控专用设备中未开具或已开具未上传的增值税专用发票；

（二）非正常户纳税人未向税务机关申报或未按规定缴纳税款的增值税专用发票；

（三）增值税发票管理系统稽核比对发现“比对不符”“缺联”“作废”的增值税专用发票；

（四）经税务总局、省税务局大数据分析发现，纳税人开具的增值税专用发票存在涉嫌虚开、未按规定缴纳消费税等情形的；

（五）属于《国家税务总局关于走逃（失联）企业开具增值税专用发票认定处理有关问题的公告》（国家税务总局公告2016年第76号）第二条第（一）项规定情形的增值税专用发票。

二、增值税一般纳税人申报抵扣异常凭证，同时符合下列情形的，其对应开具的增值税专用发票列入异常凭证范围：

（一）异常凭证进项税额累计占同期全部增值税专用发票进项税额70%（含）以上的；

（二）异常凭证进项税额累计超过5万元的。

纳税人尚未申报抵扣、尚未申报出口退税或已作进项税额转出的异常凭证，其涉及的进项税额不计入异常凭证进项税额的计算。

三、增值税一般纳税人取得的增值税专用发票列入异常凭证范围的，应按照以下规定处理：

（一）尚未申报抵扣增值税进项税额的，暂不允许抵扣。已经申报抵扣增值税进项税额的，除另有规定外，一律作进项税额转出处理。

（二）尚未申报出口退税或者已申报但尚未办理出口退税的，除另有规定外，暂不允许办理出口退税。适用增值税免抵退税办法的纳税人已经办理出口退税的，应根据列入异常凭证范围的增值税专用发票上注明的增值税额作进项税额转出处理；适用增值税免退税办法的纳税人已经办理出口退税的，税务机关应按照现行规定对列入异常凭证范围的增值税专用发票对应的已退税款追回。

纳税人因骗取出口退税停止出口退（免）税期间取得的增值税专用发票列入异常凭证范围的，按照本条第（一）项规定执行。

（三）消费税纳税人以外购或委托加工收回的已税消费品为原料连续生产应税消费品，尚未申报扣除原料已纳消费税税款的，暂不允许抵扣；已经申报抵扣的，冲减当期允许抵扣的消费税税款，当期不足冲减的应当补缴税款。

（四）纳税信用A级纳税人取得异常凭证且已经申报抵扣增值税、办理出口退税或抵扣消费税的，可以自接到税务机关通知之日起10个工作日内，向主管税务机关提出核实申请。经税务机关核实，符合现行增值税进项税额抵扣、出口退税或消费税抵扣相关规定的，可不作进项税额转出、追回已退税款、冲减当期允许抵扣的消费税税款等处理。纳税人逾期未提出核实申请的，应于期满后按照本条第（一）项、第（二）项、第（三）项规定作相关处理。

（五）纳税人对税务机关认定的异常凭证存有异议，可以向主管税务机关提出核实申请。经税务机关核实，符合现行增值税进项税额抵扣或出口退税相关规定的，纳税人可继续申报抵扣或者重新申报出口退税；符合消费税抵扣规定且已缴纳消费税税款的，纳税人可继续申报抵扣消费税税款。

四、经税务总局、省税务局大数据分析发现存在涉税风险的纳税人，不得离线开具发票，其开票人员在使用开票软件时，应当按照税务机关指定的方式进行人员身份信息实名验证。

五、新办理增值税一般纳税人登记的纳税人，自首次开票之日起 3 个月内不得离线开具发票，按照有关规定不使用网络办税或不具备风险条件的特定纳税人除外。

六、本公告自 2020 年 2 月 1 日起施行。《国家税务总局关于走逃（失联）企业开具增值税专用发票认定处理有关问题的公告》（国家税务总局公告 2016 年第 76 号）第二条第（二）项、《国家税务总局关于建立增值税失控发票快速反应机制的通知》（国税发〔2004〕123 号文件印发，国家税务总局公告 2018 年第 31 号修改）、《国家税务总局关于金税工程增值税征管信息系统发现的涉嫌违规增值税专用发票处理问题的通知》（国税函〔2006〕969 号）第一条第（二）项和第二条、《国家税务总局关于认真做好增值税失控发票数据采集工作有关问题的通知》（国税函〔2007〕517 号）、《国家税务总局关于失控增值税专用发票处理的批复》（国税函〔2008〕607 号）、《国家税务总局关于外贸企业使用增值税专用发票办理出口退税有关问题的公告》（国家税务总局公告 2012 年第 22 号）第二条第（二）项同时废止。

特此公告。

国家税务总局

2019 年 11 月 14 日

国家税务总局办公厅《关于〈国家税务总局关于异常增值税扣税凭证管理等有关事项的公告〉的解读》

一、公告出台的背景

近年来，为深入贯彻落实党中央、国务院部署，税务系统持续推进“放管服”改革，优化营商环境，使市场主体创业创新活力得到进一步激发，广大纳税人的获得感不断提升。但与此同时，少数不法分子利用办税便利化措施，注册没有实际经营业务、只为虚开发票的“假企业”骗领增值税专用发票，并在实施违法虚开发票行为后快速走逃（失联），恶意逃避税收监管，既严重扰乱了税收秩序，也极大损害了守法经营纳税人的权益。为推进税收治理体系和治理能力现代化，健全税收监管体系，进一步遏制虚开发票行为，维护税收秩序，优化营商环境，保护纳税人合法权益，特制定本公告。

二、按照规定，哪些增值税专用发票列入异常增值税扣税凭证（以下简称“异常凭证”）范围?

（一）纳税人丢失、被盗税控专用设备中未开具或已开具未上传的增值税专用发票。

（二）非正常户纳税人未向税务机关申报或未按规定缴纳税款的增值税专用发票。

（三）增值税发票管理系统稽核比对发现“比对不符”“缺联”“作废”的增值税专用发票。

（四）经税务总局、省税务局大数据分析发现，纳税人开具的增值税专用发票存在涉嫌虚开、未按规定缴纳消费税等情形的。

（五）属于《国家税务总局关于走逃（失联）企业开具增值税专用发票认定处理有关问题的公告》（国家税务总局公告2016年第76号）第二条第（一）项规定情形的增值税专用发票。

（六）增值税一般纳税人申报抵扣异常凭证，同时符合下列情形的，其对应开具的增值税专用发票列入异常凭证范围：

1. 异常凭证进项税额累计占同期全部增值税专用发票进项税额70%（含）以上的；

2. 异常凭证进项税额累计超过5万元的。

三、增值税一般纳税人取得增值税专用发票列入异常凭证范围的，应怎样处理?

增值税一般纳税人取得的增值税专用发票列入异常凭证范围的，应按照以下规定处理：

（一）尚未申报抵扣增值税进项税额的，暂不允许抵扣。已经申报抵扣增值税进项税额的，除另有规定外，一律作进项税额转出处理。

（二）尚未申报出口退税或者已申报但尚未办理出口退税的，除另有规定外，暂不允许办理出口退税。适用增值税免抵退税办法的纳税人已经办理出口退税的，应根据列入异常凭证范围的增值税专用发票上注明的增值税额作进项税额转出处理；适用增值税免退税办法的纳税人已经办理出口退税的，税务机关应按照现行规定对列入异常凭证范围的增值税专用发票对应的已退税款追回。

纳税人因骗取出口退税停止出口退（免）税期间取得的增值税专用发票列入异常凭证范围的，按照本条第（一）项规定执行。

（三）消费税纳税人以外购或委托加工收回的已税消费品为原料连续生产应税消费品，尚未申报扣除原料已纳消费税税款的，暂不允许抵扣；

已经申报抵扣的，冲减当期允许抵扣的消费税税款，当期不足冲减的应当补缴税款。

四、增值税一般纳税人取得的增值税专用发票列入异常凭证范围且已经申报抵扣增值税进项税额的，是否一律做进项税额转出处理？

按照公告规定，纳税信用A级纳税人取得异常凭证且已经申报抵扣增值税、办理出口退税或抵扣消费税的，可以自接到税务机关通知之日起10个工作日内，向主管税务机关提出核实申请。经税务机关核实，符合现行增值税进项税额抵扣、出口退税或消费税抵扣相关规定的，可不做进项税额转出、追回已退税款、冲减当期允许抵扣的消费税税款等处理，纳税人逾期未提出核实申请的，应于期满后按照本公告第三条第（一）、（二）、（三）项规定做相关处理。

五、若纳税人对税务机关认定的异常凭证存有异议，该如何处理？

按照公告规定，纳税人对税务机关认定的异常凭证存有异议，可以向主管税务机关提出核实申请。经税务机关核实，符合现行增值税进项税额抵扣或出口退税相关规定的，纳税人可继续申报抵扣或者重新申报出口退税；符合消费税抵扣规定且已缴纳消费税税款的，纳税人可继续申报抵扣消费税税款。

六、对经税务机关大数据分析发现存在涉税风险的纳税人、新办理增值税一般纳税人登记的纳税人，有什么规定？

按照公告规定，经税务总局、省税务局大数据分析发现存在涉税风险的纳税人，不得离线开具发票，其开票人员在使用开票软件时，应当按照税务机关指定的方式进行人员身份信息实名验证。新办理增值税一般纳税人登记的纳税人，自首次开票之日起3个月内不得离线开具发票，按照有关规定不使用网络办税或不具备风险条件的特定纳税人除外。